Herbert Schida

Das Blut der weißen Pferde

Ein historischer Roman aus dem
Thüringer Königreich

Bedanken möchte ich mich bei meiner Frau Reinhild, meinem Sohn Heiko, Bernd Eschrich, Ursula und Heinrich Jung, Ute und Lothar Schreier, die mich in verschiedener Weise bei der Entstehung des vorliegenden Romans unterstützten.

Herbert Schida

Das Blut der weißen Pferde

Ein historischer Roman aus dem
Thüringer Königreich

Heinrich-Jung-Verlagsgesellschaft mbH
Zella-Mehlis / Meiningen

Heinrich-Jung-Verlagsgesellschaft mbH
Am Einsiedel 7
D – 98544 Zella-Mehlis / Thüringen
Telefon: +49 (0) 36 82 / 4 18 84
Fax +49 (0) 36 82 / 45 36 91
www.heinrich-jung-verlag.de
verlag@heinrich-jung-verlag.de

1. Auflage, Zella-Mehlis 2011

Satz: Lothar Schreier
Umschlagsillustration: Herbert Schida / Wien
Druck: Westermann Druck Zwickau GmbH

ISBN 978-3-930588-95-4

Inhalt

Anlagen

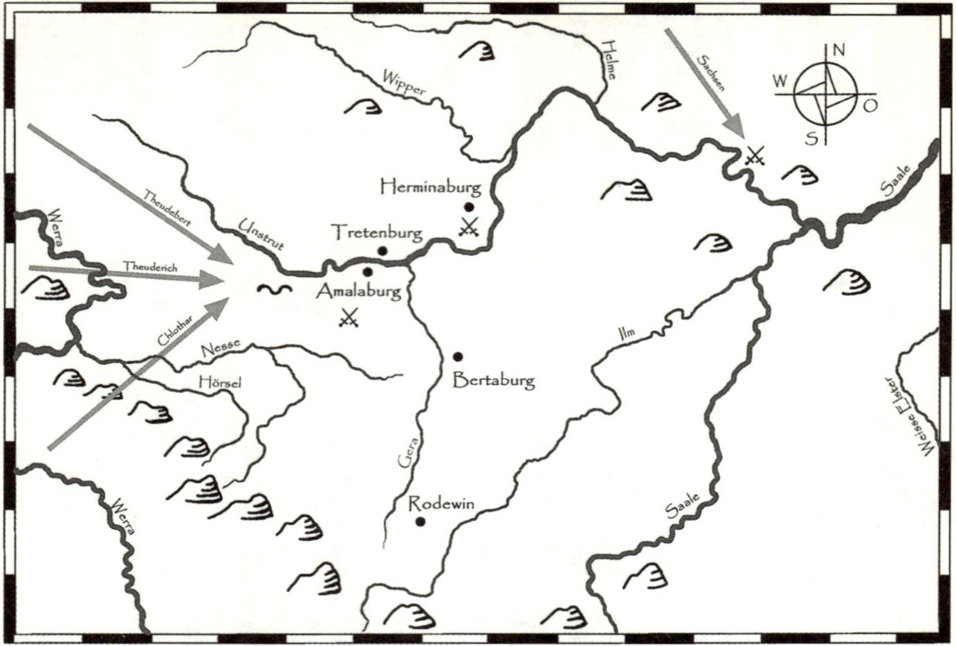

Mittelthüringen um 531

1. Wahl des Gaugrafen

Silbern glänzte der Reif auf den Wiesen und die Morgenkälte drang durch die Kleidung. Hartwig, ein Sohn des im Krieg gegen die Franken gefallenen Gaugrafen von Rodewin, war mit seinem Sklaven Sigu schon kurz nach Mitternacht aufgebrochen, um ein Stück Wild zu erlegen. Als Morgenmensch liebte er es, den Tag sehr früh zu beginnen. Wenn er lange vor den anderen auf den Beinen war, hatte er das Gefühl, ihnen voraus zu sein. Auf der Burg des Königs Herminafrid war das Jagen eine seiner liebsten Beschäftigungen. Die beiden Prinzen Amalafred und Baldur, mit denen er fast den ganzen Tag zusammen verbrachte, waren Langschläfer und sie konnten dieser Neigung ihres Freundes nichts abgewinnen.
Eine Stunde von der Burg entfernt gab es eine Waldlichtung, die regelmäßig von Rehwild aufgesucht wurde und wo Hartwig schon öfter Jagdglück hatte. Hier versteckte er sich mit Sigu am Rande des Unterholzes und wartete geduldig. Mit den ersten Sonnenstrahlen waren die Rehe zu sehen. Vorsichtig traten sie aus dem geschützten Dickicht des Waldes, stets auf der Hut, bevor sie langsam weiter gingen und dabei ästen. Der Wind stand gut. Hartwig hatte seinen Standort so gewählt, dass die Tiere keine Witterung aufnehmen konnten.
Eines der Rehe kam ganz nah heran. Er spannte den Bogen und der Pfeil zischte durch die Luft. Es war ein guter Schuss und das Tier fiel, direkt in die Brust getroffen, nach wenigen Schritten zu Boden. Die übrigen Rehe jagten in wilder Flucht zurück in den Wald. Hartwig ging zu dem erlegten Reh und weidete es aus. Er packte es seinem Sklaven, auf die Schultern und sie liefen zurück zur Burg.
Dies war ein Morgen, wie er ihn mochte, schönes Wetter, Morgensonne und Jagdglück. Er konnte sich nichts Schöneres in diesem Moment vorstellen. Auf dem Heimweg dachte er daran, wie er vor vielen Jahren mit seinem Vater oder manchmal mit seinem großen Bruder Harald frühmorgens in der Umgebung von Rodewin jagen ging. Dies war jetzt nicht mehr möglich.

Sein Vater starb im Krieg gegen die Franken und sein Bruder Harald verlor dabei ein Bein und würde wohl nie mehr zur Jagd gehen können. Das alles passierte erst vor wenigen Wochen. Eine Zeit, in der sich so viel im Thüringer Königreich ereignete.
Jetzt lebte Hartwig auf der Herminaburg, dem Königssitz der Thüringer. Er war der Gefährte von Baldur, dem Neffen des Königs. Der Prinz und seine Schwester Radegunde kamen nach dem Tod ihres Vaters Bertachar in die Obhut ihres Onkels Herminafrid, der nun alleiniger König des großen Thüringer Reiches war. Es erstreckte sich vom Norden des Harzes bis zur Donau und von der Elbe bis zur Werra. Nach dem Sieg gegen die Franken, kam im Westen noch das Gebiet zwischen Werra und Fulda dazu.
Hartwigs Braut Elke lebte bei ihrem Vater, dem Gaugraf Weibel vom Elbkniegau. Er hatte sie schon lange nicht mehr gesehen und sehnte sich nach ihr. Die Hochzeit war zwischen den beiden Vätern für das kommende Jahr vereinbart worden. Weibel wollte ihm Land in seinem Gau schenken. Dann könnte er jedoch nicht bei Baldur auf der Herminaburg sein. Das hatte er aber dem verstorbenen König Bertachar zugesagt. Es war alles sehr kompliziert und er sah keine Lösung.
Am Burghof war schon reges Leben. Alle gingen ihrem Tagwerk nach. Sigu lieferte das erlegte Reh in der Küche ab und bekam von der dicken Köchin einen süßen Brei zum Frühstück vorgesetzt. Das gefiel ihm. Er konnte sich hier am Königshof nicht beklagen. Hartwig brauchte seine Dienste nur selten und so machte er sich in der Küche nützlich. Hier gab es immer viel zu tun und er übernahm gern die schweren Arbeiten, wie das Heranschaffen des Wassers oder Spalten des Brennholzes.
Die Herrschaften schliefen noch und Hartwig sah vor dem gemeinsamen Frühstück nach den Pferden. In den Ställen waren die weißen Rösser in separaten Boxen untergebracht. Sein Hengst hatte auch eine eigene Box. Er wieherte, als er zu ihm kam. Sigu hatte ihn schon gestriegelt, bevor sie gemeinsam zur Jagd gingen. Das edle Tier war ein Geschenk seines Vaters für die bestandene Jungkrie-

gerprüfung. Es leckte an seiner Hand und scharrte leicht mit den Vorderhufen.
„Heute werde ich mit dir wieder ein wenig ausreiten, damit du mir hier im Stall nicht verrottest“, sprach er in ruhigem Ton und der Hengst schien ihn zu verstehen und nickte heftig mit dem Kopf.
Es war jetzt Zeit, zur Essentafel zu gehen und das gemeinsame Frühstück einzunehmen. Die Königin mit ihrer Tochter und Radegunde saßen schon am Tisch. Danach kam der König und fragte etwas mürrisch, warum Amalafred und Baldur noch nicht hier waren.
„Die haben bestimmt wieder verschlafen“, meinte die Tochter und kicherte in die vorgehaltene Hand.
„Was gibt es da zu lachen?“, schalt sie ihr Vater. Sofort verstummte sie und blickte nach unten.
„Kennst du den Grund für ihre Verspätung?“, wollte ihr Vater noch von ihr wissen. Sie traute sich nichts zu sagen.
In dem Moment kamen Amalafred und Baldur in den Raum.
„Warum kommt ihr so spät zum Frühstück?“, schnarrte Herminafrid sie an.
„Entschuldige, Vater“, antwortete Amalafred, sein Sohn. „Wir waren noch in der Kapelle zur Morgenandacht.“
„Die könntet ihr nach dem Frühstück verrichten oder entsprechend früher aufstehen.“
Irgendwie war der König an diesem Morgen etwas missgelaunt. Vielleicht hatte er schlecht geschlafen oder Ärger mit dem Bau seiner neuen Burg gehabt. Allen war klar, dass es besser wäre, ihn an diesem Tag nicht zu reizen.
Das Essen wurde aufgetragen und keiner sprach mehr ein Wort. Der König sah in die Runde und zuletzt blickte er Hartwig an. „Ich habe gestern Nachricht von deinem Bruder erhalten, der dich zu ihm bittet. Es steht die Wahl zum Gaugrafen des Oberwipgaus an und da möchte er dich gern dabei haben. Du kannst also heute schon abreisen.“ Hartwig versuchte seine übermäßige Freude zu unterdrücken.
„Ich danke dir mein König, aber ich hätte noch eine Bitte.“
„Was möchtest du? Sprich!“
„Dürfte mich Baldur begleiten? Meine Sippe würde ihn gern einmal wiedersehen.“

„Die Bitte ist dir gewährt. Doch bleibt nicht länger weg, als es sein muss. Mein Sohn Amalafred kann auch mit euch ziehen und sehen, wie man auf dem Lande lebt."
Herminafrid stand auf und ging eilig aus dem Raum. Alle schienen aufzuatmen. Der König war ein cholerischer Mann und wenn er schlechte Laune hatte, versuchte ihm jeder auszuweichen.
Die drei jungen Männer freuten sich sehr, dass sie für ein paar Tage verreisen durften. Sie gingen in ihre Kemenate und packten ein paar Dinge für die Reise ein. Die Königin gab Hartwig ein kleines verschnürtes Bündel und bat es seiner Mutter zu geben.
Eilig ritten die drei aus dem Burgtor in Richtung Rodewin. Sie wählten den kürzesten Weg, damit sie noch vor der Dunkelheit dort ankommen konnten.
An einem Bach machten sie gegen Mittag Rast und verzehrten ihren Reiseproviant, den die dicke Köchin Hartwig mitgegeben hatte. Als Amalafred sein Pferd an das Bachufer zum Tränken führte, sprach Baldur ganz leise zu Hartwig. „Das war eine prima Idee, dass du den König gefragt hast und ich dich begleiten darf. Aber von mir und Ursula darfst du Amalafred nichts verraten. Möglicherweise verplappert er sich bei seiner Mutter und ich könnte großen Ärger bekommen."
„Natürlich werde ich nichts sagen. Du kannst doch allein nach Alfenheim reiten und Amalafred bleibt solange bei mir in Rodewin."
„Das ist das Beste, wenn wir es so machen. Ich werde ihm sagen, dass ich einen alten Freund dort besuchen will."
„Das geht schon in Ordnung", beruhigte ihn Hartwig. Amalafred kam zurück und war bereit, weiter zu reiten. Von den Dreien war er der Jüngste und im Sattel nicht so ausdauernd, wie Baldur und Hartwig. Oft fragte er, ob sie eine kurze Pause machen könnten, doch die anderen beiden drängten ihn durchzuhalten.
Am späten Nachmittag erreichten sie Rodewin, völlig entkräftet. Der Ritt war sehr anstrengend, auch für Hartwig und Baldur, die vor der Schlacht gegen die Franken als Meldereiter ähnliche Strecken im Tagesritt bewältigen muss-

ten und daher solche Strapazen kannten. Die Wiedersehensfreude war bei allen groß. Als Amalafred von seinem Hengst abstieg, konnte er sich kaum auf den Beinen halten. Jaros und Siegbert halfen ihm ins Haus zu kommen, damit er sich dort an den Tisch setzen und ein wenig ausruhen konnte. Die anderen beiden mussten erst einmal erzählen, wie es ihnen so am Hof des Königs Herminafrid erging. In den schönsten Farben schmückten sie das Leben dort aus, so dass die anderen, außer Harald, nicht aus dem Staunen heraus kamen.

Der Sippenälteste wusste, dass nicht alles, was golden glänzt, wirklich Gold war. Er hatte Herminafrid kennen gelernt und vermutete, dass es bestimmt nicht leicht war, mit ihm unter einem Dach zu leben. Doch das behielt er für sich. Die Zuhörer würden sich über das echte Burgleben ohnehin keine rechten Vorstellungen machen können.

Waltraut, Hartwigs Mutter, hatte das Abendessen aufgetragen und alle langten, nach Haralds Dank an die Götter für das reichliche Mahl, eilig mit ihren Holzlöffeln in die großen Schüsseln mit Haferbrei. Amalafred traute sich nicht. Diese Tischgewohnheiten waren ihm fremd. Der Hausherr munterte ihn auf, ungeniert zuzulangen. Zögernd tat es der Prinz. Der Brei schmeckte ihm besser, als er aussah. Waltraut hatte ihn mit etwas Honig gesüßt. Selten wurde der dem Essen beigegeben, denn man verwendete ihn als Medizin und hauptsächlich für die Herstellung des Mets.

Nach dem Essen mussten Hartwig und seine Freunde von dem Leben am Königshof weitererzählen. Bei Met und einem bierähnlichen Getränk dauerte das noch lange an. Dann wurden die Ersten von der Müdigkeit überwältigt und ihre Augen fielen noch am Tisch zu. Als Harald das bemerkte, beendete er die Fragestunde und alle suchten ihre Schlafstätten auf.

Hartwig und seine Freunde sollten in seinem Haus wohnen. So konnten sie dort noch ein wenig über die Dinge sprechen, die Harald mehr interessierten. Das Haus war sehr geräumig. Er lebte hier mit seiner Frau Heidrun, die wieder schwanger war, dem kleinen Sohn, Rosa, der Sklavin, dem Knappen Roland und dem Schreiber, der ihn auf

seinen Reisen durch das Thüringer Königreich begleitete. Harald hatte den großen Raum für die Stallung in mehrere Einzelräume unterteilen und wohnlich herrichten lassen. Hier lebten auch sein Knappe und der Schreiber. Die nicht genutzten Räume dienten als Unterkunft für Besucher und als Lager.
Harald interessierte es natürlich, ob Herminafrid nach der siegreichen Schlacht Nachrichten aus dem Frankenreich erhielt. Viel konnte Amalafred hierzu nicht sagen.
Sein Vater besprach die meisten Staatsangelegenheiten nur mit dem Reichskanzler. Von einer Nachricht aus dem Frankenland hatte er noch nichts vernommen. Es war ihm unangenehm, dass er Haralds Fragen nicht ausreichend beantworten konnte. Nervös zupfte er an der Fibel seines Gewandes.
„Im Übrigen scheinen meinem Vater solche Dinge nicht mehr zu interessieren“, meinte er.
„Wieso das?“, fragte der Hausherr erstaunt zurück.
„Er ist nur noch mit dem Bau der neuen Königsburg befasst und die Staatsgeschäfte überlässt er allein seinen Beamten. Ich hatte einmal ein Gespräch zwischen dem Kanzler und seinem Sekretär belauscht und gehört, dass beide sehr besorgt sind, wie der Neubau finanziert werden soll. Durch eine Verwaltungsreform im gesamten Königreich hofft man nun mehr Steuern eintreiben zu können.“
„Das habe ich mir gedacht, dass es einmal so kommen wird. Die Eigenständigkeit der kleinen Gaue im Mittelreich waren Herminafrid schon immer ein Dorn im Auge. Zu gern hätte er dies abgeschafft und nun versucht er es über eine Verwaltungsreform. Gibt es denn schon Pläne, wie die aussehen soll?“
„Der Kanzler sprach davon, dass mehrere der kleinen Gaue in große zusammengefasst werden und dort ein Königsbeamter die Interessen des Reiches wahrnimmt.“
„Das war vorauszusehen. Auf diese Art gelingt es dem König die Macht der Gaugrafen zu schwächen und die Zentralgewalt zu stärken.“
„Was bedeutet das für unseren Gau?“, wollte Hartwig wissen.

„So genau kann man das nicht sagen. Wahrscheinlich wird zum Reichsthing im Herbst auf der Tretenburg darüber gesprochen. Der Vorteil für den König läge wohl auf der Hand."
Der Schreiber war da anderer Meinung. Es lag wohl daran, dass er in seiner Jugend im ehemals römischen Verwaltungsgebiet aufwuchs. So erklärte er: „Es kann aber für die kleinen Gaue auch ein Vorteil sein, da viele Entscheidungen durch den Beamten des Königs in dem Zentrum der Großgaue getroffen werden können. Man spart sich dann die weiten Wege zum Königshof und so manches dürfte schneller erledigt werden."
„Das mag schon sein", warf Harald mürrisch ein.
„Es wird wohl auf die Person ankommen, die an die Spitze der Großgaue gestellt wird."
„So ist es. Da aber diese Person ein Reichsbeamter sein wird, so wird nur der König darüber befinden, wer diesen Posten einnimmt. Wenn der dann nicht die Interessen des Reichs mehr vertritt, so kann er ihn jederzeit wieder absetzen. Für das Reich ist das die beste Lösung."
Harald, war noch nicht davon überzeugt. Er sah durch diese Entwicklung die Eigenständigkeit der kleinen Gaue gefährdet.
In zwei Tagen sollte im Oberwipgau ein neuer Gaugraf gewählt werden. So weit man zurückdenken konnte, kam dieser aus seiner Sippe und alle waren damit zufrieden. Es war schon fast wie ein erbliches Recht. Nach dem Tod von Herwald, war anzunehmen, dass einer seiner Söhne mit dieser Aufgabe betraut werden würde.
In der Regel kam der älteste Sohn dafür in Frage, wenn er geeignet erschien. Bei der letzten Wahl des Gaugrafen hatte man sich für Herwald entschieden, obwohl er jünger als sein Bruder Alwin war. Doch Herwald galt als der Intelligentere und Umsichtigere von ihnen.
Bei der kommenden Wahl wäre Harald der Geeignete von den drei Brüdern. Er hatte die Erfahrung, dieses Amt gewissenhaft, wie sein Vater, auszuüben und die Sippenältesten vom Oberwipgau schätzten ihn sehr. Doch ein Problem gab es. Harald hatte eine schwere Kriegsverletzung und war in

seiner Beweglichkeit stark eingeschränkt. Niemand konnte sagen, ob er die Aufgaben des Gaugrafen in der Zukunft wahrnehmen konnte.
Harald wusste es selber nicht. Der Stumpf seines abgeschlagenen linken Beins war inzwischen gut verheilt und er versuchte mit Krücken zu laufen. Das Reiten ging schon einigermaßen.
Doch wie würden die Sippenältesten das einschätzen. Würden sie ihm dennoch zutrauen das Amt des Gaugrafen auszuüben?
Die Entscheidung war ungewiss. Aus diesem Grund bat er Hartwig zu kommen. Vielleicht wäre er bereit dieses Amt anzunehmen, wenn man sich gegen ihn entscheiden würde. Sein Bruder war sehr überrascht über dieses Ansinnen. Er hatte noch niemals an eine solche Möglichkeit gedacht und es war nicht das, was er sich für seine Zukunft einmal vorstellte.

Der Tag der Neuwahl war gekommen. Alle Sippenältesten und Krieger des Oberwipgaus waren am Thingplatz erschienen, um einen neuen Gaugrafen aus ihren Reihen zu wählen. Es kamen viele Zuschauer, die im Kreis um die Versammelten standen und von weitem das Geschehen betrachteten.
Harald war mit seinem Knappen, Hartwig und Amalafred sehr zeitig auf dem Versammlungsplatz angekommen. Der Knappe half ihm vom Pferd und gab ihm seine Krücken. Ohne Hilfe stakte Harald zu einem Stein der inmitten des Versammlungsplatzes lag und setzte sich darauf.
Die eintreffenden Männer kamen zu ihm und begrüßten ihn freundlich. Sie erkundigten sich nach seinem Befinden und waren erfreut, dass er sich schon wieder selbständig bewegen konnte und die Wunde gut verheilte.
Ulrich, der Sippenälteste aus Alfenheim, war der älteste Krieger am Thingplatz und leitete die Versammlung und die Wahl. Er würdigte zunächst die großen Verdienste des gefallenen Gaugrafen Herwald für die Gemeinschaft.
„Er war mir immer ein guter Freund und wir hatten in vielen Schlachten Seite an Seite gekämpft. Nun ist sein größter

Wunsch in Erfüllung gegangen und er weilt in Walhall und genießt den himmlischen Met und Schweinebraten."
Es gab viele Hochrufe und Ulrich mahnte zur Ruhe. „Durch seinen Tod haben wir jedoch leider unseren Gaugrafen verloren und es wird nicht leicht sein, diese Lücke zu schließen. Zum Glück hat er uns drei Söhne hinterlassen, die ihm an Tapferkeit und Umsicht nicht nachstehen. Sein ältester Sohn Harald hat sich in zwei Schlachten gut bewährt und unseren Gau zu hohem Ansehen verholfen. Ihn schlage ich als neuen Gaugrafen vor."
Es gab starken Beifall. Damit hatte Harald nicht gerechnet. Er sah überrascht in die umstehende Männerschar und überlegte, was er jetzt dazu sagen sollte. „Ich freue mich sehr, dass ihr mich zu diesem ehrenvollen Amt vorschlagt, wo ich doch eine erhebliche Kriegsverletzung habe und möglicherweise nicht mit dem Schwert voran in die nächste Schlacht reiten kann."
„Das mag wohl sein", meinte ein alter Krieger, „aber du hast das Zeug zu einem Gaugrafen und wir vertrauen dir."
Wieder gab es starken Beifall. Nachdem es ruhiger wurde, fuhr Ulrich fort: „Mit dem Reisen zum Reichsthing kannst du einen deiner Brüder damit beauftragen, dass er dich vertritt. Wie wir hörten, lebt Hartwig bereits am Königshof und so kann er unsere Interessen jederzeit dort wahrnehmen."
Alle schauten zu Hartwig. Der nickte zustimmend.
Ulrich hob die Hand, und zeigte damit an, dass er weiter sprechen wollte. „Obwohl es so aussieht, dass sich alle schon für Harald entschieden haben, so will ich trotzdem noch fragen, ob es einen anderen Vorschlag für die Wahl des Gaugrafen gibt."
Alle schwiegen.
Doch auf einmal meldete sich Raimund, der Sippenälteste aus Heyloh, zu Wort.
„Es sieht so aus, als wäre ich der Einzige, der gewisse Bedenken hat. Aber ich muss sie euch sagen. Es ist richtig, dass Herwald uns immer ein sehr guter Gaugraf war und so lange wir denken können, hatte einer aus seiner Sippe dieses Amt inne. Das war einmal so, muss aber nicht immer so sein."

„Was meinst du damit, rede nicht um den Brei herum und sag, was du denkst“, forderte ihn Ulrich barsch auf.
„Ich spreche schon, wenn ich nicht immer unterbrochen werde.“ Er sah in die Menge, doch alle schwiegen und schauten ihn böse an.
„Harald hat selbst gesagt, dass ihn seine Verwundung in der Bewegung einschränkt und obendrein ist er noch sehr jung und hat noch nicht so viele Lebenserfahrungen. Deshalb schlage ich mich als neuen Gaugrafen vor.“
Lautes Murren war zu hören. Dann sprach Ulrich: „Jeder von euch kann Vorschläge machen, das ist sein gutes altes Recht und so soll es für alle Zeiten bleiben. Gibt es noch jemand, der Gaugraf werden will? So soll er es jetzt sagen!“
Es gab keine weitere Meldung.
„Wenn es keinen weiteren Vorschlag gibt, so sollen die Sippenältesten durch hochheben ihres Schwertes ihre Entscheidung bekunden. Wer für die Wahl des Heyloher Sippenältesten Raimund als Gaugraf ist, der hebe jetzt sein Schwert in die Höhe.“
Keine Klinge war zu sehen. In den Reihen der Versammelten gab es Gelächter und ein paar Spottworte. Ulrich forderte zur Ruhe auf.
„Wer für Harald ist, der hebe jetzt sein Schwert.“
Alle streckten ihre Arme mit der Waffe in der Hand, in die Höhe. Raimund tat es auch, nachdem er von einem Krieger aus seiner Sippe einen Stoß in die Seite abbekam. Damit war alles entschieden.
Es wurde wieder laut unter den Versammelten und Ulrich hatte Mühe sie zum Schweigen zu bringen.
„Mit dieser Wahl ist Harald unser neuer Gaugraf und wir, die Sippenältesten, geloben ihm vor allen Kriegern unseres Gaues die Treue und den Gehorsam. Er wird uns immerfort ein gerechter Gaugraf sein.“
Als Erstes gingen die Sippenältesten zu Harald und drückten ihm die Hand. Danach hielt er eine kurze Ansprache.
„Sippenälteste, Krieger, Volk vom Oberwipgau und Gäste. Ich danke euch für das Vertrauen, das ihr mir entgegenbringt und ich verspreche hier, euch nicht zu enttäuschen. Wir sind wohl ein sehr kleiner Gau im Thüringer Königreich,

aber nicht so unbedeutend, wie so mancher denken mag. Hohen Besuch haben wir unter uns. Es ist Amalafred, der Sohn unseres Königs Herminafrid." Harald zeigte mit seiner Hand in dessen Richtung und alle sahen zu ihm und diskutierten ganz aufgeregt. „Wir wollen ihm die Ehre erweisen, die ihm zukommt und ihn bitten, zu mir zu kommen."
Der Kreis der Versammelten öffnete sich und Amalafred schritt langsam zu Harald und stellte sich neben ihn.
„Als Dank für die Wahl und zu Amalafreds Ehren lade ich euch alle zu mir nach Rodewin auf einen Becher Met ein."
Es gab laute Hochrufe und Harald stieg mit Hilfe seines Knappen, aufs Pferd. Die meisten der Anwesenden folgten ihm nach Rodewin. Hartwig war vorausgeritten und kündete die große Kriegerschar dort an.

Heidrun ließ schnell Tische und Bänke im Hof aufstellen und Met aus dem Lager holen. Für den kleinen Hunger bereitete sie Schmalzbrote vor. Das Fett hatte sie selbst hergestellt. Sie machte es aus geräuchertem Speck. Den ließ sie in einem Tiegel aus und gab viel Zwiebeln und Gewürzkräuter hinzu. Wenn es erkaltet war, konnte es viele Tage aufgehoben werden, ohne dass es ranzig wurde.
Am Hof wurde es laut. Harald und sein Gefolge trafen in Rodewin ein. Sie stiegen von ihren Pferden und nahmen auf den Bänken, die auf dem Hof aufgestellt waren, Platz. Nachdem jeder saß und einen vollen Becher Met vor sich hatte, hielt Harald noch eine kurze Willkommensrede.
„Krieger des Oberwipgaus. Bevor ich weiter spreche, sollt ihr erst einmal eure Kehlen ölen mit dem Met aus meinen Kannen. Ich danke euch nochmals für das Vertrauen, das ihr mir entgegenbringt. Dies ist mein erster Schluck als Gaugraf."
Alle riefen begeistert drei Mal seinen Namen und tranken ihren Becher in einem Zuge leer. Danach setzte Harald seine Rede fort. „Es wird euch interessieren, wie es im Oberwipgau weitergehen soll. Ich kann euch schon eines sagen, dass ich versuchen werde, alles so wie bei meinem Vater beizubehalten." Begeistert schlugen einige mit ihren Handflächen auf die Tische.

„Nach dem großen Sieg gegen die Franken, an denen ihr alle teilgenommen habt, scheint nun eine lang anhaltende Zeit des Friedens zu folgen. Die meisten werden sich darüber freuen. Doch ich selbst glaube nicht daran."
Überrascht sahen sie ihn an.
„Wieso denkst du das nicht?", rief einer der Krieger.
„Die Franken sind unsere stärksten Nachbarn und versuchen schon seit vielen Jahren das Thüringer Königreich zu erobern. Selbst wenn wir sie besiegen, so ist das noch kein Ende. Sie probieren es immer wieder und irgendwann wird es ihnen gelingen, wenn wir nicht in Übung bleiben. Daher denke ich, dass wir uns nicht auf die faule Haut legen dürfen und mit unseren Kampfübungen fortfahren müssen, so, wie wir das in den letzten zwei Jahren getan haben."
„König Herminafrid hat aber noch nichts über einen bevorstehenden Krieg gegen die Franken gesagt", meinte Ulrich. „Wir waren zu der Ehrung auf der Tretenburg und da hatte der König zu uns gesprochen und gemeint, dass nun unsere Waffen für lange Zeit ruhen können."
Harald antwortete: „Unser König ist ein Mann des Friedens und so schlecht, wie die Franken sind, kann er gar nicht denken. Es ist nur meine Meinung, doch bin ich mir da ganz sicher. In den letzten beiden Jahren habe ich mich viel mit diesem Volk beschäftigt und ich denke, dass sie schon in wenigen Jahren unsere Westgrenze erneut überschreiten werden. Doch dann werden sie ein riesiges Heer mit sich führen, wie wir es noch nie gesehen haben."
„Ich denke doch, dass der König mit den Franken einen Friedensvertrag abschließt und dann ist Ruhe für alle Zeit", meinte Ulrich.
„Ihr werdet es sehen, es wird keinen Vertrag geben und Ruhe werden wir keine haben."
„Das sind keine guten Aussichten, die du uns da nennst", sprach Ulrich.
„Doch, was können wir allein ausrichten, wenn die Franken kommen?"
„Es ist richtig, dass wir allein nicht viel tun können. Deshalb müssen wir unsere Wehrbereitschaft verstärken."
„Wie soll das aussehen?", wollte einer der Krieger wissen.

„Wie ich schon sagte, müssen wir unsere Kampfübungen fortsetzen. Da ich das selbst nicht übernehmen kann, so soll einer von euch, das tun. Wer sich dafür geeignet hält, der hebe seine Hand.“ Nach einer längeren Diskussion untereinander hoben vier Männer ihre Hand hoch.
„Das ist gut, dass ihr euch meldet. Wir können nun durch eine Wahl oder einen Wettstreit den Truppführer ermitteln.“ Wieder wurde laut diskutiert.
Harald ermahnte zur Ruhe. „Wer dafür ist, dass wir einen Wettstreit ausführen, der zeige dies an!“ Die meisten Krieger streckten ihre Arme hoch. Das war eindeutig.
„Wir werden also am nächsten Vollmondtag mit dem Wettstreit beginnen und den Besten ermitteln. Ihr sollt mit Pfeil, Speer und der Axt ins Ziel treffen und das zu Fuß und zu Pferd. Wer als Sieger dabei hervorgeht, soll Truppführer des Oberwipgaus sein.“
Die Begeisterung über den bevorstehenden Wettkampf war bei allen groß und Harald hatte Mühe, wieder Ruhe zu schaffen.
„Ich bin aber noch nicht fertig. Eine weitere Möglichkeit uns gegen die Franken zu wappnen ist, unseren Schutz zu erhöhen.“
„Was meinst du damit?“, riefen gleich einige Ungeduldige.
„Das will ich euch sagen. Gehen wir einmal davon aus, dass die Franken in ein paar Jahren mit einem riesigen Kriegsheer in unser Land einfallen und uns besiegen. Was würden sie dann tun?“
Alle sahen verdutzt Harald an. Nach einer Weile fuhr er fort: „Sie würden natürlich brandschatzen und rauben. Kreuz und quer würden sie bis zum einbrechenden Winter durch unser Land ziehen und dort, wo sie hinkommen, ist dann nichts mehr, wie es war.
Die einzige Möglichkeit zum Überleben ist unauffindbar zu sein. Würden wir im Gebirge, in einem der unzugänglichen Täler oder in den sumpfigen Flussauen leben, so wären wir von der Natur genügend geschützt, denn keiner würde sich dorthin wagen. Aber wir leben nun einmal hier und auswandern wollen wir nicht. Deshalb müssen wir unseren Gau zu einer natürlichen Festung ausbauen.“

„Was meinst du damit?", fragte Ulrich ungläubig und die anderen nickten ihm bestätigend zu.
„Wir leben hier wie in einem riesigen Becken. Im Westen liegen die Rinsberge und im Norden sind auch Berge. Im Osten und Süden haben wir Sumpfgebiete. Es sind nicht mehr als zehn Wege, die in unseren Gau führen. Wenn fremde Krieger durch unser Reich ziehen, so wählen sie die bekannten Handelsrouten, um schnell und sicher vorwärts zu kommen. Dort, wo kein Weg hinführt, ist normalerweise nichts zu holen. Also werden wir die Anzahl der Zugänge zu unserem Gau verringern und die Grenzen mit Dornenhecken unzugänglich machen. Somit findet kein Franke hierher und wir könnten dann möglicherweise überleben und unser Gut retten. Wir machen es wie die Igel, an die keiner leicht herankommen kann, ohne sich zu stechen."
„Schaden kann es nicht, wenn wir unser Gebiet so absichern, ganz gleich, ob es einen Krieg gibt, oder nicht. Wir haben alle unsere Siedlungen mit Zäunen und Mauern gegen die Wölfe und Bären geschützt. Warum sollen wir nicht auch den ganzen Gau vor den Franken sicher machen können?", meinte Ulrich.
Es meldeten sich noch viele zu Wort und es gab verschiedene Vorschläge, was man tun könnte. Harald gefiel, dass sich alle Gedanken darüber machten und mithelfen wollten. Er dachte daran, dass diese gemeinsame Unternehmung die Sippen im Gau noch weiter zusammenrücken ließe. Kleine Streitereien zwischen ihnen würden schnell ein Ende finden.
Es gab nun einen gemeinsamen äußeren Feind, die Franken, und deshalb musste man zusammenhalten, wie Pech und Schwefel. Die Diskussion darüber hielt noch lange an. Einigen Kriegern wurde die Zunge schwer durch den reichlichen Met und das würzige Bier. So verabschiedeten sich die meisten am späten Nachmittag, um rechtzeitig vor dem Dunkelwerden noch zu Hause anzukommen.
Harald war mit diesem Tag sehr zufrieden. Er hatte alles erreicht, was er sich wünschte. Dass man ihn zum Gaugrafen wählt, das hatte er gehofft. Er war sich dessen aber nicht sicher. Nun konnte er sich der Absicherung des Gaus

widmen. Die Idee dafür hatte er schon lange. Sie kam ihm vor vielen Monden auf seinen Reisen durch das Thüringer Königreich.
Hier konnte er sehen, dass die Zufahrten zu manchen Gauen im Gebirge und in den sumpfigen Auen sehr beschwerlich waren. Wenn es schon für ihn nicht leicht war, bei bestem Wetter und mit ortskundigen Führern dorthin zu gelangen, wie schwer musste es für einen Krieger aus einem fremden Reich sein. Diese so geschützten Gaue waren wie eine Festung und für einen Feind ein zu hohes Risiko, dort einzudringen.

Am Abend kam Baldur aus Alfenheim zurück. Er fragte Hartwig, ob sein Wegbleiben auch niemand aufgefallen war. Der konnte ihn beruhigen.
Für den nächsten Tag hatten sie sich vorgenommen, zur Entenjagd an den Eichelsee zu gehen und fragten Amalafred, ob er mitkommen wollte. Er sagte zu. Die Nacht war sehr kurz für die kleine Jagdgesellschaft. Nach Mitternacht brachen sie auf und es war um diese Zeit noch dunkel. Hartwig hatte Haralds Hund mitgenommen, der im Aufspüren von Enten abgerichtet war.
Nach einer Stunde waren sie am See angelangt und gingen auf einem Wildpfad zu einer freien Wasserstelle im Schilfgürtel. Die ersten Sonnenstrahlen zeigten sich am Horizont. Der Hund stand wie versteinert am Ufer und beobachtete aufmerksam die Wasseroberfläche.
Die drei Jäger legten Pfeile auf die Bögen und warteten ganz ruhig. Da, auf einmal wurde der Hund ganz aufgeregt. Sie ließen ihn laufen. Sogleich sprang er ins Schilfdickicht und war verschwunden.
Hartwig deutete mit seinen Fingern in die Richtung, wo er die Enten erwartete. Es war immer noch still. Auf einmal schwammen aus dem Schilf ein paar Entenpärchen, genau auf die Wasserstelle vor ihnen zu.
Alle drei schossen geschwind ihre Pfeile ab. Die Enten versuchten eilig zu entfliehen und flatterten in geringer Höhe über dem Wasser davon. Zwei Enten waren getroffen. Amalafred stieg gleich in das nur kniehohe Wasser, um sei-

ne Jagdbeute zu holen. Hartwig ließ sich seine Ente vom Hund bringen.
„Willst du es noch einmal versuchen?“, fragte er Baldur.
„Nein, ich glaube das hat keinen Zweck mehr. Die meisten sind im Schilfgürtel aufgestiegen und am jenseitigen Ufer gelandet. Wir müssten um den großen See herumlaufen, um in Schussweite zu kommen, doch das wäre zu weit.“
„Na gut, wie du willst. So können wir gleich wieder nach Hause gehen, wenn Amalafred seine Ente gefunden hat. Wo ist er denn nur geblieben?“
Amalafred war im Schilf verschwunden und suchte angestrengt nach dem getroffenen Vogel. Der Pfeil war jedoch nur in den Flügel eingedrungen und das verletzte Tier suchte im Schilf Schutz. Hartwig schickte den Hund nach, um die Ente zu finden. Der stöberte sie bald auf und Amalafred konnte sie mit den Händen greifen. Mit seiner noch lebenden Jagdbeute stieg er aus dem Wasser.
„Du musst sie noch töten“, sagte Hartwig.
„Das kann ich aber nicht“, entgegnete der Prinz.
„Wieso nicht, du hast sie doch mit dem Pfeil getroffen?“
„Es ist etwas anderes, ein Tier aus der Ferne zu erlegen.“
„Das verstehe ich nicht?“ meinte Hartwig etwas mürrisch, griff nach der Ente und schnitt ihr mit seinem Taschenmesser die Kehle durch.
Zu seinen Füßen sah er Blut. „Was ist das?“ fragte er überrascht, „das kann doch nicht alles von der Ente sein.“
Jetzt blickten alle auf den Boden.
„Amalafred, du bist es, der so stark am Bein blutet. Du hast dich bestimmt im Schilf geschnitten. Lass mich einmal sehen!“ Amalafred hob seinen Fuß und das Blut tropfte langsam zu Boden.
„Das ist eine große Schnittwunde an deiner Fußsohle. Damit kannst du unmöglich nach Hause gehen. Baldur und ich werden dich erst einmal aus dem Schilf tragen.“
Sie legten ihre Hände kreuzweise zusammen und bildeten einen Tragesitz. Vorsichtig setzte sich Amalafred darauf. So brachten sie ihn aus der Schilfzone heraus.
Auf der Wiese angekommen, legten sie ihn auf den Boden und besahen sich die Wunde genauer. Sie war noch voller

Schlamm und dazwischen sickerte das Blut durch.
„Wir müssen aufpassen, dass er keine Blutvergiftung bekommt. Sonst müssen wir ihm noch das Bein abtrennen“, meinte Baldur scherzhaft.
„Du hast recht. Ich weiß schon was wir tun können“, sagte Hartwig und suchte im Gras ein paar Blätter Spitzwegerich. Die zerknitterte er in der Hand, nahm sie in den Mund als wollte er sie kauen und legte sie dann auf die Wunde. Von seinem Hemd riss er den Saum ab und verband damit Amalafreds Fuß. Die beiden Prinzen schauten ihrem Freund bewundernd zu, wie gekonnt er das machte.
„Wir werden unseren Verwundeten jetzt zu der Hütte des Kräuterweibs tragen, die hier am See wohnt und sich mit allerlei Krankheiten gut auskennt. Sie hat bestimmt eine Heilsalbe.“
Hartwig packte Amalafred wie einen Getreidesack auf den Rücken und Baldur nahm alle Köcher und Bögen. So gingen sie zu der Hütte der Kräuterfrau. Vor ihrer Tür war eine Bank, auf die er ihn absetzte.
„Hallo, ist da wer?“, rief er und klopfte an die Holztür.
Alles blieb ruhig. Nochmals schlug er mit den Fäusten dagegen, doch es rührte sich nichts.
„Vielleicht ist niemand da“, meinte Baldur.
„Das glaube ich nicht, aber sonderbar ist es schon“, sagte Hartwig und lief um das Haus herum. Als er wieder an der Tür anlangte, klopfte er abermals und legte sein Ohr an die grob behauenen Bretter.
„Ich glaube jetzt hat sich etwas da drinnen bewegt“
„Ich kann nichts hören, du bildest es dir bestimmt nur ein“, meinte Baldur. „Es ist besser, wenn wir gehen und Amalafred nach Hause tragen.“
„Das ist aber eine ganz schöne Strecke und sehr leicht ist er nicht gerade.“
„Du wirst das schon schaffen, so gut wie du gebaut bist“, meinte sein Freund und musste dabei lächeln.
„Allein packe ich das nicht, wir müssten uns dann schon abwechseln.“
„Dann ist es besser, wir lassen ihn hier zurück und holen unsere Pferde.“

„Ihr könnt mich doch nicht allein lassen“, rief der Prinz. Hartwig bemerkte die Angst in seinen Worten und er tat ihm leid.
„Sei ohne Sorge, wir lassen dich nicht hier! Entweder nehmen wir dich mit, oder ich gehe allein nach Rodewin und hole unsere Pferde.“
Aus dem Hausinneren war jetzt ein Knarren zu hören, so als wenn eine Holzbank verschoben wurde. Langsam öffnete sich die Tür um einen schmalen Spalt und eine junge Frau schaute verschlafen auf die drei Frühaufsteher.
„Was wollt ihr so zeitig am Morgen bei uns?“, fragte sie verwundert.
„Unser Freund hat sich bei der Entenjagd am Fuß verletzt und kann nicht mehr gehen. Wir wollten deine Mutter fragen, ob sie ihm helfen kann“ antwortete Hartwig.
„Sie ist nicht da und sucht um diese Zeit Kräuter und Pilze im Wald. Ich weiß nicht, wann sie zurück sein wird.“
„Können wir hier auf sie warten?“, fragte er die junge Frau.
„Das könnt ihr“, sprach sie und verriegelte von innen wieder die Tür.
„Jetzt heißt es möglicherweise lange ausharren. Vielleicht sollten wir den Verwundeten nun doch allein hier, in der Obhut der hübschen Maid lassen und unsere Pferde holen? Was meinst du dazu, Amalafred.“
„Gut, aber bleibt nicht so lange weg und bringt etwas zu Essen mit. Ich bin schon fast am verhungern.“
Hartwig und Baldur liefen eilig auf dem Feldweg in Richtung Rodewin. Amalafred saß auf der Bank vor dem Haus und hatte seinen verletzten Fuß hochgelegt. Die aufgehende Sonne schien ihm ins Gesicht und wärmte ihn auf. Die Tür der Hütte öffnete sich abermals und die junge Frau kam heraus und hatte eine Holzschale in der Hand.
„Hier nimm diesen heißen Tee, damit du nicht frierst“, meinte sie und reichte ihm die Schale.
Amalafred nippte ganz vorsichtig daran. Das Getränk schmeckte angenehm nach Waldbeeren. Die Frau sah ihn an und sagte: „Ich heiße Ferun und wie heißt du?“
„Amalafred“, antwortete er kurz.
„Was ist dir denn passiert?“

„Ich habe mich im Schilf verletzt, es hat ein wenig geblutet."
„Zeig es mir, vielleicht kann ich dir helfen!"
Er hob seinen Fuß und wollte den Lappen entfernen.
„Lass nur, ich mache das selber!", sagte sie und setzte sich auf die andere Bankseite. Sie wickelte den verknoteten und blutdurchtränkten Stoffstreifen auf und besah sich die Fußsohle.
„Das sieht nicht sehr gut aus", meinte sie. „Die Wunde ist groß und muss erst einmal gründlich gereinigt werden." Sie blickte zur Haustür und rief: „Helga, bringe mir heißes Wasser." Zu Amalafred gewandt sagte sie leise: „Helga ist meine jüngere Schwester."
„So, so", bemerkte er kurz. „Du redest wohl nicht so gern, weil du nichts sagst? Oder hast du starke Schmerzen?"
„Es sind die Schmerzen", meinte er und verzog das Gesicht zu einem Grinsen. Das Lächeln schien sie versöhnt zu haben, denn sie fuhr mit dem Erzählen fort.
„Ich lebe hier mit meiner Schwester Helga und der Mutter, die man die Kräuterfee nennt. Du warst bestimmt noch nie hier, denn an dich hätte ich mich erinnert?"
„Ja, aber es ist sehr schön an diesem See. Wo ist denn dein Vater?"
„Der ist lange tot. Er starb an einer Erkältung. Wir lebten schon immer hier im Wald, denn er war Köhler. Als er gestorben war, wollte meine Mutter nicht mehr zu ihrer Sippe zurück und blieb hier. Sie kennt sich gut mit Kräutern aus und hilft denen, die eine Medizin benötigen."
„Sammelst du selber welche?", wollte Amalafred wissen.
„Ich kenne die meisten Heilpflanzen, aber mit meiner Mutter kann ich mich noch lange nicht messen. Sie sucht ständig nach neuen Rezepturen und probiert alles vorher an sich selbst aus."
Inzwischen kam Helga mit einem Holzeimer. „Hier ist das heiße Wasser", sagte sie und sah Amalafred ins Gesicht und dann erst auf seinen verletzten Fuß. Als sich ihre Blicke begegneten, hatte er ein gar sonderbares Gefühl. Ihm schien das Blut in den Kopf zu steigen.
Beide Frauen kümmerten sich nun um seine Wunde. Sie reinigten sie zuerst und Ferun sah nach, ob sich noch ein

paar Schmutzreste drinnen befanden. Es war eine reine Fleischwunde, ein glatter Schnitt. Wahrscheinlich durch eine der vielen Teichmuscheln. Da er seine Schuhe ausgezogen hatte, bevor er ins Wasser stieg, war das leicht möglich.
„Wenn meine Mutter hier wäre, dann wüsste sie vielleicht einen Spruch für die schnelle Heilung und du könntest bald wieder auftreten“, meinte Helga.
„Kann sie denn zaubern?“
„Nicht so gut wie Odin oder Freya, aber ein bisschen schon.“
„Ich hatte davon gehört, dass man Pferde damit heilen kann.“
„Ja, Odin hatte einmal das Fohlen von seinem Sohn Balder mit einem Zauberspruch gesund gemacht. Er sagte: ‚Knochen zu Knochen, Blut zu Blut, Glied zu Gliedern, so seien sie fest gefügt‘. Danach konnte das Tier wieder herumspringen. Aber wenn ich das sage, so wird es dir nicht helfen.“
„Du kannst es einmal versuchen, vielleicht gelingt es doch.“
Helga hielt ihre Hände über seinen verletzten Fuß und sprach dreimal den Zauberspruch.
„Hat sich die Wunde geschlossen?“, wollte Amalafred ungeduldig wissen. Ferun besah sich die Schnittstelle und meinte: „Wie es aussieht, muss meine Schwester noch ein wenig mit dem Zaubern üben. Es hat sich gar nichts verändert.“ Helga betrachtete ihre Hände und schien verärgert, dass es nicht funktionierte.
Ferun drückte an der Wunde herum, die danach stärker blutete. „Warum machst du das?“, fragte Amalafred verwundert.
„Das frische Blut spült den letzten Schmutz heraus und es kann sich dann besser neuer Grind bilden, der alles sauber verschließt“, sagte sie.
Amalafred betrachtete die Töchter der Kräuterfrau. Sie knieten vor ihm und versorgten bedächtig seinen Fuß. Beide waren älter als er und hübsch, wie er fand. Wenn sie sich nach vorn beugten, konnte er weit in den Ausschnitt sehen. Die einfachen Sackkleider aus derbem Stoff erlaubten einen Durchblick bis hinunter zu den Füßen. Bei jeder Bewe-

gung wippten ihre großen Brüste hin und her und auf und ab. Am liebsten hätte er nach ihnen gefasst. Helga merkte wohl, wohin seine Augen starrten, doch ließ sie sich nichts anmerken. Ungeniert und unbefangen bot sie ihm weitere Einblicke.

Als Ferun mit dem Verband fertig war, strich sie Amalafred über den Unterschenkel. „Du hast sehr schöne Beine und die Haut ist so zart, wie bei einer Frau. Ein Bauernsohn scheinst du nicht zu sein, denn die haben in deinem Alter schon oft Schwielen und Hornhaut. Wer bist du?"

„Ich komme von weit her, aus dem Oberreich und bin nur ein paar Tage zu Besuch in Rodewin."

„In Rodewin?", fragte Helga, „dort haben sie die herrlichen weißen Pferde. Manchmal kommen sie bei uns vorbei, wenn sie zu den Bergweiden ziehen. Das sieht immer sehr schön aus."

„Ja, das sind sehr prächtige Tiere."

„Hast du mit Pferden zu tun?"

„Ich bin Pferdeknecht beim König."

„Da bist du richtig zu beneiden, dass du sie immer in deiner Nähe haben kannst", meinte Helga. Amalafred nickte. Wer er wirklich war, verschwieg er lieber. Als Pferdeknecht war er den beiden bestimmt lieber.

Auf dem Weg sahen sie zwei Reiter und drei Pferde auf die Hütte zu kommen. Es waren Hartwig und Baldur. Sie sprangen von ihren Rössern und gingen zu der Holzbank.

„Wirst du reiten können, Amalafred?", fragte ihn Hartwig.

„Ja, es wird bestimmt gehen. Ich habe einen neuen Verband."

Ferun bot den Ankömmlingen Tee an. Sie tranken einen kleinen Schluck und bedankten sich. Baldur hatte es eilig. Er wollte noch gern nach Alfenheim zu seiner Geliebten reiten. Vorsichtig halfen sie Amalafred auf das Pferd.

„Euer Freund kann morgen zu uns kommen, damit wir nach seiner Wunde sehen", bot Ferun an.

„Das kann er gern tun", meinte Hartwig und bedankte sich bei den beiden Frauen für die Hilfe. Er fragte sie, ob er ihnen eine der erlegten Enten als Dankeschön überlassen darf, doch sie winkten ab. Sie aßen kein Fleisch. Verwundert sahen die Männer die Frauen an und ritten davon.

2. Freyas Insel

In Rodewin gab es große Aufregung, als Hartwig mit Amalafred auf dem Rücken in das Haus von Harald trat. Jeder wollte gleich wissen, was sich zugetragen hatte und ob es etwas Schlimmes wäre.
Der Prinz erzählte von seinem Missgeschick bei dem Jagdausflug. Da nichts weiter passiert war, beruhigten sich alle schnell wieder. Er durfte Harald im Wohnraum Gesellschaft leisten. Die beiden unterhielten sich über vielerlei Dinge.
Hartwig und Baldur ritten nach dem Frühstück weg, denn Baldur wollte wieder seine Ursula in Alfenheim besuchen und sein Freund sollte ihn begleiten. Lust hatte er keine, mitzukommen. Ihm gefiel es mehr, durch den Wald zu ziehen und zu jagen. Hartwig war jedoch Baldur zur Gefolgschaft verpflichtet und so musste er sich fügen.

In Alfenheim waren alle zu Hause. Baldur fand bald eine Gelegenheit, um mit Ursula allein zu sein. Hartwig ging auf den Hof. Hier hörte er Lärm aus der Schmiede. Er lief hin, um nachzusehen. Ulrich und sein Sohn Udo standen am Amboss und hämmerten im Gleichtakt auf die Klinge eines Dolches. Das Feuer schürte der ehemalige Bergmann. Ulrich hatte ihn und seine Familie vor einiger Zeit in seine Sippe aufgenommen.
Hartwig konnte sich noch an das Unglück in der Bergleutesiedlung erinnern. Dort gab es einen starken Wassereinbruch in den Stollen und die meisten Bergleute sind danach fortgezogen. Der Bergmann, den Ulrich aufnahm, war seit vielen Jahren ein guter Freund von ihm und hatte sich schnell und gut in seine neue Arbeit als Schmiedegehilfe hineingefunden.
Hartwig sah den drei Männern eine Weile zu. Als sie eine Pause machten, fragte er sie, ob er mithelfen dürfe. Udo reichte ihm die Zange, in der ein noch glühendes Eisenstück eingeklemmt war.
„Lege es auf den Amboss und halte es fest!“ Ulrich schlug vorsichtig mit seinem Hammer auf das glühende Metallstück. Nur leicht verformte es sich. Nach einer Weile fragte

er ihn, ob er selber einmal zuschlagen wolle. Hartwig nickte. Udo reichte ihm einen leichten Hammer. Die Anstrengung war jedoch bedeutend größer, als die Zange zu halten und schon nach kurzer Zeit konnte er kaum noch den Hammer in die Höhe bringen. Die Schläge saßen dann nicht mehr so genau.
„Wir machen eine Pause und da kann ich dir einmal ein ganz besonderes Stück von mir zeigen“, sagte Ulrich und legte das noch immer heiße Eisen in das Schmiedefeuer zurück. Er ging zu einem Regal, auf dem verschiedene, bearbeitete Eisenstücke lagen. Unter anderen waren da ein paar Schwertklingen dabei.
„Hier habe ich es“, sprach er und reichte Hartwig das noch nicht ganz fertige Schwert. „Es muss noch geschliffen werden und ein Griff wird auch noch montiert, aber sieh nur selbst, was das für eine Klinge ist! So etwas hast du bestimmt noch nie gesehen?“
Hartwig nahm das Eisen in die Hände und betrachtete es. „Ich kann nichts besonderes daran erkennen“, sprach er und wippte es prüfend in der Hand.
„Na, dann wollen wir einmal sehen, ob du das noch sagst, wenn wir die Klinge ausprobiert haben.“ Udo brachte eine Hanfkordel und er umwickelte damit das Griffstück. Dann gingen sie zu einem kleinen, armdicken Baum, der am Rande des Hofes stand. Udo holte mit dem Schwert aus und trennte mit einem Hieb den Baumstamm in Mannshöhe durch.
„Das war ein guter Streich“, sagte Hartwig anerkennend.
„Das könnte ich auch mit einem anderen guten Schwert tun. Mit dem hier kann ich aber noch viel mehr.“ Er holte einen Topf aus getriebenem Kupferblech aus der Schmiede und stülpte ihn über den abgeschnittenen Baumstumpf. Dann hieb er mit dem neuen Schwert senkrecht auf den Boden des Topfes und zerschnitt ihn in der Mitte. Der Hieb war so gewaltig, dass der Stamm bis zum Fuß auseinander ging.
„Das ist noch besser“, meinte Hartwig überrascht. „So etwas habe ich noch nie gesehen.“
Udo reichte ihm das Schwert und Hartwig prüfte die Schneide. Es war keine Einkerbung zu erkennen.

„Was habt ihr nur für einen Stahl verwendet?“, fragte er verwundert.
Ulrich grinste ihn vielsagend an. „Was meinst du, Udo, wollen wir es ihm verraten?“
„Wenn er es keinem weitersagt, so darf er es erfahren.“ Hartwig nickte bejahend mit dem Kopf.
Ulrich nahm das Schwert in die Hand und hielt es prüfend gegen die Sonne.
„Du wirst dich bestimmt noch an das Messer erinnern, das ich dir und Baldur einmal gezeigt hatte. Es war ein Geschenk von Theoderich, dem König der Ostgoten. Die Oberfläche der Klinge schaute ganz eigenartig aus. Es waren viele dünne wellenartige Streifen darauf zu sehen. Lange blieb mir das ein Rätsel. Als vor ein paar Wochen ein alter Schmiedemeister vom Rynnestig bei mir war, hatte ich ihm das Messer gezeigt. Er hatte eine Idee und wir probierten sie gleich aus.“
„Was habt ihr denn gemacht?“
„Sei nicht so ungeduldig! Ich werde es dir schon noch verraten“, entgegnete Ulrich schmunzelnd.
„Wir haben zwei alte Schwerter ausgesucht. Eines hatte viele Einkerbungen und es ließen sich mit einem Hammer leicht neue Kerben einschlagen. Das war ein sehr weicher Stahl. Das zweite Schwert hatte wenig Kerben, obwohl es oft verwendet wurde. Es war jedoch sehr spröde und ließ sich kaum biegen. Die beiden sehr unterschiedlichen Stahlklingen legten wir übereinander und verbanden sie durch wiederholtes Glühen und Hämmern. Dann haben wir sie immer wieder gefaltet und auf gleiche Weise zusammengeschmiedet. So hatten wir am Ende ein Stück mit sehr vielen Lagen des weichen und spröden Stahls. Das haben wir dann zu der Schwertklinge ausgetrieben. Sie hat somit die Eigenschaften der früheren weichen und harten Klinge.“
„Die feinen wellenartigen Streifen kann ich aber nicht erkennen“, meinte Hartwig.
„Die sieht man erst, wenn die Klinge geschliffen und poliert ist.“
„So ein Schwert möchte ich haben, Ulrich! Kannst du mir eines fertigen?“

„Das wäre möglich, aber das dauert seine Zeit und du müsstest mir dabei helfen."
„Das werde ich gern tun, können wir gleich damit anfangen?"
„Na gut, wenn es dir so wichtig ist, so wollen wir sofort damit beginnen!"
Sie suchten zwei geeignete Altschwerter aus und der Bergmann schürte das Schmiedefeuer. Für Hartwig war die ungewohnte Arbeit sehr anstrengend und nach kurzer Zeit konnte er kaum noch den Arm heben. So wechselte er sich mit Udo ab und hielt die Schmiedestücke mit der Zange fest. Im gleichmäßigen Wechsel schlugen Ulrich und Udo mit ihren Hämmern auf die übereinander gelegten glühende Schwertklingen und schmiedeten sie zusammen. Sie gönnten sich nur wenige Pausen. Am späten Nachmittag hörten sie auf. Es lag noch viel Arbeit vor ihnen und Hartwig versprach, am nächsten Tag wieder zu kommen und zu helfen.
Baldur war darüber sehr froh. Die Arbeit würde seinen Freund bestimmt ein paar Tage hier in Anspruch nehmen und keinem würde es in Rodewin auffallen, wenn er mit ihm jeden Tag nach Alfenheim ritt.

Am nächsten Morgen wollte Amalafred zur Hütte der Kräuterfrau, um nach seiner Wunde sehen zu lassen. Hartwig bot ihm an, dass sie zu dritt dorthin reiten könnten. Es war kein großer Umweg, um vom Eichelsee nach Alfenheim zu kommen. Sie standen zeitig auf, aßen hastig einen kalten Brei vom Vortag und ritten gleich los. Jeder von ihnen hatte es eilig, an sein Ziel zu kommen. Sie bogen nach dem dritten Waldteich links zum Eichelsee ab. Auf der Anhöhe konnten sie schon die Hütte der Kräuterfrau sehen. Als sie dort ankamen, öffnete sich die Tür und ein altes gebücktes Weib trat heraus.
„Die sieht wie eine Hexe aus", sagte Baldur zu Hartwig mit verhaltener Stimme.
„Wer seid ihr?", fragte die Alte.
„Ich bin Hartwig aus Rodewin und das sind meine Freunde Amalafred und Baldur."

„Kommt ruhig näher und setzt euch auf die Bank!“
Die jungen Männer taten wie ihnen geheißen wurde. Die Frau rief nach ihren Töchtern und die brachten drei Schalen mit Tee. Sie schienen gerade erst aufgestanden zu sein, denn ihre Haare waren noch ganz verstrubbelt.
„Ich habe schon gehört, was euch gestern passiert ist“, sprach sie und Amalafred nickte mit dem Kopf.
„So, so, und jetzt seid ihr gekommen, damit ich selber einmal nachsehe.“ Sie ging zu Amalafred und sah ihm in die Augen. „Jetzt zeig mir deinen Fuß! Ich will mir die Wunde ansehen.“
Ihre Tochter Ferun trat hinzu und hob das Bein hoch. Die Alte löste den Verband und betrachtete die Wunde. „Das ist schon fast verheilt. In ein paar Tagen wirst du wieder laufen können. Nur, wenn ich dich so ansehe, dann denke ich, dass du keine gute Durchblutung hast. Du bist sehr blass, mein Junge.“
Amalafred blickte besorgt zu der Frau auf und fragte: „Kann ich was dagegen tun?“
„Da gibt es etwas, doch das dauert seine Zeit. Zunächst würde ich dir zu ein paar Moorbädern und Abreibungen raten, damit das Blut wieder in Bewegung gerät.“
„Ich weiß aber nicht, wo man Moorbäder bekommen kann“, sagte Amalafred.
„Damit kann ich dir helfen, alles was du brauchst, gibt es bei mir, aber diese Behandlung dauert ein paar Tage.“
„Das ist mir schon recht, wenn es nur hilft.“ Amalafred sah fragend zu Hartwig.
„Wir können dich heute Nachmittag von hier abholen“, meinte er, denn er wollte endlich nach Alfenheim weiterreiten.
Die Frau sah ihn verwundert an und fragte: „Wieso habt ihr es so eilig?“
„Ulrich wartet auf uns. Er hilft mir ein Schwert zu schmieden.“
„Hast du so etwas schon einmal gemacht?“
„Gestern habe ich damit angefangen und nach ein paar Stunden konnte ich den Hammer nicht mehr anheben.“
„Das glaube ich dir. Zeig mir deine Handflächen!“
Zaghaft streckte Hartwig die Hände vor.

„Das habe ich mir gedacht“, sprach die Alte. „Du hast schon Blasen, die bald aufgehen und schmerzen werden. Ich kann dir mit einer Salbe helfen. Die musst du früh und abends einreiben, dann verheilen die Blasen schnell wieder.“
Sie lief in die Hütte und kam mit einer kleinen Holzschale zurück. Hartwig bedankte sich bei ihr und rieb sich gleich die Handflächen damit ein. Die Salbe hatte eine kühlende Wirkung, was ihm sehr angenehm war. Dann verabschiedeten sich Hartwig und Baldur und ritten in Richtung Alfenheim weiter.
Amalafred sollte nun allein den ganzen Tag in der Obhut der drei Frauen bleiben. Er war sich nicht sicher, ob es eine gute Idee war, der Behandlung mit den Moorbädern gleich zuzustimmen. Doch um in der Nähe der hübschen Töchter zu sein, nahm er dies gern auf sich und schaden würden ihm die Bäder bestimmt nicht.
Die Frauen hatten irgendetwas in der Hütte zu tun und ließen sich lange nicht mehr sehen. Schon glaubte er, dass sie ihn draußen auf der Bank vergessen hatten und er wollte sich bemerkbar machen. Da kam Helga mit einer Kanne Tee und schenkte ihm nach.
„Du musst heute viel trinken, denn das gehört zur Kur“, meinte sie verschmitzt.
„Du lächelst so vielsagend. Ist das eine unangenehme Behandlung, die ihr mit mir vorhabt?“, fragte er Helga.
„Nein, das nicht. Bisher haben alle sie lebend überstanden und du wirst danach wie ein neuer Mensch wieder heim können.“
Lachend lief sie in die Hütte zurück. Jetzt ließ sich die alte Frau sehen. Sie hatte einen Lederbeutel in der Hand und setzte sich zu ihm auf die Bank.
„Mein Junge, jetzt wird es noch eine ganze Weile dauern, bis es losgeht.“
„Kannst du mir sagen, was passiert?“
„Sei nicht ungeduldig und entspanne dich! Am besten, du gehst zum See und angelst. Fische fangen beruhigt am besten.“ Sie griff in ihren Lederbeutel und holte ein paar Schnüre heraus an deren Enden kleine eiserne Drahthaken verknotet waren.

„Ich werde mit meinen Töchtern frisches Moor stechen und Holz für das Feuer holen. Du kannst leider nicht gehen und uns bei der schweren Arbeit helfen.“
Amalafred sah sie bedauernd an. Laut rief sie nach ihren Töchtern, die Amalafred helfen sollten auf den Steg hinter dem Haus zu gehen.
Ferun brachte ihm einen langen Stab, auf den er sich beim Laufen stützen konnte und führte ihn behutsam zum Holzsteg hinter dem Haus. Der aus Baumstämmen gefertigte Steg war sehr schmal und führte durch das Schilf, bis zu einer offenen Stelle, von der man auf den ganzen See schauen konnte. Hier, am Ende des Stegs, setzte sich Amalafred nieder und ließ seine Beine über dem Wasser baumeln.
Ferun hatte den Beutel mit dem Angelzeug neben ihn gelegt.
„Wenn wir wieder aus dem Moor zurück sind, dann sehe ich nach dir.“
„Ist schon gut“, sprach er und zog den Stock, auf den er sich gestützt hatte zu sich heran. Dabei stieß er versehentlich an den Beutel, der ins Wasser fiel.
„Sapperlot“, rief er verärgert, „jetzt ist mir das Angelzeug ins Wasser gefallen.“ Er versuchte es mit dem Stock zu erreichen, doch dabei stieß er es immer weiter vom Steg weg. „Was mach ich nur?“
Ferun war im ersten Moment auch ratlos. Sie dachte an die Schelte von ihrer Mutter, wenn die Angelschnüre verloren gingen. Im Nu zog sie ihr Leinenkleid über den Kopf und stieg ins Wasser. Es reichte ihr bis kurz über die Taille. Eilig bewegte sie sich in die Richtung des Beutels, der immer weiter in die Mitte des Sees hinaus driftete. Endlich konnte sie ihn fassen. Glücklich kehrte sie damit zum Steg zurück.
„Du bist schon ein tolles Mädel, wie du das gemacht hast“, sagte Amalafred und half ihr aus dem Wasser. Er zog sein Oberhemd aus und reichte es Ferun. „Damit kannst du dich abtrocknen, damit deine Mutter nichts merkt.“ Sie nahm das Hemd und wischte sich damit die Wassertropfen ab.
Amalafred sah ihr dabei zu und erfreute sich am Anblick ihrer Bewegungen und der prallen wippenden Brüste. Es fiel ihr auf, dass er sie wie gebannt ansah.

„Gefalle ich dir?“, fragte sie ganz beiläufig. Wie aus einem Traum herausgerissen, schreckte er zusammen. Sein sonst so blasses Gesicht bekam Farbe. Das Blut schoss ihm in den Kopf und er fühlte, dass ihm heiß wurde.
Etwas zögerlich antwortete er: „Du bist sehr schön. Deine Rundungen sind eine große Augenweide und ich würde gern darüber streichen.“
„Das freut mich, dass ich dir gefalle. Wenn du willst, so darfst du mich einmal ganz kurz berühren.“ Sie setzte sich nackt neben ihn auf den Steg und er fasste mit einer Hand an ihre Brust. Wieder spürte er das Blut in seinem Kopf aufsteigen. Er strich vorsichtig über die eine und dann über die andere Brustwarze. Sie hoben sich dabei stark ab. Langsam zog sie seine Hand weg. „Das genügt“, sprach sie, „ich muss jetzt eilig zur Mutter.“
„Vielleicht könntest du mir hier Gesellschaft leisten, das würde mir besser gefallen.“
„Das kann ich mir vorstellen“, entgegnete sie trocken, stand auf und zog sich ihr Kleid über.
„Wenn wir wieder zurück sind, dann komme ich nach dir sehen. Doch bis dahin musst du fleißig sein und ein paar Fische fangen. Pass aber auf, dass dir der Beutel nicht noch einmal ins Wasser fällt!“
Sie rannte auf dem Steg zurück zur Hütte und Amalafred sah ihr versonnen nach. Ferun war um einige Jahre älter als er, doch das störte ihn nicht. Im Gegenteil, es schien sein Verlangen nach ihr noch zu verstärken.
Er hob nun den Beutel auf und blickte hinein. Neben den Angelschnüren war noch eine kleine Holzschachtel drinnen, in der sich Regenwürmer für die Angelhaken befanden. Damit ihm die Schnüre nicht aus Versehen ins Wasser fielen, band er das freie Ende an den Stock, der neben ihm lag, spießte die Würmer auf die Haken und warf sie ins Wasser. Eine Elle lang hinter dem Haken befand sich noch ein leichtes Holzstück, das als Schwimmer diente. Somit bewegte sich der Wurm in der richtigen Höhe unter der Seeoberfläche und konnte von den Fischen gut gesehen werden. Fünf Schnüre schwammen nun im Wasser und warteten auf ihre Beute. Amalafreds Gedanken waren bei Ferun und er

konnte sich gut ein kleines Techtelmechtel mit ihr vorstellen. Vielmehr dürfte dabei nicht herauskommen.
Hartwig hatte ihm gesagt, dass die Töchter Dienerinnen der Göttin Freya waren. Solche Frauen geben ihre Liebesdienste für Geschenke. Wenn das so wäre, dann brauchte er sich keine Sorgen wegen nachfolgender Komplikationen machen oder Gewissensbisse haben. Nur richtig verlieben durfte er sich nicht in sie, das wäre nicht gut.
Amalafred blickte auf den See und versuchte seine Gedanken auf etwas anderes zu lenken, als auf die schöne Ferun, doch es gelang ihm nicht. Da, auf einmal bewegte sich eines der Holzstücke und versank kurzzeitig im Wasser. Amalafred suchte hastig die passende Schnur und zog mit einem kräftigen Ruck daran. Eilig holte er die Schnur ein. Am Haken hing ein Fisch. Es war ein guter Fang. Er legte ihn neben sich zwischen die Holzbalken des Stegs und präparierte den Haken mit einem neuen Regenwurm. Bis zur Mittagszeit hatte er fünf große Fische und ein paar kleine gefangen.
Ferun kam zu ihm, um ihn abzuholen. Sie war erstaunt, welches Anglerglück er hatte.
„Da wird sich meine Mutter sehr freuen und wir werden eine gute Fischsuppe zubereiten."
Amalafred holte die Angelschnüre ein und verstaute sie wieder ordentlich im Beutel. Ferun legte inzwischen alle Fische in einen Sack. Sie musste ihn allein tragen, denn Amalafred hatte mit sich selbst und der Stockstütze genug zu tun.
Als sie an der Hütte ankamen, war die Freude über den guten Fang groß. Helga begann sofort die Fische auszunehmen und zu entschuppen.
Ihre Mutter und Ferun kümmerten sich um das Moor. In Ledersäcken hatten sie die schwarze Erde zur Hütte getragen. Das musste sehr mühsam gewesen sein, dachte sich Amalafred. Er war mit in die Hütte gekommen und sah den Frauen bei ihrer Arbeit zu. Jede wusste, was sie zu tun hatte. Keine stand der anderen im Wege. In einem großen Kessel wurde die Moorerde erwärmt. Ferun rührte die schwarze Masse ständig um. Ihre Mutter nahm bestimmte Kräuter aus verschiedenen kleinen Weidenkörben und warf

eine kleine Prise davon in den Kessel. Andere Kräuter gab sie in einen tönernen Topf und goss heißes Wasser darüber. Von diesem Tee nippte Amalafred nur. Der Tee schmeckte sehr bitter.
„Das schmeckt grausig. Muss ich wirklich alles trinken?"
Die Alte sah ihn mit einem bösen Blick an.
„Ja! Kein Tropfen darf daneben gehen. Das ist nämlich ein Zaubertrank. Der wird dich von Innen so richtig beleben."
Widerwillig schluckte Amalafred das bittere Zeug hinunter. Inzwischen hatte der schwarze Brei im Kessel die richtige Temperatur.
„So, jetzt bekommst du gleich die Moorpackung", sagte die Alte. Sie wischte mit einem nassen Lappen über den großen Tisch, der in der Mitte des Raumes stand und legte eine grobe dicke Wolldecke darüber. Ferun verteilte darauf den heißen Moorbrei.
„Jetzt kannst du dich ausziehen", sagte sie zu Amalafred.
Unsicher und ein wenig verschämt entledigte er sich seiner Kleider und legte sich auf die Decke. Ferun goss ihm langsam den warmen Schlamm über den Körper und strich ihn mit den Händen breit.
Amalafred musste seine Arme an den Köper legen und sie wickelte ihn mit der Wolldecke fest ein. Es dauerte nicht lange und ihm wurde heiß. Der Tee und die Moorpackung trieben den Schweiß aus allen Poren. Anfangs war das ganz angenehm, doch als es ihm immer heißer wurde, wäre er am liebsten gleich in den See zum Abkühlen gesprungen. Doch damit musste er noch eine Weile warten.
Die alte Frau saß auf einem Schemel neben ihm und hatte ihre Hand auf seine Stirn gelegt. Dabei murmelte sie fortlaufend unverständliche Worte. Wozu das gut sein sollte, konnte er sich nicht denken. Möglicherweise waren es Zaubersprüche oder etwas Ähnliches.
Als die Wärme kaum noch auszuhalten war, hielt sie inne. Ferun kam hinzu und wickelte die Decke auf. Mit ihren Handkanten strich sie das Moor von seiner Haut. Dann half sie ihm auf den Steg zur Wasserstelle zu gehen. Hier stieg er vorsichtig in das kühle Nass und wusch den Schlamm von seinem Körper. Das kalte Wasser tat ihm sehr gut.

Ferun wartete mit einer sauberen Wolldecke und hängte sie ihm über. Sie half ihm zurück zur Hütte zu gehen.
Helga hatte inzwischen den Tisch gesäubert und ein neues Tuch auf der Tischplatte ausgebreitet. „Leg dich wieder hin!“, befahl ihm die Alte. Ungern folgte er ihren Anweisungen. Er wusste nicht, welche Tortur das Kräuterweib diesmal für ihn bereithielt. Sie musste seine Gedanken erraten haben.
„Den schwierigsten Teil hast du schon überstanden. Jetzt massieren dich noch meine Töchter mit besonderen Ölen ein, die die Durchblutung fördern und dann ist die erste Behandlung vorbei. Deine Haut sieht jetzt schon viel besser aus.“
Die Alte ging nach draußen, um das Gemüse für die Fischsuppe vorzubereiten und es war ihr auch viel zu warm in der Hütte. Helga und Ferun hatten Schalen mit verschiedenen Kräuterölen bereitgestellt. Helga stand an der Stirnseite des Tisches und fing an, sein Gesicht zu massieren. Sie tauchte ihre Hände immer wieder in die mit dem Öl gefüllten Schalen. Ferun begann an den Füßen und arbeitete sich langsam nach oben. Oberhalb des Bauchnabels trafen sich beide und so ging es hin und her.
Amalafred kannte Massagen von zu Hause, aber eine so angenehme hatte er noch nie genossen. Die Prozedur dauerte über eine Stunde und er war so müde, dass er manchmal dachte, er wäre zwischendurch eingeschlafen. Die beiden Frauen schien es sehr anzustrengen. Ihnen lief der Schweiß in Strömen über das Gesicht und den Oberkörper. Sie hatten sich die Kleider ausgezogen und ein Leinentuch um den Bauch gebunden. Der Anblick ihrer schönen Körper hielt ihn wach. Als sie fertig waren, rieben sie ihn noch mit einem Tuch trocken und dann durfte er sich wieder anziehen.
Inzwischen hatte die alte Frau die Fischsuppe vorbereitet. Amalafred humpelte aus der Hütte und setzte sich zu ihr auf die Bank, vor dem Haus, in die Sonne. Die Behandlung hatte ihn sehr angestrengt und so schlief er im Sitzen ein. Er wusste nicht, wie lange er weggetreten war. Ferun strich ihm mit einer Feder unter der Nase entlang, so dass er aufwachte.

„Ich bin wohl ein wenig eingenickt?“, fragte er sie, noch ganz benommen.
„Das macht doch nichts. Ich bin gekommen, um dich zu holen.“ Sie stützte ihn beim Gehen.
Alle vier saßen an dem Tisch und begannen zu essen.
„So eine gute Fischsuppe habe ich noch niemals zuvor gegessen“, sagte Amalafred anerkennend zu der Kräuterfrau.
„Das liegt wohl daran, dass du selber die Fische gefangen hast“, meinte sie. Über diese scherzhafte Bemerkung mussten die Töchter lachen. Die Alte kicherte vor sich hin. Ihm war jedoch nicht klar, was daran so lustig war. Danach fragen, wollte er jedoch nicht. So schmunzelte er verständnisvoll vor sich hin.
Sie waren noch nicht mit dem Essen fertig, als sie vor dem Haus Geräusche hörten. Die alte Frau stand vom Tisch auf und lief nach draußen.
„Ihr seid schon da?“, rief sie überrascht.
„Wir sind etwas früher gekommen, als vorgesehen. Meine Hände konnten den Hammer nicht mehr halten.“
Hartwig und Baldur sprangen von ihren Pferden und banden sie am Zaun fest. Sie folgten der Frau in die Hütte.
„Ihr könnt etwas mitessen, wenn ihr mögt“, sprach sie und holte gleich zwei Holzschalen, die sie bis zum Rand füllte. Vorsichtig probierten die beiden die Suppe und waren überrascht, wie gut sie schmeckte. Sie fragten, ob sie noch mehr bekommen könnten und die Alte schenkte sichtlich erfreut nach.
Nach dem Essen räumten die Töchter die Schalen weg. Ihre Mutter sagte zu Hartwig: „Zeig mir einmal deine Handflächen!“
Hartwig streckte sie ihr hin. Einige Blasen waren aufgegangen und schmerzten, wenn er fest den Hammerstiel umfasste.
„Du musst weiter die Heilsalbe darauf geben und wenn du morgen mit dem Hammer arbeitest, dann zieh dir ein Leder über. Ich glaube, ich habe noch ein Stück hier.“
Die Alte stand auf und kramte etwas aus einer Ecke. Mit einem Messer schnitt sie vorsichtig vier Löcher in einer Reihe hinein.

„Zieh es an!“, forderte sie Hartwig auf. Das Leder bedeckte die offenen Blasen. Hartwig umfasste den Stock, der Amalafred zum Laufen diente. Er spürte keinen Schmerz mehr.
„Das ist gut! Morgen kann ich den Hammer wieder wie Thor schwingen. Ich danke dir.“
Amalafred schien nicht sehr erfreut von der frühen Rückkehr seiner Freunde. „Ihr wolltet doch erst später kommen“, meinte er.
„Hartwig war in großer Sorge, dass es dir schlecht ergeht“, sagte Baldur scherzhaft.
„Ich kann nicht klagen und morgen und an den nächsten Tagen wird die Behandlung fortgesetzt.“
„Eine Woche hast du noch Zeit dafür, aber danach müssen wir wieder zurück zur Burg.“
Helga fragte interessiert: „Ihr seid doch Pferdeknechte auf der Königsburg. Wie ist denn dort das Leben?“
„Das ist nicht so einfach zu erzählen. Alles ist anders, als hier“, antwortete Hartwig.
„Ich würde mir das gern einmal ansehen, doch es ist so weit bis dahin.“
„Das ist nichts für euch!“, bemerkte mürrisch die Alte.
„Setzt meinen Töchtern keine Flausen in den Kopf! Sie sind dazu bestimmt, der Göttin Freya zu dienen und nicht in der Welt draußen herumzuziehen.“
„Wer ist denn die Göttin Freya?“, wollte Amalafred wissen.
„Hast du noch nie etwas von Freya gehört?“, rief die alte Frau erstaunt aus.
„Nein, ich kenne sie nicht! Vielleicht kannst du mir etwas über sie erzählen.“
„Na gut, mein Junge, dann höre gut zu! Freya ist die germanische Göttin der Liebe. Sie ist wunderschön anzusehen.“
„So wie die Venus bei den Römern?“, erkundigte sich Amalafred.
„Die Venus kenne ich nicht“, entgegnete die Alte unwirsch, da er sie beim Erzählen unterbrach.
„Freya gehört zu den Vanen. Das ist neben den Asen ein zweites Göttergeschlecht, von dem man nicht weiß, woher es kommt. Einst führten die Asen und Vanen Krieg, den ersten Krieg in der Welt überhaupt. Da keine Seite ihn ge-

winnen konnte, tauschten sie Geiseln aus. So kam Freya mit ihrem Bruder und ihrem Vater zu den Asen. Die Vanen verstehen sich auf die Zauberei wie kein anderer und Freya ist eine große Zauberin. Es gibt keine schönere Frau auf der Welt, als sie. Freya fährt einen Wagen, den zwei Katzen ziehen und sie kann sich auch in einen Falken verwandeln. Doch der stärkste Zauber, den sie ausüben kann, ist die Liebe, mit dem sie Götter und Menschen beherrscht."

„Wenn du eine Dienerin der Freya bist, so hast du bestimmt einige ihrer Zauberkünste gelernt", wollte Hartwig wissen.

„Ja, all mein Wissen kommt von ihr. Als ich vor vielen Jahren meinen Mann verlor, war ich sehr unglücklich und hätte mir das Leben genommen, wenn nicht meine beiden Töchter da wären. Doch Freya gab mir die Kraft, weiter zu leben und ihr zu dienen. Meine Töchter dienen ihr jetzt auch und so soll es bleiben, solange wir leben."

„Wie ist denn dein Mann umgekommen?", wollte Baldur wissen.

„Er war schwer krank und hatte hohes Fieber. Niemand konnte mir sagen, was mit ihm war und so verstarb er in meinen Armen. Wenn ich daran denke, muss ich immer weinen." Sie rieb sich mit den Handrücken die Tränen aus den Augen.

Nach einer Weile fuhr sie mit ihrer Erzählung fort: „Es ist schwer für eine Frau, allein mit zwei Kindern zu überleben. Dein Vater, Hartwig, hatte mir damals dieses Land zugewiesen und die Hütte bauen lassen. Seitdem bin ich hier."

„Wovon lebt ihr in der Einsamkeit?", wollte Amalafred wissen.

„Wir bauen Gemüse an, suchen Beeren und Kräuter und fangen einen Fisch ab und an. Korn für das Brot tauschen wir gegen die Geschenke, die wir von den Menschen bekommen, denen wir helfen."

„Für deine Heilkräuter wirst du aber bestimmt nicht soviel erhalten, dass ihr euch genügend Getreide zum Leben eintauschen könnt."

„Es sind nicht nur die Heilkräuter, die gefragt sind, sondern ebenso die Dienste zu Ehren der Freya."

„Was sind das für Dienste?", fragte Amalafred neugierig.

„Freya schenkte vielen Männern ihre Liebe und erhielt dafür wunderbare Dinge. Das Schönste, was sie bekam war das Halsband Brisingamen."
„Erzähle davon!", bat Baldur.
„Gern, wenn ihr wollt!"
Alle lauschten gespannt.

„Freya stammt von den Vanen ab, das sagte ich schon und sie lebte mit ihrem Bruder Frey in Asgard, der Götterburg. Ihre Schönheit war unbeschreiblich. Dazu trug auch ihr feines Geschmeide bei, das man Brisingamen nennt. Vier Zwerge hatten es gefertigt und Freya wünschte sich, es zu besitzen. Doch die Zwerge wollten es ihr nur dann geben, wenn sie mit jedem von ihnen eine Nacht verbringen würde.
Das war eine anmaßende Forderung. Freya überlegte lange, denn sie wusste, dass Odin das nicht billigte. Ihr Verlangen stieg von Tag zu Tag und wurde so stark, dass sie sich über alle Bedenken hinwegsetzte. Sie ging zu den Zwergen und sagte, dass sie mit ihrem Angebot einverstanden wäre.
Die waren begeistert und der Älteste durfte die erste Nacht mit ihr verbringen. Er war sehr hässlich. Größer hätte kein Unterschied sein können, wie er zwischen den beiden bestand. Sie ließ alles mit sich machen und ertrug die widerwärtigsten Dinge, die er mit ihr anstellte.
Das Schmuckstück hielt sie dabei in der Hand und wenn sie den Zwerg kaum noch aushalten konnte, so betrachtete sie es sich. Wie durch einen Zauber löste der Anblick in ihr ein Wohlgefühl aus und machte sie glücklich. So wie mit dem Ältesten der Zwerge verliefen die drei weiteren Nächte mit den anderen dreien. Das kostbare Schmuckstück verstärkte ihre Zauberkräfte und es gibt noch so manche Geschichte darüber zu erzählen. Für mich und meine Töchter ist Freya die größte Göttin!"

„Die Geschichte ist sehr interessant", meinte Baldur. „Hat sich Freya jedoch nicht wie eine Dirne verhalten, die sich für Gold und Geschmeide hingibt?"

„Nein, ganz und gar nicht. Sie allein entschied, wen sie liebt und keiner kann sie dazu zwingen. Die Lust ist für sie ein Grundbedürfnis und sie schenkt nur dem ihre Liebe, den sie mag. Sie ist frei, wie ein Falke in der Luft."
„Die hässlichen Zwerge hat sie doch aber bestimmt nicht gemocht?"
„Das Mögen hängt nicht immer von dem Aussehen ab. Am Ende waren alle zufrieden und darauf kommt es an. Du kannst reich sein und vieles im Leben haben, doch wenn dir das fehlt, wonach sich dein Herz immer sehnt, so bleibst du unglücklich und arm."
„Das verstehe ich", meinte Baldur traurig und dachte dabei an seine Ursula. Er würde mit ihr nie gemeinsam glücklich sein können, obwohl er reich war.
„Freya ist nicht nur für die Liebe und Fruchtbarkeit zuständig, sondern auch die Anführerin der Walküren. Auf den Schlachtfeldern sucht sie die tapfersten gefallenen Krieger aus. Die eine Hälfte von ihnen bekommt Odin und die anderen gehören ihr. Diese Krieger warten bis zum Tag der Götterdämmerung, wo sie dann an der Seite der Götter gegen das Böse in der Welt kämpfen werden. Daher ist Freya bei allen Kriegern hoch geachtet. Jeder Mann und ich denke auch ihr, wollt doch eines Tages nach Walhall kommen."
„Habt ihr einen Opferplatz für die Göttin?", wollte Hartwig wissen.
„Nicht weit von hier, im Moor liegt er. Wenn ihr wollt, dann gehe ich mit euch dorthin und zeige das Heiligtum."
„Ich würde mir den Platz gern ansehen", sagte Hartwig. Baldur interessierte sich auch dafür. Nur Amalafred musste zurückbleiben, da er nicht laufen konnte.

Gleich hinter dem Haus kamen sie zu einem schmalen Weg. Die alte Frau lief sehr zügig den beiden jungen Männern voraus. Sie hatten zu tun, ihr zu folgen.
„Ist das noch weit bis dorthin?", wollte Baldur wissen.
„Ein Stückchen Weg ist es schon noch, aber ihr werdet es bestimmt schaffen."
Am Ende des Waldstücks kamen sie im Moorgebiet an. Es war eine sehr große Fläche, die nur von Gräsern und klei-

nen Büschen bedeckt war. Von hier aus führte ein Holzsteg in das Innere des Moorlandes. Rechts und links des Stegs tauchten manchmal schwarze Wasserlachen auf, in denen sich unzählige Insekten und Frösche tummelten.
„Passt auf und tretet nicht daneben!“, warnte die Frau. „Wer den Weg verfehlt, ist verloren! Es dauert nicht lange und die Geister des Moors ziehen ihn zu sich hinab.“
„Das hört sich schaurig an“, meinte Hartwig und balancierte vorsichtig auf den Holzbalken entlang, die als Steg und Wegbegrenzung dienten. Endlich erreichten sie die kleine Insel der Göttin. Darauf befand sich ein Altar aus geflochtenen Weiden, der bis zum Rand mit Erde aufgefüllt war.
In seiner Mitte war ein starker Holzstamm mit einem abgerundeten Oberteil eingerammt. Ähnliche Stämme waren auf der Rasenfläche in der ringartigen Einfriedung angeordnet. Die alte Frau ging zu jedem und strich mit ihren Händen über die glatt polierte Kuppe. Dann setzte sie sich an das Fußende des Altars und begann Gebete oder Zaubersprüche zu murmeln, die Hartwig und Baldur nicht verstand.
Sie ließen die Frau in Ruhe und sahen sich den kleinen Inselflecken an.
„Freyas Insel liegt höher als die übrigen Grasinseln im Moor. Möglicherweise haben sie hier Erde aufgeschüttet und dadurch ist der Boden, auf dem wir stehen, ganz trocken“, meinte Baldur.
„Ja, ich denke das auch. Das Gras ist kurz geschnitten. Es sieht alles sehr gepflegt aus. Wenn die Kräuterfrau mit ihren Zaubersprüchen fertig ist, werde ich sie einmal fragen, ob sie das alles selbst gemacht hat.“
Die beiden Männer setzten sich auf einen Steinhaufen, der wie ein Schneckengehäuse aufgeschichtet war und blickten über das Moor.
„Noch nie hatte ich das Empfinden, so unendlich weit sehen zu können und trotzdem das Nahe zu spüren. Vielleicht liegt es daran, dass in der Nähe die Gefahr liegt und das Weite von hier nicht erreichbar ist.“
„Ja, mir geht es ebenso“, erwiderte Hartwig. „Ein falscher Schritt und wir sind tot. Ich möchte nicht wissen, wie viele Tiere und Menschen schon in dem Moor ertrunken sind.

Besonders in der Nacht oder bei Nebel muss es hier wahrhaft gefährlich sein."
Amalafred hätte den weiten Weg bis zu Freyas Insel mit einem Stützstock nicht gehen können. So setzte er sich auf die Bank und ließ sich von der Sonne bescheinen. Die beiden Töchter leisteten ihm Gesellschaft und beschäftigten sich mit Handarbeiten.
„Das war eine schöne Geschichte, die uns eure Mutter über Freya erzählt hat. Wenn ihr Dienerinnen der Göttin seid, so würdet ihr an ihrer Stelle wohl genauso handeln?"
„Ja, nur haben wir noch keine Zwerge gefunden, die so schöne Geschmeide fertigen", entgegnete Helga lachend.
„Die wird es bestimmt nicht hier geben, die leben in den Höhlen der Gebirge. Vielleicht findet ihr sie am Rynnestig."
„Das wäre für uns zu weit, dort hinzukommen. So bleiben wir halt hier und begnügen uns mit kleinen Geschenken."
„Nehmt ihr von jedem Mann welche an?", wollte Amalafred weiter wissen.
Die Frauen störte die Frage nicht, im Gegenteil. Sie konnten sehr offen über diese Dinge reden. Ferun erwiderte: „Von den meisten Männern, die zu uns kommen, nehmen wir sie an, aber nicht von jedem. Sie müssen uns gefallen und grob darf der Mann auch nicht sein."
„Was bekommt ihr denn?"
„Das ist unterschiedlich. Manchmal bietet uns einer Früchte und Korn von seiner Ernte oder Eier an. Mitunter bekamen wir auch schon Tücher oder ein Stück Stoff für ein Kleid. Einer hat mir sogar ein kleines Messer geschenkt. Schau her, da ist es!"
Ferun reichte ihm das Messer, das sie an ihrem Gürtel trug.
„Es ist schön und sehr scharf. Damit kannst du dich gut wehren."
„Bis jetzt war ich nur einmal in Gefahr, als ich im Wald beim Beerensuchen einen Bär getroffen hatte. Das Messer hätte mir da aber nicht viel geholfen."
„Was hast du getan?"
„Ich konnte nicht mehr weglaufen, so habe ich mich auf den Boden geworfen und tot gestellt. Der Bär kam heran und schnupperte an mir. Dann lief er weiter."

„Da hast du aber großes Glück gehabt. Er hätte dich zerfleischen können."
„Würde dir das leidtun?", fragte sie keck zurück.
„Das schon, denn du bist eine sehr hübsche Frau und wenn er dich gefressen hätte, könnte ich dir kein Geschenk machen."
„Was willst du mir denn schenken?", fragte sie neugierig.
Er griff in den Lederbeutel, der an seinem Gürtel hing und holte eine kleine Silbermünze heraus und reichte sie ihr.
„Was ist das für ein Ding?", wollte sie wissen und betrachtete das Geldstück von beiden Seiten.
„Das ist eine römische Silbermünze mit dem Bild eines Kaisers. Damit kann man auf dem Markt schöne Tücher oder andere Sachen eintauschen. Hierfür würdest du sogar ein kleines Schwein bekommen."
Ungläubig sahen Ferun und Helga das glänzende Metallstück an.
„Man kann auch ein kleines Loch mit der Messerspitze am Rand hineinstechen und es mit einem Faden um den Hals hängen. Das wäre fast so schön wie das Geschmeide der Freya. Möchtest du es gerne haben?"
„Bietest du es mir als Geschenk an?", fragte Ferun erwartungsvoll zurück.
„Wenn du mir dafür eines der Geheimnisse der Freya verrätst, so soll es dir gehören."
„Dazu gehen wir aber lieber in die Hütte, damit uns kein Bär dabei überrascht", sagte Ferun schmunzelnd und half Amalafred beim Aufstehen.
In der Wohnküche legte sie eine Wolldecke auf den Tisch und sagte: „Zieh dich aus und leg dich mit dem Bauch nach unten auf die Tischplatte!"
Dann ging sie zu einem Regal, das an der Wand stand. Mit einem kleinen Tonkrug kam sie zurück. Amalafred überlegte, was wohl passieren würde. Aus dem Krug goss sie ein paar Tropfen auf seinen Rücken und verrieb sie mit beiden Händen. Helga war inzwischen hereingekommen, setzte sich auf eine Bank und sah den beiden zu.
„Dreh dich um!", meinte Ferun. Sie benetzte den vorderen Teil seines Körpers mit der öligen Flüssigkeit.

„Jetzt müssen wir eine Weile warten, bis das Zauberöl der Freya wirkt“, meinte sie. Er spürte schon eine wohlige Wärme durch seinen Körper strömen und fühlte sich benommen. Ferun strich mit ihren Händen langsam über seine Haut und die Stellen, die sie berührte schienen ihm von einem wonnigen Gefühl durchflossen zu werden. So etwas hatte er noch nie verspürt und er wünschte sich, dass es kein Ende nehmen würde.
Das Hochgefühl steigerte sich so stark, dass er zuletzt wie in eine Ohnmacht fiel. Ferun rieb ihn mit einer anderen Flüssigkeit, die die Wirkung des Zauberöls neutralisierte, ab und deckte ihn zu. Jetzt schlief er eine Weile. Als er wieder richtig zu sich kam, fragte er sie verwundert, was passiert sei. Sie erklärte ihm die Wirkung des Öls und strich ihm dabei leicht über das Gesicht. Danach half sie ihm beim Anziehen. Er schwebte noch immer wie auf Wolken, so leicht und unbeschwert fühlte er sich. Helga hatte ihm einen Tee gemacht und mit Honig gesüßt. So genoss er die Ruhe um sich herum.

Die alte Frau hatte lange auf Freyas Insel im Moor meditiert und Hartwig schaute ungeduldig zu ihr hin, da er gern wieder zurückgehen wollte. Er hatte alles gesehen und es gefiel ihm ganz gut, doch es war schon später Nachmittag und die Sonne senkte sich am Horizont. Die Kräuterfrau erklärte den beiden die Bräuche zu Ehren der Göttin und machte einige Andeutungen, was an ihren Ehrentagen hier passierte. Sie gingen dann auf dem alten Holzsteg zurück und Baldur war froh, als sie den festen und trockenen Boden des Waldrandes erreichten.
Auf dem gleichen Weg, den sie gekommen waren liefen sie zur Hütte. Von weitem sahen sie schon Amalafred und die Töchter der Kräuterfrau, wie sie auf der Bank saßen und miteinander scherzten. Hartwig meinte schmunzelnd: „Unserem schüchternen Freund scheinen die beiden zu gefallen. Ich habe ihn noch nie so locker gesehen.“
„Das denke ich auch“, entgegnete Baldur. „Ich hoffe jedoch, dass er sich nicht verliebt und es ihm so ergeht wie mir.“
„Du wirst sehen, dass alles noch gut wird. Hab nur Geduld!“

An der Hütte angekommen, verweilten sie nicht lange und ritten zusammen zurück nach Rodewin. Amalafred wollte am nächsten Tag allein hierher kommen und seine Behandlung fortsetzen. Damit waren Hartwig und Baldur einverstanden, denn sie konnten dadurch einen kürzeren Weg nach Alfenheim nehmen.
Harald hatte Hartwig schon dringend erwartet. Nach dem gemeinsamen Abendessen sprach er mit ihm über seine Zukunft, denn es gab die Absprache zwischen beiden Vätern, dass er in den Elbkniegau ziehen sollte. Weibel war der Gaugraf dieses Gebietes und als sein zukünftiger Schwiegersohn versprach er ihm viel Land für die Pferdezucht.
„Ich kann jetzt nicht für immer dort bleiben, denn ich habe König Bertachar versprochen, seinem Sohn Gefolgschaft zu leisten."
„Ich habe davon gehört, denn mir gegenüber hat der König vor seinem Ableben diesen Wunsch ausgesprochen und mich gebeten, Baldur in Rodewin ein neues Zuhause zu geben."
„Ich hätte gern Elke bei mir, denn ich sehne mich sehr nach ihr. Meine Tochter habe ich noch nicht gesehen. Sie ist jetzt schon mehr als ein halbes Jahr alt. Ich könnte möglicherweise Elke mit zum Königshof nehmen, aber mit dem Kind zusammen wird das nicht gehen und sie wird ihre Tochter nicht allein zurücklassen", entgegnete Hartwig.
„Was wäre denn, wenn Elke und das Kind nach Rodewin ziehen, dann könntet ihr euch doch öfter sehen. Mein Haus ist groß."
„Das ist eine gute Idee, aber ich weiß nicht, ob ihr Vater damit einverstanden ist."
„Ich denke schon. Natürlich müsstest du zuvor heiraten, aber das könntet ihr doch auch hier tun. Am besten du reist bald zu ihr und bringst sie her. Dann feiern wir noch vor dem Winter eure Hochzeit in Rodewin."
Hartwig war seinem Bruder sehr dankbar für dieses Anerbieten und dachte, wie schön es sein könnte, wenn Elke und seine Tochter hier wären. Von der Herminaburg bis Rodewin konnte er an einem Tag gelangen und so würde er sie öfter sehen können.

Harald sah den Vorteil, dass er seinen Bruder dann öfter als Gesprächspartner bei sich haben würde. Für seine strategischen Überlegungen bezüglich der Waldfestung war ihm Hartwigs Meinung sehr wichtig. Er hatte so manche gute Idee und die brauchte er ganz dringend für das große Vorhaben.
„Ich schlage dir vor, dass du schon in der nächsten Woche mit unserem kleinen Bruder Siegbert die Braut im Elbkniegau abholst. Vor den Raureiftagen könnt ihr wieder hier sein und Heidrun organisiert inzwischen die Hochzeit. Was hältst du davon?“
„Ich freue mich und kann es kaum erwarten.“
So war es nun beschlossene Sache und Harald verkündete die Entscheidung am nächsten Morgen zum Frühstück. Besonders freute sich sein jüngerer Bruder Siegbert, der noch nie so weit von zu Hause weg gekommen war. Baldur und Amalafred wollten nach ihrer Rückkehr an den Königshof Herminafrid fragen, ob sie Hartwig begleiten durften. Sie wären gern dabei, wenn er seine Braut nach Rodewin brächte. Nun versuchte Hartwig die Zeit daheim zu verkürzen, doch die Arbeit in der Schmiede war noch nicht beendet. Baldur und Amalafred waren froh darüber, dass sie noch ein paar Tage bleiben konnten. Siegbert fuhr mit Haralds Knappen und dem Ochsenwagen schon voraus. Sie würden ohnehin fast die doppelte Wegzeit gegenüber den Reitern benötigen. Mit dem Wagen sollte die Braut und ihre Tochter dann nach Rodewin gebracht werden.

Amalafred ritt jetzt allein zu der Hütte der Kräuterfrau. Er wusste, wo er abbiegen musste, um zum Eichelsee zu gelangen. Ihm schien die Behandlung mit der Heilerde tatsächlich gut zu tun. Die Blässe verschwand immer mehr aus seinem Gesicht.
Hartwig meinte einmal scherzhaft zu ihm, dass es wohl von dem Schlamm herrührt, den er nicht mehr abwaschen konnte. Doch das stimmte nicht. Seine Haut hatte einen leichten rosa Schimmer. Sie war mehr durchblutet.
Ganz besonders die Massagen gefielen ihm. Hierbei hatten die beiden Töchter Fertigkeiten gezeigt, die er sich vorher

nicht vorstellen konnte. Helga, der jüngeren Tochter, machte er eine etwas kleinere Silbermünze zum Geschenk. Als er sich am fünften Tag von den Frauen verabschiedete, fragte er die alte Frau, was er für die Behandlung schuldig wäre. Sie wollte jedoch nichts haben und verwies auf die Münzen, die er schon den Töchtern gegeben hatte. So drückte er der Kräuterfrau eine kleine in die Hand. Sie schaute ihn ganz verschmitzt an und sagte: „Erwartest du jetzt von mir, dass ich mich nach Freyas Art bei dir bedanke?“
„Nein, das nicht!“, entgegnete er erschrocken. „Jetzt muss ich gleich nach Hause, wir wollen morgen früh schon zeitig abreisen. Vielleicht komme ich einmal wieder zu Besuch nach Rodewin.“
„Dann vergiss uns nicht! Du bist uns immer ein willkommener Gast.“ Amalafred verabschiedete sich herzlich und ritt eilig davon.
Am Abend kamen Hartwig und Baldur erst sehr spät aus Alfenheim zurück. Alle waren schon sehr gespannt. Jeder wollte das neue Schwert sehen. Doch Hartwig hatte es nicht bei sich.
„Wir haben es nicht geschafft. Ulrich und Udo wollen es noch schleifen und polieren, doch morgen wird es fertig sein. Wir müssen daher noch einen Tag länger bleiben“, meinte Hartwig bedauernd.
Den anderen schien das nicht ungelegen zu kommen. Baldur konnte noch einen Tag gemeinsam mit seiner Ursula verbringen und Amalafred, wollte Ferun fragen, ob sie nicht als Magd an den Königshof mitkommen wollte.
Amalafred ritt daher sehr früh am nächsten Morgen in Richtung Eichelsee. Als er auf die Höhe vor dem See ankam, sah er ein Pferd vor der Hütte. Er blieb am Waldrand stehen und sah aus der Deckung des Unterholzes hinüber. Die Tür ging auf. Es erschienen die alte Frau und Helga mit einem Tragkorb auf dem Rücken. Sie wollten wahrscheinlich Reisig im Wald sammeln, dachte er sich. Doch, was ist mit Ferun? Was bedeutet das Pferd vor dem Haus? Er war sich nicht sicher, ob er das herausfinden sollte? Oder ob es besser wäre, zurück zu reiten.
Am Ende siegte jedoch die Neugierde. Seinen Hengst band

er an einem Baumstamm an und schlich, wie auf der Pirsch, vorsichtig zur Hütte hin. Er kannte eine Stelle hinter dem Haus, wo man durch einen schmalen Spalt zwischen den Balken in das Innere des Wohnraums sehen konnte.

Drinnen war ein großer Mann, der etwa so alt wie sein Vater sein musste. Er hatte ein Tuch in der Hand, aus dem er Äpfel herausnahm und in einen auf dem Tisch stehenden Korb legte. Ferun stand daneben und sah ihm zu. Als der kleine Korb voll war, sagte der Mann: „Reicht das?"

„Ja", erwiderte sie kurz. Sie ging auf ihn zu und er drückte sie fest an sich.

Amalafred war wie erstarrt und hätte am liebsten aufgeschrieen. Es tat ihm weh, Ferun mit dem Alten so zu sehen. Wie gebannt schaute er dennoch hin. Der Mann war nicht nur alt, sondern auch hässlich. Ihm fiel dabei die Geschichte der Göttin Freya mit den Zwergen ein. Am liebsten hätte er sich bemerkbar gemacht und die beiden gestört. Doch das durfte er nicht, dazu hatte er kein Recht. Im Kampf mit ihm würde er bestimmt unterlegen sein, denn sein entkleideter Rücken war sehr muskulös und von vielen Narben gezeichnet. Ihm blieb nur, still zu sein oder zu verschwinden. Ferun stand vor dem Alten und der drückte sie hinab auf die Knie.

Amalafred umfasste den Griff seines Messers und stieß es vor Wut in den Balken. Er wollte aufschreien, doch die Stimme versagte. Er wollte seinen Blick abwenden, doch es gelang ihm nicht. Erst als alles vorbei war, wand er sich zornig ab und rannte in den nahen Wald.

Den Mann hatte er schon einmal gesehen, konnte sich jedoch nicht mehr erinnern, wann und wo. Das tat jedoch nichts zur Sache.

Hier ging es nicht um den Alten, sondern um Ferun. Er wollte ihr heute anbieten, zur Herminaburg mitzukommen, doch das hatte sich jetzt erübrigt. Sie schien die letzten Tage, die sie zusammen verbrachten, vergessen zu haben. Oder war sie nur eine einfache Dirne?

Wie benommen lief er kreuz und quer durch den Wald, bis er zu seinem Pferd kam. Hartwig hatte ihn gewarnt und gesagt, dass er sich keine falschen Hoffnungen bei den

beiden Frauen machen sollte. Sie waren Dienerinnen der Freya und daran könnte er nichts ändern.
Amalafred ritt noch eine Weile durch den Wald, um seine Gedanken zu zerstreuen, doch es half nicht viel. Müde kam er am späten Nachmittag in Rodewin an. Am Abend trafen seine Freunde aus Alfenheim ein. Hartwig hielt sein neues Schwert in der Hand und zeigte es jedem. Harald bewunderte die gute Arbeit und spendete viel Lob.
Es war der letzte Abend in Rodewin und sie beendeten ihren Besuch mit einem Trinkgelage. Amalafred, der normalerweise Alkohol mied, hielt diesmal kräftig mit. Er brauchte nicht lange und erzählte seinen Freunden, was er am Morgen bei der Kräuterfrau erlebt hatte. Dabei fing er an zu weinen und Hartwig tröstete ihn, so gut er konnte.
„Ich habe es dir gleich gesagt. Du musst sie vergessen! Nimm noch einen Schluck und dann sieht die Welt ganz anders aus!"
Amalafred trank in einem Zug seinen vollen Becher leer. Danach fiel er wie ein nasser Sack von der Bank.

3. Der fränkische Hof

Es war ein trüber und stürmischer Tag. Theuderich, der Frankenkönig, saß allein im Speisesaal der Königsburg in Reims. Nach seiner Rückkehr aus Thüringen wollte er niemand in seiner Nähe haben, auch nicht die Familie. Nur die Leibdiener verrichteten still ihre Arbeit und versorgten ihn. Immer wieder bekam er Wutausbrüche und da war es besser, nicht so nah bei ihm zu sein.

Eine Niederlage, wie in Thüringen, hatte er noch nie erlebt. Viele Schlachten musste er in seinem Leben schlagen und einige davon gingen nicht siegreich aus. Doch der letzte Kriegszug war nicht vergleichbar mit diesem.

Es war zu offensichtlich, dass es sein Fehler war, der zu der vernichtenden Niederlage führte. Er hatte übereilt und leichtsinnig gehandelt und den Gegner falsch eingeschätzt. Fast sein ganzes Reiterheer hatte er verloren und noch dazu die berittenen Krieger, die ihm sein Halbbruder Chlothar überlassen hatte, der am nächsten Tag zu Besuch kommen wollte.

Wie sollte er ihm das nur erklären? Es gab keine wirkliche Entschuldigung für sein Versagen.

Das Frühstück schmeckte ihm nicht. Mit einer heftigen Handbewegung schleuderte er die vor ihm stehenden Teller mit den Speisen weg. Er sprang auf und ging zum Fenster. Das Wetter passte so richtig zu seiner Stimmung. Irgendetwas musste er tun, um die angestaute Wut über sich selbst, loszuwerden.

„Bringt mir mein Pferd, ich reite zur Jagd!“, schrie er auf den Burghof hinab. Erschrocken sahen die Knechte und Mägde zum Fenster hinauf. Sie blieben wie erstarrt stehen, denn seit seiner Rückkehr mussten sie die schlechte Laune ihres Herrn über sich ergehen lassen. Wer ihm zu nahe kam, konnte damit rechnen, einen Hieb mit seinem Gehstock zu bekommen. Bei dem letzten Jagdausritt hatte sich der König ein Fußgelenk leicht verstaucht und nahm nun den Stock zu Hilfe. Eilig humpelte Theuderich aus dem Saal. Die Knechte halfen ihm aufs Pferd. In Begleitung einiger Krieger seiner Leibwache galoppierte er durch das Burgtor.

Der Hauptmann der Leibwache, der ihm während der vergangenen Schlachten schon öfter das Leben gerettet hatte, war bei ihm. Theuderich ritt im gestreckten Galopp, wie ein Gejagter, davon. Seine Männer konnten ihm kaum folgen. Nach einer weiten Strecke wurde sein Pferd langsamer und die anderen kamen heran. Auf einer Anhöhe hielt er an und ließ sich vom Pferd herunterhelfen. Er schaute in das weite vor ihm ausgebreitete Land. Der Hauptmann stand neben ihm. „Was meinst du, mein treuer Ingolf, bin ich ein Versager?“, fragte er ihn.
„Nein, mein König, ihr dürft euch keine Vorwürfe machen. Ihr tragt keine Schuld an dem, was passiert ist“
„Dein Trost hilft mir nicht sehr. Es war meine Schuld, dass ich mein Reiterheer verloren habe. Ich war nicht umsichtig genug und habe den Gegner falsch eingeschätzt.“
„Es konnte doch niemand wissen, dass uns die Thüringer in einen Hinterhalt locken würden. Das ist schon mehreren großen Feldherren passiert. Denk doch an Varus, der seine Legionen gegen die Cherusker verloren hatte!“
„Das war früher und Varus war kein so guter Feldherr, jedoch mir hätte das nicht passieren dürfen.“
„Es war alles so klar und keiner unserer Kundschafter hatte von einem Hinterhalt berichtet. Euch trifft keine Schuld an der Niederlage.“
„Wenn mein Bruder Chlothar morgen kommt, wird er anderer Ansicht sein. Er wird sich dann aufspielen und mir sagen, dass er das alles besser gemacht hätte.“
„Das glaube ich nicht. Er ist der jüngste eurer Halbbrüder und ihr ward für ihn wie ein Vater.“
„Ja, ich hatte ihn den anderen seiner Brüder immer etwas vorgezogen. Trotzdem fühlte er sich am meisten zurückgesetzt. Vor ein paar Jahren hatte er mir das ins Gesicht gesagt, dass er bei der Aufteilung des Reiches am schlechtesten weggekommen wäre.“
„Sie können froh sein, dass sie überhaupt etwas abbekommen haben. Ihr seid der erstgeborene Sohn und eure drei Halbbrüder waren nach eures Vaters Tod noch minderjährig. Nur euch haben sie es zu verdanken, dass sie noch leben und jetzt Könige sind.“

„So ist es, aber sie vergessen es immer wieder und berufen sich auf altes germanisches Recht, der gleichen Aufteilung des Erbes. Das gilt aber nicht mehr, denn wir sind jetzt Katholiken. Das stetige Teilen des Landes ist ein großer Unsinn, es schwächt den Stamm und das Reich. Nur die Feinde und der Adel ziehen ihre Vorteile daraus. Die Gaugrafen können dann freier schalten und walten, so wie es ihnen beliebt."
„Die Adligen sind euch aber doch in jeder Beziehung durch ihren Treueid verpflichtet."
„Der bindet nicht jeden an seinen König. Ich hatte schon bei meinem Vater Chlodwig gesehen, dass er sehr vorsichtig mit seinen alten Kampfgefährten umgegangen ist. Die Gefolgschaft war für ihn immer das Wichtigste und er konnte sie nicht umgehen. Ein König muss sich an bestimmte Regeln halten, über die er sich nicht hinwegsetzen darf. Wenn er es dennoch tut, so kann schnell all das zerfallen, was er jahrelang aufgebaut hat und er steht allein da."
„Ihr seid stark und habt im ganzen Reich treue Gefolgsleute. So braucht ihr keine Bedenken zu haben", erwiderte der Hauptmann.
„Man kann nicht in die Seele eines Mannes schauen und es gibt an meinem Hofe einige, die Treue vorgeben und in Wirklichkeit Verräter sind. Mir wurden schon so manche Machenschaften von ihnen zugetragen. Diese Männer denken nur an sich und bei passender Gelegenheit wechseln sie den Herrn. Es gibt noch meine Halbbrüder Childebert und Chlothar, zu denen sie gehen können. Mein Vater hatte als König zu seiner Zeit klare Verhältnisse geschaffen und ich hätte das nach seinem Tode auch tun sollen. Mir wäre vieles erspart geblieben, das mir meine lieben Verwandten eingebrockt haben."
„Wenn die Verräter zu euren Brüdern wechseln würden, wäre denen nicht viel damit gedient. Ein Verräter bleibt ein Verräter und er wird bei passender Gelegenheit wieder so handeln."
„Das ist wahr. Diese Leute schaden ihrem neuen Herrn mehr, als sie ihm nützen, da sie ihn irgendwann hintergehen werden. Vielleicht bin ich bei meinem letzten Kriegs-

zug schlecht beraten worden. Warum hatte Childebert und Chlothar keine Zeit mit mir gemeinsam gegen die Thüringer zu ziehen? Vielleicht wussten sie von dem Hinterhalt und wollten mich durch die Niederlage nur schwächen. Ihnen und den Verrätern an meinem Hof ist alles zuzutrauen."
Der König starrte in die Ferne und dachte darüber nach. Auf dem Heimritt ging ihm der Gedanke, durch einen seiner Berater getäuscht worden zu sein, nicht aus dem Kopf. Wer hatte einen Vorteil aus seiner Niederlage gezogen? Seinen Sohn Theudebert schloss er aus. Der wollte mit ihm nach Thüringen und an seiner Seite kämpfen. Theuderich hatte ihn jedoch mit seiner größeren Streitmacht, dem Fußvolk, zuerst gegen die Burgunder gesandt, um Chlothar zu unterstützen und danach sollte er gegen die Sachsen ziehen, die im Norden ins Frankenreich einfielen. Chlothar konnte er ausschließen, denn der hätte ihm niemals einen Teil seiner berittenen Krieger mitgegeben, wenn er gewusst hätte, dass sie umkommen würden. So blieb Childebert übrig, der sich in der Vergangenheit immer zurückhaltend bei gemeinsamen Feldzügen zeigte. Er hatte schon vor Jahren versucht, sein Reich auf Kosten seiner Brüder zu erweitern. Dem war alles zuzutrauen, dachte sich Theuderich.

Auf der Burg angekommen, rief er sofort seinen Kanzler zu sich.
„Mir ist zu Ohren gekommen, dass einige meiner engsten Berater mich hintergangen haben. Sie wussten von dem Hinterhalt der Thüringer und haben mich nicht informiert. Das ist Hochverrat! Findet heraus, wer es war und legt mir geschwind eine Liste der Verdächtigen vor!" Der Kanzler wollte noch etwas sagen, doch der König deutete ihm mit einer Handbewegung, zu gehen.
Seine Idee mit der allgemeinen Verdächtigung fand er genial. Der Kanzler war jetzt gefordert, Namen zu nennen. Es spielte keine Rolle, ob sie wirklich schuldig oder unschuldig waren. Auf jeden Fall könnte ihnen die Schuld an der Niederlage mit angelastet werden. Wenn er jetzt hart durchgreifen würde, dann zeigte er damit Stärke und festigte seine Macht. Bei dieser Gelegenheit könnte er so man-

chen unliebsamen Untertan aus dem Weg räumen lassen. Jetzt schmeckte ihm das Essen wieder. Er ließ die besten Speisen auftafeln und erlaubte seiner Familie wieder bei den Mahlzeiten dabei zu sein. Alle wunderten sich über die gute Laune des Königs, doch traute sich keiner nach dem Grund zu fragen.
Nach dem Essen zog sich Theuderich in seinen Arbeitsraum zurück und stellte in Ruhe verschiedene Überlegungen bezüglich der Zukunft seines Königreichs an. Ihm war klar, dass er schon bald erneut gegen die Thüringer in den Kampf ziehen musste. Ein Sieg war notwendig, damit die Gegner des Frankenreichs die Unbesiegbarkeit der fränkischen Heere nicht anzweifeln würden. Immer wieder gab es Aufstände in den eroberten Gebieten der Burgunder, Alamannen, Chatten und Westgoten. Nach dem Sieg der Thüringer würde ihr Widerstand zunehmen. Daher musste er, so bald wie möglich, erneut gegen sie vorgehen und unbedingt siegen.
Schon im nächsten Jahr sollte es sein, hatte er für sich beschlossen. Der größte Teil seines Heeres, das Fußvolk, war ihm noch geblieben. Er musste nur die Reiterei erneuern. Das könnte er in einem Jahr gut schaffen. Gemeinsam mit seinen Halbbrüdern Childebert und Chlothar würde er die Thüringer in die Knie zwingen, davon war er überzeugt. Herminafrids Heer hatte bei den Kämpfen auch Verluste hinnehmen müssen und ein baldiger Feldzug gegen sie, wäre für die Franken von Vorteil. So schnell würde es den Thüringern nicht gelingen, die Reihen der Krieger wieder aufzufüllen. Dies wollte er am nächsten Tag mit Chlothar besprechen.
An die Tür zu seinem Arbeitszimmer klopfte jemand. Nach einer Weile wurde sie langsam geöffnet. Der Kanzler trat ein. „Komm näher! Hast du die Liste erstellt?“, wollte Theuderich wissen. Der Kanzler zog zögernd ein Pergament aus seiner Brusttasche und reichte es dem König.
„Da steht doch nur ein Name. Ist dir denn kein weiterer eingefallen?“
„Mein König, selbst dieser eine, den ich aufgeschrieben habe, scheint mir loyal zu euch zu sein. Ich konnte nicht

erkennen, dass ein Verräter unter euren Gefolgsleuten ist."
„Vielleicht sollte ich besser jemand anderen mit dieser delikaten Aufgabe betrauen?", meinte Theuderich und blickte durchdringend den Kanzler an. Verängstigt schaute dieser zu Boden.
„Ich werde noch einmal darüber nachdenken, wenn ihr gestattet?"
„Ich gestatte es und hoffe, dass auf deiner Liste in der nächsten Stunde mindestens zehn Namen stehen. Wenn du nur neun findest, so setz einfach deinen mit dazu!"
Dem Kanzler blieb vor Schreck fast das Herz stehen. Er wusste, was einem Beschuldigten passieren konnte. Unter der Folter würden die meisten alles zugeben. Eilig lief er, rückwärtsgehend, aus dem Raum. Theuderich entnahm aus einem Regal eine große Pergamentrolle und breitete sie über dem Tisch aus. Auf ihr war sein Reichsteil Austrasien und die östlichen Gebiete mit dem Königreich der Thüringer zu sehen. Er beugte sich über die Karte und schrie nach seinem Sekretär. Der kam hastig herbei.
„Was ist das für eine ungenaue Karte? Gibt es keine bessere?"
„Es ist die beste, die wir haben, mein König."
„Dann wird es Zeit eine bessere zu beschaffen. Beeile dich damit!"
Theuderich war jetzt gedanklich mit den Vorbereitungen eines neuen Heerzugs beschäftigt. Die Thüringer würden das nächste Mal keine Chance haben, auch wenn sie noch so trickreich und hinterlistig handeln. Für die ihm zugefügte Schmach sollten sie büßen, solange er lebte. Das hatte er sich geschworen.
Der Kanzler kam zurück und reichte dem König eine Liste, auf der zehn Namen standen.
„Na also, gibt es also doch Verdächtige. Da wollen wir einmal sehen, wer in Frage kommt."
Theuderich las die Namen und überlegte, warum der Kanzler gerade diese Personen ausgewählt hatte. Zwei Namen fielen ihm auf. Diese Männer hatten ihm bei manchen seiner Entscheidungen widersprochen. Da sie zum Hochadel gehörten, konnte er sie nicht übergehen. Der König tippte

mit seinem Zeigefinger auf diese beiden Namen und sagte: „Die könnten es sein. Überprüft sie und berichtet mir!"
Der Kanzler war froh, dass der König nicht alle Namen ausgewählt hatte. Er stand in keinem Nahverhältnis zu irgendeiner der aufgelisteten Personen, doch taten sie ihm leid, da es keine Gründe gab, sie generell zu beschuldigen.
„Welcher Taten sollen wir sie anklagen?"
„Das überlasse ich dir. Sie mussten über den Hinterhalt der Thüringer informiert gewesen sein und haben mich nicht gewarnt und mich und mein Heer ins offene Messer laufen lassen. Vielleicht waren sie von Childebert dazu ermutigt worden, der sich nach meinem Tod gern einen Teil meines Königreichs einverleiben würde? Geht und seht zu, was ihr herausfindet!"
Der Kanzler ging aus dem Raum und eilte zum Hauptmann der Torwache. Dieser zog mit seinen Leuten sofort los, um die beiden Personen gefangen zu nehmen.
Bertram hieß einer der Verdächtigen. Er gehörte einer sehr angesehenen frankoromanischen Sippe an, die einst von Chlodwig große Ländereien in verschiedenen Teilen des Frankenreiches, in Neustrien, Austrasien und Burgund erhielten oder erwarben. Sein Vater gehörte zu einem salfränkischen Adelsgeschlecht und seine Mutter kam aus einem römischen Patrizierhaus. In sich vereinte er all die Eigenschaften die beide Völker auszeichnete. Er war mutig und wild wie die salischen Franken und klug und umsichtig, wie die Römer. Er war einer der ältesten Gefolgsmänner von Theuderich und diente von frühester Jugend an. Dieser Umstand bewog ihn öfter, als andere, Kritik an manchen Entscheidungen Theuderichs offen auszusprechen, was diesem in den letzten Jahren immer mehr missfiel.
Der zweite Verdächtige, den der König auf der Liste ausgewählt hatte, war Adalbert. Er war ein alamannischer Fürst, der nach dem Sieg der Franken gegen die Alamannen, sich Theuderich unterworfen hatte und seitdem ein treuer Gefolgsmann und guter Berater war. Theuderich hatte jedoch bemerkt, dass die übrigen Alamannen in seinem Heer ihn weiterhin als ihr Oberhaupt ansahen und das könnte eventuell einmal problematisch werden.

Beide wurden von der Burgwache in ihren Palästen in der Innenstadt aufgesucht und zur Königsburg gebracht. Dieser Vorgang erregte großes Aufsehen und sprach sich mit Windeseile herum. Der Kanzler hatte in der Zwischenzeit eine Kommission zusammengestellt, die mit der Untersuchung der Verdächtigen betraut wurde. Bertram und Adalbert wurden in getrennte Zellen des Verlieses gesperrt. Sie wollten den Grund für ihre Inhaftierung wissen, doch niemand gab ihnen Auskunft. Für sie begann ein Martyrium, dessen Ausgang ungewiss war.

Am nächsten Tag kam Chlothar gegen Mittag mit einem großen Gefolge zu Besuch nach Reims. In einer sehr lang gezogenen Kolonne ritt er, von seiner Leibwache eskortiert, durch die engen Gassen der Stadt. Die Menschen jubelten ihm begeistert zu. Bei seinem letzten Feldzug gegen die Aufständischen in Burgund hatte er einen großen Sieg errungen. Er war der jugendliche Held von den drei im Frankenreich regierenden Brüdern. Theuderich betrachtete von den Zinnen seiner Burg neidvoll das Spektakel in der Innenstadt. So hätte seine Rückkehr aus dem Thüringer Reich aussehen sollen, doch der Ruhm gehört nur dem Sieger.
Es dauerte lange bis Chlothar durch das Burgtor ritt. Er sprang von seinem Pferd und ging langsam die Stufen hinauf zu der Terrasse, auf der die königliche Familie auf ihn wartete. Die beiden Brüder umarmten sich und das Volk jubelte. Diese Geste war sehr wichtig, da sie die Verbundenheit zwischen den fränkischen Königshäusern zeigte. Nur gemeinsam konnten sie die bestimmende Macht in Westeuropa sein, das war allen bewusst. Danach begrüßte Chlothar die Königin und deren Tochter. Sein Neffe Theudebert war noch auf einem Feldzug in den nördlichen Regionen des Reichs.
Die königliche Familie winkte allen Leuten, die im Burghof standen, noch einmal zu und begab sich dann in die Burg. Bei einem gemeinsamen Mittagsmahl plauderten sie über allgemeine familiäre Dinge, die auch die Frauen interessierten. Danach zogen sich die beiden Könige in die Arbeitsräume zurück.

„Was ist passiert, Theuderich? Meine besten Reiter habe ich verloren. Man meldete mir von einer Niederlage, wie sie noch keiner von uns erlebt hatte."
Chlothar war sehr aufgeregt und Theuderich nahm sich vor, ihn nicht zu unterbrechen und ausreden zu lassen. So hoffte er, dass sich dann sein Halbbruder schneller wieder beruhigen und ihm zuhören würde.
Viele Vorwürfe aus alten Zeiten folgten, die von längst vergangenen gemeinsamen Kriegszügen herrührten. Meist waren es empfundene Benachteiligungen bei der Verteilung des Beuteguts. Chlothar, als der jüngste der Brüder wurde sehr oft mit dem kleinsten Teil bedacht. Zumindest empfand er es so. Nachdem er seinen Frust losgeworden war, fühlte er sich wohler.
Theuderich merkte es und sprach im ruhigen Ton zu ihm: „Um deine Reiter tut es mir leid. Sie waren alle sehr tapfer und haben ihr Bestes gegeben. Ein Großteil von ihnen geriet bei unserem Rückzug in Gefangenschaft und wir haben schon Unterhändler zu Herminafrid gesandt, um sie mit Lösegeld frei zu kaufen. Wie ich hörte, braucht der Thüringer König viel Geld, um eine neue Königsburg bauen zu können und da kommt ihm unser Lösegeld bestimmt sehr gelegen. Würde er die Gefangenen als Sklaven weiter verkaufen wollen, so brächte ihm das nicht so viel ein."
„Von mir bekommst du aber kein Silberstück dazu. Das ist ganz allein deine Sache."
„Natürlich erwarte ich kein Geld von dir. Das Lösegeld bezahle ich aus meiner Schatulle."
„Und was bekomme ich für den Verlust meiner gefallenen Männer von dir?", wollte Chlothar wissen.
„Unsere Kanzler können darüber eine Einigung aushandeln. Wichtig ist für mich, dass du mir nicht gram bist und mich bei dem nächsten Feldzug gegen die Thüringer wieder unterstützt."
„Du hast soeben dein Heer verloren und sprichst schon wieder von Krieg? Bist du verrückt geworden?"
„Keineswegs, mein lieber Bruder. Bedenke doch, dass wir geradezu gezwungen sind, erneut gegen sie zu ziehen und zu siegen. Wenn wir es nicht tun, werden überall im Fran-

kenreich die unterworfenen Volksstämme aufbegehren und uns das Leben schwer machen. Du kannst mir glauben, dass das nicht nur in Austrasien sein wird, sondern auch in Burgund und Neustrien. Niemand wird uns mehr fürchten und alle werden um ihre frühere Selbständigkeit kämpfen. Wir müssen die Thüringer schon bald bezwingen, nur dann haben wir Ruhe in unseren Reichen."

„Ich bin mit den Burgunden noch nicht fertig. Obwohl sie besiegt sind, geben sie keine Ruhe. Wie soll ich dich dann in Thüringen unterstützen?"

„Du und deine Krieger werden den ersten und größten Teil der Beute erhalten. Das verspreche ich dir. Der Thüringer Königsschatz soll unbeschreiblich groß sein. Mir wurde berichtet, dass es mehr Kisten mit Gold sein sollen, als du in deinem Weinkeller einlagern könntest."

„Hierfür würde ich immer noch einen Platz finden. Das kannst du mir glauben", antwortete Chlothar schon etwas besser gestimmt.

Der Thüringer Goldschatz, von dem er schon so oft gehört hatte, reizte ihn. Noch dazu, wo Theuderich darauf verzichtet hatte, den ersten Teil davon abzubekommen. Die schönsten Stücke könnte er sich somit aussuchen und seine Krieger würden mit großer Beute aus dem Kriegszug heimkehren. Bei den Kämpfen gegen Aufrührer im eigenen Land war keine große Beute zu machen. Doch irgendwie mussten die Bauernkrieger motiviert werden, um zu kämpfen.

Ein gemeinsamer Feldzug gegen die Thüringer würde allen gut gefallen. Schon zu Chlodwigs Zeiten hätte man ihr Reich gern erobert, aber da ging es nicht wegen ihrer guten Verbindungen zu dem Ostgotenkönig Theoderich. Auf ihn musste man damals Rücksicht nehmen, da seine Nichte Amalaberga mit dem König der Thüringer Herminafrid verheiratet war. Doch nach seinem Tod gab es keine Macht in Mitteleuropa, die den Thüringern wirksam helfen könnte.

Nie war die Zeit für einen Kampf so günstig wie jetzt. Daran änderte auch Theuderichs Niederlage auf dem Königsweg über das Thüringer Gebirge nichts.

Chlothar ging zur Fensteröffnung und blickte hinunter zum

Burghof. Er schien zu überlegen. „Wie willst du das Lösegeld auftreiben? Hast du denn genug in deinen Schatzkisten angesammelt?“, fragte Chlothar spöttisch.
„Es wird reichen!“, entgegnete Theuderich und er ärgerte sich darüber, dass sein Halbbruder wieder von dem unangenehmen Thema anfing. Er würde lieber mit ihm über den neuen Kriegszug gegen die verhassten Thüringer sprechen und Pläne schmieden, wie sie erfolgreich vorgehen könnten. Chlothar schien es jedoch zu genießen, ihn fortwährend an die Niederlage zu erinnern.
„Na gut, Theuderich, wenn ich die Hälfte der Beute bekomme und als Erster auswählen darf, so will ich dich in dem nächsten Feldzug unterstützen. Jeder Schritt muss zwischen uns beiden abgestimmt sein und du darfst nicht ohne meine Zustimmung allein vorgehen. Meine Krieger unterstehen nur meinem Befehl. Sie würden nur ungern auf einen Feldherrn hören, der gegen die Thüringer schon einmal verloren hat.“
Theuderich hätte seinen Halbbruder am liebsten angeschrieen, was er sich soeben gegen ihn erlaubte, doch er brauchte ihn und musste sich zurücknehmen. „Nun gut, wenn dies deine Bedingungen sind, dann soll es so sein.“ Zufrieden blickend, reichte Chlothar ihm die Hand und sie bekräftigten damit ihre Abmachung. „Jetzt würde ich mich gern zurückziehen und etwas ausruhen, wenn du erlaubst.“
„Das verstehe ich. Es ist schon alles vorbereitet. Wir sehen uns dann am Abend zu dem Festmahl, was ich dir zu Ehren gebe.“
„Das freut mich und ich hoffe, dass viele schöne Frauen zugegen sein werden.“
„Das denke ich doch. Lass dich überraschen!“

Chlothar ging in die Gastgemächer und legte sich auf eine Liege um auszuruhen. Seine Gedanken kreisten ständig um den sagenhaften Königsschatz der Thüringer, der in absehbarer Zeit schon ihm gehören würde. Über ihn hatte er unbeschreibliche Dinge gehört. Ein Großteil davon soll von der Mitgift Amalabergas stammen. Mehrere Ochsenkarren, mit Gold und Silber beladen, sollen einst im Hochzeitszug mit über die Alpenpässe gekommen sein. Die Vorfreude, all dies einmal selber zu besitzen, war für Chlothar ein Hochgenuss.

An der Tür zu seiner Kemenate klopfte jemand zaghaft an. „Kommt herein!", rief Chlothar unwirsch, da er sich in seinen schönen Gedanken gestört fühlte. Eine junge Magd stand in der Tür und fragte verschüchtert: „Dürfen wir euch ein Bad anrichten?"

„Das darfst du", entgegnete Chlothar und sah zu, wie zwei Knechte einen großen Holzbottich in der Mitte des Raums aufstellten, ihn mit weißen Tüchern auskleideten und mit warmem Wasser füllten. Dann verschwanden die Knechte und die Magd legte trockene Tücher über einen Schemel und gab ein paar Tropfen Rosenöl in das Badewasser. Der Duft der Rosen breitete sich im Nu im ganzen Raum aus. Als sie mit den Vorbereitungen fertig war, fragte sie den König, ob sie ihm beim Auskleiden helfen dürfe. Er gestattete es ihr.

Behäbig stand er von der Liege auf und ging zum Holzzuber. Die Magd half ihm beim Auskleiden. Er stieg langsam ins Wasser und setzte sich auf den Boden. Die Wärme tat ihm gut und der Rosenduft berauschte seine Sinne. Die Magd reichte ihm einen Trinkbecher mit Rotwein.

„Du solltest mit zu mir ins Wasser kommen. Gemeinsam badet es sich besser", sprach er sie an. Sie erschrak über den seltsamen Wunsch des hohen Gastes und entgegnete zögerlich: „Ich weiß nicht, Herr. Es ist mir nicht erlaubt, das zu tun."

„Du kannst ganz unbesorgt sein. Wenn ich es dir sage, so ist es in Ordnung."

Schüchtern stand sie vor dem Zuber und überlegte, wie sie sich verhalten sollte.

„Nun mach schon!", herrschte sie Chlothar ungeduldig an. Sie erschrak wegen des unwirschen Tons, der in seiner Stimme lag und tat, wie ihr befohlen wurde. Langsam streifte sie ihre Kleider über die Schultern und ließ sie zu Boden fallen. Nun stand sie nackt vor ihm und wusste nicht, was sie weiter tun sollte.

„Komm schon herein!“, munterte er sie auf. Sie stieg schnell in den Zuber und setzte sich Chlothar gegenüber auf den Boden.
„Du hast wohl noch niemals mit einem Mann in einem Zuber gesessen?“, fragte er sie.
„Nein, Herr, es ist das erste Mal.“
„Aber was man in einem Zuber macht, das weißt du doch?“
„Ja, Herr, man wäscht sich und reibt die Haut ab.“
„Na also. Ich habe schon gedacht, du kennst dich gar nicht aus. Dann zeig mir mal, wie gut du mich waschen und abreiben kannst!“
„Das kann ich doch nur von draußen.“
„Dann wirst du lernen, es von drinnen zu tun.“
Chlothar stand auf und trank seinen Becher mit einem Zug leer. Die Magd nahm ein kleines Tuch und einen Bimsstein von dem Schemel und rieb seinen Körper damit ab. Danach setzte er sich wieder nieder.
„Gib mir Wein!“, befahl er ihr. Sie sprang schnell aus dem Zuber und goss aus einem Krug Wein in den Becher.
„Nimm selber einen Schluck, du musst recht durstig sein!“
„Lieber nicht, ich habe noch niemals Wein getrunken.“
„Dann wird es Zeit, ihn zu probieren. Und jetzt trinke den ganzen Becher leer, bis auf den Grund!“
Verängstigt setzte die Magd den Becher an die Lippen und nippte daran.
„Zier dich nicht und trink ihn aus!“, nötigte Chlothar von neuem. Sie schloss die Augen und kippte den Wein hinunter. Danach schüttelte sich die Magd, als hätte sie einen Becher mit saurem Essig trinken müssen.
„Es sieht so aus, als würde dir der Wein nicht schmecken.“
Sie nickte, füllte den Becher von neuem und reichte ihn Chlothar. Der schüttete ihn durch seine Kehle. Er tat es so hastig, dass der Wein beidseits des Mundes herabfloss.
„So, jetzt reibe mich, aber gib vorher noch etwas heißes Wasser hinzu!“
Die Magd schüttete zwei Eimer in den Bottich und stieg wieder hinein. Sie kniete sich zu seinen Füßen nieder und strich vorsichtig mit dem Bimsstein über seine Waden.
„Du kannst mehr aufdrücken“, meinte er und streckte die

Beine genussvoll von sich. Sie merkte, wie er mit seinem rechten Fuß den Weg zwischen ihre Schenkel suchte. Aufgeregt rückte sie weiter auf den Knien zu ihm heran und rieb seine Arme und die Brust. Da spürte sie seine Hand, die im Wasser zwischen ihre Oberschenkel glitt.
Ihr war bewusst, was er jetzt von ihr wollte und sie sah keine Möglichkeit, dem zu entkommen. Die Königin, ihre Herrin, hatte ihr ausdrücklich gesagt, dem König alles recht zu machen.
Wo war aber die Grenze? Gab es vielleicht keine? Ganz gleich, wie sich die Magd entscheiden würde, bekäme sie Schelte von ihrer Herrin, wenn sie es erführe. So fügte sie sich ihrem Schicksal. Wie es sich zeigte, war es für sie schöner und angenehmer, als sie anfangs dachte.

Am Abend waren viele Gäste zum Fest geladen. Die hohen Beamten und ihre Frauen begrüßten die Königsfamilie. Auf einer Seite der großen U-förmigen Tafel saß das Gefolge von Chlothar und auf der anderen Seite Theuderichs hochrangige Würdenträger mit ihren Frauen. Auf der Fläche, die durch die Tafel eingeschlossen war, zeigten Spielleute verschiedene Kunststücke zur Erheiterung der Gäste.
Nach dem üppigen Mahl wurde zum Tanz aufgefordert. Es war ein einfacher Paartanz, bei dem die Partner ständig wechselten. So hatten die Frauen der hohen Beamten die Möglichkeit und das Vergnügen, mit dem hübschen König Chlothar im Tanzreigen zusammenzutreffen. Er war an diesem Abend der Schwarm aller Damen. Sein langes gelocktes Haar, das den Merowingersöhnen so eigen war, ließ schon beim Anblick ihre Augen aufleuchten. Wenn es einer Frau gelang diese Haare zu berühren, fühlten sie sich glücklich. Chlothar war sich dessen bewusst und genoss es in vollen Zügen.
Es war schon spät am Abend und die Königin hatte sich bereits mit ihrer Tochter in ihre Gemächer zurückgezogen und die ersten Gäste waren danach gegangen, da entstand im Gang zu dem Festsaal ein großer Tumult. Zwei Männer waren aneinander geraten und einer wurde dabei getötet.
Ein Diener eilte zu Theuderich und berichtete den Vorfall.

Der Tote war ein Gefolgsmann von Chlothar. Er hatte sich mit der Frau eines Kriegers von Theuderich in einen kleinen Nebenraum zurückgezogen und wurde von dem Ehemann der Frau beim Liebesspiel ertappt.
Der Gehörnte tobte vor Wut und erschlug mit einem kräftigen Hieb sein junges Weib. Danach versuchte er den Nebenbuhler zu töten. Dieser fasste nach einem Schemel und wehrte die Hiebe ab. Dabei stolperte er und der Ehemann stieß ihm sein Schwert mit soviel Kraft in die Brust, das die Klinge am Rücken wieder heraus trat. Der Vetter des Getöteten wollte seinen Verwandten rächen. Er wurde jedoch von seinen Freunden zurückgehalten.
Der Ehemann stand unter dem Türbogen, der zu dem Raum führte, wo seine Frau lag. Er blickte auf ihren Leichnam und fand, dass sie immer noch so schön und begehrenswert aussah, wie zuvor. Der Zorn hatte sich nun bei ihm gelegt und schon bedauerte er sein Vorgehen. Zumindest seine Frau hätte er nicht gleich umbringen müssen. Sie war jung und hübsch und er wusste, dass viele Männer ihre Augen auf sie richteten und sie begehrten. Bisher konnte er ihr keinen Fehltritt nachweisen, aber die Eifersucht plagte ihn von Tag zu Tag mehr. Es war wie ein nagender Schmerz, der immer wieder Nahrung suchte.
Wenn er nicht zu Hause war, stellte er sich die schlimmsten Dinge vor, die sie anstellen könnte. Er hatte seinen alten Diener damit beauftragt, sie Tag und Nacht nicht aus den Augen zu lassen und ihm jede Annäherung eines fremden Mannes zu melden. Langsam schritt er zu ihr hin, hob sie auf und setzte sich auf eine Bank. Er hielt ihren Kopf in seinen Händen. Mit den Fingern strich er über ihr schönes Gesicht. Sie schien ihn noch im Tode anzulächeln. Traurig und gedankenversunken starrte er vor sich hin.
Die beiden Könige waren zum Schauplatz des Geschehens geeilt. Im Gang schrieen sich die beiden aufgebrachten Gruppen von Chlothars Gefolge und Theuderichs Männern, die auf der Seite des Ehemannes standen, an. Durch den Türbogen sahen sie den alten Krieger, der den Kopf seiner toten Frau noch immer umfasste und wie ein Unbeteiligter des ganzen Geschehens, in sich zurückgezogen und

stumm dasaß. Theuderich beschwichtigte zunächst die erhitzten Gemüter der Männer und ließ sich den Tathergang genau schildern.
Die Situation war eindeutig. Der Ehemann hatte sein Eigentum verteidigt und war damit im Recht. Mit dem Tod des Nebenbuhlers jedoch galt das Prinzip der Blutrache. Die nächsten Verwandten des Getöteten mussten diesen rächen, dazu waren sie verpflichtet, um die Ehre der Sippe zu wahren. Theuderich, der dies wusste und jeden Krieger benötigte, schlug vor, am nächsten Tag beim Gericht darüber zu befinden. Nach langem Hin und Her waren beide streitenden Parteien damit einverstanden. Es dauerte noch lange, bis sich die Aufregung legte und sich die aufgebrachten Männer entfernten. Zurück blieb der Ehemann mit seiner toten Frau. Er saß wie versteinert da und trauerte.
Erst am nächsten Morgen trugen Diener die Leiche fort und der Mann musste sich für die Gerichtsverhandlung vorbereiten.
Die Verhandlung war in der frühen Morgenstunde angesetzt. Es kamen viele Leute. Darunter waren nicht nur die, welche näher oder weitläufig mit beiden betroffenen Familien verwandt waren, sondern es waren auch Freunde und sonstige Schaulustige dabei.
Beide Könige standen dem Gericht vor und Theuderich führte höchstpersönlich die Verhandlungen. Er ließ sich von den Sprechern der betroffenen Gruppen den genauen Vorgang schildern. Die Schuldfrage schien eindeutig zu sein, aber da gab es die altgermanische Anschauung, dass jeder Mord durch die Familie des Geschädigten zu sühnen wäre. Gleiches musste durch Gleiches beglichen werden, Mord durch Mord.
Es war eine Frage der Ehre und so kam es vor, dass sich schon ganze Sippen gegenseitig vernichtet hatten. Nach dem Gesetz der salischen Franken jedoch konnte die Familie des Getöteten durch Geld entschädigt werden. Dieser Betrag war nun auszuhandeln. Der König machte einen Vorschlag, wie hoch dieses Wergeld sein könnte und das Feilschen begann.
Der Ehemann, als der eigentliche Täter stand teilnahms-

los vor dem Gericht. Der Verlust seiner Frau schmerzte ihn mehr, als jede Strafe es sein könnte. Am liebsten wäre er jetzt tot.
Am Ende des Verhandlungstages hatte man sich geeinigt. Das Wergeld war nicht so hoch ausgefallen, da der Getötete eine Mitschuld trug, weil er sich an dem Eigentum eines anderen vergriffen hatte. Der Vetter des Getöteten nahm als Vertreter des Oberhaupts seiner Sippe das Urteil an und erhielt von der Familie des Mörders das Wergeld ausgehändigt. So kehrte wieder langsam Ruhe auf der Burg ein.

Die beiden Könige nutzten den Nachmittag zu einem gemeinsamen Jagdausritt. Theuderich führte seinem Halbbruder seinen jungen Jagdfalken vor, den er selber abgerichtet hatte.
Als sie zur Burg zurückkamen, bat ihn der Kanzler um eine Unterredung.
„Was gibt es denn, dass du es so dringend machst?“, fragte er ihn unwirsch.
„Es gibt Neuigkeiten bei der Vernehmung der beiden inhaftierten Verdächtigen.“
„Das freut mich, dass du schon etwas herausgefunden hast. Haben beide schon gestanden?“
„Nur einer gab einige der Anschuldigungen zu. Von dem anderen haben wir jedoch noch nichts Brauchbares erfahren.“
„Na, das ist doch einmal etwas Erfreuliches, was du mir zu berichten hast. Nach dem Abendessen werden wir uns die beiden ansehen.“
„Was gibt es Bruder?“, fragte ihn Chlothar, der nur ein paar Bruchstücke des Berichtes des Kanzlers mitbekommen hatte.
„Es ist nichts Wichtiges, als dass ich dich damit langweilen möchte. Es geht um möglichen Verrat bei einigen meiner Leute.“
„Das nennst du nicht wichtig. Es gibt nichts Schlimmeres, als Verrat in den eigenen Reihen. So manchem Herrscher kostete das schon das Leben.“
„Beruhige dich, mein lieber Bruder und sei unbesorgt! Dir

und mir kann hier nichts passieren. Ich habe alles unter Kontrolle."
„Um wen handelt es sich? Vielleicht kenne ich die Männer."
„Das glaube ich nicht. Sie kommen aus sehr angesehenen Familien. Die kennst du möglicherweise."
„Wenn du es erlaubst, würde ich mir die Männer gern einmal ansehen."
„Vielleicht später einmal, wenn die Untersuchungen abgeschlossen sind. Jetzt ist es noch zu früh. Wir wissen noch nicht sehr viel über die Vorgänge."
„Nun gut, dann wollen wir unsere Damen beim Abendessen nicht warten lassen."

Theuderich war schon sehr gespannt, was bei den Untersuchungen durch den Kanzler herausgekommen war. Er wollte sich vor Chlothar seine Ungeduld nicht anmerken lassen. Als sich sein Gast jedoch gleich nach dem Essen in seine Kemenate zurückzog, ging er in den Arbeitsraum und ließ sich vom Kanzler über die Einzelheiten der Befragung berichten.
Anfangs schienen beide Verdächtigten sehr verschlossen gewesen zu sein, jedoch die Furcht einflößende Umgebung des Untersuchungsraumes ließen sie bald von allein reden. Die Folter wurde noch nicht angewendet, da die Inhaftierten gesprächig waren und dem höheren Adel angehörten.
Adalbert, der Fürst der Alamannen, schien aller Verdächtigungen erhaben zu sein. Er war ein aufrichtiger Krieger und hatte Theuderich in manchem Kampf schon tapfer zur Seite gestanden. Da der Kanzler von seiner Unschuld absolut überzeugt war, so wollte der König ihn schon bald wieder freilassen. Das würden ihm die Alamannen in seinem Heer danken und von seinem Gerechtigkeitssinn überzeugt sein.
Der zweite Gefangene mit Namen Bertram, der aus einer hochangesehenen und reichen frankoromanischen Sippe stammte, verwickelte sich bei den Befragungen in widersprüchliche Aussagen. Zuletzt kam heraus, dass er tatsächlich Informationen über Aktivitäten der Thüringer entlang des Königwegs im Thüringer Wald erhalten hatte, denen jedoch keine Bedeutung beimaß.

Es gab damals so viele Gerüchte und jeder hatte dies und das irgendwo und irgendwann gehört. Die Information darüber gab ihm sein älterer Bruder, der beim König Childebert Kanzler war. Der hatte ihn jedoch gebeten, nicht mit anderen darüber zu sprechen, da er den Wahrheitsgehalt anzweifelte. Er als Kanzler durfte solche Informationen nicht weitergeben, auch nicht an seinen Bruder.
Childebert besaß, wie die übrigen fränkischen Könige, ein eigenes Netz an Spionen in vielen Ländern und den Reichen von Theuderich und Chlothar. So war er über alles gut informiert und nutzte manche Situation zu seinem Vorteil.
Die Aussagen genügten Theuderich vorerst. Er ging mit dem Kanzler eiligen Schrittes zum Verlies. Jeder der Gefangenen war in einem kleinen Abteil unterhalb der Folterkammer untergebracht. Die Räume waren mit schweren Eichentüren gesichert. Theuderich ließ zunächst Adalbert vorführen.
Mühsam kam er die Steinstufen herauf. Erhobenen Hauptes ging der Fürst der Alamannen auf den König zu.
„Nehmt ihm die Fesseln ab!", ordnete Theuderich an. Der König blickte Adalbert lange ins Gesicht. Dann sprach er: „Ich habe von der Anschuldigung gegen dich gehört und kann es immer noch nicht glauben. Du hattest mir schon des Öfteren in der Schlacht das Leben gerettet und nun sollst du ein Verräter sein? Ich halte dich immer noch für einen aufrichtigen Mann und dein Wort zählt für mich, wie deine Taten. So sage mir, ob die Anschuldigungen gegen dich stimmen."
„Mein König, nichts von dem, was behauptet wurde, ist richtig. Ich bin kein Verräter. Ich war euch immer ein treuer Gefolgsmann und werde es für alle Zeiten bleiben. Daran wird sich nichts ändern. Ich hatte keine Informationen, von wem auch immer, über den geplanten Überfall der Thüringer erhalten. Sonst hätte ich euch gewarnt, das könnt ihr mir glauben."
„Ich glaube es dir, mein treuer Adalbert. In diesen Zeiten, wird von einem Feind schnell eine Anschuldigung ausgesprochen."
„Ich stand auf dem Königsweg an eurer Seite, mein König.

Das ist Beweis genug für die Richtigkeit meiner Aussage."
„Du brauchst keinen Beweis, mir genügt dein Wort. Daher soll man dich sogleich wieder freilassen."
Adalbert kniete vor dem König nieder und bedankte sich für sein Vertrauen.
Der Kerkermeister öffnete die Tür, die von der Folterkammer nach draußen führte und ließ Adalbert gehen. Der atmete erst einmal tief durch. Die kühle Abendluft tat ihm gut. Aus Erfahrung wusste er, dass nur selten jemand lebend einen Kerker verließ. Die peinliche Befragung mit Hilfe der grausamen Folterinstrumente ließen jeden Unschuldigen schnell zum Schuldigen werden.

Theuderich wies den Kerkermeister an, den zweiten Gefangenen zu holen. Bertram kam ebenfalls in Ketten gefesselt die Stufen herauf und ging tief gebückt auf den König zu. Er fiel vor ihm auf die Knie. Der König befahl, ihm die Fesseln abnehmen zu lassen.
„Wie geht es dir Bertram?"
„Ich bin unschuldig, mein König, ihr könnt es mir glauben."
„Das möchte ich, denn du warst mir immer ein Freund und guter Berater bei meinen Feldzügen. Wir haben schon so viel gemeinsam erlebt und das, was ich hörte, hat mich sehr betrübt."
„Es sind falsche Anschuldigungen, mein König."
„Hättest du mir gesagt, was du wusstest, dann wäre ich gewarnt und viele meiner Krieger würden noch leben."
„Ich habe nicht geahnt, dass die Informationen von meinem Bruder richtig waren, das könnt ihr mir glauben. Damals wurde vieles erzählt und das meiste stimmte nicht."
„Es ist jedoch sonderbar, dass König Childebert etwas wusste, was meine Berater mir verschwiegen. Vielleicht war es vielen bekannt und nur ich, dein König hatte keine Ahnung."
„Es tut mir leid, dass ich euch nichts davon sagte, aber mein Bruder und ich hatten diese Information als falsch angesehen."
„Vielleicht wollte dein lieber Verwandter sogar, dass ich nichts davon erfahre. Childebert wäre bestimmt sehr froh,

wenn ich im Kampf gefallen wäre. Dann hätte er sich ein Teil meines Reiches einverleiben können. Vielleicht hätte er es dir als Lehen gegeben, als sein neuer treuer Gefolgsmann."

„Es ist nicht so, wie ihr es sagt. Niemals würde ich so handeln! Ich war euch immer treu ergeben."

„Deine Familie hat eine sehr hohe Stellung im Reich von Childebert und da sind solche Gedanken nicht ganz abwegig. Ich glaube, es wäre bei der Gerichtsverhandlung gut für dich, wenn du geständig wärst."

„Ich kann doch nichts gestehen, was nicht so ist?"

„Du musst das selber wissen. Ich kann dir da nicht helfen."

Der König wandte sich von Bertram ab und verließ den Raum.

Am nächsten Morgen begann die öffentliche Gerichtsverhandlung gegen Bertram. Er wurde wegen Hochverrats angeklagt. Der König war bei den Verhandlungen nicht zugegen. Er ging mit seinem Halbbruder Chlothar jagen und ließ sich am Abend von seinem Kanzler genau darüber berichten. Chlothar hatte von diesen Vorgängen erfahren, doch interessierte er sich nicht sonderlich dafür. Wichtiger war ihm das ausschweifende Leben, das er noch ein paar Tage auf der Burg genießen wollte.

Theuderich tat sein Bestes, um die Laune von Chlothar hoch zu halten. Bei dem vielen Zusammensein fand er oft Gelegenheit mit ihm über das neuerliche Vorgehen gegen die Thüringer zu sprechen. Childebert wollten sie nicht dabei haben. Er war ihnen zu unzuverlässig und dann müssten sie die Beute noch mit ihm teilen. Das wollte keiner von beiden.

Theuderich musste zunächst eine schlagkräftige Reiterei wieder aufbauen. Die Verluste waren zu hoch. Hierfür würde er den Winter und das Frühjahr benötigen, so dass sie erst im Spätsommer des nächsten Jahres mit dem Feldzug beginnen konnten. Dieser Zeitpunkt passte Chlothar, wenn die Aufständischen ruhig blieben. Mit dem Beuteversprechen könnte er möglicherweise viele der rebellischen Burgunder auf seine Seite bringen.

„Hast du schon einen Plan, wie wir vorgehen werden?", fragte er während einer Rast Theuderich.
„Den habe ich und ich denke dass du damit einverstanden bist. Ich schlage vor, dass wir von drei Richtungen in das Thüringer Reich eindringen. Mein Sohn Theudebert soll von Nordwesten kommen, du vom Westen und ich auf dem Königsweg von Südwesten."
„Du hast vorher nicht gesagt, dass Theudebert mitzieht. Ich bin aber nicht bereit, mit ihm zu teilen."
„Das sollst du nicht. Geteilt wird nur zwischen uns beiden. Theudebert finde ich selbst ab."
„Dann habe ich nichts dagegen, dass er mitkommt. Doch dass ich vom Westen heranziehen soll, gefällt mir nicht. Ich werde auf dem Königsweg entlang reiten und du kommst vom Westen."
„Na gut, wenn du unbedingt darauf bestehst, so bin ich damit einverstanden."
Theuderich gefiel diese Lösung gar nicht, denn er wollte allen beweisen, dass er auf dem Weg, der ihm so große Schmach bereitet hatte, siegreich vorankommen würde. Vielleicht könnte er Chlothar später noch einmal umstimmen. Fürs erste genügte ihm der vereinbarte Angriffsplan in Richtung Tretenburg, wo man das Thüringer Heer erwarten würde.
„Wir werden wegen eines neuen Angriffs zunächst nichts verlauten lassen. Die Thüringer rechnen nicht damit, dass wir uns so schnell von der Niederlage erholen werden und so lassen wir sie noch einige Zeit gut schlafen."
„Das denke ich auch. Wir sollten diesmal gut vorbereitet sein und es darf uns kein Fehler passieren."
„So sehe ich das auch."
Theuderich war mit dem Gespräch zufrieden. Er hatte gespürt, dass sich sein Halbbruder für die erwartete Kriegsbeute noch mehr interessierte, als er. Somit würde er es sich wahrscheinlich nicht noch anders überlegen.

Von weitem sahen sie einen Meldereiter im gestreckten Galopp herannahen. Er sprang vom Pferd und überreichte Theuderich ein ledernes Futteral. Darin befand sich ein Per-

gament von seinem Gesandten am Thüringer Königshof. Er unterbreitete in dem Schreiben die Vorschläge Herminafrids für einen lang anhaltenden Frieden und die Höhe der Lösegeldforderung für die Krieger.
„Darf man wissen, was es ist?", fragte neugierig Chlothar.
„Es ist eine Nachricht von meinem Gesandten aus Thüringen. Herminafrid bietet mir ein Friedensbündnis an, das durch die Ehe seiner Tochter mit meinem Sohn Theudebert besiegelt werden soll. Bis seine Tochter alt genug ist für die Ehe, soll einer der Söhne aus der merowingischen Königsfamilie und der Sohn des Gesandten als Pfand an den Hof des Herminafrid entsandt werden. Im Gegenzug kommt ein Königssohn und ein Begleiter an meinen Hof."
„Das sieht so aus, als ob Herminafrid den Frieden unbedingt will."
„So eine Frechheit! Was glaubt der, wer er ist? Mir hat noch niemand solche Forderungen unterbreitet und ich denke nicht daran, darauf einzugehen", sprach Theuderich entrüstet.
„Wieso eigentlich nicht? Was hindert uns denn daran, trotzdem gegen ihn zu ziehen. Wenn wir darauf eingehen, wird er sein Heer noch mehr vernachlässigen, als er es in der Vergangenheit getan hat. Also ist es besser, du gehst auf seinen Vorschlag ein.
Eine eheliche Verbindung mit seiner Tochter gibt dir dann noch das Recht auf den Anspruch seines Reichs. Ich glaube, er hat nur einen Sohn und der wird unseren Feldzug nicht überleben. Du kannst somit getrost die Einwilligung zu dieser Ehe geben."
„Was ist aber mit der Geisel aus unserer Familie? Wer käme in Frage?"
„Ich wüsste da wen, den wir hinschicken könnten."
Neugierig sah Theuderich zu Chlothar.
„Wir könnten den ältesten Sohn unseres gefallenen Bruders Chlodomer als Geisel hin senden. Die drei Söhne von ihm leben bei ihrer Großmutter und wenn sie nicht mehr minderjährig sind, werden sie bestimmt Ansprüche auf das Erbe ihres Vaters anmelden. Vielleicht bleibt der Älteste von ihnen gleich in Thüringen und wir sind ihn los."

„Was wird Childebert dazu sagen? Eure Mutter lebt doch bei ihm und sie wird es nicht zulassen, dass ihr Enkel fortgeht."
„Sie hat diesbezüglich nichts zu sagen und Childebert ist da meiner Meinung. Wenn du einverstanden bist, sende ich ihm gleich eine Nachricht und er soll den Jungen deinem Meldereiter mitgeben."
Theuderich überlegte. Der Vorschlag von Chlothar könnte von ihm sein. So durchtrieben hatte er ihn gar nicht eingeschätzt. Im Jahre 524 heiratete er die Witwe seines Bruders Chlodomer und konnte seit dieser Zeit über dessen Reichsanteil mitbestimmen. Wenn seine drei Stiefsöhne erwachsen sind, so müsste er das Land seines gefallenen Bruders an sie zurückgeben.
Würde einer von ihnen als Geisel am Thüringer Königshof sein und ihm dort etwas zustoßen, so wären nur noch zwei der Erben übrig. Theuderich überlegte, welche Nachteile er dadurch haben könnte, doch er konnte keine erkennen.
„Nun gut, wenn du meinst, dass dies die beste Lösung ist, so werde ich noch heute ein Schreiben an Herminafrid verfassen lassen und ihm mitteilen, dass ich über seinen Vorschlag sehr erfreut bin und wir als Pfand bis zur Heirat meines Sohnes Theudebert mit seiner Tochter, die beiden Knaben als Geiseln zu ihm senden."
Chlothar war froh, dass Theuderich gleich einwilligte. Seine Stiefsöhne empfand er wie einen Dorn in seinem Fleisch und der Tag, dass sie volljährig wurden, kam immer näher. Begeistert rief er aus: „Dem Herminafrid sein Gesicht möchte ich sehen, wenn wir ihm im nächsten Jahr den Garaus machen. Dein Sohn Theudebert kann nach unserem Sieg über die Thüringer seine Tochter dann trotzdem noch zur Frau nehmen und das Thüringer Königreich wird dadurch ein legitimer Bestandteil unseres großen Frankenreiches. Wenn das unser Vater noch erleben könnte, es würde ihm sehr gefallen und er wäre sehr stolz auf uns."

4. Götterburg

Siegbert und Haralds Knappe Roland waren schon seit vielen Tagen in Richtung Elbkniegau unterwegs. Der Knappe kannte den Weg und hatte von Harald eine auf Pergament gezeichnete Landkarte mitbekommen, für den Fall, wenn sie sich doch einmal verirren sollten. Es ging bisher alles gut.

Am nächsten Tag müssten sie in der Siedlung des Gaugrafen Weibel ankommen.

„Was machen wir, wenn Hartwig noch nicht da ist?“, fragte Siegbert.

„Dann werden wir am Wegrand so lange auf ihn warten, bis er uns findet. Er wird hier sicher entlangkommen.“

„Es kann aber doch sein, dass er einen anderen Weg geritten ist und jetzt bei Weibel schon auf uns wartet“, meinte Siegbert, dem die Reise auf dem Ochsenkarren schon langweilig wurde.

„Hartwig kennt unsere Route, denn er hat die gleiche Karte, wie wir. Daher sei unbesorgt, er wird hier entlang kommen.“

„Ich könnte aber doch mit meinem Pferd vorausreiten und nachsehen“, bedrängte ihn Siegbert.

„Wir müssen unbedingt zusammenbleiben. Wenn du dich verirrst oder dir etwas passiert, könnte dir dann niemand helfen.“

„Mir passiert schon nichts.“

„Trotzdem bleibst du bei mir. Ich bin für dich verantwortlich.“

„So ein Blödsinn, ich bin schon alt genug, um auf mich selber aufzupassen.“

Siegbert sprang vom Bock des Planwagens und löste den Riemen mit dem sein Pferd am Wagen angebunden war. Mit einem Sprung saß er auf dem Rücken seines Schimmels und galoppierte den Weg voraus.

„So ein dummer Junge“, murmelte Roland vor sich hin und trieb verärgert die Ochsen mit der Peitsche an. Das Gespann konnte er nicht allein lassen und Siegbert auf seinem Pferd folgen. Es blieb ihm nichts übrig, als weiterzufahren.

Als es dunkel wurde, hielt er in der Nähe eines Baches, um dort die Nacht zu verbringen.
Den Wald hatte er schon lange verlassen und vorsorglich genügend Brennholz auf den Wagen gepackt. Er machte sich Feuer, um die Kälte besser zu ertragen. In einem kleinen Kupferkessel wärmte er Wasser und gab ein paar Kräuter hinein. Aus dem Proviantkorb nahm er einen Laib Brot und Speck. Das war sein Abendessen.
Wo war nur Siegbert? Er müsste doch schon hungrig sein. Hoffentlich war ihm nichts passiert und er findet zurück? Roland sorgte sich sehr. Er war schon ganz verzweifelt und ging zum Wagen, um Holz zum Nachlegen zu holen. Die stärkeren Äste lagen ganz unten in dem Haufen und er mühte sich, sie herauszuziehen. Durch das Rütteln während der Fahrt hatten sie sich ineinander verkeilt. Roland kletterte auf den Wagen und griff nach einem starken Ast. Unter fortwährendem Fluchen zerrte er daran. Endlich gelang es ihm und er sprang vom Wagen herunter.
Ein Schrei folgte. Mit dem linken Fuß war er in das Loch eines Kaninchenbaus getreten. Sofort sank er zu Boden. Mit den Fingern betastete er die schmerzende Stelle und vermutete, dass das Fußgelenk gebrochen war. Das musste gerade ihm passieren. Das Gelenk schwellte schnell an und Roland jammerte vor sich hin und bemitleidete sich selbst. Grillen zirpten um die Wette und Glühwürmchen flogen hin und her. Spät am Abend hörte er vom Weg her ein Rascheln. Zuerst dachte er, dass sich ein Tier nähern würde, doch es war Siegbert mit seinem Pferd. Siegbert band es an den Planwagen und wunderte sich, dass das Feuer fast abgebrannt war und Roland regungslos im Gras hockte.
„Was ist los?“ fragte er ihn. Der sagte kein Wort. Er war sehr böse auf ihn.
„Entschuldige Roland, das war sehr dumm von mir, es wird nicht mehr passieren!“, meinte Siegbert.
„Das war nicht nur dumm, sondern frech. Was wäre, wenn dir etwas Schlimmes zugestoßen wäre? Wem würde man da Vorwürfe machen? Natürlich mir. Und dich interessiert das nicht.“

„Ich wollte nur etwas vorausreiten, doch bei der Wegkreuzung bin ich falsch abgebogen. Als es mir auffiel, wurde es schon dunkel. Zum Glück hatte ich das Feuer von weitem gesehen und konnte dich finden. Es soll nicht wieder vorkommen, das verspreche ich dir. Doch bitte erzähl niemand davon!“
„Das muss ich mir noch überlegen.“
Siegbert kratzte sich verlegen am Kopf. Er ging zum Feuer und wunderte sich, dass ihm Roland nicht folgte.
„Was ist mit dir? Warum setzt du dich nicht hierher, wo es warm ist?“
Mürrisch entgegnete ihm der Knappe: „Ich habe mir den Fuß gebrochen und kann nicht mehr auftreten.“
Besorgt lief Siegbert zu ihm und sah nach. Das Gelenk war sehr stark angeschwollen. Er holte schnell einen Eimer mit Wasser und kühlte es mit Umschlägen. Das linderte den Schmerz und verbesserte Rolands Laune.
Die ganze Nacht hindurch wechselte er die nassen Tücher, doch am nächsten Morgen war die Schwellung noch immer nicht zurückgegangen. Beide glaubten, dass das Gelenk angebrochen sein musste. Roland konnte nicht auftreten und versuchte sein linkes Bein ruhig zu stellen. Er ließ sich Weidenzweige bringen und bastelte daraus eine Schiene, mit der er den Fuß stabilisierte. Nun lag es an dem Jungen, sich um alles zu kümmern. Siegbert spannte die Ochsen vor den Wagen und half dem Knappen, eine geeignete Liegestatt zwischen den mitgeführten Sachen zu finden. Es war sehr warm. Ein offenes, ebenes Land lag vor ihnen und es gab nur wenige Bäume, die Schatten spendeten.
Nach Mittag machten sie in der Nähe einer kleinen Baumgruppe Halt. Hier gab es eine Quelle mit frischem Wasser. Von hier aus würden sie nur noch einen halben Tag benötigen, um zu Weibel zu gelangen.
Roland wollte an dieser Stelle so lange warten, bis Hartwig käme. Nachdem die Ochsen ausgespannt und an einer langen Leine auf der Wiese angepflockt waren, legten sie sich unter einen großen Baum und versuchten ein wenig zu schlafen. Die Mücken drangsalierten sie und ließen sie nicht zur Ruhe kommen.

Siegbert fragte, ob er ein wenig die Gegend inspizieren dürfe.
„Wenn du nicht zu weit wegreitest, kannst du es tun, doch verirre dich nicht wieder!"
„Ich passe gut auf und vor dem Dunkelwerden bin ich wieder zurück."
Die Zeit verging und als Siegbert am späten Nachmittag zurückkam, berichtete er von seinen Erlebnissen an einem der vielen kleinen Teiche, die sich nicht weit von hier befanden.
„Du kannst dir gar nicht vorstellen, was da für eigenartige Vögel leben. Die sind fast so hoch wie ich und stehen auf roten Beinen, wie auf zwei Stöcken."
„Haben sie schwarzweißes Gefieder und einen langen roten Schnabel?", fragte Roland.
Siegbert nickte mit dem Kopf. „Dann sind es Störche."
„Bei uns habe ich solche Vögel noch nie gesehen", meinte Siegbert.
„Die Störche leben nur in den Sumpfgebieten, wo es viele Frösche gibt. Im Winter finden sie hier kein Futter mehr und fliegen südwärts, in warme Länder, ohne Schnee und Kälte."
„Warum bleiben sie nicht für immer dort?", wollte der Junge weiter wissen.
„Die Störche kommen im Frühjahr an den Ort, wo sie geboren wurden, zurück. So wie viele andere Vögel auch. Wenn du dich umschaust, so siehst du hohe knorrige Bäume mit einem riesengroßen Nest in den Ästen. Dort brüten sie und ziehen ihre Jungen auf."
„Woher weißt du das alles?"
„Ich war mit Harald oft in diesem Gebiet und da haben es mir die Leute erzählt."
„Da werde ich einen Storch fangen und mit nach Rodewin nehmen. An unseren Teichen gibt es viele Frösche."
„Wenn du das tust, dann bringen dich die Leute um. Die Vögel sind ihnen heilig und keiner darf sie töten oder wegfangen. Es sind Vögel, die dem Gott Thor geweiht sind und Glück und Reichtum bringen. Darauf will niemand verzichten."

„Ich auch nicht. Vielleicht finde ich ein paar Federn. Da wird doch bestimmt keiner etwas dagegen haben.“
Siegbert achtete nun ganz besonders auf diese Vögel. Unter den Nistbäumen fand er ein paar schöne Schwungfedern, die die Tiere verloren hatten.

Drei Tage warteten sie am Wegrand bei der Baumgruppe, bis endlich Hartwig und seine Freunde Baldur und Amalafred gegen Abend auftauchten.
„Wie ist es euch ergangen? Habt ihr schon lange auf uns gewartet?“, wollte Hartwig wissen.
„Seit drei Tagen rasten wir hier. Die Ochsen haben sich gut erholt und wir können jederzeit weiterziehen.“
„Prima, dann werden wir morgen sehr zeitig aufbrechen. Ich kann es kaum noch erwarten, meine Braut zu sehen!“
Rolands Verstauchung nahm er zur Kenntnis. Es schien ihn aber nicht weiter zu interessieren. Siegbert war bei ihm und sorgte für alles.

Die ersten Sonnenstrahlen zeigten sich am Horizont. Hartwig hatte schlecht geschlafen. Er war sehr aufgeregt und weckte die anderen, die darüber nicht sehr erfreut waren. Sie zeigten ihm deutlich ihren Unmut. An der Quelle wuschen sie sich und Siegbert hatte schnell ein kräftiges Frühstück vorbereitet. Der Weg schien endlos lang zu sein. Er führte geradlinig in Richtung Nordosten. Am Horizont erhoben sich kaum erkennbar einige Baumgruppen. Flache Nebelschwaden lagen über den Weide- und Sumpfflächen. Hartwig wurde ungeduldig und die Ochsen schienen ihm immer langsamer zu werden.
Zu Mittag erreichten sie den See, der sie noch von Weibels Siedlung trennte. Hartwig sah zum anderen Ufer, das nicht weit entfernt war und konnte deutlich die Häuser und Hütten erkennen, die auf einer leichten Erhebung standen. Er wollte nicht erst den langgestreckten See umreiten und gleich zur anderen Seite schwimmen. Seine Freunde und Siegbert waren von diesem Vorschlag nicht sehr begeistert. Sie folgten lieber dem Ochsengespann. So band er seinen Hengst am Wagen fest und stieg allein ins Wasser. Die an-

deren schauten ihm noch eine Weile nach und zogen dann auf dem Weg weiter.
Als er die Mitte des Sees erreichte, konnte er am anderen Ufer eine Frauengestalt sehen, die Wäsche auf einem großen Stein reinigte. Sie stand jedoch mit dem Rücken zu ihm gewandt, so dass er sie nicht erkennen konnte.
Der See war nicht sehr tief. Schon bald hatte Hartwig wieder festen Boden unter den Füßen und konnte langsam zum Ufer laufen. Die Frau war noch immer mit der Wäsche beschäftigt. Sie goss aus einem Kübel Wasser über das Kleidungsstück, das auf einem großen Stein ausgebreitet lag. Es reichte nicht aus und sie nahm den Kübel, um neues zu holen. Auf einmal sah sie eine Männergestalt aus dem See auftauchen und auf sich zukommen.
Vor Schreck ließ sie den Kübel fallen und schrie auf. Hartwig erkannte Elke und lief eilig auf sie zu. Geblendet von der Sonne erkannte sie ihn nicht. Sogleich rannte sie zu dem Waschplatz zurück und ergriff einen Holzprügel, der normalerweise zum Klopfen der Wäsche bestimmt war. Mit dieser Bewaffnung erwartete sie den Eindringling.
Hartwig blieb stehen und rief ihr zu: „Ist es bei euch Sitte, den Bräutigam zu verprügeln?“
An seiner Stimme erkannte sie ihn. Elke ließ den Stock fallen, rannte los und fiel ihm um den Hals.
„Warum hast du mir so einen Schreck eingejagt?“
„Der Weg um den See herum erschien mir zu lang, deshalb bin ich geschwommen.“
„Ich freue mich so sehr, dich wieder zu sehen und kann gar nicht beschreiben, wie glücklich ich bin.“
„Ich hatte es nicht mehr ohne dich ausgehalten.“
„Zieh dir ein trockenes Kleid von mir über, damit du dich nicht erkältest!“, sagte Elke und reichte ihm ein Kleidungsstück aus dem Wäschekorb. Sie half ihm die nassen Sachen auszuziehen und trocknete ihn mit einem Tuch ab. Das Kleid war zu eng, aber das störte die beiden nicht.
Elke strich über sein Gesicht, um sicher zu sein, dass er wirklich da war und nicht ein Kobold einen Scherz mit ihr trieb. Immer wieder drückten und küssten sie sich. In dem Taumel des Wiedersehens vergaßen sie ihre Umgebung

und die Zeit. Auf einmal war Kindergeschrei zu hören. Elke schnellte sofort auf und rannte zu einem Gebüsch neben dem Waschplatz. Sie kam mit einem Baby zurück, das in ein Tuch eingewickelt war. Stolz hielt Elke das Kind Hartwig entgegen.
„Das ist deine Tochter, du kannst sie getrost in den Arm nehmen. Trau dich nur!"
Hartwig war im Umgang mit so kleinen zerbrechlichen Wesen nicht vertraut und hätte das Kind lieber nur angesehen. Elke bestand aber darauf, dass er es in seine Arme nahm. Die Kleine sah ihn erstaunt an. Dieses Gesicht kannte sie noch nicht. Hartwig versuchte leise auf sie einzureden, doch was sagt man einem so kleinen Baby? Er wusste es nicht. Dazu kam noch, dass sie zu schreien begann. Elke erkannte seine Hilflosigkeit und erlöste ihn. Sie nahm das Kind in den Arm und schon wurde es still.
„Sie kennt dich noch nicht, aber ich habe ihr schon viel von dir erzählt. Du wirst sehen, bald wird sie mit dir lachen."
Jetzt fing das Baby auf ihren Armen an zu schreien.
„Sie hat nur Hunger", sagte Elke und setzte sich ins Gras. Sie öffnete ihre Bluse und legte das Baby an ihre Brust. Sogleich war es wieder ruhig.
„Unsere Tochter fordert immer pünktlich ihre Mahlzeiten. Schau nur, wie groß sie ist!"
Jetzt erst konnte sich Hartwig das Kind so richtig ansehen. Das Tuch, in dem es eingewickelt war, hatte sich gelöst und sie bewegte ihre Arme und Beine, um noch besser an die Milch zu kommen. Die Bewegungen wurden jedoch mit dem Sättigungszustand immer langsamer, bis sie schließlich ganz verebbten. Jetzt war die Kleine müde und wollte schlafen. Elke hob das Kind über ihre Schulter und wartete darauf, bis ein kleiner Rülpser zu hören war. Dann legte sie das Wickeltuch im Gras aus und ihr Baby darauf. Es streckte sich noch ein wenig und schlief dann sofort ein.
„Ich habe jetzt zum ersten Mal gesehen, wie ein Baby gestillt wurde. Das ist richtig ergreifend."
„Vielleicht hat es dir deshalb so gefallen, weil du dich noch unbewusst an die Zeit erinnert hast, als du noch ein Baby warst."

„Ich kann es nicht sagen."
„Möglicherweise bist du nur hungrig nach deiner weiten Reise und beneidest die Kleine um ihre Mahlzeit", sagte Elke scherzhaft. Hartwig betrachtete sie, wie sie vor ihm im Gras saß. Ihre Bluse war noch offen und sein Blick fiel auf ihre Brüste. So groß hatte er sie gar nicht in Erinnerung. Fasziniert sah er in ihren weiten Ausschnitt. Sie bemerkte es.
„Du kannst sie ruhig anfassen, wenn du möchtest, sie gehören bald dir."
„Sie sind so groß, so groß wie Kürbisse", stammelte Hartwig hervor. Er kniete sich vor ihr nieder, um besser sehen zu können.
„Ein anderer Vergleich ist dir wohl nicht eingefallen? Das ist so bei einer Frau, wenn sie ein Kind bekommen hat. Dann schießt ihr automatisch die Milch in die Brust, so wie bei einer Kuh."
Hartwig strich vorsichtig mit den Fingern über ihre Brustwarzen. Dabei traten noch einige Tropfen Milch heraus.
„Die sind für dich", meinte Elke schmunzelnd.
„Deine Tochter hat ihrem Vater noch etwas übrig gelassen, damit er nicht verdursten muss."
Beide lachten. Hartwig sah sich um, ob jemand in der Nähe war.
„Bist du allein hier am Waschplatz?", fragte er sie.
„Ja, wir sind ganz allein und ungestört und es gibt keinen besseren Moment unser Wiedersehen zu feiern, als jetzt."
Die Sonne schien warm und das Schilf rauschte im Wind. Alles war friedvoll und ruhig.

Das Schreien des Babys weckte beide auf. Nach ihrer Wiedersehensfeier waren sie kurz eingeschlafen.
„Es ist schon spät geworden und ich muss nach Hause."
„Ich könnte noch länger mit dir hier liegen bleiben."
„Das geht nicht! Zieh schnell deine Sachen an! Sie werden bestimmt schon trocken sein. Meine Eltern werden sich sehr freuen, wenn sie dich sehen."
Hartwig nahm den Wäschekorb und Elke das Baby. Sie liefen zum Haupthaus. Die Mutter stand in der Tür und sah verwundert zu Elke. Sie hatte Hartwig nicht gleich erkannt.

Als er sie ansprach, rief sie laut: „Weibel komm schnell, wir haben Besuch!“ Ihr Mann war gerade damit beschäftigt, Getreide zu dreschen und kam schweißtriefend aus der Scheune. Als Weibel sah, wer da war, lief er seinem zukünftigen Schwiegersohn gleich entgegen und drückte ihn an seine Brust.
„Du bist ganz allein hierher unterwegs?“, fragte er ihn.
„Nein, lieber Schwiegervater, ich bin nur die Vorhut von unserem Tross. Mein Bruder Siegbert, Haralds Knappe Roland und meine Freunde, Prinz Amalafred und Baldur sind auf dem Weg zu dir.“
„Das freut mich sehr, komm herein ins Haus!“
„Harald wäre gern selbst mitgekommen, aber seine Verwundung am Bein hinderte ihn daran. Er hat mir einen Brief für dich mitgegeben, der noch auf dem Wagen bei meinen Sachen ist.“
„Schon gut, mein Junge, dazu haben wir noch genügend Zeit. Ich habe von Haralds Verwundung und dem heldenhaften Tod deines Vaters schon gehört.“
Weibel setzte sich an den großen Tisch im Wohnraum. Seine Frau brachte eine Kanne gewürztes Bier, Brot und geräucherten Fisch als Zwischenmahlzeit. Vom Hof her war Lärm zu hören. Der Gaugraf sprang auf, um nachzusehen. Der Tross war angekommen. Der Hausherr ging ihnen entgegen.
„Seid mir herzlich willkommen, ihr Herren!“, rief er laut und begrüßte zuerst die beiden Prinzen und dann Siegbert und den Knappen. Knechte kümmerten sich um die Pferde und das Ochsengespann.
„Tretet ein in meine gute Stube und lasst uns einen kräftigen Schluck von unserem besten Bier nehmen!“ Alle folgten ihm und setzten sich zu Hartwig an den Tisch.
Es gab viel zu bereden. Weibel wollte wissen, wie es in Rodewin aussah und wer als neuer Gaugraf im Oberwipgau gewählt wurde. Nachdem er das Wichtigste in Erfahrung gebracht hatte, bot er seinen Gästen an, ihnen sein Anwesen zu zeigen.
Die kleine Verschnaufpause war willkommen. Weibel ging voran zu den Stallungen und Scheunen. Er hatte eine be-

achtliche Pferdezucht, die für alle von großem Interesse war. Während des Rundgangs übergab ihm Hartwig den Brief von seinem Bruder Harald. Weibel öffnete die Pergamentrolle und fragte seinen zukünftigen Schwiegersohn, ob er ihm den Brief vorliest.
Harald hatte Weibel geschrieben, dass er es begrüßen würde, wenn Elke vorerst nach Rodewin käme und dort die Hochzeit von ihr und Hartwig noch in diesem Herbst stattfände. Wenn Hartwigs Verpflichtungen am Königshof beendet wären, so könnte er dann für immer mit seinem Weib in den Elbkniegau übersiedeln, wie es einst abgemacht war.
Als Weibel das hörte, wurde er still und schien zu überlegen. Niemand traute sich ihn anzusprechen, da man nicht wusste, wie er das Schreiben von Harald aufgenommen hatte. Allen war bekannt, dass Hartwig hierher ziehen sollte und Weibel ihm einen großen Landbesitz in seinem Gau überließ. Jetzt war alles anders gekommen, als verabredet. Es lag nun an Weibel, wie es weitergehen würde. Sein Schweigen in dieser Sache hielt noch lange an. Das Thema „Hochzeit“ sprach daher niemand an. Es gab noch so viel anderes zu erzählen und Weibel war froh, dass er einmal wieder das Haus voller Gäste hatte, die fleißig mit ihm zechten.
Immer wieder kamen sie auf den Krieg gegen die Franken zu sprechen. Der Gaugraf war mit dem König gezogen und hatte mit seinen Männern an den Eroberungen jenseits der Werra teilgenommen und dort reiche Beute gemacht.

Am nächsten Morgen wurden alle schon sehr früh geweckt. Draußen war es sehr neblig. Weibel wollte seinen Gästen das Anwesen von seinem zukünftigen Schwiegersohn Hartwig zeigen. Sie ritten nach einem ausgiebigen Frühstück in Richtung Süden.
Die Landschaft war flach wie ein Brett und hin und wieder tauchte ein kleiner See auf. Noch vor dem Mittag hob sich der Nebel und sie sahen vor sich einen größeren Hügel. Er wirkte in der weiten Ebene fast wie ein hoher Berg. Weibel sagte, dass sie ganz hinaufreiten müssten, denn dort wäre Hartwigs zukünftige Siedlung. Mit den Thüringer Bergen am Rynnestig war der Hügel nicht vergleichbar. Er war bestimmt

nicht mehr als 300 Fuß hoch, wirkte jedoch in der Ebene gewaltig. Es führte ein schmaler Weg durch den Wald zur Anhöhe hinauf. Oben breitete sich vor ihnen eine große Lichtung aus. In der Mitte dieser Fläche standen mehrere Hütten, zwei große Wohnhäuser sowie ein sehr hoher steinerner Turm, der die umliegenden Bäume überragte.
„Was sagst du dazu, Hartwig, das wird euer zukünftiges Zuhause sein? Es ist schon vieles fertig."
„Damit habe ich nicht gerechnet."
„Dort steht euer Wohnhaus und daneben einige Hütten, die als Speicher und Stallungen dienen sollen. Eine Schmiede hast du hier. Da leben meine Schwester und ihre beiden Söhne. Die haben vieles mit aufgebaut. Sie sind sehr geschickt und fleißig."
„An einen Aussichtsturm hast du auch gedacht", bemerkte Hartwig anerkennend.
„Von dem kannst du weit ins Land schauen. Wir können hinaufsteigen, wenn ihr wollt."
Im Innern des Turms war am Rand ein großes Holzgerüst mit mehreren Ebenen errichtet worden. Amalafred schien es zu gefährlich zu sein, da hinauf zu klettern. Er wollte lieber unten warten. Über Leitern konnten sie von einer Ebene zur nächsten hoch gelangen. Als sie die letzte Plattform erreichten, mussten sie vor Anstrengung mächtig schnaufen. Der Wind, der da oben wehte, war angenehm und kühlte die erhitzten Körper etwas ab. Weibel ging an die Brüstung und zeigte mit seiner Hand ins Weite.
„Hartwig, von hier kannst du dein Land überblicken. So weit du sehen kannst, wird es dir gehören. Wie gefällt dir das?"
„Es ist wunderschön. Das Gebiet ist fast so groß wie ein Königreich."
„Ja, von hier oben kann man seine Ausmaße gut erkennen. Weit in der Ferne sind ein paar kleinere Siedlungen zu sehen."
„Warum liegen die so weit auseinander?", wollte Hartwig wissen.
„Der Sandboden ist für Ackerbau nicht gut geeignet, jedoch für die Pferde- und Rinderzucht gibt es nichts Besseres."
Baldur war zur anderen Turmseite gegangen und sah an-

gestrengt zu einem See, der am Fuße des Hügels lag. An seinem Rand lag eine kleine Insel und dahinter eine zweite, die etwa zehnmal so groß war. Auf der kleineren konnte er etwas erkennen, das so aussah, als würden Menschen Steine am Boden bewegen.

„Was sind das für Leute, da ganz in der Nähe? Was tun die?“, wollte Baldur wissen. Weibel kam zu ihm.

„Das soll einmal eine ganz besondere Überraschung für Hartwig werden.“

„Du kannst es uns doch sagen und wir vergessen es gleich wieder“, meinte Baldur lachend.

„Eigentlich habt ihr recht. Es würde mir selber schwer fallen, es lange für mich zu behalten. Dort auf der Insel wird eine Götterburg gebaut.“

„Was, eine Götterburg?“, fragte Hartwig überrascht.

„Ja, eine Burg für Odin und alle unsere Götter, so wie die Römer für ihre Götter Tempel errichtet haben.“

„Wie bist du denn auf diese Idee gekommen, Weibel?“, wollte Baldur wissen.

„Der Gedanke kam mir bei unserem Feldzug, jenseits der Werra. In einer der eroberten Siedlungen der Franken kam ich zu einem Haus eines Baumeisters, der in seiner Werkstatt verschiedene Bilder von römischen Tempelbauten hängen hatte. Unsere Leute wollten sein Haus plündern, doch ich untersagte es ihnen. Dann sprach ich mit dem Mann über seine Arbeit und er erzählte mir, dass er solche gewaltige Bauten selbst errichten könne. Das brachte mich auf die Idee, auch für unsere Götter so etwas zu schaffen. Was die Römer können, das können wir Germanen auch!“

„Das ist wunderbar“, rief Hartwig begeistert.

„Ich bot dem Baumeister an, dass er mit seiner Familie und dem Gesinde hierher übersiedeln kann. Er war damit einverstanden und nahm auch seine Gesellen mit. Zwei meiner Krieger begleiteten und beschützten sie auf der langen Reise. Wäre er dort geblieben, so hätte man ihn bestimmt, wie viele der anderen Franken, getötet oder versklavt.“

„Ich denke, dass es für ihn so das Beste war“, bestätigte Hartwig.

„Ich kann sehr viele Männer auf der Baustelle erkennen.

Sind das alles Sklaven von dir?", wollte Baldur wissen.
„Nein, meine Sklaven arbeiten nicht hier. Es sind alles Freie, die dort sind."
„Wie kann das sein, wenn es keine Siedlungen in der Nähe gibt?"
„Die Männer, die hier arbeiten, kommen von sehr weit her. Ebenso sind von den Nachbargauen welche da. Sie tun das für ihre Götter und hoffen darauf, dass sie ihnen in der Zukunft gut gesonnen sind. Ich liefere ihnen einmal in der Woche Lebensmittel und was sie sonst noch zum Leben brauchen."
„Das hätte ich nicht gedacht, dass das möglich ist", meinte Hartwig verwundert.
„Der Bau sollte bis zur Hochzeit im nächsten Jahr fertig sein und an diesem Tag eingeweiht werden. Wenn ihr aber jetzt schon heiraten wollt und wegzieht, war alles umsonst." Enttäuscht sah er Hartwig an.
„Sei unbesorgt, Weibel! Dies hier soll unser zukünftiges Zuhause sein. Wenn Elke jetzt nach Rodewin zieht, so ist das doch nur vorübergehend. Solange ich auf der Königsburg bin, können wir uns dann öfter sehen. Es ist doch auch in deinem Interesse, wenn deine Tochter glücklich wird."
„Was soll dann aber bis dahin aus dem Ganzen hier werden?", fragte er in verzweifeltem Ton.
„Ich werde nach einem Verwalter suchen, der alles in unserem Sinn verrichten wird. Und über das Jahr, kommen wir hin und wieder hierher, um nach dem Rechten zu schauen."
Weibel war verärgert. Er hatte sich alles so schön vorgestellt und nun sollte es anders kommen. Grimmig starrte er in Richtung der Inseln.
Weibel stieg hastig die Leiter hinunter und lief zur Schmiede. Dort fluchte er vor sich hin. Seine Schwester Ortrun, die hier mit ihren beiden Söhnen lebte, sah ihm verwundert zu. Sie wusste nicht, warum er so wild war. Als sie merkte, dass der Zorn nicht ihr galt, ging sie auf ihn zu und versuchte ihn zu beruhigen. Es musste etwas Schlimmes vorgefallen sein, dass er so war. Sie zog ihn auf eine Bank und fragte nach dem Grund für seine Verstimmung.
Weibel erzählte ihr alles. Ortrun ließ ihn ausreden und antwor-

tete erst, nachdem er ihr sein Herz ausgeschüttet hatte. Seiner Schwester gelang es, ihn mit viel Geduld umzustimmen. Er sah nun ein, dass es die beste Lösung war, seine Tochter nach Rodewin ziehen zu lassen und irgendwann würden sie bestimmt in den Elbkniegau zurückkehren.
Hartwig und die anderen warteten besorgt am Eingang zum Turm. Sie konnten Weibel und die Frau erkennen und es schien ihnen ratsam, jetzt nicht zu stören. Nach einer Weile kam er auf sie zu und sagte zu Hartwig: „Wichtig ist für mich, dass ihr glücklich werdet. Nur müsst ihr mich ein paar Mal im Jahr besuchen, damit ich meine Enkel sehen kann."
„Es wird bestimmt so sein, das verspreche ich."
„So gebe ich dir meine Erlaubnis, dass du meine Tochter schon jetzt in Rodewin heiraten darfst. Ich werde dich auf eurer Rückreise begleiten."
„Das ist wunderbar, Weibel! Du wirst sehen, es ist die beste Lösung."
Jetzt erst fiel ihnen auf, dass Amalafred nicht mehr da war. Sie riefen nach ihm, doch er war wie vom Erdboden verschluckt. In den Hütten und Ställen war er nicht zu finden. Weibel hatte eine Vermutung. Er schlug vor, schnell zum See zu reiten. Möglicherweise war er dort und hatte den Bauplatz für den Tempel entdeckt. Sie galoppierten den Weg entlang, der durch den Wald hin zum See führte. Als sie das Ufer erreichten, sprangen sie von ihren Pferden und schauten zur kleinen Insel hinüber. Tatsächlich konnten sie Amalafred im Kreise einiger Männer erkennen. Der Baumeister schien ihm auf einem Pergament den Bau zu erklären. Weibel war beruhigt, dass sich der Prinz nicht verirrt hatte. Er rief nach ihm. Ein Boot brachte ihn zusammen mit dem Baumeister ans Festland.
Amalafred war begeistert, von dem was er gesehen hatte. „Das ist eine tolle Sache Weibel, die du dir da ausgedacht hast. Das hätte ich hier niemals erwartet. Ich denke, es gibt im ganzen Reich noch keinen steinernen Tempel für die germanischen Götter und du bist der Erste, der dies haben wird."
Diese Worte trieben Weibel das Blut ins Gesicht. Stolz erfüllte seine Brust. Er würde die erste Götterburg in Thürin-

gen haben, er, ein Gaugraf am Ende des Reiches. Dieser Gedanke war ihm noch niemals so bewusst, wie jetzt. Für ihn sollte die Anlage einmal eine Schutzburg für schlechte Zeiten sein, doch davon sprach er nicht. Für eine Schutzburg wäre kein freier Mann zum Arbeiten hierher gekommen. So blieb dies sein Geheimnis.
„Wenn ihr mich im nächsten Jahr besucht, dann wird die Götterburg fertig sein. Das ist doch so, Baumeister?"
„Natürlich, mein Herr, wenn wir in diesem Tempo weiterarbeiten können, dann sind wir im Frühjahr mit dem Bau fertig."
„Können wir uns die Baustelle von der Nähe ansehen?", wollte Hartwig wissen.
„Von mir aus gern, wenn der Gaugraf nichts dagegen hat", antwortete der Baumeister und sah zu Weibel.
„Zeige ihm die Baustelle! Mit den anderen bleibe ich hier, denn mehr als zwei Mann passen nicht in das Boot."

Der Baumeister und Hartwig stiegen in den wackligen Kahn. Es dauerte nicht lange bis sie an einer steinernen Treppe, die als Anlegestelle diente, ankamen. Es sah hier wie in einem kleinen Hafen aus. Lastkähne waren aneinandergereiht, von denen manche noch nicht von ihrer schweren Steinlast befreit waren. Besondere Hubeinrichtungen dienten zum Ausladen der Quader.
„Wo bekommt ihr die gut beschlagenen Steine her?", wollte Hartwig wissen.
„Am anderen Seeufer liegt ein Berg. Dort brechen wir den Sandstein und behauen ihn."
„Das ist aber eine sehr schwere Arbeit, die viel Geschick erfordert."
„Die Leute haben sehr schnell gelernt, wie man das macht. Manche der Männer sind mit ihren Frauen und Kindern hierher gekommen. Es gibt neben dem Steinbruch jetzt eine große Siedlung, die fast so groß wie eine Stadt ist."
„Wovon leben die Menschen? Wenn sie hier sind, dann können Sie doch nicht auf ihren Feldern arbeiten?"
„Der Gaugraf gibt allen Lebensmittel und arbeiten tun sie umsonst, denn es soll eine Wohnstatt für ihre Götter werden

und diesen Dienst darf man sich nicht vergelten lassen."
„Bist du und deine Familie Sklave des Gaugrafen?", wollte Hartwig wissen.
„So ist es. Der Gaugraf hatte mir und meiner Familie das Leben gerettet und mich hierher in Sicherheit gebracht. Dafür bin ich ihm sehr dankbar und baue ihm seine germanische Götterburg. Danach hat er uns die Freiheit versprochen."
„Kannst du mir bitte kurz erklären, wie das alles einmal aussehen wird!"
Der Baumeister hatte an seinem Gürtel ein Futteral mit mehreren Pergamentrollen hängen. Er zog eine heraus und rollte sie über einem Steinblock auf. Hartwig betrachtete interessiert die Zeichnung. Der Baumeister erklärte die wichtigsten Dinge und zeigte mit dem Finger darauf.
„Hier dies ist die ringartige Mauer. Die Insel besteht aus Felsengestein, so dass wir bis an das Wasser die äußere Mauer setzen können. Obenauf werden Götterfiguren aus Stein aufgestellt, die schon von weitem zu sehen sind. Dahinter liegen Räume, die von einem breiten Säulengang Zugang haben. Von dem Gang aus kann man in den Innenhof sehen, in dessen Mitte auf einem steinernen Sockel, Odin in seinem Sessel sitzt."
„Das ist wahrhaftig ein prächtiger Bau, wie ich ihn noch niemals gesehen habe", meinte Hartwig.
„Das glaube ich dir. Mir sind auch nur natürliche Plätze mit Felsen, Höhlen, Teichen oder Bäumen, als Heiligtümer für die germanischen Götter bekannt. Warum soll es aber nicht einen heiligen Platz wie diesen geben?"
Sie gingen jetzt zu dem Innenhof der Anlage. Überall konnte man Arbeitsgruppen sehen, die mit dem Setzen der Steine beschäftigt waren. Ein Großteil der Mauer war schon fertig und die angelehnten inneren Räume mit abschließendem Säulengang waren in Arbeit. Im Hof standen mannshohe Steinblöcke, die von jeweils einem Steinmetz zu einer Götterfigur bearbeitet wurden. Sie sollen auf die Außenmauer gesetzt werden. An der übergroßen Darstellung von Odin in seinem Sessel wurde bereits gearbeitet. Diese Plastik bestand aus mehreren Steinen, die nach ihrer Fertigung zusammengesetzt werden sollten. Dies war die größte

Herausforderung für die Steinmetze. Der Baumeister hatte neben der Familie seine zwei Gesellen mitbringen können, die ihn unterstützten. So ging es sehr geschäftig zu, wie in einem Ameisenhaufen. Gegenüber der Anlegestelle hatte Hartwig ein kleines Tor entdeckt.
„Was ist das?“, fragte er den Baumeister.
„Wir können gleich dorthin gehen“, sagte dieser und lief voran.
Als sie am Tor ankamen, öffnete es der Baumeister. Erstaunt blickte Hartwig auf das, was sich ihm da bot. Es gab einen Holzsteg bis hin zu der zweiten, größeren Insel. Dort standen viele kleine Wohnhütten.
„Willst du zu unserer Wohnsiedlung hinüber?“
„Natürlich, gern.“
Sie liefen über den schwankenden Steg, der wie eine Brücke aufgebaut war. Drüben angekommen, rief der Baumeister nach seinem Weib. Sie kam aus einer Hütte und wischte sich die Hände an einem Tuch trocken. Bestimmt haben wir sie bei der Küchenarbeit gestört, dachte sich Hartwig. Die Frau kam auf sie zu und fragte mit freundlichem Gesicht, ob sie etwas zu Trinken und zu Essen anbieten darf. Hartwig versuchte bescheiden abzulehnen, doch der Baumeister bestand auf einer kurzen Vesper vor seiner Hütte. Dort war ein großer Tisch aufgestellt, mit zwei Bänken an den Längsseiten.
„Ihr lebt hier mit eurer Familie?“, wollte Hartwig wissen.
„Ja, nicht nur mit meiner. Es sind viele hier“, entgegnete der Baumeister.
„Gibt es denn Wasser auf der Insel?“
„Wir haben uns ein paar Brunnen gebaut und das Wasser ist so gut wie Quellwasser in den Bergen. Das, was wir sonst noch zum Leben brauchen, liefert uns pünktlich der Gaugraf.“
Hartwig konnte sehen, wie die Frauen der anderen Männer Wäsche am Ufer wuschen oder mit anderen Hausarbeiten beschäftigt waren. Frisches Brot und ein großes Stück geräucherten Speck sowie selbstgebrautes Bier wurde auf den Tisch gestellt. Die Männer ließen es sich gut schmecken und der Baumeister erzählte ein paar Geschichten

von den Anfängen der Bautätigkeit und den unterschiedlichen Leuten, die hier lebten. Manche kamen von sehr weit her. Die Gründe für ihr Kommen waren bei fast allen die gleichen. Sie spürten einen inneren Drang, in ihrem Leben einmal etwas Besonderes zu tun und die Götter gut für sich zu stimmen. Wer nur aus Neugierde gekommen war oder der Feldarbeit zu Hause entfliehen wollte, der ist nicht lange hier geblieben, denn die Arbeit in dem Steinbruch oder am Bau war schwer.
Nachdem sie ihren Hunger und Durst gestillt hatten, ruderten sie zurück zum Ufer. Hier warteten schon Weibel und die anderen ganz ungeduldig. Es war schon spät geworden und sie hatten noch einen weiten Ritt nach Hause. Der Baumeister bot ihnen an, bei einem nächsten Besuch den Steinbruch zu besichtigen. Im scharfen Galopp ging es zurück zur Siedlung.

Nach dem gemeinsamen Abendessen gab Weibel sein Einverständnis zur Vorverlegung der Hochzeit bekannt. Es löste große Freude bei allen aus. Doch bis zur Abreise galt es noch vieles zu bedenken. Wer würde mitkommen können und wann sollte die Abreise sein? Dies und vieles mehr, musste besprochen und beschlossen werden. Am nächsten Morgen entschied Weibel den Tag für die Vermählung und die Abreise des Brautpaars mit Gefolge.
Der Hochzeitstag sollte zum nächsten Vollmondtag in etwa vier Wochen sein. Sie würden mit den Fuhrwerken mehr als sieben Tage benötigten, um nach Rodewin zu kommen. Roland sollte schon übermorgen wieder zurückreisen, damit Harald Bescheid wusste und man rechtzeitig mit den Vorbereitungen beginnen konnte. Sein Fußgelenk war nicht mehr geschwollen und er konnte es wieder belasten. Amalafred und Baldur begleiteten den Knappen nach Hause, um dann am Hochzeitstag von der Königsburg aus, direkt anzureisen. Sie hatten nun gesehen, wo Hartwig in Zukunft einmal leben würde und ihre Neugierde war damit befriedigt. Die übrigen Töchter von Weibel bedauerten diesen Entschluss, denn sie hätten gern die beiden hübschen Prinzen noch ein paar Tage länger in ihrer Nähe gehabt. Für Elke galt es nun,

an die Abreise zu denken und nichts zu vergessen. Sie fuhr gern dorthin, wo Hartwig aufgewachsen war. Harald und Heidrun kannte sie schon und war froh, dass sie bei ihnen im Haus wohnen durfte.
Weibel hatte den übrigen Töchtern erlaubt mitzukommen. Die Älteste jedoch wollte bleiben und auf das Haus und Hof aufpassen. Ihre Eltern fanden das sehr vernünftig und waren damit einverstanden.
Der wahre Grund war jedoch ihr Freund in der Nachbarschaft, der sie dann heimlich besuchen konnte.
Nachdem Roland, Baldur und Amalafred abgereist waren, wollte Hartwig mit Elke gern zu ihrem zukünftigen Anwesen in der Nähe der Götterburg reiten. Weibel machte den Vorschlag, dass sie mit dem Wagen, der einmal in der Woche die Lebensmittel zu den Bauleuten brachte, mitfahren könnten. Er war froh, dass sich die Kinder für ihr neues Zuhause interessierten.
„In einer Woche darauf kommt ihr wieder zurück und dann müssen wir bald nach Rodewin. Es gibt bis dahin viel zu tun und da stehen zwei Turteltäubchen nur im Wege herum."
Elke drückte ihren Vater und gab ihm einen Kuss auf die Wange. Obwohl sie schon eine gemeinsame Tochter hatten, durften sie hier in seinem Haus in der Nacht nicht zusammen schlafen. Das störte Hartwig sehr, aber es war nun einmal so üblich. Der Ausflug kam ihm daher sehr gelegen und in ihrer Siedlung fragte keiner, wie sie die Nächte verbringen würden.

Am nächsten Tag half er den Lebensmittelwagen zu packen. Mit seinem Hengst ritt er neben dem Ochsenkarren her. Elke hielt ihre Tochter im Arm. Sie schaute ihm zu, wie er stolz auf dem Rücken des weißen Pferdes saß und mit kaum wahrnehmbaren Hilfen das Tier lenkte.
Die letzten Monate hatten Hartwig zu einem richtigen Mann heranreifen lassen. Vielleicht trugen die Kriegserlebnisse und der Tod seines Vaters mit dazu bei. Als sie sich vor mehr als einem Jahr kennengelernt hatten, war er noch wie ein Jüngling. Aber Elke gestand sich ein, dass sie damals sehr unerfahren und naiv gewesen war. In diesem Moment

empfand sie eine große Freude und dankte den Schicksalsgöttinnen, die es so gut mit ihr meinten. Es hätte ganz anders kommen können.
Als ihr Vater nach seinem Besuch in Rodewin die unerwartete Botschaft der bevorstehenden Heirat überbrachte, war sie überglücklich. Sie hatte nicht damit gerechnet, dass es dazu kommen würde. Hartwig wusste nichts von ihrer Schwangerschaft und sie wollte ihm das nicht sagen. Vielleicht deshalb, um ihn nicht zu einer Zwangsentscheidung zu nötigen.
Es hatte sich inzwischen ein Bursche aus der Nachbarschaft für sie interessiert und der wollte sie unbedingt heiraten. Ihn hatte es nicht gestört, dass sie von einem anderen Mann ein Kind bekommen würde. Die Mutter riet ihr damals sehr zu. Ihr
Herz war jedoch schon an Hartwig vergeben und sie wollte lieber allein sein, als einen anderen zu ehelichen. Das Wiedersehen an dem See vor ein paar Tagen gab ihr die Gewissheit, dass er sie so sehr liebte, wie sie ihn. Die lange Zeit, in der sie getrennt waren, war wie weggefegt.
Der Ochsenwagen kam nur langsam voran. Hartwig fragte Elke, ob er vorausreiten könne. Sie hatte nichts dagegen. Im Galopp sprengte er den geraden Weg in Richtung Götterburg. Von weitem sah er den Hügel mit dem über die Baumkronen ragenden Aussichtsturm seiner zukünftigen Siedlung. Als er dort ankam, sah er sich um. Nicht weit vom Turm stand das große Haupthaus. Dahinter waren mehrere Scheunen und Stallungen für Pferde und Rinder angeordnet. Hinter diesen lagen Hütten für die Mägde, Knechte und Sklaven. Gegenüber dem Haupthaus war eine Schmiede. Rauch drang aus der Öffnung im Schilfdach. Er ging hin und rief: „Ist da wer?“ Eine ganze Weile rührte sich nichts. Es war Mittagszeit und da pflegte man sich ein wenig auszuruhen. Die Tür stand halboffen. Innen lagen zwei Männer auf den Bänken, die sich am Rand des großen Raums befanden und eine Frau spann Wolle neben der Feuerstelle. Verärgert blickte sie auf.
„Wer bist du? Kommst du von den Bauleuten?“, fragte sie mürrisch.

„Nein, ich komme vom Gaugraf und sehe nach dem Rechten. Aber wer seid ihr?“
„Hat es dir Weibel nicht gesagt?“, fragte sie bissig zurück.
„Nein, er hat mir nicht gesagt, dass jemand da ist.“
„Das passt zu ihm. Er hat nur noch Gedanken für seine Götterburg und wer die Arbeit macht, interessiert ihn kaum. Ich bin seine Schwester und das sind meine beiden Söhne Edmund und Godwin. Wacht auf, ihr Schlafmützen!“, schrie sie die beiden an. Die Männer räkelten sich und setzten sich auf ihren Bänken auf. Mit den Handrücken rieben sie sich den Schlaf aus den Augen.
„Was ist denn passiert?“ fragte Edmund seine Mutter.
„Wir haben einen Gast, ihr Nichtsnutze. Los, steht auf und zeigt ihm die Siedlung!“
„Das ist nicht nötig, aber sagt mir, seid ihr schon lange da?“
„Wir und ein paar andere haben alles allein aufgebaut, musst du wissen. Weibel hat sich bis jetzt nicht um uns gekümmert. Wenn wir nicht die Bauleute am See hätten, gäbe es niemand, mit dem man sich einmal unterhalten kann. Das ist schon eine Schande, wie er mich und meine Söhne behandelt.“
Edmund stand auf und ging zur Tür.
„Komm mit, ich zeig dir das Haus!“, sagte er mürrisch zu Hartwig.
Sie gingen nach draußen. Edmund humpelte voraus. Er hatte einen Klumpfuß. Im Haupthaus zeigte er ihm alle Räume. Wenn Hartwig ihm eine Frage stellte so antwortete er nur zögernd.
„Wie ich sehe, seid ihr bald mit der Arbeit fertig. Was macht ihr danach? Geht ihr wieder zu Weibel in die Siedlung?“
„Wir wissen nicht, was Weibel vorhat. Wahrscheinlich werden wir hierbleiben. Wenn der junge Herr kommt, so wird er bestimmt einen Schmied brauchen.“
„Bist du ein guter Schmied?“
„Ich denk, ich bin der beste hier im Gau. Du kannst dir meine Stücke einmal ansehen.“
Hartwig folgte ihm und sie gingen zur Schmiede zurück. Inzwischen war der jüngere Bruder auch auf den Beinen.

Er stand am Feuer und betätigte den Blasebalg. Es war ziemlich eng hier, anders als bei Ulrich in Alfenheim. Edmund holte aus einer der hinteren Ecken eine Sense hervor.
„Die habe ich selber geschmiedet. Schneidet wie von selbst. Probier es aus!“
Hartwig nahm ein paar Grashalme und zog sie an der Schneide entlang, doch die Halme bogen sich weg.
„So, wie du das machst, geht das natürlich nicht. Du musst das mit mehr Schwung tun!“
Edmund umfasste ein paar lange Gräser am Boden und schnitt sie mit der Sense ab.
„So geht das“, sagte er triumphierend.
Skeptisch sah Hartwig ihn an, zog sein Schwert aus der Scheide und hielt es hoch. Dann nahm er ein paar Gräser und strich diese an der Schwertschneide entlang. Die Gräser bogen sich nicht, sondern schnitten sauber durch. Edmund und Godwin staunten nicht schlecht.
„So was habe ich noch nicht gesehen“, sagte Godwin erstaunt.
„Du kannst es selbst einmal probieren“, bot er an und reichte ihm sein Schwert. Godwin riss ein paar Halme aus dem Boden und zog sie vorsichtig über die Schneide.
„Wo hast du dieses Schwert her? Das ist schärfer, als jedes Messer.“
Bewundernd reichte er es Edmund. Der sah sich die Oberfläche an.
„Ich habe es noch nicht lange. Ein Schmied aus meiner Heimat hat es hergestellt und ich durfte ihm dabei helfen. Es ist etwas ganz besonderes. Schaut einmal her!“
Hartwig nahm eine zerbeulte Kupferschale, die in einem Regal stand und legte sie auf einen Baumstumpf, der vor der Schmiede lag. Dann schlug er mit einem Hieb die Schale in der Mitte durch.
Edmund besah sich zuerst die Schalenhälften und dann die Schwertschneide.
„Das ist ein richtiges Zauberschwert, es hat keine Kerbe abbekommen.“
Godwin betrachtete ungläubig die Klinge. Inzwischen kam der Proviantwagen auf den Hof gefahren und Elke stieg mit

dem Kind ab. Ortrun kam aus der Hütte und lief schnell zu ihrer Nichte.
„Das ist aber schön, dass du uns einmal besuchst, mein liebes Kind. Das ist eine große Freude. Wie geht es denn der Kleinen?“
Elke reichte ihr das Baby und sie nahm es in ihre Arme.
„So ein liebes Ding!“, rief sie ganz begeistert.
Edmund und Godwin begrüßten ihre Base und eilten dann zum Wagen, um ihn abzuladen. Die Lebensmittel für die Bauleute ließen sie darauf. Der Ochsenknecht wollte sie noch zu der Insel bringen und dann zurückkommen und hier übernachten. Elke fragte ihre Tante, ob sie sich schon mit Hartwig bekannt gemacht hätten.
„Wer ist Hartwig?“, fragte sie ungläubig zurück.
„Das ist doch mein Bräutigam aus Rodewin“, sagte Elke und sah verwundert zu ihm hin.
„Ach, der junge Mann ist dein Bräutigam. Woher soll ich das wissen? Er hat es mir nicht verraten. So ein Schlingel!“
Elke ging auf ihren Geliebten zu und gab ihm einen Kuss und meinte lachend: „Du hast Glück gehabt, dass meine Tante dich nicht mit dem Prügel von hier vertrieben hat. Du wärst nicht der Erste, der ihren Stock zu spüren bekam.“
Edmund und Godwin schienen die anfängliche Zurückhaltung überwunden zu haben und ihre Wortkargheit schlug nun ins Gegenteil um.
Elke sagte ihrer Tante, dass sie eine Woche hier bleiben würden. Die trieb gleich ihre Söhne an, dass sie alle Vorbereitungen im Haupthaus treffen sollten. Es musste noch eine große Liege gefertigt und mit weichem Stroh ausgelegt werden. Für das Baby sollten sie noch eine Kiste bauen, in der es schlafen konnte. Als alle Anweisungen gegeben waren, sagte sie: „Ich werde mich jetzt um das Essen kümmern. Die Kleine nehme ich mit in die Küche und ihr beiden könnt euch in der Gegend etwas umsehen.“ Ohne eine Antwort zu erwarten, ging sie mit dem Kind im Arm in ihre Küche zurück.

5. Godehild

Hartwig und Elke fassten sich an den Händen und gingen im Wald spazieren. Während der Zeit, als die Hütten der neuen Siedlung und der Turm errichtet wurden, war Elke öfter mit ihrem Vater hierher gekommen. Sie kannte sich auf dem Berg, wie man den Hügel nannte, sehr gut aus. Wenn sie unterwegs war, begleiteten sie die beiden Vettern, damit ihr nichts passierte.

Besonders Edmund bemühte sich sehr um sie. Er war drei Jahre älter als Elke und seit seiner Geburt wegen eines Klumpfußes gehbehindert. Die Kinder hänselten ihn deswegen, doch Elke stand ihm immer bei. Seit dieser Zeit beschützte er sie und wenn ein anderer Junge einmal frech zu ihr wurde, dann bekam er gleich seine Fäuste zu spüren.
Godwin, sein jüngerer Bruder, unterschied sich stark von ihm. Er mochte die grobe Schmiedearbeit nicht. Seine Liebe galt den Pflanzen und Tieren. Die Mutter hatte ihm schon sehr viel beigebracht und wenn sich die Gelegenheit ergab, dann besuchte er die Kräuterfrauen in der Gegend. Von ihnen konnte er immer wieder etwas Neues lernen.
Elke führte Hartwig zu einer Quelle, die aus einer kleinen Felsengruppe hervorsprudelte.
„Das ist einer meiner Lieblingsplätze“, sagte sie ganz versonnen. Hartwig sah sich um und kletterte auf einen der Felsen. Von oben konnte er über die kleinen Bäume der Quellniederung blicken. In der Ferne entdeckte er die beiden Inseln im See und sah auch einige Bauleute bei der Arbeit.
„Was hältst du davon, wenn wir zur Baustelle gehen und die Leute besuchen.“
„Das ist eine gute Idee. Der See ist nicht weit von hier.“
„So lass uns schnell hineilen!“
Kurze Zeit später waren sie am Ufer angekommen. Elke suchte nach einem freien Boot. Als sie eines fand, stieg sie gleich ein und forderte Hartwig auf, ihr zu folgen.
Es war das erste Mal, dass er Ruder in den Händen hielt und der Umgang mit ihnen wollte anfangs nicht so richtig

gelingen. Elke lachte ihn aus und er grämte sich deswegen. Erst als sie ihm zeigte, wie man es richtig macht, gelang es ihm besser. So kamen sie langsam an ihr Ziel.
An der Anlegestelle der Götterinsel stiegen sie ans Ufer. Niemand beachtete sie. Es war auch zu viel Betrieb und jeder hatte mit seinen eigenen Sachen zu tun. Elke zeigte Hartwig die gesamte Baustelle. Sie kannte sich sehr gut aus und erklärte ihm die Bedeutung der einzelnen Bauten und beschrieb ihm, wie alles einmal aussehen soll.
In einem der Räume trafen sie auch den Baumeister, der sie freundlich begrüßte. Als er hörte, dass sie ein paar Tage in der Siedlung auf dem Berg sein würden, lud er sie gleich zu sich nach Hause ein. Elke wollte jedoch erst zurück, denn ihre Tochter war bestimmt schon hungrig. Am Abend versprachen sie dann zu kommen.
Ortrun hatte bereits das Abendessen vorbereitet. Edmund und Godwin waren mit dem Bau der Liegen für Hartwig und Elke und der Wiege für das Baby fertig. Sie setzten sich an den Tisch, der in der Nähe der Eingangstür zur Küche der Schmiede, stand. Viel Platz war da nicht. So mussten sie etwas näher aneinanderrücken. Elke saß auf der Bank und stillte ihr Baby und die drei Männer sahen ihr dabei zu. Als Ortrun den Haferbrei in einer großen Schüssel auf den Tisch stellte, langten ihre beiden Söhne sofort mit den Holzlöffeln hinein.
„Könnt ihr nicht warten, bis der Gast mit dem Essen beginnt“, herrschte sie die Söhne an.
„Wir haben aber großen Hunger. Wir mussten bis jetzt schwer arbeiten“, antwortete Edmund unwirsch.
„Trotzdem wartet man, bis der Gast zugelangt hat. Habe ich euch denn keine Manieren beigebracht, ihr Lausebengel?“
Obwohl die Söhne viel größer als ihre Mutter waren, behandelte sie die beiden noch immer wie kleine Jungen. Sie waren daran gewöhnt, kannten es nicht anders und begehrten deshalb auch nicht auf.
Hartwig kam die derbe Art von Ortrun schon etwas seltsam vor, doch wollte er sich nicht einmischen und hielt den Mund. Edmund und Godwin hatten ihre Löffel schnell aus der Schüssel gezogen und hastig abgeleckt. Ungeduldig

blickten sie auf Hartwig, damit der nun endlich mit dem Essen beginnt. Er wollte jedoch noch auf Elke warten und ließ sich Zeit. Als sie die Ungeduld ihrer Vettern bemerkte, drängte sie, schon ohne sie mit dem Essen zu beginnen.
Das war der Start zu einem, selbst für Hartwig, ungewöhnlichen Wettlauf. Obwohl die Schüssel groß und die drinnen enthaltene Menge an Brei überaus reichlich war, schienen die Brüder sich zu beeilen, als würden sie die nächsten drei Tage nichts mehr zu essen bekommen. Dabei schmatzten sie wie die Schweine und Hartwig konnte sich eines Lächelns nicht erwehren.
Nach einer Weile merkten sie, dass Hartwig nur zögerlich zulangte.
„Schmeckt es dir nicht?“, wollte Edmund wissen.
„Doch schon, aber ich will euch nichts wegessen. Ihr langt so schnell in die Schüssel, dass ich glaube, ihr könntet nicht genug abbekommen.“
„Das reicht gut für uns alle“, beschwichtigte Godwin und aß hastig weiter. Sie waren es halt gewöhnt, so zu speisen. Man konnte ihnen dafür keinen Vorwurf machen, dachte sich Hartwig.
Nachdem Elke ihr Baby gestillt hatte, setzte sie sich mit ihrer Tante auch an den Tisch zu den Männern. Jetzt wurde es in der Schüssel eng. Stetig suchte jemand mit seinem Löffel nach den wenigen schmackhaften Beeren, die den Brei veredelten.
Hartwig hörte auf, weiter zu essen. Es gefiel ihm nicht, was sich da abspielte. Das waren keine Tischsitten, wie er sie von zu Hause oder von der Königsburg her kannte.
Irgendwann fiel es auch Elke auf, dass er nicht mehr weiter aß. Sie vermutete den Grund und besprach mit ihrer Tante, dass sie die nächsten Tage im Haupthaus selber versuchen wollte, zu kochen.
Die Tante verstand dies, denn Elke sollte nach der Heirat für immer hierher ziehen und dann das Sagen haben. So konnte sie schon einmal üben.
Nach dem Abendessen besichtigten sie die von Edmund und Godwin gefertigten Liegen und die Schlafkiste für das Baby. Elke war sehr zufrieden mit der Arbeit der beiden

und spendete viel Lob. Edmund gefiel, was sie sagte. Wie ein Schwamm sog er jedes freundliche Wort von ihr in sich auf.
Edmund liebte Elke, doch das war ein gut gehütetes Geheimnis von ihm. Es war ihm bewusst, dass dies ein aussichtsloser Wunsch war, doch die Hoffnung blieb. Als Elke schwanger und kein Bräutigam in Sicht war, witterte er seine große Chance.
Edmund hätte sie sofort zur Frau genommen, auch mit dem Kind von einem anderen. Das sagte er ihr auch, doch Elke nahm ihn nicht ernst. Sie dachte, dass diese Äußerung nur eine Nettigkeit von ihm gewesen war. Damals fühlte sie sich sehr einsam und verlassen. Die tröstenden Worte von Edmund taten ihr gut.
Die Küche und der Wohnraum waren jetzt fertig ausgestattet. Hartwig und Elke wollten ihr zukünftiges Zuhause in der kommenden Woche, die sie hier sein konnten, richtig genießen. Hierauf hatten sie sich schon gefreut. Die Tante bot ihr an, auf das Kind aufzupassen, wenn sie unterwegs waren und auch das Essen vorzubereiten. Elke nahm das Angebot an.

Am Abend gingen sie zur Insel. Mit ihrem Vater war sie schon öfters dort, als noch alles ganz am Anfang war. Die meisten Familien kannte sie und es gefiel ihr, das emsige Treiben auf der Baustelle und der Siedlungsinsel mitzuerleben. Die Sonne war schon im Untergehen, als sie hier ankamen. Inmitten des Lagerplatzes brannte ein großes Feuer und die Kinder rannten darum herum.
Vor den Hütten standen Bänke, auf denen die Frauen und Männer saßen und sich unterhielten. Es gab keine andere Zerstreuung. So freuten sie sich, wenn Besucher kamen und etwas Neues erzählen konnten. Hartwig musste vom Königshof und seiner Heimat berichten und Elke sprach mit den jungen Frauen über die Kinder.
Das Leben in der Bauleutesiedlung gefiel allen gut und manche waren schon von Anbeginn dabei. Die Männer und Frauen kamen auch aus verschiedenen Nachbargauen und waren mehrere Tagesreisen von zu Hause entfernt. Sie

arbeiteten aus freien Stücken und taten es für ihre Götter. Die meisten hatten zu Hause keinen Grundbesitz und waren somit leichter abkömmlich. Lebensmittel erhielten sie von Weibel, den sie sehr schätzten und mehr brauchten sie hier nicht.

In ihrer Siedlung gab es auch eine weise Frau, die bei Krankheiten und Verletzungen immer die richtige Medizin hatte und den Leuten Geschichten von den Göttern erzählte. Sie stammte aus dem östlichen Havelland, das nur gering besiedelt war und gehörte dem alten Volksstamm der Semnonen an.
Der Großteil ihres Volkes war vor sehr vielen Jahren in den Süden gezogen. Nur ein kleiner Rest blieb in der alten Heimat zurück. Sie waren Elbgermanen, wie die Hermunduren und mit denen freundschaftlich verbunden. Im Stammesverband der Thüringer fühlten sie sich, nach der unruhigen Zeit der Völkerwanderung, geborgen. Seit jeher galten sie als sehr religiös und ehrten ihre germanischen Götter in den Hainen.
Godehild war nicht nur eine Kräuterfrau, sondern auch eine Schamanin, die manchen Zauber kannte. Sie genoss großes Ansehen. Hartwig fiel die ruhig dasitzende Frau gleich auf. Sie schien in ihren Gedanken versunken zu sein und schaute wie gebannt in die Flammen des Holzfeuers. Als das Interesse der anderen an seinen Erzählungen etwas nachließ, ging er zu ihr und setzte sich zu ihr auf die Bank.
„Ich hörte, dass du eine Schamanin bist?“, sprach er sie an.
„Wenn man es dir gesagt hat, so wird es schon stimmen“, antwortete sie ruhig. Doch schien sie an einer weiteren Unterhaltung nicht interessiert zu sein.
„Mir fällt auf, dass du schon den ganzen Abend in die Flammen schaust. Was siehst du darin? Kannst du in die Zukunft blicken?“
Godehild schwieg. Hartwig war verunsichert. Vielleicht sollte er sie allein lassen und sich wieder zu den anderen setzen. Leise sprach sie zu ihm: „Willst du deine Zukunft erfahren?“

Leicht verängstigt aber doch sehr interessiert, was sie sagen würde, willigte er ein.
„Na gut, dann wollen wir einmal nachsehen. Gib mir ein paar Haare von dir!"
Verwundert schnitt er mit seinem Messer ein paar Haare ab und reichte sie der Frau. Die nahm sie und warf sie in die Flammen. Gespannt sah er abwechselnd in das Feuer und dann auf die Frau. Sie saß noch immer wie erstarrt und völlig abwesend da.
Nach einer Weile sagte sie: „Ich sah zwei Flüsse ansteigen und das ganze Land wurde überschwemmt. Dann färbte sich das Wasser rot und es fing an zu brennen. Drei Pferde stiegen aus dem Wasser und galoppierten in entgegengesetzte Richtungen. Das habe ich gesehen."
Sie bedeckte mit ihren Handflächen ihr Gesicht.
„Was soll das bedeuten? Kannst du es mir deuten?"
„Komm morgen früh bei Sonnenaufgang wieder, dann werde ich die Runen werfen und kann dir vielleicht sagen, was damit gemeint ist!"
Enttäuscht ging Hartwig zu den anderen zurück und verabschiedete sich bald von ihnen. Elke wunderte sich, warum er es auf einmal so eilig hatte, doch er wollte im Moment nicht darüber reden.
Der Baumeister gab ihnen eine Fackel mit auf den Weg, damit sie sich nicht verirrten und auch einen Krug mit Apfelwein als Schlummertrunk. Auf dem Heimweg hielt es Elke vor Neugierde nicht mehr aus. Sie wollte unbedingt wissen, was vorgefallen war.
Hartwig erzählte ihr von der Begegnung mit der Schamanin und was sie im Feuer gesehen hatte. Lange überlegten sie, wie die Bilder in den Flammen gedeutet werden könnten, doch es ließ sich nicht erklären.
Hartwig hatte einen sehr unruhigen Schlaf. Immer wieder musste er an die Worte der Frau denken. Er versuchte sie zu verdrängen, aber es gelang ihm nicht. Elke merkte, dass er nicht schlafen konnte. Sie schürte das Herdfeuer und hing einen Topf mit Wasser an den Dreifuß. In ihrem Gepäck hatte sie getrocknete Kräuter, die beruhigen sollten. Hiervon brühte sie einen Tee und sie schlürften ihn gemächlich.

„Die beiden ansteigenden Flüsse, das ist eine Bedrohung und die Überschwemmung ein großes Unheil. Doch warum wird das Wasser rot, rot wie Blut? Es scheint ein noch größeres Unheil zu sein? Kannst du dir das erklären?“
„Vielleicht ist das alles anders zu deuten, als du denkst! Eine Überschwemmung muss nicht schlecht sein.“
„Das verstehe ich nicht. Wie meinst du das?“, fragte er erstaunt.
„Bei uns gibt es im Frühjahr meist Überschwemmungen und wenn die einmal ausgeblieben sind, waren die Ernten schlecht. Mein Vater sagt, dass das Wasser seine Kraft an den Boden abgeben muss, damit das Gras und Gemüse gut wächst.“
„Was aber ist dann mit der Rotfärbung und den Flammen? Wasser kann doch nicht brennen.“
„Aber Öl brennt, so wie in unseren Öllampen. Vielleicht war es Öl, was die Schamanin sehen konnte. Es musste viel gewesen sein. Nur bei guten Ernten kann man viel Öl pressen. Somit ist das auch ein gutes Zeichen.“
„Was bist du nur für eine kluge Frau, dass du alle meine Bedenken zerstreuen kannst. Für die Pferde wirst du bestimmt auch eine Erklärung haben.“
„Du wirst hier auf unserem eigenen Land viele schöne weiße Pferde züchten, die dann überall hin abgegeben werden, weil jeder nur deine Pferde haben möchte.“
„Vielleicht sind wir eines Tages auch so erfolgreich, wie es einst mein Vater war. Das wäre schön.“
Die trüben Gedanken waren nun wie weggeblasen. Sie legten sich nochmals hin und schliefen gleich ein.
Noch vor Sonnenaufgang wachte Hartwig auf. Elke wollte ihn zur Schamanin begleiten. Sie war neugierig zu wissen, was die Frau zu ihrer Deutung der Dinge sagen würde. Vielleicht hatte sie etwas anderes gemeint?
Nach dem Frühstück gab Elke das Töchterchen bei ihrer Tante ab und sie liefen schnell zur Insel. Obwohl die Sonne noch nicht voll zu sehen war, werkten schon viele Männer auf der Baustelle. Sie bereiteten die Steine vor, die neu gesetzt werden sollten und einige der Steinmetze hämmerten ungeduldig an ihren Götterstatuen.

Die Schamanin war unter ihnen und gab Hinweise, wie diese aussehen sollten. Es durften auch die Symbole nicht vergessen werden, an denen man die Götter erkennen konnte. So hielt Thor seinen großen Hammer „Mjöllnir" in der rechten Hand und Odin hatte seinen Speer „Gungnir" neben sich stehen und sein fehlendes Auge mit einem Tuch abgedeckt.
Freya war an ihrem schönen Geschmeide „Brisingamen" zu erkennen und Tyr fehlte die rechte Hand, die ihm der Wolf Fenrir abgebissen hatte. Heimdall, der Wächter der Regenbogenbrücke, die von der Erde zur Götterburg führte, hatte das Gjallar-Horn umgebunden und Idun hielt ihre Zauberäpfel in der Hand, die den Göttern die ewige Jugend verschaffte.
So unterschieden sich auch die anderen Götterfiguren durch ihre Attribute. Sie sollten nach ihrer Fertigstellung auf der Mauer aufgestellt werden, damit sie von jedermann schon von weitem gesehen werden konnten. Godehild, die Schamanin, lief Hartwig und Elke entgegen und begrüßte sie.
„Schön, dass ihr schon da seid, dann können wir gleich zu meinem Zelt gehen! Wenn die Sonne aufgegangen ist, wollen wir die Runenhölzer werfen!"
Die Schamanin drehte sich um und lief eilig voran. Der Steg, den sie überqueren mussten, war durch den Morgentau glitschig. Hartwig hatte Mühe, nicht von den Brettern abzurutschen. Die Schamanin war barfuß und hatte dadurch wohl einen besseren Halt. Sie fasste Elke an der Hand, als sie sah, dass sie sich fürchtete über den Holzsteg zu gehen.
Im Lager war es noch ruhig. Durch die Türöffnungen der Hütten konnte man ein paar Frauen an ihren Feuerstellen sehen, doch die meisten schliefen noch. Als sie bei der Behausung der Schamanin angekommen waren, bat sie Hartwig und Elke auf einer niedrigen Holzbank Platz zu nehmen. Es war noch sehr kühl und beide fröstelten ein wenig. Hartwig legte seinen Arm um Elkes Schultern und drückte sie an sich. Sie warteten und betrachteten die aufgehende Sonne. Die hob sich langsam in tiefem Rot über die Wipfel der Bäume. Ihre wärmenden Strahlen durchdrangen die Nebelschwaden auf dem See.

Godehild kam aus ihrer Hütte und hielt ein zusammengebundenes Tuch in der Hand. Sie legte es auf den Boden und öffnete es. Neugierig und interessiert sahen Hartwig und Elke ihr zu. In dem Tuch lag eine kupferne Schale und viele kleine Holzstücke mit eingeritzten Runen sowie verschiedene Knochen, die ebenfalls mit Zeichen versehen waren.
Mit der Schale lief sie zu der erkalteten Feuerstelle, in der sie Hartwigs Zukunftsbilder gesehen hatte. Sie nahm etwas von der Holzasche und streute sie über die Runenhölzer. Dabei murmelte sie Sprüche in einer fremden Sprache. Als sie zurückkam, legte sie das Gefäß Hartwig auf den Schoss und setzte sich vor ihm auf den Boden, so dass ihr Gesicht von der Sonne beschienen wurde.
Jetzt begann sie einen eigenartigen und für die anderen unverständlichen Gesang, der sich immer mehr verstärkte. Sie wippte dabei mit ihrem Oberkörper hin und her und geriet nach einer Weile in Trance. In diesem Zustand fiel sie wie in sich zusammen und rührte sich nicht mehr.
Hartwig überlegte schon, ob er sie aufwecken sollte, doch das hatte sie ihm vorher untersagt. Dann öffnete sie die Augen und stand langsam auf. Sie nahm die Schale von Hartwigs Schoss, hob sie hoch und schüttete sie aus. Die Runenhölzer und die Asche fielen zu Boden. Sie bückte sich darüber und begann laut zu sprechen.
„Honigmonde dich beglücken, Krieger kommen ohne Zahl, zerstören alles, was sie blicken, mit Feuersbrunst und blankem Stahl. Nichts bleibt so, wie es einst war, zerrissen das Familienband, zu entgehen der Gefahr, ziehst du fort in fernes Land."
Hartwig und Elke blieben regungslos sitzen. Godehild erhob sich von ihren Knien und blickte Hartwig traurig an. „Es ist eine Botschaft, die ich dir von den Nornen, unseren Schicksalsgöttinnen, geben kann. Meist sind ihre Lippen verschlossen und sie verraten nichts. Doch diesmal hatten wir Glück und wir wollen ihnen mit einem Opfer danken!"
Sie ging in die Hütte und kam mit einer kleinen goldgelb glänzenden Schale und einem spitzen Messer zurück. Beides reichte sie Hartwig und bat ihn, ein paar Tropfen

seines Blutes aus einem Finger hinein zu geben. Er nahm das Messer und stach sich damit in den linken Zeigefinger. Das Blut tropfte langsam in die Schale, bis die Wunde von allein versiegte. Godehild gab ein wenig Wasser dazu. Dies verrührte sie mit dem Blut und murmelte wieder etwas Unverständliches vor sich hin. Die Schale hielt sie der Sonne entgegen. Das Licht drang durch das Gefäß und brach sich in vielen Farben. Als sie mit ihren Dankgebeten fertig war, schüttete sie alles in weitem Bogen aus.

Erschöpft setzte sie sich zu den beiden auf die Bank und schloss die Augen. Die warmen Sonnenstrahlen schienen sie wieder zu kräftigen. Als sie ihre Augenlider öffnete, fragte Hartwig, was die Wahrsagung bedeuten könnte.

„Es lässt sich nicht so leicht erklären. Du wirst manches erst in der Zukunft erkennen können, was sich jetzt noch wie hinter einem Schleier verbirgt."

„Das war nichts Gutes, was du gesagt hast", meinte Elke.

„Ob es gut oder schlecht für Hartwig ist, wird sich in der Zukunft weisen. Unser aller Schicksal ist vorgegeben und es lässt sich durch uns selbst auch nicht abwandeln. Wir müssen es annehmen, wie es kommt und mit dem, was ist, zufrieden sein."

„Können wir denn gar nichts dagegen tun?", wollte Elke wissen.

„Dadurch, dass wir nicht mit Bestimmtheit wissen, was in der Zukunft passieren wird, so haben wir auch keine Möglichkeit etwas dagegen zu machen. Selbst die Götter können die Zukunft nicht beeinflussen. Man kann sich nur gegen die Gefahren wappnen, so wie Odin das auch tut."

„Odin ist doch der größte Gott in Asgard, er wird doch wissen, was in der Zukunft passieren wird", meinte Hartwig verwundert.

„Das ist nicht so. Allein die Nornen können voraus schauen, aber sie erzählen keinem davon, auch Odin nicht."

„Ja, das hat mir mein Vater schon einmal gesagt. Aus Furcht vor einem großen Kampf gegen die Riesen hat Odin Walhall, die große Halle für die gefallenen tapferen Krieger, gebaut. Sie sollen ihm in der Zukunft in der Schlacht helfen."

„Das ist richtig. Es ist die einzige Möglichkeit etwas für die

Zukunft zu tun, wenn man in der Gegenwart sich darauf vorbereitet."
„Godehild, du bist doch eine Schamanin und somit eine Vertraute der Nornen. Weißt du mehr, als du mir jetzt sagst?" fragte Hartwig.
Verwundert sah Godehild ihn an. „Ich weiß nicht mehr, als du. Ich bin nur eine Vermittlerin zu den Nornen und das, was ich sehe, kann ich sagen. Ich tue nichts dazu und verschweige auch nichts. Wenn ich in die Zukunft blicke, dann bin ich losgelöst von mir selbst. Nicht immer gelingt es mir, etwas zu erkennen. Manchmal ist der Blick in die Zukunft auch verschlossen."
„Das mit dem bevorstehenden Krieg war zu erwarten, doch das ich in die Ferne ziehen werde, kann ich mir nicht vorstellen."
„Vielleicht ist das Havelland die Ferne, es ist doch sehr weit von deinem jetzigen Zuhause", meinte Elke. Hartwig pflichtete ihr bei, doch Godehild schwieg dazu.

„Ich hörte, dass ihr hierher ziehen wollt. Der Knecht, der uns die Verpflegung brachte, erzählte es mir."
„Ja, so wird es sein. Ich will hier Pferde züchten, so wie es mein Vater getan hat."
„Dann wirst du bestimmt auch einen Pferdeknecht benötigen. Ich kenne da einen, der sich gut mit den Tieren auskennt."
„Wenn ich im nächsten Jahr mit der Zucht beginne, so brauche ich fähige Männer für die Arbeit. Ich selber werde nicht sehr oft da sein können, da ich am Königshof gebunden bin und deshalb brauche ich vertrauenswürdige Leute hier. Du kannst mit dem Mann sprechen und er soll zu mir kommen, damit ich ihn kennen lerne."
„Der Mann arbeitet hier in der Siedlung. Es ist mein jüngerer Neffe."
„Hat er denn jetzt nicht zu Hause zu tun? Es ist Erntezeit."
„Seine Siedlung ist weit weg von hier, jenseits der Oder und dort war in diesem Jahr eine große Trockenheit."
„Er musste mit seiner jungen Frau von zu Hause wegziehen, denn sein älterer Bruder hat selbst eine große Familie

und viele Mäuler zu stopfen und sie wissen nicht, wie sie den Winter überstehen werden."
„Die Händler berichteten, dass viele Familien in das Thüringer Reich einwandern wollen und sich im Gebiet zwischen der Elbe und der Saale niederlassen möchten."
„Auf der Baustelle sind einige Familien, die aus dem Osten kommen. Weibel versprach ihnen gutes Bauernland, wenn sie beim Bau der Götterburg mittun. Je früher sie fertig ist, umso eher können sie ihren eigenen Boden bearbeiten."
Die Schamanin ging mit den beiden zur Baustelle zurück. Jetzt, wo die Sonne hoch stand, war das emsige Treiben, wie Hartwig es gestern schon gesehen hatte, voll im Gange. Männer bewegten die schweren Steinquader, die mit Lastkähnen aus dem Steinbruch herangebracht wurden, und die Frauen und Kinder verrichteten weniger schwere Tätigkeiten. Jeder schien genau zu wissen, was er zu tun hatte. Der Baumeister und seine Gesellen überwachten die Arbeit.
Godehild ging zu einem jungen Mann, der vor einer Steinfigur stand und diese mit einem Meißel und Hammer fein bearbeitete. Er schien die drei gar nicht zu bemerken, da sprach Godehild ihn nach einer Weile an und er sah etwas mürrisch auf. Doch als er seine Tante erkannte, lächelte er.
„Ach, du bist es. Ich war so vertieft in meine Arbeit, ich habe dich gar nicht kommen sehen. Was willst du von mir? Kann ich dir helfen?"
„Ich habe jemand mitgebracht. Es ist Elke, die Tochter des Gaugrafen und sein zukünftiger Schwiegersohn Hartwig. Ihnen gehört die Siedlung auf dem Berg und sie wollen Pferdezucht betreiben. Ich erzählte ihnen, dass du dich gut damit auskennst und an einer solchen Arbeit interessiert bist."
„Ja, ich bin mit Pferden aufgewachsen", sagte er begeistert. „Wenn ihr jemand braucht, so werde ich euch gerne dienen. Wann dachtet ihr daran, dass ihr damit beginnen wollt?"
„Im Frühjahr des nächsten Jahres", antwortete Hartwig.
„Das passt sehr gut, dann bin ich mit dieser Götterfigur fertig und kann bei euch anfangen."
„Wir müssen noch darüber sprechen, was du dir als Ver-

gütung für deine Arbeit bei uns vorstellst. Du bist ein freier Mann und wenn du bis zur Fertigstellung der Götterburg hier bleiben würdest, so bekämest du Land und wärst dein eigener Herr. Das kann ich dir nicht anbieten. Das was ich dir geben kann, wäre ein Anteil vom Erlös der Pferde, die ich verkaufe sowie Unterkunft und Essen für dich, deine Frau und die Kinder in unserer Siedlung."
„Das klingt doch ganz gut", meinte der junge Mann.
„Wie hoch würdest du dir deinen Anteil vorstellen können?", wollte Hartwig wissen.
„Wenn du mit meiner Arbeit zufrieden bist, so sollst du dann darüber entscheiden. Ich würde mir ein Zehntel des Erlöses für die Pferde wünschen."
„Das ist eine angemessene Vorstellung, mit der ich einverstanden bin", sagte Hartwig und beide bekräftigten mit Handschlag die Abmachung. Elke staunte nicht schlecht über den schnellen Entschluss von Hartwig. Sie hatten ja vor, für unbestimmte Zeit in Rodewin zu leben.
Mit der Hilfe von Godehilds Neffen konnte Hartwig schon bald mit der Pferdezucht hier beginnen. Dies schien ihm ein Herzenswunsch zu sein. Elke war sich sicher, dass diese Gegend das geweissagte ferne Land sein musste und sie hier zusammen sehr glücklich sein werden.
Auf dem Weg nach Hause erzählte Hartwig Elke von seinen Plänen mit der Pferdezucht. Er wollte dabei gezielt vorgehen und Stuten und Hengste aus verschiedenen Thüringer Zuchten erwerben, damit keine Inzucht entstehen konnte. Darauf hatte sein Vater immer sehr geachtet. Er stellte sich auch vor, dass das zukünftige Reitpferd etwas größer sein sollte. Seine Begeisterung für diese Sache riss Elke mit und sie schmiedeten viele Pläne für ihre Zukunft. Die verbleibenden Tage verflogen für Hartwig und Elke wie im Fluge. Sie lernten Godehilds Neffen und seine Familie noch näher kennen und zeigten ihnen auch ihre Siedlung und die Unterkunft, die sie dann beziehen konnten. Elkes Tante und die beiden Söhne waren mit dem Sippenzuwachs sehr einverstanden, denn dann würde es für sie nicht mehr so langweilig sein.

Die Einsamkeit, insbesondere in den Wintermonaten, hatte der alten Frau im letzten Jahr schwer zu schaffen gemacht. Sie brauchte jemanden, mit dem sie reden konnte und ihre Söhne waren da nicht die rechten Gesprächspartner. Die liebten es eher zu schweigen. Hartwig stimmte mit Godehilds Neffen alle Einzelheiten für den Beginn der Arbeiten auf dem neuen Gut ab.

Nach einer Woche kam der übliche Proviantwagen von Weibel und sie kehrten mit diesem gemeinsam in dessen Siedlung zurück. Dort herrschte große Unruhe wegen der bevorstehenden Reise nach Rodewin in Mittelthüringen. Die meisten der Gäste, die zur Hochzeitsfeier mitreisen wollten und durften, waren in ihrem Leben nie weiter als eine halbe Tagesreise von zu Hause weggekommen und nun sollte die Fahrt mehrere Tage dauern. Doch Weibel nahm das alles sehr gelassen hin. Ihn konnte nichts so schnell aus der Ruhe bringen. Kurz und bestimmend gab er seine Anweisungen und alle gehorchten ohne zu murren. Es durften nur die notwendigsten Dinge mitgenommen werden.
Unter einem überdachten Abstellplatz standen drei Ochsenkarren, die für die Fahrt hergerichtet wurden. Was darauf kam, kontrollierte er persönlich. Elke hatte einen eigenen Wagen, auf dem ihr ganzer Hausrat verstaut werden musste.
Der Abreisetag war gekommen und die Ochsenkarren setzten sich langsam in Bewegung. Weibel und Hartwig ritten an der Spitze des Zuges. Es sah aus, als wollten sie auswandern. Die älteste Tochter blieb zu Hause und führte inzwischen die Wirtschaft. Sie war froh, dass nun endlich alle fort waren, denn nun konnte ihr Geliebter jeden Tag bei ihr sein.

Nach mehr als einer Woche kamen sie in Rodewin an. Hier waren die Hochzeitsvorbereitungen in vollem Gange. Für die vielen Gäste hatte man gut vorgesorgt. Eine große Scheune und ein Speicherhaus wurden zum kurzzeitigen Wohnen eingerichtet und die Reisenden waren froh, wieder unter einem Dach übernachten zu können. Weibel und sei-

ne Frau wohnten bei Harald im Haus und das Wiedersehen wurde sogleich heftig begossen.
Zwei Tage waren noch bis zur Hochzeit und es hatten sich viele Gäste angekündigt. Amalafred und Baldur kamen von der Herminaburg angeritten und freuten sich, Hartwig wiederzusehen. Baldur traf hier auch Ursula aus Alfenheim, die mit ihrem Bruder Udo und der Schwester Gislinde am frühen Nachmittag angekommen waren. Jeder hatte so sein Tun, ganz besonders die Frauen. Elke fand nette Aufnahme bei ihnen und fühlte sich von Anfang an sehr wohl in der neuen Umgebung.
Das Wetter war die gesamte letzte Woche schön. Es war ein sehr warmer Herbst, der nicht mit Sonnentagen geizte und die alte Kräuterfrau, die heute mit ihren Töchtern zu dem Polterabend kam, sagte weitere Tage mit Sonnenschein voraus. Hier gab es auch ein Wiedersehen mit Amalafred. Er versuchte den beiden Töchtern auszuweichen, doch es gelang ihm nicht.
„Seht, unser hübscher Pferdeknecht ist auch zur Hochzeit gekommen!“, rief ihm Ferun sichtlich erfreut zu. Ihre jüngere Schwester lief schnell zu ihm hin und umarmte ihn. Verwundert schauten Weibels Töchter drein. Wer waren diese Mädchen, dass sie sich so ungeniert dem Prinzen näherten?
Amalafred fühlte sich nicht so wohl in seiner Haut. Er wollte es doch dabei belassen, dass er für sie ein Pferdeknecht sei. So zog er die beiden zur Seite und flüsterte ihnen zu, dass sie sich ihm gegenüber nicht so vertraut zeigen sollten.
Die Schwestern nahmen es so hin, obwohl sie es nicht verstanden. Männer waren halt manchmal sonderbar, das hatten sie auch schon oft erfahren, wenn ein eifersüchtiges Eheweib ihren Mann bei der Kräuterfrau suchte und meist auch fand.
„Gut, wir tun so, als würden wir dich nicht kennen. Du musst uns aber versprechen, dass du uns am See besuchst“, sagte Ferun fordernd. Amalafred war damit einverstanden und die Mädchen verschwanden wieder in der Menge der vielen angereisten Gäste.

Am Abend vor dem Hochzeitsfest war es Brauch, die bösen Geister zu vertreiben und mit den Freunden der Kindheit und Jugend die letzten Stunden vor dem neuen Lebensabschnitt gemeinsam zu verbringen.
Auf der einen Seite des Festplatzes saßen die jungen Männer und auf der anderen Seite die Braut mit ihren Schwestern und den neu gefundenen Freundinnen. Sie blieben den ganzen Abend unter sich, streng nach Geschlecht getrennt und tranken und redeten und scherzten miteinander.
Als die Dunkelheit hereinbrach, zündeten die Kräuterfrau und der Priester Fackeln an und begrenzten somit zwischen den beiden Gruppen eine Tanzfläche. Dann fingen die Musikanten zu spielen an. Sie schlugen rhythmisch die Trommeln und der Priester führte mit der Kräuterfrau einen symbolischen Tanz zu Ehren der Götter vor. Den Kreislauf des Lebens mit dem Werden und Sterben in der Natur sollte er darstellen. Die Alten und die Kinder schauten, abseits sitzend, dem Treiben der Jugend zu.
Danach versuchte die Kräuterfrau als Schamanin, die bösen Geister mit viel Lärm zu vertreiben und alle halfen ihr dabei. Je lauter man sich dabei verhielt, umso besser. Auf einmal wurde es still. Ferun schritt leicht bekleidet zur Mitte des mit vielen Fackeln erleuchteten Platzes. Sie bewegte sich sehr anmutig im Rhythmus der Trommeln. Ihr Tanz war der Göttin der Liebe, Freya, gewidmet. Danach führte Hartwig eine Gruppe der Männer an und Elke eine der Jungfrauen. Wie die Wogen eines Getreidefeldes kamen sich die beiden Gruppen immer wieder näher, ohne sich zu berühren.
Nach einem weiteren symbolischen Tanz der Schamanin und des Priesters zu Ehren der gesamten Götterwelt zeigten Ferun und Helga gemeinsam einen Tanz. Dieser sollte die Schönheit und die Reize der Weiblichkeit versinnbildlichen. Beide waren nur sehr leicht bekleidet und vollführten dabei unglaubliche Verrenkungen der Glieder.
Von den Zuschauern bekamen sie für diese wunderbare Vorführung viel Beifall. Der Gruppentanz beendete den Polterabend und die Frauen und Männer zogen sich in ihre getrennten Räumlichkeiten zurück. Die Frauen legten sich bald zur Ruhe und die Männer zechten noch bis weit nach Mitternacht.

Die Morgensonne hatte ihren roten Schleier verloren, als Hartwig mühsam versuchte, seine Gefährten von dem Strohlager zu scheuchen. Sie mussten sich beeilen und für die Hochzeit zurechtmachen.
Bei den Frauen herrschte schon lange zuvor rege Geschäftigkeit. Die Braut wurde angekleidet und das dauerte so seine Zeit. Als es dann endlich soweit war, ging Weibel in das Haus, in dem seine Tochter mit den Jungfrauen auf ihn wartete. Draußen, auf dem Hof wimmelte es von den vielen Gästen aus den Siedlungen der Umgebung. Die meisten wurden jedoch erst gegen Mittag erwartet.
Harald fuhr mit einem geschmückten Ochsenkarren vom Hof. Ihm folgten die Kinder mit Sträußen von selbstgepflückten Feldblumen in der Hand. Dahinter ritten Hartwig und seine Freunde auf ihren weißen Pferden. Der Zug des Bräutigams umkreiste dreimal weitläufig die Siedlung von Rodewin und dann kamen sie durch das mit frischem Grün geschmückte Tor in den großen Hof zurück.
Vor dem Haus der Braut, das ebenfalls schön geschmückt war, sprang Hartwig von seinem Hengst und lief auf die Tür zu. Die Menge der Zuschauer stand im weiten Bogen vor dem Haus der Braut.
Hartwig rief: „Weibel, ich bin gekommen, um deine Tochter Elke als Eheweib zu mir zu holen!"
Es blieb eine ganze Weile still. Alle lauschten. Da ertönte Weibels sonore Stimme aus dem Inneren des Hauses. „Wer bist du, der um die Hand meiner Tochter anhält?"
„Ich bin Hartwig, Sohn des in Walhall weilenden Herwald und Bruder von Harald und Siegbert aus Rodewin."
„Hast du auch Brautgeschenke mitgebracht?", fragte Weibel erneut.
„Ja, das habe ich. Hier ist ein Pferd, so weiß wie der Schnee und so schnell wie der Wind und ein Schwert, wie es Brauch ist."
Die Tür öffnete sich und Weibel trat heraus. Er ging auf Hartwig zu und begutachtete die Geschenke. Danach umarmte er ihn, als Zeichen, dass er damit zufrieden war. Beide gingen zur Tür und im Eingang erschien Elke in einem wunderschönen Brautkleid, geschmückt mit vielen Blumen-

blüten. Weibel umfasste ihre Schultern und küsste sie auf die Stirn. Dann übergab er seine Tochter an Hartwig und küsste auch ihn auf die Stirn. Somit galten beide als Ehepaar und waren von nun an Mann und Frau. Die übrigen Familienmitglieder waren inzwischen auch aus dem Haus gekommen und jubelten gemeinsam mit den vielen Gästen dem Brautpaar zu.
Nun bestiegen Elke und Hartwig den Ochsenkarren und fuhren mit ihm in entgegengesetzter Richtung um die Siedlung herum, begleitet von einer Schar von Kindern. Als sie zurückkamen, erwartete sie Harald vor dem Tor und sprach: „Ich begrüße euch in Rodewin und dich, liebe Braut, nehme ich als dein Schwager in unsere Sippe auf. Es soll dir allzeit bei uns gut ergehen und an nichts mangeln."
Er umarmte seine Schwägerin und küsste sie auf die Stirn. Nun galt sie als gleichberechtigtes Mitglied der Sippe von Rodewin.
Hartwig nahm seine Frau an der Hand und ging zu dem Festplatz inmitten des Hofes. Alle hatten einen Kreis gebildet und Hartwig stellte seine Frau vor.
„Hier seht ihr meine Frau, die ich heute Morgen geehelicht habe! Sie ist die Tochter von Weibel, dem Gaugrafen vom Elbkniegau. Ich bin sehr erfreut, dass ihr zu meiner Hochzeit gekommen seid und möchte dafür danken. Nehmt jetzt Platz und feiert mit uns die nächsten drei Tage, so wie es üblich ist!"
Alle spendeten Beifall und setzten sich auf die bereitgestellten Bänke. Musikanten spielten auf und den Gästen wurde Essen und Trinken gereicht.
Hartwig ging mit Elke zu Haralds Haus, wo sie einen eigenen Wohnraum hatten. Er trug sie über die Schwelle und viele jubelten ihnen zu. Im Wohnraum lag ihre Tochter in einer Wiege und Elke nahm sie gleich in ihre Arme.
„Soeben haben wir einen großen Zeitsprung gemacht", meinte sie ganz beiläufig.
„Wie meinst du das?", wollte Hartwig wissen.
„Wir haben schon eine Tochter und darauf müssen die meisten Brautleute mehrere Monde warten".
Hartwig musste lachen. Ihm gefiel die Scharfsinnigkeit und

Schlagfertigkeit seiner Frau, die in der Vergangenheit bewiesen hatte, dass sie das Leben auch ohne ihn gut meistern konnte.
„Was hältst du denn von einem kleinen Brüderchen für die Kleine, damit sie nicht so allein ist?", meinte er lächelnd.
„Dafür habe ich jetzt keine Gedanken. Die anderen warten schon auf uns. Wir müssen wieder hinausgehen."
Leicht enttäuscht wegen der Abfuhr, nahm Hartwig seine Tochter in den Arm und ging zur Haustür. Als er vor der Schwelle stand, hob er das Kind mit gestreckten Armen und voller Stolz nach oben. Die Leute, die dabeistanden, jubelten und manche machten auch ein paar zotige Bemerkungen wegen des Tempos, das Hartwig mit dem Kinderkriegen vorgab.
Der Zustrom der Gäste nahm noch immer nicht ab. Einige wollten nur ein Hochzeitsgeschenk abgeben und gingen bald wieder. Die meisten verweilten bis zum späten Nachmittag. Manche, die einen weiten Weg hatten und mehrere Tage bleiben wollten, fanden in der Scheune Platz zum Schlafen.

Drei Tage sollte die Feier dauern und viele Frauen, die gekommen waren, halfen beim Herrichten der Speisen und der notwendigen Hausarbeit mit. So wurde es Hartwigs Mutter nicht zu viel, alle gut zu versorgen.
Am Tisch des Brautpaares drängten sich die Gratulanten. Jeder wollte seine Glückwünsche dem jungen Paar in gebührender Weise übermitteln. Auch Gislinde war unter ihnen. Zuerst beglückwünschte sie die Braut. Doch als sie Hartwig gegenüber stand, konnte sie sich der Tränen nicht mehr erwehren. Elke bemerkte es und fragte ihren Mann: „Was ist mit ihr? Warum weint sie?"
„Das ist bestimmt nur die Ergriffenheit des Moments, nichts anderes", erwiderte er beiläufig. Den kritischen Blick von Elke hatte er wohl gespürt, tat aber so, als würde er es nicht bemerken.
Viele Frauen brachten auch selbstgebackene süße Fladen mit, die dann reihum gekostet wurden.
Am frühen Nachmittag kam eine Gruppe Krieger auf Rode-

win zugeritten. Die Kinder hatten die Reiter zuerst bemerkt und alle waren sehr gespannt, wer das wohl sein könnte. Vor dem Hoftor blieben sie stehen. Der Anführer der Gruppe stieg vom Pferd und schritt durch das Tor. Alle sahen neugierig zu dem Fremden hin. Als der Mann näher kam, erkannte ihn Harald. Er nahm sogleich seine Krücken und eilte ihm entgegen.
„Dein Besuch ist eine große Ehre für uns“, sprach er und schüttelte seine Hand.
„Ich bin auch sehr froh, dass ich dich wiedersehe und ich möchte als Erstes dem Hochzeitspaar herzlich gratulieren.“
Harald wandte sich an die Umstehenden und stellte den fremden Reiter vor.
„Wir haben die Ehre, dass uns der Kanzler des Thüringer Königreiches heute besucht. Ein dreifaches Hoch auf den Großkanzler!“
Alle schrieen dreimal „Hoch!“
„Das war aber ein schöner Empfang, der doch so nur dem König zukommt“, bemerkte der Großkanzler bescheiden.
„Ihr seid im Rang nach dem König der Höchste und somit gebührt euch die gleiche Ehre.“
„Zuviel des Guten. Wo ist denn das Brautpaar?“
Hartwig und Elke standen auf der anderen Seite des Festplatzes. Der Großkanzler schritt zu ihnen und gratulierte ihnen herzlich. Er übergab ihnen auch ein persönliches Geschenk, für Hartwig ein schön ziseliertes Jagdmesser und für die Braut einen silbernen Halsschmuck.
Harald hatte angewiesen, dass die Begleiter ebenfalls im Hof an einem Tisch Platz nehmen sollten. Der Großkanzler durfte als Ehrengast in der Nähe des Brautpaares sitzen und er hatte viele interessierte Zuhörer.
Als sich die Neugierde der Gäste ein wenig gelegt hatte, bat er Harald und Hartwig um eine kurze Unterredung. Sie gingen ins Haus und setzten sich an den großen Tisch. Heidrun brachte einen Krug mit Met und etwas Honiggebäck.

„Was gibt es Wichtiges, dass du uns allein sprechen willst?“ fragte Harald den Großkanzler.

„Es ist ein sehr dringendes Anliegen, das ich habe. In Herminaburg ist seit einigen Tagen der Gesandte vom Frankenkönig Theuderich, den du auch kennst und wir verhandeln über Lösegeld für die gefangenen fränkischen Krieger. Theuderich will sie alle wiederhaben und wird viel Gold und Silber dafür geben, viel mehr, als wenn wir die Krieger als Sklaven an die Ostvölker verkaufen. Der König benötigt dringend das Geld, um seine neue Königsburg, die Amalaburg, zu bauen. Ich selber bin auch dafür, dass alles schnell abgewickelt wird, denn die gefangenen Franken brauchen Verpflegung und Bewachung."
„Ja, aber wie kann ich dir dabei helfen?"
„Du nicht, aber dein Bruder Hartwig."
Harald sah erstaunt zu seinem Bruder.
„Das verstehe ich nicht, doch du wirst es uns bestimmt gleich sagen."
„Es ist so, dass der König mit einer Rückführung der fränkischen Krieger in ihr Reich nur dann einverstanden ist, wenn diese nicht für neue Überfälle an unserer Grenze benutzt werden. Daher hat er vorgeschlagen, dass ein Friedensbündnis abgeschlossen wird und als Garantie für dessen Einhaltung ein Mitglied aus dem jeweiligen Königshaus als Unterpfand dafür einsteht. Theuderich hat dem zugestimmt und der Gesandte war auch sofort dazu bereit, seinen noch minderjährigen Sohn an das Thüringer Königshaus als Geisel mit zu entsenden. Von Thüringer Seite hat der König Baldur aus der Königsfamilie dazu bestimmt, diesen Platz einzunehmen. Jetzt fehlt nur noch ein Begleiter für ihn und da habe ich an Hartwig gedacht, da er sein Freund ist."
Betreten schauten sich die beiden Brüder an. „Das ist deine Entscheidung, Hartwig. Da möchte ich dir keinen Rat dazu geben", sprach Harald und legte seine Hand auf seinen Arm.
Wut und Widerspenstigkeit flammte in Hartwig auf, der sonst so ruhig und vernünftig wirkte.
„Was ist das für ein törichter Plan. Wer hat sich so etwas bloß ausgedacht? Ich möchte doch bei meiner Familie bleiben!"
Ruhelos rannte er im Raum auf und ab und schimpfte wie

ein Eichelhäher. Harald versuchte ihn zu beschwichtigen und erinnerte ihn an seine Verpflichtungen gegenüber Baldur. Hartwig beruhigte sich nur langsam wieder und gab seinem Bruder zögerlich recht.
Traurig willigte er ein und zog sich zurück. Jetzt wollte er seine Ruhe haben. Harald und die anderen ließen ihn gewähren. Der Großkanzler war sehr froh über diese, wenn auch nicht leichte Entscheidung und rief nach einem Knecht, um Baldur zu holen.
Bald darauf kam der Prinz und setzte sich an den Tisch. Der Großkanzler erklärte in kurzen Worten die Entscheidung des Königs Herminafrid und dass er in dieser Mission eine sehr wichtige Aufgabe für die Sicherheit des Thüringer Reiches damit übernehmen würde. Er gab auch bekannt, dass sie morgen früh schon abreisen müssten. Baldur saß vor Schreck wie versteinert da. Er konnte nichts dazu sagen.
„Das ist aber eine sehr kurze Zeit", entgegnete Harald. „Der Frankenkönig Theuderich hat in Übereinstimmung mit seinen Brüdern entschieden, den ältesten Neffen seines gefallenen Halbbruders Chlodomer nach Thüringen zu entsenden. Der Neffe und auch der Sohn des Gesandten müssten schon hierher unterwegs sein. Es wird für euch ein Abschied für mindestens zwei Jahre sein, bis die Tochter von Herminafrid im heiratsfähigen Alter ist und dann mit dem Sohn des Theuderich verheiratet wird. So ist es zwischen den Königen abgemacht."
Baldur war nach dieser Nachricht ganz blass geworden. Was würde ihn im Frankenreich erwarten? Wann würde er wieder nach Thüringen kommen können? Was passiert mit Ursula?
Es war für ihn so, als türmten sich tausende von Fragen auf, die niemand beantworten konnte. An der Entscheidung des Königs war nichts zu ändern. Er hatte zu gehorchen und musste sich fügen.
Dankbar blickte er zu Hartwig, dass dieser ihm die Treue hielt und mitkommen wollte. Der Großkanzler informierte weiter: „Ein fränkischer Reiter und ein Meldereiter von mir werden euch begleiten. Wenn ihr dort wohlbehalten ange-

kommen seid, wird der Meldereiter zu mir zurückkehren. Wir werden dann womöglich lange nichts voneinander hören. Ich wünsche euch alles Gute und danke euch im Namen des Königs! Vielleicht gelingt es uns damit einen Krieg zwischen den beiden Reichen in Zukunft zu verhindern. Ein solcher Krieg wäre bestimmt für Thüringen der Untergang."
„Hoffen wir das Beste!", entgegnete Harald und drückte Hartwig und Baldur fest die Hand. Den Großkanzler bat er noch über Nacht zu bleiben, doch lehnte dieser freundlich ab, da er wegen des Gesandten gleich wieder zum Königshort musste. Er fragte Harald, ob es ihm recht wäre mit dem Gesandten zu einem späteren Zeitpunkt einmal nach Rodewin zu kommen. Harald stimmte dem gern zu.

Hartwig und Baldur gingen zurück zur Hochzeitsgesellschaft. Baldur suchte nach Ursula und fand sie mit ihrer Schwester in der Nähe der Braut.
„Hast du Zeit für mich? Ich muss mit dir etwas bereden."
Ursula erkannte die Aufregung in Baldurs Gesicht. Sie stand gleich von ihrer Bank auf und folgte ihm in Richtung Kräutergarten.
„Erzähl schon!", drängte sie ungeduldig.
„Ich muss für sehr lange Zeit verreisen. Mein Onkel, der König, schickt mich an den Hof des Frankenkönigs Theuderich."
„Warum denn das?"
„Ich bin dort so etwas wie eine Geisel und komme womöglich nicht vor zwei Jahren zurück."
„Das ist doch entsetzlich. Das kann dein Onkel doch nicht mit dir tun", entgegnete Ursula aufgebracht.
„Doch er kann es und vielleicht würde es ihm gut passen, wenn ich nicht mehr wieder käme. Dann brauchte er mir nicht mein Land zurückgeben."
„Was mache ich nur ohne dich? Vielleicht kann ich dir ins Frankenreich nachfolgen?"
„Schlag dir das aus dem Kopf! Das ist viel zu gefährlich und dann musst du an unser Kind denken. Wenn uns beiden etwas passieren würde, wäre das nicht auszudenken."
„Wirst du allein reisen?"

„Nein, Hartwig wird mich begleiten.“
„Hartwig? Weiß das Elke schon?“
„Nein, auch wir wissen es erst seit jetzt. Der Großkanzler hat es uns gerade gesagt.“
„Wann müsst ihr weg?“
„Schon morgen früh. Es bleiben uns nur noch wenige Stunden.“
„Die sollten wir lieber zusammen verbringen, als mit der Hochzeitsgesellschaft. Wo können wir jetzt ungestört allein sein?“
„Ich kenne da einen Ort, wo niemand hinkommt. Da können wir die ganze Nacht zusammen bleiben.“
„Gut, dann lass uns dort hingehen, denn jeder Augenblick ist kostbar!“
Baldur ging mit Ursula ganz unauffällig an den Stallungen und Scheunen vorbei, in denen das Heu und Stroh gelagert wurde. Bei der letzten Scheune blickte sich Baldur nach allen Seiten um und als er sich sicher war, dass niemand sie sehen konnte, zog er Ursula durch das große Tor. Die Lehmwände waren an einigen Stellen beschädigt, so dass ein wenig Sonnenlicht eindringen konnte. Baldur gewöhnte sich schnell an die Dunkelheit und sah auf dem Boden große Heuhaufen liegen.
„Wir können es uns hier im Heu gemütlich machen. Da stachelt es nicht so sehr, wie auf dem Stroh.“
„Das stimmt, aber wir steigen lieber die Leiter hinauf und ziehen sie nach oben. Dann kann uns niemand überraschen.“
„Das ist eine gute Idee. Ich hoffe, die hattest du nicht schon, bevor wir uns kennen gelernt haben.“
Ursula lachte und kletterte die Holzleiter hinauf. Durch eine offene Luke gelangte sie zu einem Dachboden, der mit Heu voll bepackt war.
„Hier werden wir bleiben. Das ist ein guter Platz.“
Baldur folgte ihr und zog die Leiter hoch. Er nahm Ursula in seine Arme und küsste sie in einem fort. Seine Hände glitten unter ihr Leinenkleid und er spürte ihre Wärme und fühlte ihr Herz schlagen.
Plötzlich war das Knarren des Tores zu hören.

„Was war das? Hast du das Tor nicht geschlossen?“ flüsterte Ursula.
„Doch, ich habe den Holzriegel vorgeschoben. Ich werde einmal vorsichtig über den Rand der Luke nach unten sehen.“
Langsam robbte Baldur zu der Öffnung im Dachboden und sah nach unten. Ein Mann und eine Frau mussten es sein, aber wer es war, konnte er nicht erkennen. Die beiden schienen die gleichen Absichten wie sie zu haben. Ursula kam auch vorsichtig zu der Öffnung gekrochen und sie hörten den beiden da unten zu.
„Was willst du denn hier?“, fragte etwas unwirsch der Mann die Frau.
„Ich möchte nur mit dir ungestört reden.“
„Das hätten wir doch auch draußen tun können.“
„Nein, da sind überall Kinder und du würdest mir dann nicht zuhören.“
„Was willst du denn mit mir besprechen, dass es so wichtig ist, es hier zu tun?“
„Komm, setz dich neben mich ins Heu!“
Die Frau zog ihn an der Hand zu sich hinab.
„Ich möchte dich etwas ganz Wichtiges fragen?“
„Dann frag schon!“
„Warum verhältst du dich so abweisend zu mir? Wir haben uns doch gut verstanden.“
„Du verstehst dich halt mit vielen Männern sehr gut und das mag ich nicht.“
„Wie kommst du denn darauf?“
„Ich habe dich das letzte Mal mit einem Alten in eurem Haus gesehen.“
„Was für einen Alten? Wann soll das gewesen sein?“
„Ich bin später von hier abgereist und da dachte ich, dich noch einmal zu besuchen. Doch da war dieser Alte, den du in die Hütte gelassen hast.“
„Vielleicht wollte er nur irgendeine Medizin, deshalb kommen auch viele Leute und auch alte Männer zu mir.“
„Ich habe durch die Schlitze der Balken sehen können, was das für eine Medizin war. Für ein paar Äpfel hast du dich ihm hingegeben.“
„Was ist daran so abscheulich? Das verstehe ich nicht. Ich

bin eine Dienerin der Göttin Freya und da gehört es dazu, den Männern, die es brauchen, auch diese Medizin zu geben."
„Ja, aber doch nicht den Alten!"
„Was ist schon das Alter? In zwanzig Jahren bist du auch so alt wie er. Dann wirst du froh sein, wenn sich einmal eine junge Dienerin deiner annimmt. Er hat von mir das bekommen, was jedem Mann zusteht und ich habe das erhalten, was mir gerade gefiel. Äpfel liebe ich und kann nicht genug davon bekommen. Magst du auch Äpfel?"
„Hin und wieder esse ich auch einen Apfel."
Die Frau zog einen Apfel aus einer Tasche in ihrem Kleid und reichte ihn dem Mann hin. Der nahm ihn in die Hand und biss hinein.
„Jetzt sind wir wieder gut und du ärgerst dich nicht mehr darüber, was du gesehen hast! Sag mir doch, was es denn war, was du sahst! Ich kann mich gar nicht mehr daran erinnern. Oder besser noch, du zeigst es mir einfach! Es ist sehr dunkel hier und ich kann nicht viel sehen. Dann fällt es mir vielleicht wieder ein!"
Ursula fasste nach der Hand von Baldur. Sie schauten interessiert dem Treiben der beiden da unten im Heu zu. Viel war nicht mehr zu erkennen, denn es dämmerte draußen langsam. Ursula grübelte danach noch lange Zeit, wer die beiden gewesen sein könnten. Baldur glaubte die Stimme von Amalafred zu erkennen, doch das verriet er seiner Geliebten nicht.

Am nächsten Morgen, zeitig in der Früh, hieß es für Hartwig und Baldur auf unbestimmte Zeit Abschied zu nehmen. Das ging nicht ohne Tränen. Hartwig schien in der Nacht keinen Schlaf gefunden zu haben, denn er sah sehr übermüdet aus und glich eher einem Gespenst als einem Thüringer Krieger. Die Morgenröte kroch langsam über den Wilberg im Osten und vier Männer ritten still durch das Hoftor von Rodewin. So manche Frau konnte sich ihrer Tränen nicht erwehren, auch Hartwigs Mutter nicht. Zu ungewiss schienen das Schicksal ihres Sohns und dessen Freund im Frankenland zu sein. Vielleicht war es ein Abschied für immer.

6. Die Geiseln

König Chlothar reiste nach einer Woche wieder ab. Ihm zu Ehren hatte man jeden Abend ein Fest gegeben und das strengte den um viele Jahre älteren Theuderich sehr an. Seine Gedanken waren bei den Vorbereitungen des Vernichtungsfeldzugs gegen die Thüringer und so war ihm nicht nach Feiern zumute.
Es nahte der Herbst und die Blätter fingen an, sich zu verfärben. Theuderich hatte erfahren, dass die Thüringer nach der Eroberung des Gebietes zwischen Fulda und Werra von dort nicht mehr weggezogen sind. Seine Spione meldeten ihm auch den Tod von Bertachar, den er als Kriegsmann hoch geschätzt hatte. Er war jedoch froh, dass es ihn nicht mehr gab. Keinen anderen fürchtete er von den Thüringern so sehr wie ihn. Das kluge strategische Vorgehen bei all seinen Unternehmungen hatte er immer bewundert.
Nun würde er es leichter haben, da der Hauptkönig Herminafrid kein Mann des Schwertes war und er es dadurch schwer haben würde, dass seine Krieger ihm folgten. Auch hatte er erfahren, dass Bertachar durch ein Attentat eines Franken schwer verletzt wurde und an den Folgen starb. Nach diesem Mann ließ Theuderich suchen, jedoch bisher ohne Erfolg.
Im Prozess gegen Bertram zeigten sich verschiedene Verwicklungen und auch mancher seiner Freunde geriet nun unter Verdacht, von den wahren Angriffsplänen der Thüringer vorher gewusst zu haben. Es wurden auch die übrigen Familienmitglieder und das Gesinde befragt. Wie sich zeigte, würde die öffentliche Verhandlung noch lange dauern. Theuderich war das sehr recht und die Aufmerksamkeit seiner Gefolgsleute wurde darauf gelenkt.
Ihm wurde gemeldet, dass schon bald die Thüringer Geiseln ankommen würden. Er hatte zunächst die Absicht, sie auf einem seiner Landsitze unterzubringen, damit sie die Schweine und Hühner nicht vermissten. Sein Kanzler riet ihm jedoch davon ab. Als Theuderich erfuhr, dass eine Geisel der Sohn von Bertachar war, stimmte ihn das milde und er gestattete ihnen, sich am Königshof einzuquartieren und

sich frei zu bewegen. Sie durften auch an der königlichen Tafel speisen.

Baldur und Hartwig erreichten Reims an einem schönen Herbsttag. Sie waren sehr müde von der langen Reise auf dem Königsweg, der durch viele Städte, die schon zur Römerzeit bestanden, führte. Die Lehmhütten wichen Steinhäusern und auch die Wege waren besser im Frankenland, als in der Thüringer Heimat. Als sie auf der Königsburg ankamen, wurden sie von der Königin und ihrer Tochter freundlich begrüßt.
Mit der Verständigung gab es Probleme. Die beiden Thüringer hatten wohl zu Hause ein wenig fränkisch gelernt, aber für eine Unterhaltung reichte es nicht aus. Das erkannte die Königin und ließ den Sprachlehrer ihrer Tochter kommen. Der beherrschte mehrere germanische Sprachen und Dialekte, so auch thüringisch. Mit ihm als Dolmetscher ging es dann ganz gut.
Die Thüringer wurden in einer Kemenate in der Königsburg untergebracht. Es war ein hoher beheizbarer Raum mit vielen Teppichen an den Wänden. Ein Diener brachte Essen und Trinken in ihre Unterkunft, damit sie sich erst einmal stärken und danach ein wenig ausruhen konnten.
Die Königin hatte den Lehrer angewiesen, sich um die jungen Männer zu kümmern und ihnen die Burg und die Stadt zu zeigen. Bis zum gemeinsamen Abendessen an der königlichen Tafel hatten sie noch viel Zeit. Hartwig bat den Lehrer mit ihnen in die Stadt zu gehen, um ein paar neue Kleidungsstücke zu erwerben. Ihre eigenen waren nach der langen Reise sehr verschmutzt und rochen schon ziemlich unangenehm. Ein Wechselgewand hatten sie nicht mitgenommen, da sie sich absichtlich vor Ort neu einkleiden wollten.
Die beiden Thüringer gingen zu einem Schneider, der in einem Lagerraum eine größere Auswahl an Kleidungsstücken bereits vorgefertigt hatte. Hier suchten sie sich etwas Passendes aus. Der Lehrer beriet sie und übernahm auch die Bezahlung. Obwohl Hartwig beteuerte, genügend eigenes Geld zu besitzen, lehnte er es ab.

Nachdem sie neu eingekleidet waren, sahen sie sich noch die Innenstadt von Reims an. Hier war das Leben viel turbulenter, als sie es von dem Königshort der Bertaburg oder Herminaburg kannten. Die Leute waren sehr beschäftig und rannten hin und her. Hartwig fiel sogleich die große Vielfalt der Waren auf und er betrachtete mit Baldur die Auslage eines Goldschmiedes.
„Hier kannst du ein Geschenk für Ursula kaufen, wenn wir wieder zurückkehren."
„Darüber kann ich nicht scherzen", entgegnete der Prinz bitter.
„Hab keine Sorge! Ich glaube, dass wir noch vor dem zweiten Jahr wieder nach Hause können."
„Wieso glaubst du das? Du hast doch gehört, dass die Hochzeit erst in mehr als zwei Jahren stattfinden wird und wir solange hierbleiben müssen."
„Oft kommt es anders, als man es erwartet. Vielleicht findet die Trauung schon früher statt und wir kehren dann reich an Erfahrung in die Heimat zurück."
„Was nützt mir die Erfahrung, wenn ich weiß, dass Ursula meine Hilfe benötigt."
„Sie ist eine tapfere Frau und du brauchst dir um sie keine Sorgen machen. Elke ist auch in Rodewin und kann sie besuchen. So können sich die beiden gegenseitig helfen, wenn es Probleme mit den Kindern gibt. Ich glaube, sie verstehen sich ganz gut."
„Das denke ich auch. Sie hatten zu deiner Hochzeit viel miteinander gesprochen."

Nachdem sie kreuz und quer durch die Gassen gingen, kamen sie plötzlich auf eine breite Straße, die an dem einen Ende in das Tor zur Königsburg mündete.
„Dies ist unser Marktplatz", erklärte der Lehrer.
„Hier verkaufen an jedem Morgen die Bauern ihre Lebensmittel und auch andere Sachen, wie Töpferwaren, Weidenkörbe und holzgeschnitzte Gebrauchsartikel. Das müsst ihr euch einmal ansehen! Da geht es munter zu, wenn die Marktfrauen ihre Waren anpreisen."
„Wir können morgen früh hier herkommen. Ich möchte alles

sehen, was es bei euch gibt“, meinte Hartwig begeistert. „So, jetzt müssen wir uns beeilen, damit wir nicht zu spät zum Abendessen kommen! Es ist das wichtigste Ereignis am Tag, zu dem ihr immer pünktlich erscheinen müsst!“
Eiligen Schrittes liefen sie auf das Burgtor zu und der Lehrer führte sie in den Speiseraum der königlichen Familie. Die Königin war froh, dass sie schon so früh erschienen waren, da an diesem Abend auch der König sein Kommen angesagt hatte. Der Lehrer bekam den Platz neben ihrer Tochter zugewiesen und sollte nach Bedarf übersetzen. Ihm gegenüber saßen Hartwig und Baldur. Die Zeit bis zum Eintreffen des Königs nutzte die Königin für eine kurze Unterhaltung. Sie erkundigte sich nach den familiären Zusammenhängen ihrer Gäste und den besonderen Vorlieben. So verging die Zeit schnell, bis der König erschien.
Theuderich ließ sich seine Abneigung gegenüber Thüringern nicht anmerken. Betont freundlich fragte er sie nach ihrem familiären Stand. Baldur antwortete und der Dolmetscher übersetzte. Es war nur ein kurzes Gespräch und kaum, dass der König ein paar Bissen gegessen hatte, verließ er gleich wieder die Tafel, um seinen Amtsgeschäften nachzugehen. Die anderen blieben noch ein Weilchen sitzen und die Diener servierten Kräutertee und mit Honig gesüßte kleine Fladen.
Bei leiser Harfenmusik wurde die Unterhaltung, die sie vor dem Essen unterbrechen mussten, fortgesetzt. Die Königin hatte so viele Fragen, die Baldur und Hartwig gar nicht alle auf einmal ausreichend beantworten konnten. Spät am Abend gingen sie in ihre Kemenate und waren froh, allein zu sein und auszuruhen. Die Reise war doch sehr anstrengend und jetzt, wo sie ihr Ziel erreicht hatten, stellte sich die Müdigkeit ein.

König Theuderich las die Briefe seines Gesandten, die der Meldereiter ihm übergeben hatte. Er berichtete über den Ablauf der Verhandlungen mit Herminafrid. Dieser schien an einem Frieden mit dem Frankenreich von Anfang an sehr interessiert zu sein und wollte ihn durch die Heirat seiner Tochter mit dem Sohn Theuderichs besiegeln.

Es schien von Seiten Herminafrids keine Arglist in dem Friedensangebot zu stecken, das bestätigte ihm auch sein Gesandter in dem Brief, der seinen Sohn als Geisel zur Verfügung gestellt hatte.
Von den wahren Absichten Theuderichs wusste er nichts. Diese hatte er nur mit Chlothar besprochen und so sollte es für ihn auch bleiben.
Anfangs war es nicht so klar, dass Herminafrid die gefangenen fränkischen Krieger ihm zurückgeben würde. Er hatte den slawischen Sklavenhändlern bereits den größten Teil der Gefangenen als Sklaven versprochen, jedoch das bessere Angebot der Franken ließ ihn in seiner Entscheidung umstimmen.
Für die neue repräsentative Königsburg würde er große Geldmengen benötigen und Theuderich war bereit, mehr als die Slawen zu zahlen. So einigte man sich schon nach kurzer Zeit.
Für Theuderich waren diese Gefangenen sehr wichtig, da die kampferfahrenen Krieger den Kern seiner neuen Reiterei bilden sollten. Ohne diese Leute würde es nicht leicht sein, in einem Jahr schlagkräftige Reiterverbände zur Verfügung zu haben und die brauchte er unbedingt.

Auf dem Gang hörte Theuderich Schritte. Sein Sekretär brachte ihm eine neue Karte, auf der das Reich der Franken und Thüringer zu sehen war.
„Dies ist die neueste Karte, wie ihr es gewünscht habt“. Der König warf einen prüfenden Blick darauf. Er war überrascht, dass der Kartenzeichner, dass von den Thüringern besetzte Gebiet des Frankenreiches eingezeichnet hatte und auch der Verlauf des Königswegs gut zu erkennen war.
„Das ist eine gute Arbeit“, sagte er anerkennend. Von dieser Karte benötige ich zwanzig Kopien. Beschaff sie mir bald!“
Der Sekretär wollte schon gehen, als er zurückgerufen wurde.
„Ich vergaß dich zu fragen, ob der Mörder des Königs Bertachar schon gefunden wurde. Ich will ihn sprechen.“
„Wir haben einen jungen Mann aufgegriffen, der es gewe-

sen sein könnte, doch verweigerte er bis jetzt, sich dazu zu bekennen. Wir haben ihn in Gewahrsam genommen, weil er uns seltsam vorkam. Vielleicht ist es auch nur ein Spion?"
„Bring mir den Mann her! Ich will selbst mit ihm reden!"
Der Sekretär ging eilig aus dem Raum. Theuderich überlegte, warum der vermeintliche Attentäter sich nicht zu erkennen geben wollte. Er hatte sich mit dieser Tat eine gute Belohnung verdient, das musste ihm doch klar sein. Vielleicht gab es einen Grund für dieses Schweigen, den er sich nicht denken konnte. Irgendwie schien ihm das sonderbar zu sein.
Es dauerte nicht lange und der Sekretär erschien mit einem jungen Mann, dessen Hände in Ketten lagen. Unwirsch gebot der König dem Gefangenen die Fesseln abzunehmen. Theuderich lief um den Burschen herum und betrachtete ihn.
„Wie heißt du?", sprach er ihn in sehr freundlichen und verbindlichen Ton an.
„Nantwig", antwortete der Mann zögerlich. Er rieb noch immer seine, durch die Ketten wund geriebenen Handgelenke.
„Warum hast du meinen Leuten nicht gesagt, wer du bist? Sie haben geglaubt, du wärst ein Spion der Thüringer."
Nantwig schwieg.
„Na gut, wenn du es nicht sagen willst, so behalte es für dich. Stimmt es, dass du den Thüringer König auf dem Fluss getötet hast?"
Nantwig schwieg immer noch.
„Warum sagst du nichts? Wovor fürchtest du dich? Wenn es so ist, wie ich annehme, so verdienst du eine Belohnung. Also sprich schon!"
„Es stimmt, dass ich ihn auf dem Boot niedergestochen habe. Seine Leute hatten meine ganze Familie umgebracht und dafür habe ich mich gerächt."
„Das war eine sehr mutige Tat von dir. Du gefällst mir. Willst du nicht in meine Dienste treten?"
„Ich bin nur ein ganz einfacher Bauer und könnte dir bestimmt nicht nützlich sein."
„Das kommt darauf an, ob du bereit bist, dich zu verändern

und etwas dazuzulernen. Du bist mutig und ungebunden. Ich würde dich in meiner Wachmannschaft aufnehmen und die machen aus dir einen richtigen Krieger."
„Wenn ihr es mit mir versuchen wollt, so bin ich bereit dazu!"
„Nun gut, dann melde dich beim Stadthauptmann! Alles Weitere findet sich. Über das, was du getan hast, sollst du aber weiter schweigen. Das bleibt unser Geheimnis. Du kannst jetzt gehen!"

Nantwig verließ als freier Mann und mit einer Anstellung im Dienste des Königs frohgemut die Burg. Der Sekretär brachte ihn zum Stadttor, wo sich der Hauptmann befand. Dieser war etwas verwundert, dass der Bursche, den er vor ein paar Tagen in Ketten legen ließ, jetzt ohne Handfesseln vor ihm stand. Er hatte beim Passieren des Stadttors nicht sagen wollen, wer er war und was er in der Königsstadt wollte.
„Du bist ja deine Fesseln schnell losgeworden", sprach der Hauptmann verwundert zu Nantwig. „Jetzt wissen wir zumindest, wie du heißt und wer du bist. Nächstens lassen wir Stockfische wie dich gleich zum König bringen, um herauszufinden, wer sie sind."
Der Sekretär hatte ihn über die Unterredung beim König informiert und ging wieder zurück zur Burg.
„So, da wollen wir einmal sehen, wozu du zu gebrauchen bist und was wir mit dir machen können!"
Der Hauptmann war eine respekteinflößende Person, vor dem jeder in seiner Umgebung Angst hatte. Sein Aussehen glich eher dem eines Räuberhauptmanns. Sein Äußeres war jedoch gepflegt und die Kleidung sauber.
„Außer dir gibt es noch zwei Neue hier. Du kannst in ihrer Unterkunft mit wohnen. Der Tag beginnt für euch Frischlinge bei Sonnenaufgang. Ihr versorgt zuerst die Pferde, schafft Wasser herbei und helft dann in der Küche mit. Nach dem Frühstück beginnt die Ausbildung den ganzen Tag lang und am Abend nach dem Essen helft ihr wieder in der Küche und danach im Stall. Wenn du fleißig bist und schnell lernst, was ein guter Wachmann können muss, so kannst du bald befördert werden."

Mit einer Handbewegung deutete er Nantwig an, zu gehen. Der suchte gleich nach den anderen Neuen, den so genannten Frischlingen. Sie waren bei der Ausbildung in einem Innenhof des Lagers der Wachmannschaft und wurden dort von einem Vorgesetzten hin und her gescheucht. Nantwig setzte sich auf den Boden am Rand des Hofes und sah zu.

In einer Pause meldete er sich beim Ausbilder. Der fragte nicht lange und ließ ihn gleich mitmachen. Schon bald sehnte sich Nantwig das Ende des Tages herbei. Doch nach dem harten Übungstag mit den Holzschwertern und Stöcken musste er mit den beiden anderen in der Küche das Abendessen für die gesamte Wachmannschaft mit vorbereiten und austeilen. Erst danach blieb ein wenig Zeit, um selber zu essen.
Der Tag war damit aber noch nicht zu Ende. In der Küche mussten noch die großen Kessel gereinigt werden und danach waren die Pferde zu tränken. Erschöpft sank er in dem kleinen Verschlag neben den Pferdeställen auf seinem Strohlager in den Schlaf.
So ging es die kommenden Tage weiter. Manchmal kam ein weiterer Neuer hinzu, aber nicht jeder blieb. Manche von den Frischlingen gaben frühzeitig auf oder sie wurden von dem Ausbilder fortgeschickt.

Nach drei Wochen ließ ihn der Hauptmann zu sich rufen. „Deine Ausbildung ist jetzt beendet und ich bin ganz zufrieden mit dir. Ich befördere dich somit zum Wachmann und du kannst in die Unterkünfte der Wachleute umziehen!"
Glücklich nahm Nantwig seine Beförderung entgegen. Die Ausbildung war eine harte und entbehrungsreiche Zeit, aber es hatte sich für ihn gelohnt. Nun gehörte er zur Wachmannschaft des Königs und das erfüllte ihn mit Stolz. Die Lebensbedingungen verbesserten sich ab jetzt erheblich. Nun bedienten ihn die Frischlinge und er bekam Geld für den Wachdienst.
Der König wurde vom Hauptmann darüber informiert, dass Nantwig erfolgreich seine Grundausbildung beendet hatte

und sehr geschickt im Umgang mit den Waffen umzugehen verstand.
Drei Tage später ließ der König ihn zu sich kommen. Verwundert erschien Nantwig.
„Ich hörte, dass du deine Ausbildung erfolgreich beendet hast. Wie fühlst du dich?"
„Sehr zufrieden, mein König."
„Denkst du noch an die Vergangenheit?"
„Wie meint ihr das?", fragte Nantwig unsicher zurück.
„Du hast doch nach dem Überfall der Thüringer deinen Bauernhof und die gesamte Familie verloren. Denkst du noch manchmal daran zurück?"
„Ja, ich kann es noch immer nicht vergessen!"
„Erzähle mir davon, was passiert war, bei dir zu Hause!"
Nantwig wusste erst nicht, was er sagen sollte, doch dann fing er einfach an zu erzählen.
„Mein Bauernhof lag in der Nähe des Flusses. Eines Tages kamen Thüringer Krieger aus dem nahen Wald angeritten. Sie trieben mich und die anderen vor dem Haus zusammen. Wir hatten uns nicht gewehrt und dachten, dass sie uns deshalb verschonen würden. Wir Männer, mein alter Vater und die drei Knechte wurden von ihnen mit Stricken gefesselt. Die Frauen kauerten auf dem Boden vor dem Haupthaus. Danach begannen sie alles zu durchsuchen. Sie schienen nicht zufrieden gewesen zu sein, mit dem was sie fanden.
Der Anführer kam auf mich zu und fragte, wo ich meine Münzen versteckt habe. Ich sagte ihm, dass ich keine Münzen besitze. Daraufhin schleppten sie mich ins Haus und banden mich an einem Holzpfosten fest. Dann brachte einer der Krieger eine junge Magd herein.
Der Anführer fragte mich nochmals nach Münzen und Schmuck. Ich hatte aber wirklich nichts. Ich bin ein armer Bauer und war froh, wenn ich mit meinen Leuten gut über den Winter gekommen bin.
Der Krieger riss der Magd die Kleider vom Körper und schmiss sie auf den Boden. Er vergewaltigte sie vor meinen Augen. Ich versuchte mich von meinen Fesseln zu lösen, aber es gelang mir nicht. Der Anführer fragte immer wieder

nach Münzen und so fuhren sie mit den anderen Frauen in gleicher Weise fort. Es war grauenvoll, das alles mit ansehen zu müssen. Doch es sollte noch schlimmer kommen.
Nachdem sie auch meine Frau vor meinen Augen als letzte vergewaltigten, schnitten sie ihr danach noch die Kehle durch. Dann schleppten sie mich und die geschändeten Frauen wieder nach draußen zu den anderen.
Die Krieger hatten unser selbstgebrautes Bier im Kellerlager gefunden und betranken sich. Sie wurden immer zügelloser. Zuletzt brachten sie die Alten und die Kinder in das Wohnhaus und fesselten sie dort. Der Anführer ließ die Lebensmittel und Hausgegenstände auf meinen Karren packen und die Ochsen anspannen. Ich und die anderen wurden aneinander gebunden und mussten hinter dem Ochsenkarren herlaufen.
Als wir schon fast außer Sichtweite des Hauses waren, ritten zwei Reiter zurück und zündeten das Strohdach an. Wir konnten die Schreie der Kinder und Alten noch hören. Sie sind bei lebendigem Leibe verbrannt.
Uns andere führte man als Sklaven fort. Als wir abends am Fluss ankamen, machte der Anführer Rast. Ich lag gefesselt nahe dem Ufer. Als der Wächter einschlief, rollte ich mich ins Wasser. Mit gefesselten Händen ließ ich mich im Fluss dahin treiben, bis ich an eine Anlegestelle kam und mich ein alter Fährmann aus dem Wasser zog. Bei ihm blieb ich und half ihm bei der Arbeit.
Eines Tages wollte der Thüringer König über den Fluss setzen. Er war der Hauptschuldige am Tod meiner Sippe und dafür habe ich mich gerächt. Ich stach ihn auf dem Boot nieder und bin dann gleich geflohen. Ich habe gehört, dass der Thüringer König Leute bezahlt hatte, die mich finden und töten sollen. Deshalb habe ich auch meinen Namen überall verschwiegen."
„Du hast viel durchmachen müssen. Der Schmerz um deine Familie ist auch durch den Tod an dem König nicht vollkommen gerächt. Ich denke, dass der Kummer darüber dich dein ganzes Leben lang begleiten wird."
„Ja, ich werde erst dann wieder Ruhe finden können, wenn meine Rache gestillt ist."

Theuderich ging zum Fenster und sah auf den Burghof. „Komm zu mir und schau aus dem Fenster! Was siehst du da unten?"
Nantwig reckte seinen Kopf hinaus, konnte aber nichts Besonderes erkennen. „Mir fällt nichts auf. Ich sehe nur Bauern und Händler, die ihre Sachen verkaufen."
„Die Händler, die da stehen, kommen weit im Land herum. Sie sehen und hören viel und fallen niemand auf, so wie die Vögel, an deren Anblick man gewöhnt ist. Solche unauffälligen Leute können auch gute Spione für ihren König sein. Ich will dich mit ihnen ziehen lassen und du informierst mich, wenn du zurückkommst über alles, was du unterwegs erlebst und gesehen hast! Wenn du im Reich der Thüringer bist, so kannst du auch nach den Übeltätern suchen, die deine Sippe umgebracht haben und dich an ihnen rächen."
Nantwig überlegte nicht lange. Es war für ihn eine Möglichkeit, die Mörder seiner Frau und Kinder zu finden und grausame Rache zu üben, so wie er sich das einst geschworen hatte.
„Ich ziehe mit, mein König und werde euch alles berichten, was ich sehen werde."
„Nun gut, dann suche dir einen Händler aus, der bereit ist dich mitzunehmen und der auch nach Thüringen ziehen will. Ich gebe dir hier ein paar Silbermünzen, die du bestimmt gut gebrauchen kannst."
Aus einer Holzschatulle entnahm der König einen kleinen Lederbeutel und warf ihn Nantwig zu.
„Gute Reise, mein Junge und komme bald wieder zurück! Für gute Nachrichten sollst du noch mehr Silber bekommen."
Nantwig ging auf den Burghof und sah sich die Händler und ihre Waren genau an. Er fragte sie, wo sie herkamen und wo ihre Handelsrouten entlang führten. Nur einer von ihnen hatte vor, auch nach Thüringen zu reisen. Ihn fragte er, ob er mit ihm mitziehen dürfe.
Anfangs lehnte der Händler es ab, doch als er sah, dass Nantwig viele Silbermünzen bei sich hatte, willigte er ein. Der Händler riet ihm für einen Teil seines Geldes bestimmte Waren aufzukaufen, die sie auf den Märkten in den anderen

Orten weiterverkaufen wollten. Die Hälfte der Einnahmen für seine Waren beanspruchte der Händler für sich. Nantwig, der vom Handeln keine Ahnung hatte, willigte ein. Für ihn war es wichtig, überhaupt mitziehen zu können.

Theuderich konnte vom Burgfenster aus sehen, dass Nantwig Anschluss gefunden hatte. Seinen Sekretär beauftragte er Näheres über den Händler herauszufinden. Er sollte ihn mit der Lieferung von Waren beauftragen, die dieser nur in Mittelthüringen bekäme. So konnte der König sicher sein, dass der Händler dorthin reisen und schon bald wieder mit den gewünschten Dingen zur Burg zurückkommen würde.
Der König überlegte, wie er sein Netz an zuverlässigen Informanten verbessern konnte. In dem Prozess gegen seinen Gefolgsmann Bertram hatte sich bereits gezeigt, dass er nicht immer gut informiert wurde. Dies musste sich ändern! Er wollte nun ein zusätzliches eigenes Netz an Informanten aufbauen, das er persönlich kontrollierte. Dadurch könnte es ihm gelingen, besser zwischen den wahren und falschen Informationen seiner Berater zu unterscheiden.
Theuderich stand noch immer am Fenster und betrachtete das quirlige Treiben auf dem Burghof. Die Menschen bewegten sich, wie die Ameisen. Jeder wusste was zu tun war und niemand stand müßig herum.
Wenn er auf der Jagd war, hatte er oft den fleißigen Tieren auf einem Ameisenhaufen zugesehen. Es war für ihn unbegreiflich, wie es den kleinen Insekten gelang, sich untereinander so gut zu verständigen.
Manchmal schob er mit seinem Schwert ein Stück des Haufens auseinander. Mit Bewunderung stellte er fest, dass sie die Stelle bald wieder reparierten.
Alle schienen nur dem Wohl ihres Staates zu dienen. Das einzelne Individuum zählte nichts, nur die Gemeinschaft war wichtig. So würde er sich gern den Zusammenhalt der Menschen in seinem Reich vorstellen, wo jeder selbstlos sich den Interessen des Königs unterordnet.
Leider waren jedoch die Menschen nicht wie die Ameisen. Alle dachten nur an sich und nicht an das Wohl des Reichs. Daran konnte er auch als König nichts ändern.

In dem Gerichtsprozess gegen Bertram zeigte es sich auch deutlich, wie einer den anderen beschuldigte und dadurch Dinge aufgedeckt wurden, die ihn sehr verwunderten. Auf wen konnte er sich noch verlassen, wem vertrauen?
Selbst bei seinem Sohn war er sich nicht sicher, ob er immer zu ihm halten würde. Er war ein guter Feldherr und würde bestimmt gern schon jetzt den Thron besteigen. Es war keine einfache Situation. Chlothar und Childebert würden nach seinem Tod bestimmt versuchen, seinen Sohn und Erben zu töten. Dem musste er zuvorkommen und die Stellung von Theudebert im Reich und gegenüber seinen Gefolgsleuten stärken.
Seit Jahren hatte er damit angefangen und Theudebert Teile seines Heeres unterstellt. Der Prinz hatte sich schon oft im Kampf gegen die Aufständischen in Burgund oder bei den Alamannen bewährt und die Krieger standen fest hinter ihm. Mit dieser Hausmacht im Rücken würden es die Halbbrüder schwer haben, Theudebert eines Tages zu beseitigen.

Theuderich war gerade im Begriff, zur Falkenjagd auszureiten, als ihm die Ankunft seines Unterhändlers, den er an den Thüringer Königshof gesandt hatte, gemeldet wurde.
„Bringst du mir gute Kunde, Meinhard?“, fragte er den Gesandten.
„Ja, mein König. Wir haben uns auf ein Lösegeld einigen können. Ihr werdet bestimmt sehr zufrieden sein. Der Thüringer König hatte von den Sklavenhändlern aus dem Osten noch keine verbindlichen Angebote bekommen und braucht dringend das Gold für den Bau seiner neuen Königsburg.“
„Herminafrid scheint an nichts anderes mehr zu denken, als an seine neue Burg.“
„So ist es. Die Verhandlungen führte ich allein mit seinem Kanzler, den ich schon früher kennengelernt hatte. Ich sagte ihm, dass er bei der Höhe der Geldforderung bedenken sollte, dass wir nach der Niederlage in Thüringen sehr geschwächt sind und eine hohe Summe nicht aufbringen können. So verhandelten wir nicht über Einzelpersonen, sondern über die Gesamtheit der Frankenkrieger.“
„Das war sehr klug von dir, Meinhard, sprich weiter!“

„Herminafrid hat die meisten Gefangenen, vom Krieger bis zum Bauern und auch die Frauen und Kinder in den Steinbrüchen eingesetzt. Sie bekommen wenig zu essen und müssen sehr hart arbeiten. Ich durfte mir die Leute ansehen und mit ihnen reden."
„Wird er auch die Bauern freigeben?"
„Nein, das nicht. Wir konnten uns nur auf die gefangenen Krieger einigen."
„Die sind mir wichtig. Ich brauche sie dringend. Zu viele sind im Kampf umgekommen und die Ausbildung der Neuen dauert zu lange. Worauf habt ihr euch nun geeinigt?", wollte Theuderich wissen.
„Zunächst auf einen Betrag für das Lösegeld, das sehr hoch, aber doch erschwinglich sein dürfte und zum anderen müssen wir uns verpflichten, Thüringen nicht mehr anzugreifen."
„Wann brauchst du die Lösegeldsumme?"
„So bald wie möglich. Wenn ich das Gold übergeben habe, kann ich unsere Krieger im Gegenzug mit nach Hause führen."
„Das ist sehr gut, so werden wir uns mit der Aufbringung des Lösegeldes beeilen. Sprich mit meinem Kanzler darüber und berichte mir regelmäßig! Jetzt erzähle mir, was du sonst noch gesehen und erlebt hast!"
„Das fränkische Gebiet zwischen Werra und Fulda wollen sie uns nicht wieder zurückgeben. Sie meinen, dass es früher schon zu ihrem Reich gehörte und wir es den Chatten abgenommen hätten. Bei den Kämpfen im Thüringer Wald haben sie auch sehr große Verluste hinnehmen müssen und viele ihrer Krieger wurden schwer verwundet oder getötet. Besonders der Tod von Bertachar ist ein großer Verlust für sie. Er war das Schwert des Reiches. Einen solchen Heerführer werden sie so bald nicht wieder finden."
„Das ist auch gut so, doch sprich weiter!"
„Der Bau des neuen Königshorts scheint nicht nur Befürworter bei den Gaugrafen zu finden. Sie sehen dafür keine Notwendigkeit und glauben, dass sie für den Großteil der Kosten mit aufkommen müssen. Seit dem Baubeginn ist Herminafrid auch nicht mehr so viel auf Reisen zu sei-

nen Königsgütern. Wenn er Konflikte zwischen den Gauen schlichten soll, so müssen die Gaugrafen jetzt den weiten Weg zu seiner Burg nehmen."
„Wie steht es mit der Religion im Lande? Hat sich der arianische Glaube schon durchgesetzt?"
„Das ist ein weiteres Problem, was die Thüringer haben. Der König ist in dieser Frage nicht konsequent. Die Königin drängt ihn stetig mehr zu tun. An seinem neuen Königshort will er nun ein großes Himmelshaus errichten lassen."
„Sind die Gefolgsleute schon zum Christentum übergegangen? Oder glauben sie immer noch an die germanischen Götter?"
„Überzeugte Christen dürfte es nur wenige geben. Die meisten sahen sich genötigt den arianischen Glauben anzunehmen, denn Herminafrid vergibt nur die hohen Ämter an Arianer."
„Damit wird er sich nicht viele Freunde machen, besonders nicht bei seinen Kriegern. Doch das kann uns nur recht sein. Je mehr Konflikte er sich im eigenen Reich schafft, umso besser für uns. Wir sind die letzten, die ihn da zur Zurückhaltung mahnen."
„Es ist auch die Rede von einer Verwaltungsreform. Der König will viele kleine Gaue zu größeren vereinen. Das wird ihm bestimmt viel Ärger bringen."
„Soll er es nur tun. Wir hätten es nicht anders gemacht. Wenn jeder kleine Gaugraf sein eigenes Süppchen kochen will, kann man nicht mehr regieren."
„Das ist das Wichtigste, was ich berichten kann. Soll ich jetzt mit dem Kanzler wegen der Beschaffung des Lösegeldes sprechen?"
„Tu das!"

Meinhard verließ den Raum und suchte den Kanzler in der Burg auf. Der war damit beschäftigt, die Schriftstücke für den Gerichtsprozess gegen Bertram zu ordnen.
„Wie geht es dir, Meinhard? Wir haben uns lange nicht gesehen", begrüßte er seinen alten Freund.
„Ich komme geradewegs aus dem Thüringerland und habe dort wegen der Gefangenen verhandelt."

„Gibt es schon Vorstellungen über die Höhe des Lösegeldes?"
„Ja, es wurde alles besprochen. Der König ist mit dem Ergebnis zufrieden. Er sagte mir, dass du das Geld beschaffen sollst."
„Theuderich hat gut reden. Die königlichen Kassen sind schon länger leer. Ich weiß nicht, woher ich das Silber nehmen soll."
„Das klingt nicht sehr gut, doch ich brauche das Geld schon sehr bald, sonst überlegen es sich die Thüringer womöglich noch und heben ihre Forderungen an."
„Was soll ich tun, Meinhard? Wo nichts ist, kann ich nichts nehmen."
„Vielleicht zahlen die Familien der Gefangenen einen Teil der Lösegeldforderung?"
„Ich denke, dass dies große Unruhen schaffen würde, da man den König für die Niederlage verantwortlich macht."
„Ich hörte, dass du die Verhandlung gegen Bertram führst, der wichtige Informationen unterschlagen haben soll."
„Ja, das ist ein großer Prozess, der schon bald zu Ende gehen wird."
„Konnte Bertram überführt werden? Ich habe ihn nie wegen seiner Überheblichkeit sonderlich leiden können. Er hatte immer geglaubt, dass er sich alles herausnehmen kann, weil er aus einer der angesehendsten Familien stammt."
„Du sagst es, er ist sehr bekannt im Frankenreich und hat viele Freunde und großen Einfluss. Aus diesem Grunde wird auch der Prozess öffentlich geführt, damit es im Nachhinein keine bösen Verleumdungen gegen den König und uns geben kann."
„Ist er denn schuldig?"
„Nach der Anklage schon. Es hätte jedoch auch jeden anderen treffen können. Wir wissen alle, welche Meldungen vor dem Heerzug im Umlauf waren und das sich nur sehr wenige bewahrheitet haben. Ich glaube, es lag bei Bertram keine Absicht vor, die wichtigen Information über den bevorstehenden Überfall auf der Königsstraße zurückzuhalten, doch es ist nun einmal so passiert."
„Ich könnte mir schon eine Absicht vorstellen!"
„Wieso?"

„Sein Bruder ist Kanzler im Reich des Childebert. Eine Schwächung unseres Königs bedeutet Machtzuwachs für seinen Bruder. Childebert hatte schon oft versucht, Theuderich Teile seines Reiches wegzunehmen und ich glaube, dass er es bald wieder versuchen wird."
„Wenn das so wäre, wie du sagst, dann hätte Bertram Landesverrat begangen, doch das könnte ihm niemand nachweisen."
„Den Beweis für seine Absicht hat er dir doch schon geliefert."
„Wie meinst du das?"
„Das ist doch ganz offensichtlich. Bertram hatte sich kurz vor dem Heerzug wegen einer Erkältung vom König beurlauben lassen. Er wusste also schon im Voraus, dass es schlecht ausgehen wird."
Erstaunt über diese Erkenntnis sah der Kanzler Meinhard an.
„Das stimmt, er war der Einzige, der nicht mit dem Heer gezogen ist und wegen eines Schnupfens war noch nie ein Kriegsmann zu Hause geblieben."
„So sehe ich das auch. Was wirst du nun tun?"
Der Kanzler überlegte eine Weile und schritt im Raum auf und ab. Er sah Meinhard mit ernstem Gesicht an.
„Der Beweis scheint mir eindeutig. Auch wenn es mir persönlich schwerfällt, muss ich dir Recht geben. Ich werde es heute dem Gericht vortragen. Die zwölf ausgewählten Gaugrafen, die dem Gericht beisitzen, sollen darüber befinden. Wenn sie ihn für schuldig halten, so wird er durch das Schwert sterben müssen."
„Das ist gut so und sein eingezogenes Vermögen kann dann außerdem noch als Lösegeld verwendet werden. Diese Entscheidung würden alle gerecht finden."
„Wir werden es sehen. Wie es kommen wird, so soll es sein. Wenn du willst, so kannst du mich zum Gericht begleiten."

Der Kanzler und Meinhard, begaben sich zusammen zum Gerichtsgebäude in der Stadt. Sie sprachen unterwegs noch darüber, was der Schuldspruch alles auslösen könnte. Meinhard riet zur Vorsicht.
„Es gibt bestimmt einige Freunde und Günstlinge von Bert-

ram, die eine Verurteilung nicht tatenlos hinnehmen werden. Vielleicht zetteln sie einen Aufruhr an oder versuchen, Bertram gewaltsam zu befreien. Auf jeden Fall wird es gut sein, wenn du die Wachmannschaft verstärkst."

Im Gerichtshof angelangt, ordnete der Kanzler einige Sicherheitsmaßnahmen an. Der Saal war wie an den vorigen Tagen gut gefüllt. Ein Schriftführer saß an einem Seitentisch und protokollierte die Aussagen zu der Verhandlung.

Nachdem der Kanzler inmitten der zwölf Beisitzer im Vorsitz Platz genommen hatte und die übrigen Herren zur Ruhe kamen, wurde Bertram in den Gerichtssaal geführt. Er blickte zufrieden und siegessicher in die Runde.

Seine Freunde standen in den ersten Reihen und stärkten seine Zuversicht. Es wurde an den vorangegangenen Verhandlungstagen schon alles gesagt und mehrfach wiederholt.

Täglich hoffte Bertram, dass es zum Freispruch kommen würde, doch die Fragerei begann immer wieder von vorn. Dieses Mal hatte er das Gefühl, dass es zu einer positiven Entscheidung kommen und der Richterspruch verkündet werden würde.

Die erneute Befragung begann. Überraschend bezog sie sich dieses Mal auf sein damaliges Fernbleiben am Feldzug. Bertram erklärte, dass seine Krankheit sehr schwer war und er unmöglich hätte mit reiten können. Es wurden als Zeugen sein Leibdiener und auch der Medicus gerufen und unabhängig voneinander befragt.

Beide sagten jedoch, dass sich der Herr damals nur ein wenig unpässlich fühlte und zu dieser Zeit täglich seiner Jagdleidenschaft frönte. Hierauf gab Bertram zu, dass er wegen der erhaltenen Information von seinem Bruder, doch ein wenig besorgt war und er deshalb vorzog, daheim zu bleiben.

Alle sahen nach dieser Aussage betreten zu dem Angeklagten. Der Kanzler zog sich mit den zwölf beisitzenden Gaugrafen zur Beratung zurück.

Er befragte jeden einzelnen, ob er Bertram des Hochverrats für schuldig befinden würde. Alle stimmten mit „Ja". Damit

war es entschieden und Bertram des Hochverrats für schuldig befunden.
Das Gerichtsurteil wurde sogleich verkündet. Die Todesstrafe sollte durch das Schwert in zwölf Tagen vollzogen werden. Das gesamte Vermögen von Bertram wurde zur Aufbringung eines Teils des Lösegeldes eingezogen. Es sollte zur Wiedergutmachung des entstandenen Schadens verwendet werden.
Der Gerichtsspruch bedurfte nur noch der Bestätigung durch den König, um rechtswirksam zu sein. Der erwartete Tumult durch die Anhänger Bertrams im Gerichtssaal blieb aus.
Nach dem Eingeständnis des Angeklagten war jedem klar, dass dies sein Todesurteil bedeutete und keiner konnte ihm mehr helfen.
Die Kunde von der Verurteilung Bertrams als Hochverräter verbreitete sich mit Windeseile im ganzen Frankenreich. Seine Sippe war sehr verzweigt und hatte in jedem der fränkischen Königreiche große Besitzungen. Besonders stark waren sie im Reich des Childebert, wo Bertrams Bruder Kanzler war. Als dieser von der Verurteilung hörte, reiste er sofort nach Reims ab, um bei Theuderich vorzusprechen und um Gnade für seinen Bruder anzusuchen. Nur der König hatte die Möglichkeit das Urteil abzuschwächen.
Theuderich war mit der Entwicklung der Dinge sehr zufrieden. Man hatte einen Schuldigen für den verlorenen Heerzug gegen die Thüringer gefunden und er würde einen Gefolgsmann loswerden, der ihm nicht mehr passte.
Sein Kanzler beschlagnahmte sofort das gesamte Vermögen Bertrams und begann mit dem Verkauf. Dabei stellte er fest, dass er damit nur zwei Drittel der Lösegeldforderung abdecken konnte. Den Rest musste er anderweitig beschaffen. Wie, das wusste er noch nicht.

Drei Tage nach der Urteilsverkündung kam der Bruder Bertrams in Reims an. Er durfte den Verurteilten im Kerker besuchen und sprach ihm Trost zu. Beide standen sich sehr nahe und sie überlegten, wie sie ein Gnadengesuch erfolgreich beim König durchbringen könnten. Sie ersuchten den

Kanzler um Beistand. Der glaubte, dass nur durch die finanzielle Begleichung der Schuld, das Leben von Bertram noch gerettet werden könnte.
Bertrams Bruder war bereit, das Geld hierfür aufzubringen. Man einigte sich auf einen Geldbetrag mit dem das restliche Lösegeld und eine Entschädigung für die Familien der gefallenen Krieger bezahlt werden könnte.
Diesen Vorschlag unterbreitete der Kanzler seinem König und bat auch um eine Audienz für Bertrams Bruder. Sie wurde ihm gewährt.
Am Ende des Gesprächs ließ Theuderich seinen Gefolgsmann begnadigen. Die Geldsumme wurde zuvor noch um einiges erhöht, denn es gab zusätzliche Ausgaben wegen der Ausbildung neuer Krieger und für deren Ausrüstung. Bertram, seine Frau und die Kinder sollten das Reich sofort verlassen und durften nie mehr in eines der Frankenreiche zurückkehren.

Baldur und Hartwig machten gute Fortschritte in der Sprachausbildung und waren auch manchmal bei der Gerichtsverhandlung zugegen gewesen. So etwas kannten sie noch nicht. Die Art, wie man mit Beschuldigten umging, erfolgte hier nach ehemals römischen Recht und der Angeklagte hatte einen Verteidiger an seiner Seite, der seine Interessen wahrnehmen konnte. Das gab es in Thüringen nicht. Da entschied der Gaugraf oder der König was richtig oder falsch war und setzte auch die Höhe der Strafe fest.
Es gab noch viele andere Dinge, die sie sehr verwunderten. Dies waren zum Beispiel Häuser, die man dem christlichen Gott baute. Die germanischen Götter hingegen liebten Plätze unter freiem Himmel, am Rande eines Moores oder unter riesigen Bäumen. Unverständlich blieb ihnen der Unterschied zwischen den Arianern und Katholiken.
Es waren zwei Glaubensgruppen, die den gleichen Gott verehrten und sich dennoch heftig bekämpften. Hier im katholischen Frankenreich schienen die Katholiken die Mehrheit zu besitzen und sie bekriegten ihre arianischen Brüder so konsequent, als würden sie Unkraut von einem Gemüsebeet befreien müssen.

Mehr Toleranz schienen die Katholiken jedoch zu den Göttern der Germanen zu hegen. Wenn Baldur oder Hartwig mit einem Christenmenschen darüber sprach, so spürten sie eine gewisse Überheblichkeit.
Es kam ihnen dann so vor, als würde man sie wegen ihres anderen Glaubens bedauern. Die Rituale bei den göttlichen Festen waren auch sehr unterschiedlich. Tieropfer schienen die Christen gar nicht zu mögen. Auch sprachen sie sich mit Bruder und Schwester an und erzählten ihren Priestern alles, was sie getan hatten, sogar das Böse. Danach wurde ihnen ihre Schuld vergeben und sie durften erneut wieder alles tun, was sie wollten.
Bei ihnen gab es auch kein Walhall, sondern nur Himmel und Hölle, wobei das Leiden in der Hölle fast jedem Christenmenschen bevorstand. Diese Hölle musste ähnlich dem Reich der Todesgöttin Hel sein. Der christliche Gott war bestimmt kein anderer als Odin. So konnte es sich Hartwig vorstellen. Mit ihrem Sprachlehrer, der ein Römer war, konnten sie gut darüber diskutieren. Er war Christ, hing aber immer noch ein wenig an den römischen Gottheiten. Man konnte schließlich nicht wissen, wer in einer bestimmten Situation einem helfen würde und da war es besser, sich mit allen gut zu verstehen.
Die Königin, selbst eine überzeugte Katholikin, versuchte Baldur und Hartwig zum rechten Glauben, wie sie sagte, zu bekehren. Sie ließen sie gewähren und jeder war zufrieden damit. Die Königin war eine ähnlich liebenswerte Frau wie Amalaberga, die Thüringer Königin. Sie versuchte den Armen und Kranken in ihrer unmittelbaren Umgebung zu helfen und hatte auch die Kirche, die in der Innenstadt erbaut wurde, gespendet. Hierfür wurde sie von den meisten Leuten verehrt und geliebt.
Den beiden Geiseln, Baldur und Hartwig, versuchte sie eine warmherzige Bezugsperson zu sein. Wenn sie einen Wunsch hatten, so erfüllte sie ihnen diesen nach ihren Möglichkeiten. Auch, als die Rückkehr ihres Sohnes Theudebert von dem Feldzug gegen einige räuberische Stämme der Sachsen angekündigt wurde, legte sie beim König ein gutes Wort ein, dass Baldur und Hartwig ihre Tochter ins Heerla-

ger von Theudebert begleiten durften. Das siegreiche Heer lagerte etwa einen halben Tagesmarsch von Reims entfernt und erholte sich von den Strapazen der Kämpfe. In einer Woche wollte es in die Stadt einziehen und den Sieg feiern.

7. Theudeberts Rückkehr

Der König freute sich über den Sieg gegen die Sachsen im Norden des Landes. Sein Sohn hatte ihm dies in allen Einzelheiten in einem Schreiben geschildert. Jetzt erholten sich die Krieger noch eine Woche im Heerlager, um dann in die Stadt einzuziehen und sich feiern zu lassen. Die ganze Dienerschaft begann bereits mit den Vorbereitungen zu dem großen Empfang.
Im Gefolge der Prinzessin ritten Baldur und Hartwig an der Seite ihres Reisewagens in Richtung Norden. Die Königstochter wollte ihren Bruder Theudebert im Heerlager besuchen.
Der Weg führte durch eine hügelige Landschaft. Große Wälder gab es da keine. Sie wurden einst gerodet und nun als Ackerflächen genutzt. Zu dieser Zeit war das Getreide bereits gemäht und die Bauern pflügten mit ihren Ochsengespannen die Stoppelfelder um.
Mittendurch führte der Weg zur nördlichen Grenze des Reichs und an die Küste. Hartwig sah auf einigen kleinen Ackerflächen noch Getreide stehen und besah sich das Korn von der Nähe. Die Halme waren länger und die Ähren größer, als er sie von zu Hause kannte.
Der Sprachlehrer erklärte ihm, dass dies ein Ergebnis von jahrelanger Zucht und Auslese des Korns schon zur Zeit der Römer war. Der Boden wurde im Herbst mit Stallmist gedüngt und mit dem Pflug oder der Gabel in die Erde gebracht.
Vieles davon war in Thüringen nicht üblich. Wenn dort der Boden nicht mehr genug hergab, so ließ man ihn ein oder mehrere Jahre brach liegen, bis er sich wieder erholte. Im Frankenland war jedoch die Bevölkerungsdichte viel höher als in Thüringen.
Es gab große Städte mit vielen Tausend Einwohnern, die von dem umgebenden Land versorgt werden mussten. Dazu benötigte man eine intensivere Landwirtschaft. Der Lehrer erklärte unterwegs noch vieles, was anders war und besonders Hartwig wollte alles ganz genau wissen.

Am späten Mittag sahen sie in der Ferne Zelte auf einem Hügel, die zum Feldlager des Heeres gehören mussten. Die Prinzessin freute sich, dass die beschwerliche Reise auf den ausgefahrenen Feldwegen bald ein Ende haben würde. Ein Bote wurde ausgesandt, der die baldige Ankunft ihrem Bruder melden sollte, damit dieser entsprechende Vorbereitungen treffen konnte.

Nach kurzer Zeit kamen sie im Lager an. Eine Eskorte begleitete sie bis zum Zelt des Theudebert. Es stand auf einer Anhöhe, von der aus man das ganze Heerlager gut übersehen konnte. Vor dem Eingang war ein großer hölzerner Sessel aufgestellt, in dem Theudebert Platz genommen hatte und auf die Ankömmlinge wartete. Hartwig flüsterte Baldur zu: „Der Feldherr kann von hier aus, wie Odin auf die Erde hinab schauen.“
Theudebert stand auf und kam seiner Schwester entgegen.
„Es freut mich, dass ich dich hier besuchen darf“, sprach die Prinzessin und umarmte ihren Bruder.
„Die Freude ist auf meiner Seite, dass du dich so weit von zu Hause, hierher bemüht hast“.
„Ich habe in meinem Gefolge ein paar junge Männer, die dich gern kennen lernen möchten.“
„Wer sind sie?“, fragte er neugierig.
„Es ist Prinz Baldur und sein Freund Hartwig aus dem Thüringerreich.“
Erstaunt sah Theudebert seine Schwester an.
„Ich denke, wir haben Krieg mit den Thüringern?“
„Nicht mehr! Es gibt ein Friedensbündnis zwischen beiden Reichen und es ist auch daran gedacht, diesen Vertrag durch eine familiäre Verbindung zwischen beiden Königshäusern zu bekräftigen.“
„Wirst du den Thüringer Königssohn Amalafred heiraten?“, fragte Theudebert erstaunt zurück.
„Ich nicht, aber du wirst eine Königstochter aus Thüringen zur Frau nehmen.“
„Na schön, dass ich das jetzt auch schon erfahre. Ist sie denn wenigstens hübsch?“

„Das musst du Baldur fragen, er kennt sie gut und kann es dir sagen.“
Theuderich wandte sich jetzt an Baldur und begrüßte auch Hartwig.
„Ihr habt gehört, was mir meine Schwester soeben für Neuigkeiten brachte. Kennt ihr die Prinzessin, die ich heiraten soll?“
Baldur blickte verlegen zu Hartwig. Der antwortete gleich: „Ja, wir kennen sie gut. Sie ist so hübsch wie keine andere, doch noch ein wenig zu jung für euch.“
„So, so, zu jung für mich. Wie wollt ihr denn wissen, wie alt eine Frau für mich sein muss?“
„So habe ich das nicht gemeint“, entgegnete beschwichtigend Hartwig.
„Sie ist einfach noch zu jung zum Heiraten.“
„Sagt mir, wie sie aussieht?“
Hartwig überlegte, wie er die Königstochter beschreiben sollte und sah unschlüssig zu Baldur. Der sprang in die Bresche und fing an sie zu beschreiben.
„Rodalinde hat schwarzes Haar wie ihre Mutter und ist hoch gewachsen, aber mit den notwendigen Rundungen versehen. Wenn sie lacht, dann leuchten ihre Zähne wie Perlen aus dem Fluss. Es gibt nichts, was vollkommener aussehen würde.“
Lachend entgegnete Theudebert: „Da bin ich ein richtiger Glückspilz, dass ich sie bekommen werde. Wann soll denn die Hochzeit sein?“
Die Prinzessin antwortete unsicher: „Möglicherweise erst in ein paar Jahren. Vater hatte es nur kurz bemerkt. Vielleicht hätte ich es dir noch gar nicht sagen dürfen?“
„Wo ich es nun weiß, so mach dir keine Sorgen darüber! Jetzt darf ich euch aber erst einmal in mein Zelt bitten! Ihr werdet bestimmt hungrig sein. Deshalb habe ich euch ein zünftiges Mahl herrichten lassen.“
Er nahm seine Schwester an der Hand und ging mit ihr voran. Die anderen folgten ihm. In der Zeltmitte war eine große Tafel aufgestellt, um die herum Holzschemel standen. Theudebert setzte sich in die Mitte an eine Längsseite der Tafel mit dem Blick zum Zelteingang. Seine Schwester

und Baldur sollten neben ihm Platz nehmen. Die anderen platzierten sich, wo sie wollten. Diener brachten Wein und verschiedene kalte Vorspeisen. Danach kamen Braten und Fisch und ganz am Ende süße Nachspeisen. Hartwig hatte nicht den Eindruck in einem Feldlager zu sein, so reichhaltig war das Mahl. Zur Unterhaltung spielte eine kleine Gruppe von Musikanten auf ihren Instrumenten.
Theudebert fragte während des Essens Baldur nach den Sitten und Gebräuchen am Thüringer Königshof. Es schien ihn wahrhaftig zu interessieren. Er wollte mehr von der nordischen Mythologie wissen, denn er hatte vor ein paar Tagen gegen die Nordvölker Krieg geführt und sich gewundert, mit welchem Mut und Begeisterung sie gekämpft hatten. Es musste an dem Glauben zu ihren Göttern gelegen haben, anders konnte er es sich nicht erklären.
An diesem Abend und an den darauf folgenden musste Hartwig immer wieder Geschichten aus der germanischen Götterwelt erzählen. Theudebert schienen diese sehr zu belustigen, da sie ihm so lebensnah vorkamen.
Besonders gefielen ihm die über Thor. Es amüsierte ihn, wie er sich ständig mit den Riesen anlegte und sie bekämpfte.
„Heute berichte ich euch, wie der Donnergott seinen verlorenen Hammer wieder bekam. Eines Tages war er verschwunden. Alle Götter suchten nach der wirksamsten Waffe gegen die bösen Riesen und wenn man den Hammer nicht finden würde, so stände es schlecht für die Götter, das war jedem bewusst.
Nachdem man ihn in der Götterburg nicht fand, schickte Odin seinen Freund Loki los, um ihn außerhalb Asgards zu suchen. Der lieh sich das Falkengewand von Freya und verwandelte sich in einen Vogel.
So gelangte Loki auch zu dem König der Riesen. Dieser hatte den Hammer gestohlen und sicher verwahrt. Loki verhandelte mit ihm um die Rückgabe und sie wurden sich einig. Für die Ehe mit Freya wollte der Riese die Waffe herausgeben. Die Bestürzung bei den Göttern war sehr groß, nachdem Loki wieder in Asgard war und von der Abmachung berichtete. Freya lehnte es ab, die Frau des Riesen zu werden.

Nun beratschlagten die Götter, was sie tun könnten. Man einigte sich, den Riesen zu täuschen. Thor sollte als Braut verkleidet zu dem Riesen gehen. Der schlaue Loki sollte ihm als Zofe zur Seite stehen.
So wurde der Donnergott Thor festlich herausgeputzt und bekam auch Freyas schöne Halskette umgehängt. Trym, der König der Riesen, merkte nichts von dem Schwindel. Die Festtafel wurde aufgebaut und die köstlichsten Speisen in großer Menge angeboten. Thor verschlang gleich einen ganzen Ochsen und mehrere Lachse."
„Jetzt hat er sich verraten", frohlockte Theudebald und sah belustigt in die Runde.
„Oh nein, der schlaue Loki sagte zu dem Riesen, dass die vermeintliche Freya viele Tage nichts gegessen und getrunken habe, weil sie es nicht erwarten konnte, zu ihm zu kommen. Das freute den König und er hob den Schleier der Braut.
Doch gleich darauf ließ er ihn wieder fallen.
‚Warum hat Freya so rote und stechende Augen?', fragte er verwundert. Loki konnte auch diesmal den Riesen beschwichtigen. Er sagte ihm, dass die Braut mehrere Nächte nicht geschlafen hat, weil sie so begierig war, ins Riesenland zu kommen.
Trym, der König der Riesen, war zufrieden und wollte mit den Feierlichkeiten fortfahren. Er ließ den Hammer aus dem Versteck holen, damit die Segnung des Paares fortgesetzt werden konnte und legte ihn in den Schoss seiner Braut.
Auf diesen Moment hatte Thor nur gewartet. Mit seiner gefährlichen Waffe in der Hand erschlug er den König und alle Riesen, die im Festsaal anwesend waren. So gelangte der Hammer wieder zurück zur Götterburg.
Thor litt jedoch noch lange Zeit unter der Schmach mit Frauengewändern aufgetreten zu sein und so mancher der Götter witzelte darüber."
„Mir würde das auch nicht gefallen", meinte Theudebert und dankte Hartwig für die schöne Geschichte, indem er ihm zuprostete.
Neben dem Zelt von Theudebert wurden zwei weitere kleinere Zelte aufgestellt. Das eine war für die Prinzessin

mit ihrer Dienerin und das zweite für die Thüringer. Hartwig konnte nicht einschlafen. Es gab zu viel unbekannte Geräusche, die ihn irritierten. Er erinnerte sich an die Zeit, wo er mit seinen Brüdern im Freien bei den Pferden auf der Sommerweide lag und ihn die vielen Geräusche in der Nacht nicht schlafen ließen.

Jetzt war es auch so. Er sah durch den Zelteingang nach draußen. Kreisförmig um den Hügel herum hatte die Wache Fackeln aufgestellt und patrouillierte zwischen ihnen hin und her. Im Lager war es sonst ruhig. Die Feuer waren erloschen und leichte Nebelschwaden zogen zwischen den Zelten hindurch und versuchten auch den Hügel zu erklimmen.

In den letzten Nächten war es schon ziemlich kühl geworden und trotzdem schien es Hartwig, dass hier der beginnende Herbst wesentlich milder war, als daheim in Rodewin. Erst gegen Mitternacht fielen ihm die Augen zu und er konnte noch ein paar Stunden ruhen.

Der entsetzliche Lärm von Hörnern riss ihn am Morgen aus seinen Träumen. Es war das übliche Wecken in einem Heerlager. Hartwig und Baldur gingen vor das Zelt und betrachteten das quirlige Treiben im Lager. Dann brachte ihnen ein Diener einen Holzeimer mit frischem Bachwasser und stellte ihn vor ihrem Zelt ab. Mit dem kühlen Nass spülten sie sich den Schlaf aus den Augen. Vor dem Zelt des Theudebert wurde die Frühstückstafel aufgebaut.

Die Sonne erschien über dem Horizont. Der Tag kündigte sich als schöner, sonniger Herbsttag an. Nach einer Weile erschienen auch die Prinzessin und ihre Dienerin vor ihrem Zelt. Alle warteten nun auf Theudebert, damit sie gemeinsam frühstücken konnten. Gemütlich saßen sie beisammen und genossen die feinen Speisen. Danach bot der Prinz seinen Gästen einen Rundgang durch das Lager an. Zuerst kamen sie zu den Zelten seiner Leibwache und dann zu denen des Fußvolks. Die Reiterkrieger lagerten mit ihren Pferden am äußeren Rand, dazwischen lagen eingepfercht und in Ketten aneinander gebunden die gefangenen Sachsen. Wie gefährliche wilde Bären wurden sie hier gehalten und gut bewacht.

„Jetzt zeige ich euch noch eine Besonderheit!“, entgegnete Theudebert.
Er ging auf ein Zelt zu und die anderen folgten ihm. Drinnen kauerten zwei Gefangene gefesselt auf der Erde.
„Das sind meine besonderen Trophäen, die ich aus dem Krieg mitgebracht habe. Es sind die Anführer der beiden Stammesgruppen, die gegen uns kämpften. Sie haben wie die Löwen gewütet und es war für uns nicht leicht, sie zu überwältigen. Seht nur wie groß und stark sie sind!“
Die beiden Gefangenen waren an den Beinen und Handgelenken mit Eisenringen gefesselt. In der Mitte des Zeltes war ein starker Pfosten in die Erde eingelassen, an den sie angekettet waren.
Theudebert nahm einen Stock, der an der Zeltwand lehnte und stieß den einen damit an. Wie ein wildes Tier sprang der hoch, doch die Ketten hielten ihn zurück.
„Seht ihr, wie gefährlich sie sind?“, meinte Theudebert und blickte triumphierend zu seiner Schwester.
„Gegen diese wilden Bestien musstest du kämpfen?“, sagte sie bewundernd.
„Zehn meiner Männer waren dazu notwendig, um diese beiden Barbaren zu bezwingen. Am Ende wollten sie sich selber töten, aber wir konnten es gerade noch verhindern. Ich möchte sie unserem Vater als besonderes Geschenk überbringen. Was hältst du davon?“
„Das ist eine gute Idee“, entgegnete die Prinzessin und war im Begriff das Zelt zu verlassen. Da riss auch der zweite Gefangene mit ganzer Kraft an seinen Ketten und schrie etwas in seiner Sprache, das niemand verstand.
„Was wird er wohl gemeint haben?“, fragte Theudebert Hartwig.
„Der Sachse sagte, dass ihr euch schon bald in Walhall wiedersehen werdet.“
„Was meint er damit?“
„Es war ein Fluch, den er ausgesprochen hat.“
„Vielleicht sollte ich die beiden doch töten lassen, damit sie mir keinen Ärger bereiten können.“
„Sie sind doch gut gefesselt und bewacht, da haben sie keine Möglichkeit zu entkommen.“, meinte die Prinzessin.

„Das ist richtig. Ein Raubtier bringe ich auch nicht gleich um, auch wenn es mir jederzeit gefährlich werden könnte."
Sie gingen aus dem Zelt und liefen zu den Pferdekoppeln der Reiterei. Es war ein kleiner Trupp, der Theudebert zur Aufklärung diente. Die Pferde waren kleinwüchsig, wie die der Thüringer, jedoch feingliedriger in ihrer Gestalt. Fast alle hatten eine braune Fellfarbe.
„Ich habe gehört, dass ihr Thüringer weiße Pferde habt. Stimmt das?", wollte Theudebert von Hartwig wissen.
„Ja, das ist richtig. Wir züchten schon seit vielen Generationen solche Rösser, die sehr robust sind. Ich bin als Kind mit ihnen aufgewachsen."
„Dann musst du dich gut damit auskennen."
„Ja, wenn ich wieder zu Hause bin, werde ich selber Pferde züchten. Vielleicht kreuze ich leichtere Rassen mit ein."
„Im Süden unseres Reiches gibt es so eine leichte Rasse, die auch ganz weiß ist. Ich habe ein paar Tiere davon in meinen Ställen. Wenn wir zurück sind, dann zeige ich sie dir."
Nach der Besichtigung des Heerlagers lud Theudebert seine Gäste zur Falkenjagd ein. Diesen Sport betrieb er schon als Kind mit Leidenschaft. Überall, wo er hinzog, waren seine Falkner mit den edlen Greifvögeln dabei. Im Lager hatte er drei Stück dieser schönen Tiere. Es waren zwei Falken und ein Habicht, die er selber abgerichtet hatte. Die Prinzessin hatte keine Lust zur Jagd, sie blieb lieber mit der Dienerin im Lager zurück.
Hartwig und Baldur durften sich von Theudeberts Pferden, die auf einer eigenen Weide grasten, eines aussuchen. Dann ritten sie etwa eine Stunde vom Lager weg und kamen zu einem sehr schönen hügeligen Landstrich. Kleine Baumgruppen waren gleichmäßig verteilt.
Von einer Anhöhe beobachtete Theudebert das Gelände. Er zog sich einen festen Lederhandschuh über und ließ sich von seinem Falkner den Habicht geben. Der krallte sich gleich in dem Handschuh fest und flatterte noch ein wenig, bevor er zur Ruhe kam. Als Theudebert in einiger Entfernung einen Feldhasen entdeckte, nahm er die Haube vom Kopf des Greifvogels.

Der Habicht blickte ganz aufgeregt umher und nach kurzer Zeit gewahrte auch er den Hasen. In diesem Moment stieg er in die Höhe und flog geradewegs auf seine Beute zu.
Der Hase hatte den Habicht noch nicht gesehen und kauerte noch am Boden. Wohl durch das Fluggeräusch aufgeschreckt, sprang er auf, doch es war zu spät.
Der Greifvogel hatte ihm seine messerscharfen Krallen ins Fell getrieben und sich auf den zappelnden Hasen gestellt. Es gab kein Entkommen mehr. Die Gruppe der Reiter kam schnell herangeritten. Theudebert löste den Fang aus den Klauen des Habichts und setzte den Vogel wieder auf seinen Lederhandschuh. So gelang es ihnen bis zum Nachmittag vier Feldhasen zu fangen.
„Die werden uns zum Abendessen gut munden, zumal wir sie mit Hilfe des Habichts selbst zur Strecke gebracht haben“, sprach Theudebert stolz. Er schien über den Erfolg des Jagdausflugs sehr zufrieden zu sein. Im Lager angekommen, wurde das Abendessen vorbereitet und wacker dem Wein zugesprochen. Da Hartwig und Baldur an dieses berauschende Getränk nicht gewöhnt waren, verloren sie schon bald den Halt auf ihren Schemeln. Diener brachten sie ins Zelt und legten sie auf die Schlafpritschen.

Am nächsten Tag gingen sie wieder jagen, doch diesmal waren sie nach dem Essen wegen der mahnenden Kopfschmerzen mit dem Wein vorsichtiger. Theudebert war an diesem Abend müde und so konnten sie sich in ihr Zelt zurückziehen.
Hartwig hatte sich nun an die Geräusche im Lager gewöhnt und schlief gleich ein. Gegen Mitternacht wachte er auf. Er überlegte, welches Geräusch ihn geweckt haben könnte? Da, eine Stimme! Er legte sein Ohr an die Zeltwand und lauschte. Waren es zwei Männer, die miteinander sprachen? Sicher nur die Leibwache, die zwischen den Zelten patrouillierte. Doch eines kam ihm sonderbar vor. Die Männer sprachen sächsisch. Er traute seinen Ohren nicht, hob die Zeltwand vom Boden etwas an und lugte nach draußen. Er sah im fahlen Mondlicht zwei Wachmänner, die beieinander standen. Etwas stimmte jedoch mit ihnen nicht.

Fränkische Wachposten hatten immer Schuhe an. Diese hier waren barfuß. Deutlich konnte jetzt Hartwig den einen verstehen. Er sagte, dass er sich um den Heerführer kümmern wird und der andere die Prinzessin umbringen soll.
Hartwig schlich zurück und weckte vorsichtig Baldur. Er hielt ihm mit seiner Handfläche den Mund zu und flüsterte ihm ins Ohr: „Steh auf und sei ganz leise! Da draußen sind zwei verkleidete Sachsen, die vorhaben die Prinzessin und Theudebert zu ermorden. Geh du zum Zelt der Prinzessin und ich schleiche mich zum Zelt von Theudebert! Vielleicht können wir das Schlimmste verhindern."
Baldur und Hartwig krochen – mit Jagdspeeren bewaffnet – nach draußen. Sie konnten gerade noch die beiden Sachsen sehen, wie sie in den Zelten verschwanden. Gebückt lief Baldur zum Zelt der Prinzessin. Hartwig eilte zu dem des Theudebert und fand den Knappen mit durchtrennter Kehle tot am Boden liegen. Als er das Tuch des Zelteingangs wegschob, sah er, wie der Sachse mit seinem Schwert ausholte, um Theudebert den Kopf abzuschlagen. Geistesgegenwärtig warf Hartwig seinen Speer dem Sachsen entgegen und traf ihn zwischen den Schulterblättern. Der Mann fiel tot auf den schlafenden Heerführer.
Der Prinz schreckte aus dem Schlaf hoch. Hartwig eilte zu ihm und zog den Leichnam von ihm runter. Theudebert saß wie versteinert auf seiner Liege, schnappte nach Luft und schrie nach seiner Wache.
Hartwig rief: „Wir müssen schnell zur Prinzessin! Ein zweiter Sachse will sie ermorden."
Theudebert sprang auf, nahm sein Schwert und lief Hartwig hinterher. Draußen hörten sie die Frauen im Zelt aufschreien. „Wir kommen zu spät", rief Theudebert. Hartwig riss das Zelttuch am Eingang auf und sah, wie die beiden Frauen auf dem Bett aneinander kauerten und weinten.
Der Sachse kniete mitten im Zelt und war von Baldurs Speer durchbohrt. Er lebte noch und versuchte mit seinem Schwert Baldur zu treffen. Doch seine Kräfte ließen rasch nach und er sank tot zu Boden. Theudebert lief zu seiner Schwester und nahm sie in die Arme. Inzwischen waren Männer seiner Leibwache erschienen.

„Was ist hier los?“, schrie er sie an.
„Wo ist euer Hauptmann?“
Eilig lief einer von der Wache hinab zum Lager, um den Hauptmann zu holen. Die herbeigeeilten Männer der Leibwache zündeten überall auf dem Hügel Fackeln an und schafften die Leichen der beiden Sachsen aus den Zelten.
Nachdem sich die Prinzessin ein wenig beruhigt hatte, fragte Theudebert die Thüringer nach dem Vorgang. Inzwischen traf auch der Hauptmann ein und berichtete, was im Lager vorgefallen war.
Zwei der gefangenen Sachsen hatten sich von den Eisenfesseln befreien können. Sie erdrosselten die Wachen und zogen sich deren Gewänder an. Dadurch waren sie nicht zu erkennen. So gelang es ihnen, bis zu den Zelten auf dem Hügel vorzudringen.
Theudebert ließ den Toten die Köpfe abschlagen und auf hohe Stangen spießen. Diese wurden vor dem Gatter der Gefangenen aufgestellt. Die Sachsen tobten, als sie ihre verstümmelten Kameraden sahen und stimmten ein lautes Kampfgeschrei an.
Der Hauptmann ließ sie mit kaltem Wasser übergießen, damit sich ihre Gemüter wieder beruhigten. Es war in den Herbstnächten schon merklich kühl und die kalte Dusche ließ die letzten Brüller bald verstummen.
Die Wachen vor dem Feldherrnhügel wurden verstärkt und alle gingen in ihre Zelte und warteten auf den Morgen.
An Schlaf konnte niemand mehr denken. Die Aufregung über die Vorkommnisse war zu groß. Vor dem Frühstück hielt der Feldgeistliche einen Gottesdienst ab und dankte dem christlichen Gott für die wundersame Rettung des Heerführers und der Prinzessin.
Hartwig und Baldur galten nun als begnadete Werkzeuge Gottes. Dass sie Thüringer waren, wussten nur wenige.
Nach dem Frühstück gingen die Männer wieder auf die Falkenjagd. Während einer Rast wollte Theudebert von Hartwig noch einmal die Geschichte der letzten Nacht hören. Er war danach sehr bewegt.
„Ich habe dir mein Leben zu verdanken und ausgerechnet einem Thüringer, die wir schon seit Jahren bekämpfen.

Wenn du einen Wunsch hast, so sprich ihn aus! Soweit es in meiner Macht liegt, werde ich ihn dir erfüllen."
„Du brauchst mir nicht zu danken."
„Es ist jedoch mein Bedürfnis. Wenn du keinen Wunsch nennst, so werde ich dir etwas schenken, was dich bestimmt erfreuen wird."
„Jetzt machst du mich aber neugierig."
„Du sprachst gestern von einer eigenen Pferdezucht, die du in deinem Reich beginnen willst. Von meinen weißen Pferden aus dem südlichen Frankenreich sollst du dir den schönsten Hengst und noch zwei Stuten auswählen! Sie werden sich bestimmt gut mit euren einheimischen Pferden vermischen und kräftige Tiere hervorbringen."
„Wenn du unbedingt darauf bestehst, so nehme ich das Geschenk gerne an."
„Was Baldur angeht, so überlasse ich die Wahl eines Geschenkes meiner Schwester, da er ihr Leben und das ihrer Dienerin gerettet hat. Es ist schon ein großes Glück für uns, dass ihr so mutig gewesen seid. Daher nochmals meinen Dank."
Vor tiefer Rührung konnte er gar nicht mehr weiter reden. Er drückte Hartwig fest an seine Brust.

Der Tag der Rückkehr der siegreichen Krieger mit ihrem Heerführer Theudebert war gekommen. Schon sehr früh am Morgen wurden die Gassen in Reims gefegt und die Häuserfassaden mit farbigen Tüchern geschmückt. Auf diesen Empfang freuten sich nicht nur die Angehörigen der Krieger, sondern alle Menschen in der Stadt.
Das Heer hatte sich gut auf den Einzug vorbereitet. Die Waffen und Ausrüstungen waren auf Hochglanz gebracht. Theudebert wusste, dass der Jubel am Wegesrand seine Krieger stark motivieren würde.
In dem letzten Kampf gegen die Sachsen hatten die Männer keine Beute machen können, da sie sich nur im eigenen Grenzgebiet bewegten. Zwei der feindlichen Stämme brachen die Stillhaltevereinbarung, die der Frankenkönig im letzten Jahr mit ihnen ausgehandelt hatte. Da Theuderich den Widerstand der Thüringer gering eingeschätzt

hatte, ließ er seinen Sohn mit seinem Fußheer gegen die Eindringlinge ziehen. Theudebert war es auch recht, da er nicht gern unter einem anderen Kommando stand. Er war lieber allein, denn dann hatte nur er das Sagen. Seine Krieger waren ihm treu ergeben. Sie hatten schon in verschiedenen Kämpfen Siege erringen können und das Vertrauen seiner Leute in ihren Feldherrn war groß.

Die Sonne ging über den Baumgruppen im Osten des Heerlagers auf. Ihre wärmenden Strahlen drangen durch die dünnen Zeltwände und heizten das Innere langsam auf. Theudebert rief nach seinem Leibdiener, um sich von ihm rasieren und die Haare schneiden zu lassen. Er stand von seiner Holzliege auf und reckte seine steifen Glieder.
„Beeil dich, wir müssen heute zeitig aufbrechen! In wenigen Stunden werden wir zu Hause sein und lassen uns feiern."
„Ihr seid der strahlende Held, mein Prinz! Alle werden euch zujubeln."
„Du schmeichelst mir. Der Jubel gilt aber nicht nur mir, sondern allen meinen tapferen Kriegern. Ohne sie wäre ich nichts."
„Das stimmt nicht, mein Prinz. Ihr seid ein Spross aus der Sippe des berühmten Chlodwig, eures Großvaters. Die alten Krieger sagten mir, dass ihr ihm im Aussehen am meisten ähnelt."
Zufrieden blickte Theudebert in den Spiegel, den er in seiner Hand hielt. Der Leibdiener hatte inzwischen ein Tuch auf einen Eisenrost gelegt, der über einem heizbaren Wasserkessel stand. Es wurde vom heißen Wasserdampf durchtränkt. Als es die richtige Temperatur hatte, legte es der Diener auf das Gesicht seines Herrn.
„Au, das ist viel zu heiß!", stöhnte Theudebert.
„Es muss sein, mein Prinz, sonst gehen die Barthaare nicht gut ab."
„Vielleicht sollte ich mir einen Bart wachsen lassen, so wie die Langobarden? Mein Vater wollte mich vor Jahren schon mit einer Tochter ihres Königs verheiraten."
„Das würde euch nicht so gut stehen und viel älter aussehen lassen. Obendrein würde euer langes Haupthaar dann

nicht mehr so gut zur Geltung kommen. Es ist das Zeichen eures Stammes und eurer Würde. Niemand hat sonst so schönes gewelltes Haar."
„Nun, dann lass uns anfangen! Die Barthaare müssten nun weich genug sein."
Der Leibdiener schabte vorsichtig mit dem Messer die Stoppeln am Kinn weg. Das war nicht nur für den Prinzen eine nicht ganz ungefährliche Angelegenheit, sondern auch der Leibdiener kam nicht immer ungeschoren davon. Theudeberts ungestümes Wesen kannte er nur allzu gut. Wenn etwas nicht ganz nach seinen Vorstellungen verlief, setzte es Fußtritte oder Schläge. Der Leibdiener versuchte seinen Herrn durch ein Gespräch etwas abzulenken und fragte ihn nach der möglichen Heirat mit der besagten Langobardin. Das Thema schien den Prinzen wirklich abzulenken, denn Theudebert sah nicht mehr in den Spiegel.
„Die Heirat ist noch nicht so sicher. Mein Vater hätte es gern, doch ich will mir erst einmal die Braut genau ansehen, bevor ich mich entscheide."
„Da tut ihr recht, mein Herr. Ihr seid noch jung und da hat man mit einer Heirat keine Eile."
„Für meinen Vater ist das Ganze nur ein Teil seiner Politik. Ich denke, dass er bald mit mir darüber reden wird. Es muss wohl unbedingt eine Königstochter sein, denn er hatte es am Anfang wegen der niederen Herkunft seiner Mutter nicht leicht gehabt. Mancher von Chlodwigs Gefolgsleuten meinte, dass er nur ein Bastard wäre. Solche Reden hatten ihn sehr verletzt, aber letztendlich konnte er sich durchsetzen und keiner sprach mehr davon."
„Ich hörte, dass es früher nicht von Bedeutung war, aus welcher Sippe die Frau kam. Wenn man reich war, konnte man auch mit mehreren gleichzeitig verheiratet sein."
„Das war bestimmt zu der Zeit, als wir Franken noch keine Christen waren, doch heute geht das nicht so leicht."
„Wenn ihr erst einmal König seid, dann fragt keiner mehr danach und ihr könnt tun und lassen, was euch beliebt. Ihr macht dann die Gesetze, denn ihr seid das Gesetz."
„Das kann noch lange dauern. Mein Vater ist noch sehr rüstig und denkt nicht daran, seine Macht zu teilen."

„Das kann sich alles schnell ändern. Hätte euer Vater bei seinem letzten Feldzug nicht so viel Glück im Unglück gehabt, so wäre er jetzt tot und ihr der König."
„Dann brauchte ich mir nicht so viel von ihm reinreden zu lassen, aber es ist nicht so. Pass auf, dass du mich nicht schneidest!"
Kaum hatte Theudebert das gesagt, als die scharfe Messerklinge seine Wange ritzte. Der Prinz stieß seinen Leibdiener von sich, dass dieser rücklings zu Boden fiel und betrachtete sich im Handspiegel das Gesicht.
„Ein Glück, dass du nicht tiefer geschnitten hast, sonst hätte ich dich verprügeln lassen. Geh und hole mir die Blätter, die das Bluten stillen!"
Der Diener verschwand sogleich im Zelt und suchte in einer Truhe die Kräuter.

Im Heerlager gab es Unruhe. Viele Krieger rannten umher.
„Was ist das für ein Lärm?", fragte Theudebert die Wache.
Einer der Männer kam eilig zu ihm auf den Hügel und meldete, dass in der Nacht einer der Gefangenen geflohen war.
„Wie ist das möglich? Hat die Wache geschlafen?"
„Nein, mein Herr, er hat die Wache getötet und ist dann davon."
„Habt ihr schon einen Suchtrupp losgeschickt, um ihn wieder einzufangen?"
„Ja, er kann noch nicht weit gekommen sein und die Hunde haben schon seine Spur aufgenommen."
„Wenn ihr ihn habt, so bringt ihn gleich zu mir!"
Der Leibdiener hatte inzwischen die blutstillenden Blätter aufgelegt, doch der Prinz interessierte sich nicht mehr für die kleine Wunde.
Die Verzögerung, die durch die Suche nach dem Gefangenen entstand, verärgerte ihn. Für den heutigen Tag hatte er einen fest vorgegebenen Zeitplan. Daran sollte niemand rütteln können, schon gar nicht ein geflohener Sachse.
Hartwig und Baldur waren auch schon fertig zum Abreisen. Nur die Prinzessin schien noch etwas Zeit zu benötigen.
Eilig nahmen sie heute das Frühstück ein. Es bestand aus

einem dicken Haferbrei, der mit Honig gesüßt war. Vor Ärger über den Vorfall schmeckte Theudebert sein Frühstück nicht mehr.
Von der Anhöhe konnte er das Treiben im Lager gut beobachten. Alle seine Krieger waren dabei, sich für den Einzug in die Stadt zu schmücken. Die Waffen und Kleidung waren geputzt und die polierten Metallteile glänzten in der Morgensonne. Zur festgesetzten Zeit ließ der Heerführer zum Abmarsch blasen. Der Suchtrupp war noch nicht zurückgekehrt, doch das störte ihn jetzt nicht mehr. Nach wenigen Stunden erreichte das Heer in geordneter Formation die Stadtbefestigung von Reims. Unterwegs waren viele Leute an den Weg gekommen, auf dem sie entlang zogen und hatten den Kriegern zugejubelt.
Theudebert ritt an der Spitze seines Heeres durch das Stadttor. Das Volk jubelte. Die jungen Frauen warfen Blüten von Wiesenblumen auf den Weg. Es war alles so, wie der Prinz es sich vorgestellt hatte. Derartige Inszenierungen liebte er und sie erhöhten sein Ansehen bei dem Volke.
Von der Burg aus hatte der König den Zug gut beobachten können. Obwohl er sich freute seinen Sohn wiederzusehen, so spürte er dennoch Neid über dessen Erfolge. Es kam ihm so vor, als hätten die Bewohner dieser Stadt ihm früher nicht so begeistert zugejubelt. Zusammen mit der Königin erwartete er ihn und sein Gefolge im Burghof. Das Heer löste sich am Marktplatz auf. Hier warteten die Angehörigen der Krieger und die Bürger der Stadt spendierten ihnen Essen und Trinken.
Die gefangenen Sachsenkrieger wurden zunächst im Kerker untergebracht. Theudebert hatte sie alle seinem Vater geschenkt, der sie nach dem Verhör als Sklaven verkaufen wollte.

Am Abend gab es ein Willkommensfest für den Prinzen und seine Befehlshaber im Heer. Viele Gäste waren geladen und so manche Frau aus den Familien des Hochadels und der Beamtenschaft sah verstohlen nach den jungen und hübschen Kriegern und dem Prinzen. Der Königin entging dies nicht.

„Sieh nur, mein Sohn wie die Jungfrauen dich verstohlen ansehen! Du bist jetzt alt genug zu heiraten."
„Dazu habe ich noch lange Zeit, liebe Mutter. Die Frau, die ich heirate, ist noch nicht geboren."
„Ich denke, sie ist schon auf der Welt und wartet bereits auf dich."
„Was sagst du da, Mutter? Du scheinst mehr darüber zu wissen als ich."
„Dafür bin ich auch deine Mutter und die Mütter wissen in Herzenssachen ihrer Kinder alles."
„Was weißt du? Sprich!"
„Vielleicht will es dir dein Vater selber sagen?"
Theudebert wurde ganz unruhig. Der König hatte mitbekommen, dass sein Sohn unwirsch gegenüber seiner Mutter reagierte.
„Was habt ihr?", fragte er seine Frau.
„Ich sprach mit unserem Sohn über die Ehe und dass du ihm vielleicht mehr dazu sagen könntest."
„Eigentlich wollte ich erst morgen mit ihm darüber reden, aber wenn er so ungeduldig ist, so kann ich es ihm jetzt auch gleich sagen."
Theudebert schaute seinen Vater von der Seite misstrauisch an.
„Ich habe mit dem König Herminafrid einen Friedensvertrag geschlossen und du wirst zur Bekräftigung dieses Bündnisses seine Tochter heiraten."
Theudebert tat so, als wäre es eine Neuigkeit, die er da vernommen hatte.
„Wolltest du nicht, dass ich die Langobardin Wisigard zur Frau nehme? Vielleicht sollte ich beide gleichzeitig heiraten, das erspart uns viel Geld für die Hochzeit."
„Deine Scherze finde ich nicht sehr angebracht, mein Junge. Eine Heirat ist eine sehr wichtige politische Entscheidung!"
„Entschuldige Vater, es war nicht so gemeint! Ich habe jetzt noch keine Absicht eine Ehe einzugehen."
„Du kannst es dir nicht aussuchen, ob du heiraten willst oder nicht. Hier stehen wichtige politische Überlegungen auf dem Spiel."

„Es geht aber auch ein wenig um mich. Oder?“
„Natürlich kannst du deine Meinung dazu äußern, aber letztendlich ist es eine Entscheidung, die ich als König allein treffe.“
„Warum ausgerechnet eine Thüringerin? Mit denen stehen wir seit vielen Jahren im Krieg und Barbaren sind sie obendrein?“
„Sie sind nicht viel mehr Barbaren als wir. Du musst nicht bei ihnen leben.“
„Und was ist mit der Tochter des Königs der Langobarden?“
„Was die Tochter des Langobardenkönigs Wacho angeht, so wäre ein Bündnis mit ihnen auch nicht schlecht. Die Langobarden sind ein sehr streitbares Volk.
Seitdem sie sich in den nördlichen Gebieten des ehemaligen Römischen Reichs an der Donau angesiedelt haben, sind sie nicht mehr so wild wie zuvor. Viele Gewohnheiten der ansässigen Bevölkerung haben sie angenommen, so wie wir einst auch von den besiegten Galloömern einiges übernommen haben.
Hätte ich die Thüringer besiegt, wären sie ihnen zu Hilfe gekommen, da ihre Königshäuser miteinander verwandt sind. Der Langobardenkönig Wacho hatte vor Jahren eine Schwester des Thüringer Königs Herminafrid geheiratet. Sie ist aber inzwischen verstorben. Seine beiden Töchter stammen von der zweiten Frau, einer Gepidin ab. Hättest du die älteste Tochter Wisigard geheiratet, so gäbe es auch zwischen unseren Reichen eine Verbindung und die Langobarden müssten sich dann gegenüber den Thüringern neutral verhalten. Da diese Gespräche aber keinen Abschluss fanden, so brauchen wir nicht mehr daran denken.“
„Meine Heirat soll also den Frieden im Osten besiegeln?“
„So ist es mein Sohn. Herminafrid, der König der Thüringer, hat selbst diese Heirat angeboten. Damit haben wir Franken auch gewisse Rechte.
Sollte dem Sohn des Herminafrid einmal etwas zustoßen, so hättest du durch seine Tochter, Anspruch auf das gesamte Thüringer Königreich. Sie ist nur noch ein bisschen zu jung zum Heiraten, meint Herminafrid. Daher wird erst in zwei Jahren eure Hochzeit sein. Obendrein habe ich ge-

hört, dass sie die hübscheste Prinzessin weit und breit sein soll."
Der Tanz hatte begonnen und so manche Schönheit blickte zum Prinzen, in der Hoffnung von ihm aufgefordert zu werden. Theudeberts Augen hatten, wie bei einem Falken, schnell ein Ziel gefunden.
Nach den vielen Tagen der Entbehrungen im Heerzug gegen die Sachsen, kam ihm die Zerstreuung und Bewunderung durch die vielen schönen Frauen an diesem Abend sehr recht. Er amüsierte sich prächtig.
Das Tanzvergnügen reichte noch weit in die Nacht hinein. Viele der Älteren, so auch der König mit seiner Frau, hatten schon bald der Jugend den Saal überlassen.
Das Fest schien kein Ende zu nehmen. Der Wein floss reichlich durch die Kehlen und die Ausgelassenheit war grenzenlos. Theudebert hatte am Abend zwei nette Zwillingsschwestern kennen gelernt, für deren Keuschheit sich wohl keiner mehr verbürgen würde. Der Prinz erzählte ihnen von den grausigen Begebenheiten auf den Schlachtfeldern und den bösen Träumen, die ihn nach den Kämpfen immer plagten. Beide Frauen boten sich an, ihm in der kommenden Nacht die schlechten Träume zu vertreiben. So zog er sich mit ihnen in seine große Kemenate zurück.
Die eine der Schwestern sah an der Wand eine Harfe hängen. Sie nahm sie herunter und zupfte kurz an den Saiten.
„Wenn du spielen kannst, so lass es uns hören!", munterte er sie auf.
„Möchtest du einer beschwingten oder melancholischen Weise lauschen?"
„Spiel mir etwas Besinnliches!"
Sie setzte sich auf einen Holzschemel und begann mit graziösem Fingerspiel, der Harfe die feinsten Töne zu entlocken. Theudebert ließ sich auf dem Rand seines großen Bettes nieder und lauschte. Die andere Schwester kroch von hinten auf den Knien an ihn heran und massierte seinen Nacken und die Schultern. Der Prinz genoss es in vollen Zügen. Doch auf einmal sank er zur Seite auf das Bett. Erschrocken blickten die Schwestern auf ihn. Er war eingeschlafen. Möglicherweise hatte er zu viel Wein getrunken.

Hartwig hatte sich beim Tanz auch wunderbar vergnügt. Seine Sprachkenntnisse machten gute Fortschritte und niemand hörte mehr heraus, dass er gar kein Franke war. Die jungen Frauen, die er zum Tanz aufforderte, dachten, dass er zur entfernten Familie des Königs gehörte und das brachte ihm gewisse Vorteile.
Baldur hingegen blieb lieber an der Tafel sitzen und unterhielt sich mit der um viele Jahre älteren Prinzessin, die auch nicht so viel Vergnügen beim Tanzen zu empfinden schien. Seit der mutigen Errettung vor ein paar Tagen hatte die Prinzessin sich Baldur besonders liebevoll zugewandt. Es war einerseits Dankbarkeit, die sie ihm gegenüber empfand, aber auch ein Bedürfnis von Zuneigung zu dem sehr verschlossenen Thüringer.
Irgendwie kam er der Prinzessin immer traurig vor. War es das Heimweh? Oder eine unerfüllte Liebe? Sie wollte es herausfinden. Baldur empfand die Unterhaltung mit der Prinzessin auch als sehr angenehm. Sie war für ihn wie eine ältere Schwester mit der man über alles sprechen konnte. Gern hätte er sein sorgenbeladenes Haupt in ihren Schoss gelegt. Durch den Wein redselig geworden, erzählte er ihr von seiner unglücklichen Liebe im Thüringer Land. Von Ursula, die ein Kind von ihm erwartete und die er gern heiraten würde, jedoch nicht durfte.
Die Prinzessin hörte ihm lange zu und verriet ihm dann vieles von sich. Sie hatte ein ähnlich unglückliches Los zu tragen. Als Königstochter konnte sie in der Wahl eines Ehepartners auch nicht frei entscheiden.
Es gab vor einigen Jahren mehrere Anwärter, die bei ihrem Vater um ihre Hand angehalten hatten, doch der König wies sie alle ab. Entweder waren sie nicht von hohem Stand oder sie passten nicht in sein politisches Konzept.
Jetzt war die Prinzessin schon über dreißig Jahre und für das Kinderkriegen fast zu alt. Sie hatte sich bereits damit abgefunden allein zu bleiben. Ihr blieb auch nichts anderes übrig. Sie konnte es selber nicht ändern. Die Unglücklichen unterhielten sich noch sehr lange an diesem Abend und trösteten sich gegenseitig.
Seitdem fand man die beiden öfter im Gespräch zusammen.

Der Königin fiel das auf, aber sie hatte nichts dagegen. Sie gönnte ihrer Tochter diese Zerstreuung, denn sie wusste, dass es für sie nie den passenden Ehemann geben würde.

Nachdem Theudebert ausgeschlafen und gefrühstückt hatte, ritt er mit Hartwig und Baldur zu seinem Landgut. Hier zeigte er ihnen seine Pferde.
Es waren wunderschöne Tiere verschiedener Rassen. Auf einer getrennten Weide standen mehrere weiße Pferde, die in ihrem Körperbau denen der Thüringer glichen. Sie waren jedoch viel zarter in den Gliedmaßen und auch anmutiger in ihrem Gang.
„Das ist meine Herde, von der ich sprach. Es sind Muttertiere mit ihren Fohlen. Du kannst dir einen Hengst und zwei Stuten aus meiner Zucht auswählen! Wir können zu der Koppel reiten, wo die Hengste sind."
Sie galoppierten Theudebert hinterher auf einen Hügel. Von oben hielten sie Ausschau nach den Tieren. Die eingezäunte Fläche war sehr groß. Sie waren nicht nach Rasse und Farbe sortiert.
Alle lebten in der Herde zusammen. Langsam ritten sie den Hügel hinab, um die Tiere nicht zu erschrecken. Die Pferde liefen auch nicht weg, als sie näher kamen. Von den weißen Hengsten fiel Hartwig sofort einer auf. Sein Fell war blütenweiß und die Nüstern grau gesprenkelt. Hartwig ritt auf ihn zu und sprach das Tier an. Es wich nicht vor ihm zurück.
„Den würde ich gern haben!", sagte er zu Theudebert.
Der Prinz legte ihm einen Halfter an. Hartwig nahm ihn an der Führungsleine mit zu den Stallungen. Ein Knecht versorgte den Hengst und führte ihn in eine freie Box.
Bei der Suche nach zwei jungen Stuten beriet ihn Theudebert, die Richtigen zu finden.
An den Zähnen konnten sie das Alter der Tiere erkennen. Sie führten beide ebenfalls in den Stall und stellten sie in eine Box, gleich neben den Hengst. Der war sehr unruhig und tänzelte wie wild geworden von einer Ecke zur anderen.
„Ich glaube, sie mögen sich!", sagte Hartwig.
„Ja, das denke ich auch! Es ist eine gute Wahl, die du ge-

troffen hast und ein guter Grundstock für deine Zucht. Hast du zu Hause schon Platz für die Tiere?", wollte Theudebert wissen.
„Ja, es ist alles vorbereitet. Ein paar Pferde habe ich von meinem Bruder und auch von meinem Schwiegervater geschenkt bekommen. Meine Ländereien werden in meiner Abwesenheit von einem Verwalter betreut. Er ist auch mit Pferden aufgewachsen."
„Dann ist alles gut und wir können die Tiere schon zu ihm bringen lassen. Wenn du eines Tages nach Hause kommst, findest du eine große Herde vor. Bist du damit einverstanden?"
„Sehr gern, doch wie kommen die Tiere dorthin? Ich kann von hier nicht weg."
„Das ist kein Problem. Zwei meiner Pferdeknechte können sie zu deinem Gut bringen und sie sollen mir auch ein paar Tiere aus eurer Zucht einkaufen. Ich will sehen, wie sie sich bei mir machen!"
„Das ist eine gute Idee! Deine Knechte können zuerst nach Rodewin reisen und mein jüngerer Bruder Siegbert begleitet sie dann in den Elbkniegau. Mein älterer Bruder Harald hat die besten Thüringer Pferde und er gibt dir bestimmt einige ab."
„Wir reiten jetzt zurück und du kannst an deine Familie Briefe schreiben, die meine Pferdeknechte mitnehmen können. Morgen früh werden sie mit den Tieren losziehen."
Den ganzen Nachmittag schrieben Hartwig und Baldur Briefe. Ein Pergament war für Harald und ein anderes für Weibel bestimmt.
Nachdem sie damit fertig waren, verfassten sie noch welche für ihre Frauen. Hartwig schilderte Elke in allen Einzelheiten von dem Leben im Frankenlande und was sie bisher alles erlebt hatten. Baldur teilte seiner Ursula mit, dass er große Sehnsucht nach ihr hat. Die fertigen Briefe legten sie zusammen und verschnürten sie in einem wasserdichten Futteral aus einer getrockneten Rindsblase. So würde die Sippe in der Heimat eine Nachricht von ihnen erhalten.

8. Die Schamanin

In Rodewin wurden die letzten Vorratsräume für den Winter gefüllt. Das Jahr war sehr trocken, so dass die Ernte gering ausfiel. Harald hatte vor ein paar Wochen die alte Kräuterfrau aufgesucht und sie nach dem Wetter befragt. Sie warf die Runenstäbe und weissagte eine sehr lange und harte Winterzeit, in der viele Menschen hungern müssten.
Harald hatte die alte Frau vor großen Ereignissen immer aufgesucht und befragt. Was sie ihm voraussagte, traf jedes Mal ein.
So richtete Harald sich auch diesmal danach. Er ließ neue Speicher in Rodewin bauen und tauschte in den Gauen des Thüringer Beckens Getreide, Heu und Stroh in großen Mengen.
Den Sippen des Oberwipgaus riet Harald ebenso zu verfahren. Doch gab es viele, die seine Vorkehrungen für den Winter als übertrieben ansahen und seinen Rat verwarfen. Ähnlich erging es Harald in den Nachbargauen.
Die meisten glaubten nicht, dass es so schlimm werden würde, wie er sagte. Einige verspotteten ihn sogar und sagten, er wäre in manchen Dingen viel zu ängstlich.
Das betraf gleichfalls den Schutzwall, der seine Idee war. Wo nun ein Friedensbündnis mit den Franken bevorstand, sahen viele diese Vorkehrungen als überflüssig an. Wozu sollte ein Wall gut sein, wenn kein Krieg mit den Franken zu befürchten war? Es ergab keinen Sinn, sich diese Mühen aufzubürden. So und anders sprachen die Sippenältesten zu ihm. Leider konnte er sie nicht umstimmen. Harald wurde selbst unsicher und ritt eines Morgens zu der alten Kräuterfrau, die mit ihren beiden Töchtern am Eichelsee lebte.

Die Herbstnebel hatten den See noch vollkommen eingehüllt und nur vereinzelt konnte er schemenhaft einen Baum oder Strauch am Ufer erkennen.
Harald stieg vom Pferd und löste die Riemen, mit denen seine Krücken am Sattel festgebunden waren. Mit seiner hölzernen Prothese, die ihm Jaros gefertigt hatte, konnte er schon fast ohne Stöcke laufen. Doch hatte er sie gerne

dabei. Sie gaben ihm eine größere Sicherheit. Mit der Faust schlug er gegen die Holztür.
„Ich bin's, Harald! Macht mir auf!"
Nach einer Weile hörte er, wie jemand mit seinen Holzpantoffeln zur Tür geschlürft kam. Der innere Türriegel wurde zur Seite geschoben und Ferun, die älteste Tochter der Kräuterfrau, sah Harald verschlafen an.
„Was machst du so zeitig hier? Ist was passiert?", wollte sie wissen.
„Ist deine Mutter da? Ich muss sie sprechen!"
„Sie ist schon sehr früh zum Kräutersammeln gegangen. Es wird bestimmt nicht lange dauern. Komm herein, ich mache dir einen guten Tee zum Aufwärmen!"
Ferun öffnete die Tür weiter und als Harald eingetreten war, verschloss sie sie gleich wieder.
„Lassen wir den kalten Nebel lieber draußen", bemerkte sie beiläufig und ging zum Herd und schürte das Feuer an. Harald setzte sich auf einen Schemel an den großen Tisch.
„Ich bin wohl zu zeitig unterwegs und habe dich jetzt geweckt?"
„Das macht nichts. Spätestens, wenn die Mutter zurückkommt, müssen wir aufstehen. An einem so kühlen Herbstmorgen würden wir lieber auf unserem Strohlager bleiben und den ganzen Tag verschlafen."
Das Herdfeuer leuchtete den ganzen Raum aus. Jetzt erst sah Harald die noch schlafende Helga auf ihrer Pritsche aus Latten und Weidengeflecht. Sie hatte ein Schafsfell als Decke bis über den Kopf gezogen, denn es war noch ziemlich kühl in dem Raum.
Als die Flamme stärker brannte, stellte Ferun einen eisernen Dreibock darüber und setzte einen kleinen Metallkessel darauf. Den füllte sie mit Wasser aus einem Holzeimer.
„Du hast doch nichts dagegen, wenn ich mich jetzt ein wenig frisch mache?", sprach sie zu Harald.
„Tu, was du tun musst! Lass dich durch mich nicht stören!"
Ferun stellte den Eimer mit dem restlichen Wasser auf einen Schemel und zog dann ihr grob gewebtes Leinenhemd aus. Zögernd tauchte sie ein Tuch hinein und rieb sich damit den ganzen Körper ab. Es schien so, als würde das Wasser

auf ihrer Haut verdampfen. Sie hatte bemerkt, dass Harald ihr beim Waschen zusah und beeilte sich nicht damit. Beim Abtrocknen drehte sie sich zu ihm hin und fragte: „Gefalle ich dir noch immer?“
„Du bist so schön und verführerisch, wie vor vielen Jahren. Damals war ich sehr jung und unerfahren. Es war das erste Mal, dass ich es mit einem Mädchen hatte.“
„Bei mir war es damals ebenso das erste Mal und ich kann mich noch gut daran erinnern.“
„Seitdem ist viel Wasser die Wip hinab geflossen. Jetzt bin ich ein verheirateter, hinkender Krüppel.“
„Das stimmt nicht. Du bist immer noch ein stattlicher Mann, auch wenn du nur ein Bein hast und ich würde gern wieder einmal bei dir liegen! Du brauchst es nur zu sagen!“
„Ich habe aber kein Geschenk für dich mitgebracht“, entgegnete er leise.
Ferun kam langsam auf ihn zu.
„Berühre meine Haut und sage mir, ob sie noch so zart ist, wie damals!“
Harald strich mit den Fingern über ihren Arm und die Taille.
„Es ist alles wie früher.“
Ferun rückte näher an ihn heran, umfasste seinen Kopf und drückte ihn an ihren Bauch.
Da räkelte sich Helga auf ihrer Pritsche und schob das Schaffell weg. Die Wärme des Feuers mag sie geweckt haben. Ferun ließ los und zog sich das Leinenhemd über. Sie nahm ein paar Kräuter vom Regal und gab sie in das siedende Wasser. Schon nach kurzer Zeit strömte ein wohliger Duft durch den ganzen Raum. Helga hatte Harald noch nicht bemerkt und tappte ganz verschlafen zu der Feuerstelle. Mit einer Kelle schöpfte sie etwas Tee in eine Schale und versuchte vorsichtig zu trinken.
„Au, das ist aber heiß! Jetzt habe ich mir die Zunge verbrannt.“
„Da hättest du aufpassen müssen“, entgegnete Ferun.
Ihre Schwester sah den Wassereimer mit dem nassen Tuch und zog das Hemd aus, um sich zu waschen. Als sie fertig war, entdeckte sie Harald und erschrak. Ferun musste lachen.

„Warum sagst du mir nicht, dass wir Besuch haben, du blöde Gans?", schimpfte sie ihre Schwester, die dem Gast Tee in eine Schale goss. Schmunzelnd betrachteten sie vom Tisch aus Helga, die noch immer tobte und nicht bemerkte, dass sie nackt herumrannte.
Da klopfte es. Ferun öffnete und ihre Mutter kam schnell herein.
„Schön, das du Feuer gemacht hast, da draußen ist es grimmig kalt."
Sie blickte sich im Raum um und sah plötzlich Harald und die nackte Helga.
„Vollführst du einen Liebestanz so früh am Morgen?", sprach sie zu ihrer jüngsten Tochter, die erst jetzt bemerkte, dass sie nichts anhatte. Schnell zog sie sich das Hemd über.
Die Alte ging zu Harald.
„Ist noch ein dummes Ding die Kleine, aber ich denke, dass du nicht ihretwegen so früh gekommen bist?"
„Nein, ich will dich etwas Wichtiges fragen! Du musst für mich in die Zukunft sehen! Ich will wissen, ob die Franken gegen uns noch Krieg führen werden?"
„Woher soll ich das wissen?", entgegnete unwirsch die Alte.
„Du bist doch eine Schamanin und kannst mit meinen Ahnen in der anderen Welt reden. Vielleicht können sie dir sagen, was sein wird."
Die Kräuterfrau ging zum Feuer und sah gebannt hinein.
„Wenn es für dich wichtig ist, versuchen wir es!"
„So soll es sein!", antwortete Harald.
„Lass uns zuerst frühstücken! Ich bin schon seit ein paar Stunden nüchtern auf den Beinen", sagte sie und lief zu der Feuerstelle hin. Ferun hatte in einem zweiten Kessel bereits einen Hirsebrei zubereitet und schöpfte ihn in eine große hölzerne Schale. Die stellte sie auf den Tisch und legte vier Holzlöffel daneben.
„Hier nimm und stärke dich, bevor wir beginnen! Es wird keine leichte Sache sein, was wir vorhaben."
„Ich muss unbedingt wissen, ob die Franken uns in Ruhe lassen oder Krieg führen werden! Sie wollen ein Bündnis mit dem König eingehen, doch ich traue ihnen nicht. Ich

denke, dass sie uns schon in ein paar Jahren erneut angreifen."
„Wir werden sehen, doch jetzt lang zu und iss!"
Ferun und Helga hatten sich an den Tisch gesetzt und alle langten in die Breischale. Harald hatte nur zögerlich zugelangt.
„Schmeckt es dir nicht?", fragte die Alte.
„Ich bin einfach zu sehr in Gedanken."
„Na gut, dann wollen wir uns nicht länger mit dem Essen aufhalten. Ich werde jetzt einen Zaubertrank brauen und ihr helft mir dabei", sprach sie zu den Töchtern.
Sie ging zu dem Regal, wo zuvor Ferun verschiedene Kräuter für den Tee entnommen hatte und kam mit einer kleinen Holzschale zurück.
Mit den Fingerspitzen entnahm sie eine Brise von dem darin aufbewahrten Pulver und streute es in den Teekessel. Dann gab sie noch verschiedene getrocknete Blätter hinzu und rührte alles um. Als es aufkochte, goss sie aus einer Kanne eine klare Flüssigkeit hinzu. Angenehm roch der Sud nicht und Harald hoffte, dass er nicht davon trinken musste.
Nachdem das Ganze ein zweites Mal aufgekocht war, stellte die Alte den Kessel neben die Feuerstelle, damit er sich abkühlen konnte. Mit einer Kelle schöpfte sie den Inhalt in einen Krug und in einen Trinkbecher.
Helga holte aus einer Ecke des Raumes eine Trommel hervor. Sie war mit einem Ziegenfell bespannt und mit magischen Zeichen bemalt.
Die Schamanin erklärte Harald die Bedeutung der Symbole. In der Mitte war Odin mit seinem achtfüßigen Pferd dargestellt. Rechts von ihm stand Thor mit seinem Hammer und links davon konnte man Freya mit einem Speer erkennen.
Ferun brachte eine Schale mit einer gelben Salbe und rieb damit das Gesicht, die Hände und Füße ihrer Mutter ein.
Die Schamanin legte ein Schaffell auf den Boden, inmitten des Raums und setzte sich darauf.
Helga begann leicht zu trommeln. Die ältere Tochter reichte ihrer Mutter die Teeschale mit dem Zaubertrank. Sie leerte sie in einem Zug.
Die Alte flüsterte unverständliche Worte und kreiste mit dem

Oberkörper im Takt der Trommel. Dabei hatte sie die Augen geschlossen. Das rhythmische Geräusch wurde allmählich immer lauter und die Bewegungen der Schamanin immer heftiger. Sie riss die Augen auf, doch ihr Blick war starr, wie bei einem Blinden.
Ihre Stimme bekam einen tiefen Klang und ihre Worte wurden allmählich klar und verständlich. Harald sah aufmerksam zu und versuchte jedes Wort von ihr zu erfassen.
Da hörte Harald die Sätze:
„Geh nicht ab von deinem Weg,
das Bündnis ist ein brüchig Steg!
In Ketten führt man viele fort,
zu einem weit entfernten Ort.
Nur wenige werden überleben
und stetig nach der Freiheit streben."
Die Augen der Schamanin schlossen sich und sie fiel, wie vom Blitz getroffen nach der Seite um. Helga hatte aufgehört zu trommeln und legte ihre Finger an die Schläfe ihrer Mutter. Die lag noch immer wie tot auf der Seite.
Nach einer Weile bewegte sie ihre Hände wieder, dann die Beine und hob zuletzt den Kopf. Das Leben schien in sie zurück zu kehren. Sie blickte Harald an und fragte ihn, ob er seine Antwort bekommen hätte. Er nickte und war noch immer stark berührt von dem soeben Erlebten.
Die beiden Töchter halfen ihrer Mutter auf und führten sie zu ihrer Liege. Hier ruhte sie sich von den Anstrengungen der Ahnenbefragung aus.
Harald nahm die Krücken und ging zu seinem Pferd. Ferun versuchte ihm beim Aufsteigen zu helfen, doch er winkte ab. Harald brachte kein Wort über seine Lippen und ritt eilig nach Hause. Auf dem Weg wiederholte er die Worte, die die Schamanin klar und verständig gesprochen hatte. Sie waren eindeutig. Seine Ahnen hatten durch ihren Mund mit ihm gesprochen und ihn vor den Franken gewarnt. Nie wieder würde er zweifeln und mit ganzer Kraft seine Vorkehrungen treffen.

Gegen Mittag traf Harald zu Hause ein. Heidrun bemerkte die Verschlossenheit ihres Mannes. Er setzte sich zu ihr

und erzählte, was er von der Schamanin erfahren hatte.
„Du musst das den anderen sagen, denn sie sind genauso davon betroffen wie wir“, meinte sie und drückte seine Hand.
„Die Männer werden mich nicht verstehen und auch nicht den Worten der Schamanin glauben.“
„Du musst es aber versuchen, sie zu überzeugen. Wenn sie nicht auf dich hören und dann Leid über sie kommt, so können sie dir keine Vorwürfe machen, dass du sie nicht gewarnt hast!“
„Ich werde es so machen, wie du sagst. Was würde ich nur ohne dich tun?“
Er umarmte Heidrun und drückte sie fest an seine Brust.
Mit neuem Elan ging Harald an seine Aufzeichnungen über den Schutzwall zum Oberwipgau. Er rief den Schreiber, der immer noch bei ihm lebte und besprach alle Einzelheiten. Seinen Knappen hatte er auch in das Vorhaben mit dem Schutzwall eingeweiht und von ihm erhielt er viele praktische Vorschläge.
Zum nächsten Vollmondtag lud er alle Krieger seines Gaus zum Thing. Er wollte ihnen die mahnenden Worte seiner Ahnen mitteilen. Ob die Krieger seinem Rat folgen würden, stand in den Sternen geschrieben.

Auf dem Hof war es unruhig geworden. Harald ging zur Tür und sah hinaus. Durch das Hoftor kam eine Gruppe Reiter. Er erkannte Amalafred und den Großkanzler und ging ihnen entgegen. Sie saßen ab und die Männer begrüßten sich. Der Großkanzler wies auf seine Begleiter und stellte sie vor.
„Dies ist der Gesandte von Theuderich, den du in Herminaburg schon kennen gelernt hattest.“
„Ich erinnere mich gut und begrüße dich in meinem bescheidenen Heim.“
„Ich freue mich, dich wiederzusehen.“, sprach der Gesandte.
Der Großkanzler fuhr mit dem Vorstellen fort.
„Dies ist der Neffe von Theuderich, der mit dem Sohn des Gesandten als Gast am Königshof ist und die beiden anderen Männer sind Meldereiter.“

„Seid mir herzlich willkommen und tretet ein in mein Haus!“ Er ging voran. Die Meldereiter blieben bei den Pferden und wurden von den Kindern umringt und ausgefragt.
Heidrun hatte die Gäste bemerkt und schnell etwas Ordnung im großen Wohnraum geschaffen. Sie brachte gleich Speck und Brot und einen großen Krug mit Met aus der Küche und stellte alles auf den Tisch.
„Ihr werdet von der weiten Reise bestimmt hungrig sein?“, sagte sie und ging wieder in die Küche zurück. Nachdem alle an dem großen Tisch Platz genommen hatten, begann der Großkanzler zu reden: „Entschuldige unsere unangemeldete Ankunft, mein lieber Harald, aber ich muss mit dir noch ein paar wichtige Dinge besprechen! Unser gemeinsamer Freund, der Gesandte, bat mich mitzukommen, um sich deine schönen weißen Pferde ansehen zu können.“
Der Franke nickte zustimmend dem Großkanzler zu.
„Es freut mich, dass ihr euch für meine Rösser interessiert und so schlage ich vor, dass wir sie uns nach dem Essen gleich ansehen werden!“
„Mit diesem Vorschlag sind wir einverstanden“, bemerkte der Großkanzler.
Sie unterhielten sich über die Reise, das Wetter und andere belanglose Dinge, dann gingen sie hinaus in die Pferdeställe. Harald hatte inzwischen vieles baulich verändert. Auf seinen Reisen konnte er vieles sehen, was nachahmenswert war und das setzte er bei sich um.
Der Gesandte, der das Anwesen in Rodewin noch nicht kannte, war sehr beeindruckt von der Größe und Ausstattung.
In den freien Laufställen waren mehrere Stuten mit ihren Fohlen untergebracht. Die meisten Pferde befanden sich jedoch auf den großen Koppeln, die in der Nähe des Schwemmteiches lagen und kleine Baumgruppen mit einschlossen.
Viele Tiere würden über die gesamte Winterzeit im Freien bleiben und sie konnten dann unter den Fichten und Tannen Schutz suchen.
„Heute ist es schon zu spät um hinauszureiten, aber ihr könnt gern ein paar Tage unsere Gäste sein.“

„Zwei Nächte können wir bleiben“, entgegnete der Großkanzler, „dann müssen wir unbedingt wieder zurück und die Übergabe der fränkischen Gefangenen vorbereiten. Sie sollen noch vor der Wintersonnenwende heimkehren.“
„Werden sie alle nach Hause können?“
„Nein, nur die Krieger. Für die Krieger wurde vom König Theuderich Lösegeld bezahlt. Wahrscheinlich braucht er sie im Kampf gegen die Burgunder und Sachsen.“
„Hoffentlich wird König Theuderich die Krieger nicht wieder gegen uns einsetzen!“, gab Harald zu bedenken.
„Das glaube ich nicht. Unser Friedensbündnis, das wir seit Wochen ausgehandelt haben, steht auf einem soliden Fundament. Wenn die Hochzeit zwischen Theuderichs Sohn und der Thüringer Königstochter vollzogen ist, dann ist dieses Bündnis durch die Familienbande der beiden Königshäuser besiegelt und es wird nie mehr einen Krieg zwischen unseren Reichen geben.“
„Ich hoffe, du hast recht!“, entgegnete Harald noch immer zweifelnd.

Amalafred hatte die beiden Jungen, die als Geiseln auf Herminaburg lebten, mit Siegbert bekannt gemacht. Sie verbrachten nun schon ein paar Wochen auf dem Königssitz und der Prinz sollte sich um sie kümmern. Da sie aber viele Jahre jünger waren und in ihrem Alter andere Interessen hatten als er, so langweilte es ihn. Sie sprachen nur fränkisch und Latein. Dies ermüdete ihn obendrein. Doch eine andere Lösung schien nicht in Sicht.
Hier in Rodewin konnte sich Siegbert um sie kümmern. Das schaffte ihm freie Zeit. Er wollte Udo in Alfenheim besuchen und am nächsten Tag wieder zurück sein.
Der Weg führte an dem Haus der Kräuterfrau vorbei. Vielleicht waren die Alte und ihre Töchter zu Hause? Amalafred klopfte an die Holztür und trat ein. Ferun und Helga sprangen von ihren Schemeln auf und umarmten ihn stürmisch. Einen solch angenehmen Empfang hatte Amalafred nicht erwartet. Er ging zu der alten Frau und begrüßte sie höflich.
„Ei, unser Pferdeknecht des Königs ist wieder einmal hier.

Wie geht es deinem Fuß? Ist alles gut verheilt?"
„Die Narbe ist fast nicht mehr zu sehen."
„Doch blass schaust du schon noch aus. Du hast zu wenig Sonne und isst nicht das Richtige. Komm setz dich her! Wir haben eine gute Suppe. Die wird dich ordentlich von Innen aufwärmen."
Zögernd nahm Amalafred am Tisch Platz und Ferun reichte ihm einen Löffel, mit dem er in die große Essschüssel langen sollte. Kritisch beäugte er den Inhalt. Zum Glück sah er nur Kräuter und Gemüse. Es waren also keine Frösche oder anderes Getier darin zu finden. Die Suppe schmeckte ihm wirklich gut und so langte er kräftig hinein und schmatzte absichtlich laut.
„Das ist gut so, mein Sohn. Iss nur, damit du gesund und stark wirst!", sagte die Alte und lächelte ihren beiden Töchtern zu.
Nach dem Essen musste Amalafred von dem Leben am Hof berichten. Er konnte viele neue Geschichten von den Gefangenen erzählen, den fränkischen Kriegern und den Bauersleuten, die als Sklaven weiterverkauft wurden. Die Frauen hatten großes Mitleid mit ihnen und dachten daran, dass auch sie ein solches Los treffen könnte, wenn die Schicksalsgöttinnen es so wollten.
Amalafred musste nun weiterreiten. Der Weg bis nach Alfenheim war noch weit und er wollte vor dem Dunkelwerden dort eintreffen. Ferun begleitete ihn zu seinem Pferd, das an einem Baumstamm angebunden war.
„Wenn du morgen Früh zurückreitest, dann kannst du mich besuchen. Meine Mutter und die Schwester wollen sehr zeitig nach Heyloh. Dort hat eine Kuh Probleme beim Kalben."
„Ich werde es mir überlegen!", entgegnete er kühl und ritt davon. Der Weg nach Alfenheim kam ihm sehr fremd vor. Er war ihn nur wenige Male bisher geritten und zu dieser Jahreszeit, wo das Laub schon von den Bäumen gefallen war und die Wege bedeckte, sah alles anders aus.
So erreichte er erst am späten Nachmittag Ulrichs Hof. Ursula und Elke kamen ihm freudig entgegen. Sie hofften, dass er ihnen Neuigkeiten von Hartwig und Baldur sagen

könnte, die im fernen Frankenland als Geiseln lebten. Die beiden Frauen waren sehr viel zusammen, einmal in Rodewin und danach wieder in Alfenheim. Sie konnten die Trennung von ihren Geliebten nur sehr schwer ertragen und trösteten sich gegenseitig. Gleiches Leid ist geteiltes Leid, das schmiedete sie zusammen.
Neuigkeiten wusste Amalafred über Hartwig und Baldur leider nicht zu berichten. Er hatte jedoch gehört, dass die Vermählung der Prinzessin und Theudebert vielleicht doch früher erfolgen könnte, als anfangs vorgesehen war. So bestand die Möglichkeit, dass die Geiseln früher nach Hause kämen.
Diese Nachricht erfreute die Frauen. Vor Begeisterung gaben sie Amalafred einen Kuss auf die Wange.
Überrascht sah dieser sie an. Elke erwiderte: „Das kannst du nicht verstehen, du hast noch keine Frau."
„Zum Glück für mich. Wer weiß, wen ich einmal heiraten muss?"
Sie gingen ins Haus. Dort waren die Mutter und Gislinde.
„Wo ist Udo?", wollte Amalafred wissen.
„In der Schmiede. Geh nur, du findest den Weg schon!"
Amalafred folgte dem Klang der Hammerschläge und so gelangte er schließlich zur Schmiede. Hier bearbeitete Udo mit seinem Gehilfen gerade ein Schwert. Die Arbeit konnten die beiden nicht unterbrechen, denn das Eisen war noch glühend.
Nachdem Udo das Schmiedeteil mit der Zange wieder in die Glut legte, wischte er sich den Schweiß mit einem Tuch aus dem Gesicht und begrüßte Amalafred.
„Das ist ein seltener Besuch. Wie kommt es, dass du hier bist?"
„Ich begleite den Großkanzler zu Harald. Er hat etwas Wichtiges mit ihm zu besprechen."
„Das ist schön, dass du bei uns hereinschaust. Wie lange kannst du bleiben?"
„Ich muss morgen Früh wieder nach Rodewin."
„Na, wenn das so ist, dann werde ich unsere Arbeit unterbrechen und wir gehen ins Haus und können miteinander reden. Es gibt bestimmt viel Neues zu berichten."

Die beiden Männer gingen ins Haus, während der Gehilfe nun allein die Schmiede aufräumen musste. Die Mutter hatte bereits das Abendessen zubereitet und Ulrich, der Sippenälteste, war aus dem Wald zurückgekommen. Er hatte Bäume ausgesucht, die sie für Bretter und Brennholz fällen wollten.
Alle waren schon sehr neugierig etwas vom Königshof zu hören. Das Gerücht von dem Friedensbündnis mit den Franken hatte sich schnell verbreitet und war auch in Alfenheim angekommen.
Amalafred erklärte die Einzelheiten des Bündnisses, wie er sie kannte und alle waren sehr froh über den guten Ausgang der Verhandlungen. Der letzte Krieg gegen die Franken war zwar siegreich, doch es gab viele Tote in den Sippen zu beklagen. Die wenigen Beutestücke, die Ulrich und Udo mitbrachten, waren nicht so bedeutend, dass es ihr Leben verbessert hätte.
Größer zählte der Verlust von Ulrichs Freund Herwald, der im Kampf gegen die Franken getötet und von den Walküren nach Walhall getragen wurde. So sah es zumindest Ulrich. Mit dem Bündnis war eine langjährige Fehde endlich zu Ende und die Bauern konnten in Ruhe ihre Ernte einbringen und mussten danach nicht zu den Waffen greifen.
Udo berichtete dann von den Kampfübungen, die die Jungkrieger einmal in der Woche abhielten und dass er dafür verantwortlich war.
„Es ist auch einer von Haralds Bärenkriegern dabei, der uns tolle Kampftechniken beibringt."
„Ein Bärenkrieger?", fragte Amalafred verwundert.
„Ich habe schon viel von ihnen gehört. Ihre Geschicklichkeit und ihr Heldenmut wird in vielen Liedern besungen."
„Wenn du einmal für längere Zeit hier bist, so kannst du zu unseren Kampfübungen mit kommen. Am Ende machen wir dann noch einen Bärenkrieger aus dir."
„Ich glaube nicht, dass ich das jemals schaffen könnte. Mein Vater hat mich nicht für den Kampf mit Schwert und Axt ausbilden lassen. Er will, dass ich mit dem Kopf kämpfe."
„Du bist ein Prinz und da muss man anders denken und handeln, als wir einfachen Leute. Doch ist es für einen

zukünftigen König bestimmt nicht schlecht, auch mit dem Schwert umgehen zu können."
„Ich werde es mir überlegen."

Am Morgen, als Amalafred munter wurde, war es draußen noch dunkel und der kalte Nebel hüllte die Umgebung ein. Die Hausfrau schürte das Feuer in der Küche. Zeit für ein Frühstück nahm er sich nicht und ritt eilig davon.
In der Nacht hatte Amalafred überlegt, ob er auf das Angebot von Ferun eingehen sollte oder nicht. Auf der einen Seite war er sehr eifersüchtig und wollte deshalb nichts mehr mit ihr zu tun haben, doch auf der anderen Seite gab es eine innere Stimme, die ihn zu ihr trieb. Letztendlich siegte die innere Stimme und er ritt geradewegs zu ihr.
Als er die Tür der Hütte öffnete, kam ihm ein wohliger Duft von Kräutertee entgegen. Ferun hatte ein Frühstück für ihn vorbereitet und alles auf den Tisch gestellt.
„Komm herein und setz dich! Du wirst schon recht hungrig sein, mit deinem leerem Magen."
„Woher weißt du, dass ich heute Morgen nichts gegessen habe und es war doch gar nicht sicher, dass ich hierher komme?"
„Ich fühlte, dass du kommst. Ich hatte es gestern in deinen Augen gelesen."
„Dann weißt du mehr als ich über mich selbst."
„Vielleicht", flüsterte sie leise.
„Du bist schon eine sonderbare Frau. Ich kann dich einfach nicht verstehen."
„Das ist meist so, dass die Männer die Frauen nicht verstehen können. Die klugen Männer geben es bald auf, hinter die Denkweise der Frauen zu kommen und dann geht es beiden besser."
„Ferun, meinst du, ich sollte nicht über dich und mich nachdenken?"
„Ja, das meine ich."
„Gut, dann werde ich es versuchen!"
Ferun setzte sich neben Amalafred auf einen Schemel und sah ihm zu, wie er aß.
„Möchtest du etwas abhaben?" fragte er sie.

„Nein, ich habe schon sehr zeitig gefrühstückt und die Steine aufgeheizt."
„Wieso hast du Steine aufgeheizt?", wollte Amalafred wissen.
„Das verrate ich dir noch nicht. Du wolltest doch nicht mehr nachfragen. Hast du das schon wieder vergessen? Nach dem Essen werde ich dir zeigen, wozu ich sie brauche."
„Gut, ich frage nicht mehr und lasse alles nur noch geschehen."
„Das ist die richtige Einstellung."
Nachdem Amalafred mit dem Frühstück fertig war, folgte er Ferun zu dem offenen Herdfeuer.
Über der Glut standen drei Eisenkörbe, gefüllt mit großen Kieselsteinen. Wieder wollte Amalafred fragen, doch er verkniff es sich jetzt.
Ferun nahm einen Eisenbügel und hakte ihn in den vordersten Korb. Dann trug sie die heißen Steine in eine kleine Kammer, die am hinteren Ende des Wohnraumes lag. Sie öffnete die Holztür und stellte den Steinkorb auf einen großen Sandstein. Die Vorbereitungen waren beendet und sie zog sich ihr Kleid aus.
„Du musst dich auch entkleiden, bevor du hineingehst", sprach sie und war schon wieder in dem kleinen Raum verschwunden.
„Wo bleibst du denn?", rief sie ungeduldig.
Amalafred zog sich schnell aus und trat ein. Hier standen drei Schemel und in einer Ecke lagen getrocknete Birkenzweige.
„Setz dich auf den mittleren Hocker!", sagte sie und zog die Tür heran. Es war ziemlich dunkel und nur zwischen den Brettern drang ein wenig Licht herein. Mit einer Holzkelle schöpfte sie Wasser aus einem bereitgestellten Eimer und goss es langsam über die heißen Steine.
Es zischte und brodelte. Amalafred nahm es fast die Luft.
„Wenn du so weitermachst, verbrühe ich! Ich kann gar nichts mehr sehen!", rief er ängstlich.
„Bleib ganz ruhig! Es passiert dir nichts", entgegnete Ferun.
Durch den Dampf konnte man die erhellten Ritzen zwischen den Balken nicht mehr erkennen.

Ferun nahm ein paar Birkenreiser und fing an, Amalafred damit leicht auf den Rücken zu schlagen.
„Damit massiere ich deine Haut. Die Poren weiten sich durch den Dampf und die Durchblutung wird verbessert. Wenn uns richtig warm ist, rennen wir hinaus und springen in das Wasser, gleich hinter dem Haus."
„Es ist zu dieser Zeit viel zu kalt zum Baden. Da kann man krank werden."
„Nicht, wenn du vorher richtig aufgeheizt bist."
„Hinter dem Haus ist doch aber nur Schilf, da kann man doch gar nicht hineinspringen."
„Es gibt dort einen Brunnen mit einer Quelle. Im Sommer holen wir da unser Trinkwasser und kühlen uns manchmal auch darin ab. Im Winter tun wir Fische vom See hinein, die sich dann leicht mit einem Netz fangen lassen. Das Wasser reicht dir dort nur bis zum Bauchnabel."
„Oh je, was muss ich hier erleben. Mir ist schon so heiß, dass ich es nicht mehr aushalte!"
„Jammere nicht und folge mir!", rief sie und stieß die Tür auf. Beide rannten durch den Wohnraum nach draußen. Hinter dem Haus stieg sie die Steinstufen hinab in das Becken und tauchte unter. Amalafred hatte nur die Zehen in das Wasser gehalten und meinte, dass es zu kalt wäre. Ferun rief ihm zu: „Komm schnell herein, sonst fängst du an zu frieren!"
Amalafred nahm seinen ganzen Mut zusammen und stieg ins Wasser, tauchte unter und sprang dann gleich wieder heraus. Draußen merkte er, dass die Luft gar nicht mehr so kalt war. Sie rannten wieder zurück ins Haus.
„Jetzt warten wir noch eine Weile und dann machen wir einen zweiten Aufguss. Du wirst sehen, dass es dir immer mehr gefallen wird."
„Bis jetzt war es zu verkraften, aber ich weiß nicht, was noch alles folgt."
„Du brauchst dich nicht zu ängstigen! Bei mir bist du in guten Händen."
Nach einer Weile wechselte sie die Steinkörbe und rief Amalafred zu kommen.
Er kannte nun die Abfolge und genoss jetzt besser das Dampfbad. Ferun peitschte ihm wieder den Rücken mit den

Birkenreisern. Als die Haut zu brennen begann, verlegte sie sich auf seine Arme und lehnte sich an seinen Rücken, um seine Brust, Bauch und Oberschenkel bearbeiten zu können. Dabei fühlte er ihre Haut und wie sich ihre Brüste an seinen Rücken pressten.

Das war ihm beim ersten Aufguss gar nicht aufgefallen. Ihr Schweiß vermischte sich mit dem seinen. Ihn überkam ein unwiderstehlicher Drang, Ferun zu berühren. Langsam wollte er sich nach ihr umdrehen, doch im gleichen Moment stieß sie die Tür auf und rannte hinaus zum Wasserbecken.

Amalafred eilte hinterher und freute sich schon auf den dritten Aufguss, denn der dritte Steinkorb war noch auf dem Feuer. Es kam jedoch anders.

Es gab kein drittes Mal mehr, denn ihm wurde schwindlig, als er ins kalte Wasser stieg. Ferun führte ihn ins Haus, legte ihn auf ihre Liege und deckte ihn mit Wolldecken zu.

„Dein Kreislauf ist zu stark belastet. Jetzt musst du erst einmal ausruhen und Tee trinken! Dann ist wieder alles in Ordnung."

Ferun setzte sich auf den Rand der Liege und reichte ihm eine Schale mit dem warmen Getränk. Er nippte nur davon. Die Lebensgeister kamen langsam zurück und er genoss die liebevolle Pflege. In ihm regte sich erneut der Wunsch, dem schönen Wesen, an seiner Seite näher zu kommen.

Vorsichtig schob Amalafred seinen rechten Arm unter der Decke vor und strich mit der Hand über ihre Schenkel. Ferun hielt noch immer die Teeschale in den Händen und ermahnte ihn leise, alles brav zu trinken.

Seine Hand glitt weiter, wie eine Natter an ihrem Bauch herauf zu ihren Brüsten. Sie waren ganz feucht und der Schweiß schien ihr immer noch aus allen Poren zu rinnen. Amalafred störte es nicht, im Gegenteil.

Nachdem er den letzten Schluck getrunken hatte, legte sie die Schale auf den Fußboden und blieb ruhig neben ihm sitzen. Amalafred fasste ihre Hand und zog diese unter seine Decke. Sie fühlte, wie erregt er war und wusste, welche Medizin er jetzt brauchte.

Langsam schob sie seine Wolldecken beiseite. Amalafred

schien vor Hitze und Leidenschaft zu glühen. Gekonnt verschaffte sie ihm Hilfe. Sie deckte ihn wieder zu und er schlief sanft ein.

Erst am späten Nachmittag kam Amalafred in Rodewin an. Siegbert war noch mit den beiden Jungen im Wald, um Hasen zu jagen. Einen Hasen konnten sie mit dem Wurfspieß erlegen und haben ihn an Ort und Stelle auf einem offenen Feuer gebraten und verspeist.
Das war für die beiden Frankenkinder ein besonderes Erlebnis, die von daheim das Leben in der Stadt gewohnt waren. Siegbert gefiel es, dass er den Kindern etwas Besonderes zeigen und beibringen konnte.
Siegbert war schon etwas älter als die Knaben, doch verstand er sich mit ihnen sehr gut. Da die Franken nicht thüringisch sprechen konnten, verlegten sie sich auf Latein. Nun war Siegbert froh, dass er freiwillig an dem Unterricht von Baldur und Hartwig mit teilgenommen hatte.
Am nächsten Tag kamen Elke und Ursula aus Alfenheim zurück. Bis zur Sonnenwendfeier wollten sie hier bleiben. Heidrun war froh darüber, denn nun konnten sich die Frauen über alle möglichen Dinge unterhalten und zusammen Handarbeiten verrichten.
Heidrun hatte einen Webstuhl erhalten und damit schon schöne Tücher aus Wolle und Leinen gefertigt. Sie verstand es, farbige Muster hineinzuweben. Von allen wurde Heidrun wegen ihrer Geschicklichkeit bewundert.
In den Herbsttagen gab es sehr viel zu tun. Es musste das Getreide eingelagert und vor den Mäusen und Ratten geschützt werden. Dabei halfen kleine Hunde, die auf die lästigen Nager abgerichtet waren. Die Speicher standen auf hohen Stelzen. Dort war das Getreide auf Holzböden ausgebreitet.
Überall waren Mausefallen aufgestellt, doch die halfen nur wenig gegen die Plagegeister. Wirkungsvoller waren die Hunde, die jede Maus witterten und dann bellten.
Es war die Aufgabe der Kinder, die Maus zu fangen und ihnen entkam keine.

Auf den kargen Sandböden in Rodewin gediehen nicht alle Getreidesorten. Am meisten wurde Roggen und Hafer angebaut. Den Weizen, die Gerste und das Einkorn tauschte man seit vielen Jahren mit den Bauern, die in Gegenden mit schweren Lehmböden ihre Felder hatten. Gemüse, Obst und Kräuter mussten in ausreichenden Mengen eingelagert werden.
Wie viel man davon benötigte, bestimmte immer noch Waltraut, die Hausfrau. Sie musste über die Winterzeit die vielen hungrigen Mäuler satt kriegen. Das war keine leichte Aufgabe und eine große Verantwortung. Gingen die Vorräte vorzeitig aus, so bedeutete dies tagelang Hungern, bis das erste Gemüse reif war.
Über das Korn für die Aussaat im Herbst und im Frühjahr entschied der Sippenälteste. Wenn das Getreide für das Essen knapp wurde, durfte das Saatgut nicht angegriffen werden. Eher aß man die Rinde und die Wurzeln der Bäume, als das Saatgetreide.
Frauen und Kinder sammelten im Herbst Waldbeeren, Heilkräuter und Pilze. Diese wurden getrocknet, um sie haltbar zu machen.
Heidrun unterstützte ihre Schwiegermutter in der letzten Zeit sehr, denn eines Tages würde sie die Aufgabe der Hausfrau übernehmen müssen und das wollte gelernt sein. Daher waren die beiden Frauen oft zusammen anzutreffen und Waltraut erklärte ihr alle Dinge, die es zu beachten gab. Nach dem Tod ihres Mannes fühlte sie sich oftmals sehr unglücklich. Heidrun verstand ihren Schmerz und tröstete sie, wenn es ihr wieder einmal schlecht ging.

Der Thingtag war gekommen und Harald ritt in Begleitung seines Knappen und Siegbert zu dem Sammelplatz. Es waren alle Sippenältesten und Krieger des Oberwipgaus erschienen. Sie wussten nicht genau, worum es ging, doch ahnten sie, dass es sich um den Schutzwall handeln würde.
Harald eröffnete die Versammlung und sprach gleich die beiden Punkte an, die er allen mitteilen wollte. Als Erstes forderte er alle Sippenältesten auf, mehr als sonst für den

Winter vorzusorgen. Harald sagte ihnen, dass er dies aus den Runen erfahren habe.
Der Sippenälteste von Heyloh widersprach ihm gleich.
„Meiner Meinung nach wird der Winter eher kürzer und milder werden, als er normalerweise ausfällt. Ich beobachte seit Jahren die Mäuse und Vögel und das hat in den letzten Jahren immer gestimmt. Es wäre daher eine reine Verschwendung zusätzliches Getreide und Futter für das Vieh einzulagern. Bei mir hat es immer ausgereicht und das wird wieder so sein. Darauf würde ich meine Teiche verwetten."
Die anderen diskutierten in die eine oder andere Richtung und waren am Ende zerstritten, was nun richtig wäre. Harald beruhigte wieder die Gemüter.
„Ihr braucht nicht darum streiten, was richtig sein könnte. Es muss letztendlich jeder selber wissen, ob es für ihn ausreicht oder nicht. Wenn ihr Teile eurer Ernte jetzt im Herbst tauscht und Vieh abgebt, so ist das eure Sache.
Denkt aber auch an den harten Winter vor zehn Jahren, wo keiner mehr etwas zu Essen hatte und einige Leute in unserem Gau verhungert sind!
Das soll nicht mehr vorkommen! Aus diesem Grunde habe ich euch gewarnt und von den Runen berichtet."
Der Älteste der Sippenvorstände, Ulrich aus Alfenheim, der ein gewichtiges Wort hatte, ermahnte alle, den Runen zu glauben und sich danach zu halten.

Allmählich wurde es ruhig und Harald konnte zum zweiten wichtigen Punkt zu sprechen.
„Ihr habt bestimmt schon gehört, dass unser König Herminafrid mit dem König der Franken Theuderich ein Friedensbündnis schließen will.
Alle unsere Sorgen wegen eines erneuten Angriffes der Franken wären somit unbegründet. Bisher haben sich jedoch die Franken noch nie an Vereinbarungen gehalten, das haben wir seit Jahren bei den Grenzkonflikten erlebt. Warum sollte das jetzt anders sein?
Wir hatten uns vorgenommen, um unseren Gau einen natürlichen Schutzwall zu errichten. Sümpfe, Teiche, Dornenhecken und andere Hindernisse sollen die Krieger aus dem

Frankenreich vor einem Überfall auf unseren Gau hindern. Wenn das Bündnis halten würde, dann wäre der Schutzwall sicher nicht notwendig, doch wer weiß, ob die Franken uns nicht wieder überfallen werden?"
Raimund, der Sippenälteste von Heyloh, rief dazwischen. „Das hatte ich euch vor ein paar Wochen gleich gesagt, dass der Schutzwall unsinnig ist, als hätte ich das mit dem Bündnis der Könige geahnt."
Raimund sah in die Menge und schlug sich mit der rechten Hand triumphierend an die Brust.
„Du hast uns schon vieles erzählt und das meiste davon war Unsinn", entgegnete ein anderer in der Versammlung.
Wieder wurde es laut. Harald hob die Hand, damit Ruhe einkehrte.
„So lasst mich erst einmal fertig ausreden! Ich war mir nicht mehr sicher, ob der Schutzwall notwendig sein wird. Daher bin ich zu der Schamanin gegangen und habe sie gebeten, meine Ahnen zu befragen. Sie sollten mir Gewissheit geben.
Die Schamanin wanderte in die Schattenwelt und meine Ahnen sprachen aus ihrem Mund."
„Was sagten sie?", wollte einer wissen.
Harald wartete, bis es ganz ruhig wurde. Dann sagte er: „Deutlich vernahm ich ihre Worte aus der anderen Welt. Sie sagte Folgendes: ‚Geh nicht ab, von deinem Weg, das Bündnis ist ein brüchig Steg! In Ketten führt man viele fort, zu einem weit entfernten Ort. Nur wenige werden überleben und stetig nach der Freiheit streben‘.
Diese Worte sind eine eindeutige Aussage, dass wir den Franken nicht trauen dürfen! Aus diesem Grunde sage ich euch, dass wir unbeirrt mit dem Bau des Schutzwalls fortfahren."
Raimund rief laut: „Das müsst ihr ohne mich tun! Für solche Dummheiten gebe ich mich nicht her! Wenn es ein Friedensbündnis gibt, so werden wir uns darauf verlassen können. Macht was ihr wollt, aber ohne mich!"
Trotzig stand Raimund da, als müsste er sich gegen die ganze Welt allein behaupten.
Harald antwortete in ruhigem sachlichen Ton: „Wenn du

nicht mitmachen willst, so ist das deine Sache Raimund und ich werde dich nicht dazu zwingen.
Das gilt auch für die anderen. Jedem soll frei gestellt sein, wie er sich entscheidet. Nur möchte ich es wissen, mit wem ich rechnen kann und wer mich bei dem Bau unterstützt."
Die Diskussion dauerte lange an. Als sich die Gemüter wieder etwas beruhigten, forderte Harald diejenigen, die für den Schutzwall sind auf, an seine rechte Seite zu treten und die anderen sollten zur linken Seite gehen. Nach Unstimmigkeiten, was nun die rechte und die linke Seite sei, fand jeder seinen Platz.
Zwei Drittel der Versammelten waren dafür und ein Drittel wollte sich nicht daran beteiligen. Harald notierte sich die Namen, die dafür und dagegen waren und beendete die Zusammenkunft. Noch lange wurde heftig weiter diskutiert, bis sich dann die Männer in kleinen Gruppen von der Thingstätte entfernten. Für Harald war es enttäuschend, dass sich nicht mehr für den Schutzwall entschieden hatten, aber nun wusste er, auf wen er sich verlassen konnte.

Die Tage wurden merklich kürzer und die kalten Nächte ließen die Glieder steif werden. Nachdem sich der Morgennebel gelegt hatte, ging Harald, auf seine Krücken gestützt mit Jaros zu der Koppel mit den Junghengsten. Die Kälte schien ihren Übermut einzudämmen.
Wie alte Gäule standen sie da und rührten sich nicht von der Stelle. Das Winterfell war schon sichtbar, es ließ die Tiere fast rundlich aussehen. Als die Pferde die Männer erkannten, kamen sie langsam zum Zaun.
Harald hatte ein paar Stücke altes Brot in seinem Gürtelbeutel, das schienen die Tiere zu ahnen. Sie ließen sich am Kopf kraulen und Jaros sprach ihnen gut zu.
„Es sind edle Tiere, wir können stolz auf die Zucht sein. Wenn wir im nächsten Frühjahr noch einmal so viele Fohlen bekommen, wie in diesem Jahr, dann werden wir dem Weibel noch ein paar Zuchttiere mehr zukommen lassen. Wir dürfen die Tiere für Hartwig nicht vergessen. Er hat einen Pferdeknecht, der in seiner Abwesenheit mit der Zucht beginnen will."

„Hartwig hatte davon gesprochen, doch sehe ich mir vorher den Knecht und die Stallungen selber an, bevor ich ihm die Pferde überlasse. Im Frühjahr werde ich zu Weibel reisen und nehme seine und die für Hartwig gleich mit."
„Was ist, wenn der Knecht sich nicht auskennt?"
„Dann gebe ich auch Hartwigs Tiere dem Weibel."
„Ich denke, so ist es das Beste. Irgendwann wird dein Bruder wieder zurückkommen und dann kann er gleich mit der Zucht beginnen."
„Ich hoffe nur, dass ihm im Frankenland nichts passiert. Elke könnte das nicht verkraften. Nur gut, dass sie hier ist und in Ursula eine gute Freundin gefunden hat, so kann sie die Trennung leichter bewältigen."
Harald schaute um sich. Die Pferde wurden unruhig und reckten ihre Köpfe in die Höhe.
„Die Hengste wittern Stuten, aber unsere können es nicht sein. Die stehen auf der anderen Seite von der Siedlung.
„Dann wird jemand zu uns reiten. Gehen wir wieder zurück und sehen nach, wer kommt!"
Harald war nicht wenig erstaunt, als er auf dem Hof einen mit Pferden gezogenen Reisewagen sah. Als er näher kam, lief Siegbert ihm entgegen und berichtete, dass die Fremden von Hartwig kommen würden. Freudig ging Harald auf sie zu.

„Seid mir willkommen, Männer! Was wünscht ihr?"
Einer der fremden Männer stellte sich als Meldereiter des Frankenkönigs vor. Er informierte Harald darüber, wer ihn begleitet und warum sie hier sind. Der Reiter erzählte ihm, dass sie noch bis zum Elbkniegau reisen müssten, um dort die drei Pferde für Hartwigs Zucht abzugeben. Harald besah sich die Tiere und war von dem feinen Körperbau beeindruckt.
„Kommt erst einmal in mein Haus und esst und trinkt!"
Das ließen sich die Männer nicht ein zweites Mal sagen und sie folgten ihm in sein Wohnhaus. Nachdem sie sich an den Tisch gesetzt hatten, wollte Harald erst einmal wissen, wie es seinem Bruder ging. Der Meldereiter reichte ihm ein zusammengeschnürtes Bündel. Er öffnete es und fand

mehrere Briefe darin. Der eine war an Elke und der zweite an Ursula adressiert. Der dritte war für ihn bestimmt und ein vierter an Weibel. Seinen Brief überflog er kurz und las ihn dann langsam den anderen vor. Er war in Latein geschrieben und so musste er jeden Satz gleich übersetzen.
Die Fremden waren zunächst mit dem Essen befasst und froh, dass sie nicht reden mussten, da sich alle um Harald scharten und wissen wollten, was in Hartwigs Brief an ihn stand. Elke und Ursula waren zu Heidrun gegangen, die auch die lateinische Schrift lesen konnte und die drei verschwanden für kurze Zeit nach draußen. Es sollte nicht jeder wissen, was in ihren Briefen stand.
Die Freude war bei allen groß, dass es Hartwig und Baldur in der Fremde gut ging. Harald musste seinen Brief öfter vorlesen und so hörten es auch die Frauen, die inzwischen wieder zurückkamen.
Harald fragte Elke, was sie mit den Pferden tun könnten. Er schlug vor, die Tiere bis zum Frühjahr hier in Rodewin einzustellen und sie dann zusammen mit den anderen in den Elbkniegau zu bringen. Er sagte ihr, dass er selber den Transport vornehmen wollte und Elke mit ihm reisen könne. Sie war darüber sehr froh. Daraufhin informierte Harald die Franken, dass sie Hartwigs Rösser bei ihm lassen könnten. Sie waren sich nicht sicher, ob sie das machen durften, da ihr Auftrag lautete, die Tiere im Elbkniegau abzugeben. Erst als Elke, Hartwigs Frau, ihnen das erlaubte, waren sie damit einverstanden.
Harald bot den Franken an, für ein paar Tage seine Gäste zu sein. Die Meldereiter mussten aber gleich weiter zum Königshof reisen, da sie Post für den Gesandten bei sich trugen. Die beiden Pferdeknechte sagten jedoch zu und blieben.
An den Tagen, die sie noch in Rodewin verweilten, wurde viel über die Unterschiede bei der Pferdezucht in Franken und Thüringen gesprochen.
Manche Vorschläge der fränkischen Pferdeknechte wollte Harald bei sich umsetzen. Die Franken kauften für ihren Herrn, den Prinzen Theudebert, einige Tiere für seine Zucht, einen Hengst und vier Stuten.

Im Mittelpunkt des Interesses stand bei den meisten der fränkische Reisewagen, der von Pferden gezogen wurde. Der Reisewagen war viel feiner gearbeitet, als die hier genutzten Planwagen mit Ochsengespannen.
Einer der Pferdeknechte erklärte den Thüringern, dass viele Wege im Frankenland mit Steinen gepflastert sind und somit für Pferdegespanne gut geeignet seien. Im Thüringer Königreich hatten sie es dagegen nicht leicht, mit dem Reisewagen voranzukommen. Bevor sie nach fünf Tagen wieder abreisten, wurden Briefe an Hartwig und Baldur geschrieben. Heidrun half Elke und Ursula dabei, da sie selber noch nicht dazu in der Lage waren. Der Schreiber hatte ihnen angeboten, dass sie an seinem Sprachunterricht teilnehmen könnten. Bisher hatte er nur Heidrun, Rosa und Siegbert als gelehrige Schüler gehabt.

9. Grimmiger Winter

Kurz nach der Wintersonnenwende setzte ein starker Schneefall ein. Ihm folgte eine mehrwöchige grimmige Kälte. Harald hatte die trächtigen Stuten und Fohlen in die Ställe geholt, weil sie im Freien sehr gefährdet wären. Gegen die Kälte konnten sich die Tiere durch ein dickes Winterfell schützen, jedoch nicht gegen die hungrigen Wölfe, die immer näher an die Siedlungen herankamen. Sie ließen sich durch die Wachhunde nicht mehr verscheuchen. Selbst die Menschen fürchteten sich vor ihnen und trauten sich kaum noch allein aus den Häusern.
Es gab die gruseligsten Geschichten über Wolfsbestien zu erzählen, die in Dörfer eindrangen und auch die Menschen angriffen. Was davon jedoch stimmte, konnte niemand genau sagen. Es kam in den harten Wintern hin und wieder vor, dass eines der Rösser gerissen wurde. Täglich musste Heu und Stroh in die Futterkrippen gegeben werden, die nahe der Siedlung standen. Hier konnte Jaros nach dem Zustand der Tiere sehen und sie gegebenenfalls in den Stall holen.

Der Winter hielt in diesem Jahr lange an. Es war Anfang April und noch immer kein Ende in Sicht. Die Männer beschäftigten sich mit vielerlei Handwerksarbeit, wie dem Herrichten von Geräten. Die Frauen webten und strickten. Manches, wofür in den Sommermonaten keine Zeit war, konnte jetzt endlich erledigt werden. Die Alten erzählten den Kindern am warmen Herdfeuer Märchen und so manche Geschichte von interessanten Ereignissen aus der eigenen Sippe, die sich vor langer Zeit abspielten.
Die Männer aus Rodewin gingen seit dem abnehmenden Mond in den Wald, um Bäume zu fällen. Sie fertigten an Ort und Stelle Balken, Bohlen und Bretter als Bauholz. Die Abfälle kamen gleich als Brennholz in die Siedlung. Dort wurden sie von den Kindern und Frauen zu runden Haufen aufgeschichtet. Nach zwei Jahren der Trocknung konnten sie dann für das offene Küchenfeuer verwendet werden.

Eines Tages, zur Mittagszeit, vernahm Harald auf dem Hof Lärm. Er ging zur Haustür und sah nach. Draußen stand das alte Kräuterweib mit ihren beiden Töchtern. Seine Tante Elfriede wollte sie – mit einem Besen in der Hand – vom Hof vertreiben. Einige Kinder schauten zu und lachten.
„Was gibt es da?“, rief Harald hinaus.
„Das Kräuterweib ist gekommen und fragt nach Getreide. Sie kann aber nichts dagegen tauschen, was wir brauchen könnten“, antwortete Elfriede und versuchte die alte Frau wegzuschieben.
„Lass sie in Ruhe, Elfriede! Sie steht unter meinem besonderen Schutz. Sie soll alles haben, was sie erbittet und braucht nichts dafür zu geben.“
Harald ging auf die Kräuterfrau zu und sprach: „Du hast mir mehr gegeben, als ich dir je vergelten könnte. Ich stehe immer in deiner Schuld. Drum sage, was du zum Leben benötigst und du kannst es haben!“
Die Frau stand mit ihren beiden Töchtern unschlüssig da.
„Wenn ich ein wenig Getreide bekommen könnte, würde uns schon geholfen sein.“
Heidrun, die wegen des Lärms aus der Küche kam, sah die drei frierenden Frauen im Schnee stehen und rief ihnen zu, ins Haus zu kommen. Sie zögerten, bevor sie die Einladung annahmen. Elfriede schien darüber nicht sehr erfreut. Sie warf den Besen, den sie in der Hand hielt, wütend in den Schnee und ging in den Kuhstall.
Heidrun gab den Frauen in der Küche Lindenblütentee und stellte ein paar süße Brote dazu. Ferun und Helga griffen gleich zu. Sie mussten schon mehrere Tage nichts zu Essen bekommen haben. Die alte Frau wurde von Heidrun einige Male aufgefordert, ehe sie schließlich etwas nahm.
„Das ist ein sehr harter Winter. Wenn es noch ein paar Tage anhält, werden viele Menschen nichts mehr zu Essen haben“, bemerkte Heidrun.
„Ja, er ist wirklich hart diesmal! Uns ist das Getreide ausgegangen, weil die Mäuse zu viel weggefressen haben.“
„Die Plage ist sehr arg. Wir können dagegen nicht viel tun. Das Schlimme ist, dass sie das Getreide verschmutzen und wir es am Ende nur noch verfüttern können.“

„Habt ihr wirklich genug, dass ihr etwas abgeben könnt?"
„Es reicht noch viele Monde. Harald hatte vorsorglich die doppelte Menge im letzten Jahr gespeichert. Da wir den Weizen nicht selber anbauen, tauschen wir ihn mit den Bauern weiter unten im Land ein."
„Ihr könnt froh sein, dass ihr immer etwas zum Tauschen habt, was jeder begehrt! Eure Pferde sind ein großer Schatz."
„Stimmt! Und wir hoffen, dass sie alle gesund bleiben und gut über den Winter kommen."
Harald hatte einen Sack mit Weizen füllen lassen und Jaros band ihn auf dem Schlitten fest. Die Alte bedankte sich vielmals, doch Harald winkte nur ab.
„Hättest du mich nicht gewarnt, so müssten wir wahrscheinlich schon hungern. So brauchen wir keine Not leiden. Wenn du wieder etwas benötigst, so kannst du jederzeit zu mir kommen. Ich bin froh, wenn ich dir und deinen Töchtern helfen kann."
Heidrun wollte den Frauen noch eine große Speckseite mitgeben. Da sie kein Fleisch aßen, lehnten sie höflich ab. So reichte sie der Kräuterfrau noch einen kleinen Stoffbeutel mit Salz.
Die drei Frauen zogen froh und glücklich mit ihrem Schlitten durch den tiefen Schnee wieder nach Hause in Richtung Eichelsee. Harald schaute mit seiner Frau den Dreien noch lange nach. Heidrun kam der Gedanke, dass sie schon Witwe sein könnte, wenn das Schicksal es so gewollt hätte.
„Diese Frauen haben es wirklich nicht leicht, so ganz ohne Mann, weit weg von den Siedlungen."
„Sei unbesorgt! Sie können sich ganz gut selber helfen und wenn die Not zu groß wird, dann bin ich auch noch da", meinte ihr Mann.
Alle gingen wieder ihren gewohnten Beschäftigungen nach. Elfriede schimpfte verhalten vor sich hin. Sie konnte die Freigiebigkeit ihres Neffen nicht verstehen.

Elke, Hartwigs Frau, und Ursula, die Tochter Ulrichs aus Alfenheim, waren schon viele Wochen in Rodewin. Beide erwarteten sie ein Kind. Bei Ursula konnte es nicht mehr

lange dauern, daher wollte sie bald wieder nach Hause und dort niederkommen. Jeder wusste, dass Baldur der Vater war, doch sprach niemand darüber. Es war ein bekanntes Geheimnis! Elke begleitete sie nach Alfenheim und blieb bei ihr.
Eines Nachts war es dann soweit. Die Wehen setzten ein. Der Geburtsvorgang hielt zu lange an und Ulrich, ihr Vater, war schon sehr in Sorge, um das Leben seiner Tochter. In seiner Not schickte er seinen Sohn Udo zur Kräuterfrau und ließ sie holen.
Der Weg durch den Schnee war sehr mühsam. Er brauchte mehrere Stunden bis er wieder zurückkam. Um schneller voranzukommen, hatte er die Frau auf den Schlitten gesetzt und hinter sich hergezogen.
Die Kräuterfrau wurde immer geholt, wenn man sich nicht mehr zu helfen wusste. Einmal war es eine Geburt oder dann wieder eine Krankheit. Oder ein Tier, das nicht mehr auf die Beine kommen wollte.
Es gab auch Leute, die einen großen Bogen um die Frau machten und ihre Nähe mieden. Diese hatten Angst vor ihrer Zauberkraft, die sie als Schamanin manchmal ausübte. Auch Ulrichs Weib ging ihr aus dem Weg. Jetzt aber, wo sie selbst für ihre Tochter nicht mehr tun konnte, war sie froh, dass die Kräuterfrau gekommen war. Bereitwillig befolgte sie alle Anweisungen, die die Alte gab.
Mit dem ersten Schrei des neuen Menschleins löste sich die Anspannung in allen Gesichtern. Es war eine Tochter und die Kräuterfrau legte sie der erschöpften Ursula auf die Brust. Die schaute das kleine Ding etwas verwundert, aber glücklich an.

In Rodewin hatten sich die Männer eingefunden, die Harald beim Bau des Schutzwalls helfen wollten. Sie gingen daran, Schneisen in den Wald zu schlagen, um die Kahlschläge im Frühjahr mit Dornensträuchern zu bepflanzen. Diese Dornenhecken waren schon seit alters her bewährte Schutzzäune gegen ungebetene Gäste. Sie sollten die offenen Stellen zum Oberwipgau schließen. Dies war dort, wo keine Moore, Seen oder hohe Berge den Zugang zum Gau

versperrten. Die wenigen Zufahrten zum Oberwipgau wurden verringert und wo noch ein Weg hineinführte, sollten Wachstationen auf den benachbarten Bergen erbaut werden. Von diesen Wachstationen aus konnten die Bewohner im Oberwipgau schnell gewarnt werden, wenn fremde Krieger heranziehen würden.
Die Rodungsarbeiten gingen gut voran und alle waren zufrieden mit ihrer Arbeit. Die Baumstämme wurden geschält und gelagert, damit man sie später für die Palisadenwände und als Pfosten der Langhäuser in den Wachstationen verwenden konnte. Die Männer aus den Sippen kamen so, wie sie es sich zeitlich einrichten konnten und dazu Lust hatten. Einmal waren es mehr, ein anderes Mal weniger.
Von vier Sippen war keiner erschienen. Raimund aus Heyloh hatte sie umgestimmt und sie waren nicht mehr von der Notwendigkeit eines Schutzwalls überzeugt. Harald ärgerte sich darüber, doch ließ er sich nichts anmerken.
Einige der Männer hatten ihre Ochsengespanne dabei, mit denen sie die schweren Baumstämme über den Schnee ziehen konnten. Viele Frauen waren gekommen und halfen die Äste abzuhacken und das Reisig zu bündeln. Dies transportierten sie dann am Abend mit dem Schlitten nach Hause.
Die Arbeit war nicht leicht, doch die meisten waren froh, der Langeweile in der eigenen Siedlung zu entkommen. Hier in der Gemeinschaft gab es immer etwas zu erzählen und Gelegenheiten für Kontakte zwischen den noch unverheirateten Männern und Frauen.
Harald schien sehr zufrieden zu sein, wie es voran ging. Jeden Tag kam er zu den Leuten und sprach mit ihnen über den Sinn des zukünftigen Schutzwalls.
Die letzten Tage im April zeigten noch immer keine deutliche Verbesserung des Wetters. Es war jetzt nicht mehr so kalt, doch die Schneestürme tobten mit voller Kraft über das Land und verwehten alle Wege.
In Rodewin klopfte nun mancher Sippenälteste an Haralds Tür und fragte, ob er ihm etwas Getreide abgeben könnte. Sie hatten den Winter nicht so grimmig und lang eingeschätzt. Harald gab von seinen Vorräten etwas ab.

Eines Tages war der Sippenälteste von Wipa erschienen, der sich nicht mit an dem Bau des Schutzwalls beteiligte. Ihm gab Harald ebenso Korn. Er bedankte sich bei ihm und erzählte, dass er gestern bei Raimund in Heyloh war. Der hatte ihm gesagt, dass der Winter nicht so schlimm werden würde und deshalb ging er zu ihm und fragte, ob er ihm einen Sack Korn abgibt. Doch Raimund jagte ihn wütend vom Hof.
Am darauf folgenden Tag waren alle Männer aus Wipa mit im Wald und halfen beim Roden. Das Vertrauen zu Raimunds Aussagen schien bei ihnen verloren gegangen zu sein. Harald sagte nichts dazu.

Mitte Mai erfolgte ein gewaltiger Wetterwechsel. Die Sonne schien mehrere Tage hintereinander intensiv und der Schnee schmolz schnell dahin. Alle Bäche schwollen an und traten weit über die Ufer.
Harald besah sich die Schäden und ihm kam die Idee, durch kleine Staudämme die Wucht des Wassers in der Zukunft ein wenig einzudämmen. Er hatte das an einigen Zuläufen der Wip gesehen, wo Biber Dämme errichtet hatten und das Wasser während der Schneeschmelze keinen größeren Schaden anrichtete.
Mit seinem Schreiber diskutierte er die Möglichkeit, die Dämme für den Schutzwall mit zu verwenden und sie fanden zusammen gute Lösungen. An den kritischen Stellen der Wip begann er Teiche ausheben zu lassen, die von der Wip mit Wasser gespeist wurden. Im Winter sollten diese geleert und bei Hochwasser geflutet werden. So versprach sich Harald ein Ende der verheerenden Überschwemmungen. Zum anderen konnte er durch das gleichzeitige Ablassen aller Teiche eine gezielte Überschwemmung in dem unteren Wipgebiet erreichen. Wenn feindliche Krieger die Wip aufwärts ziehen sollten, würde das ihr Vorankommen erschweren.

Nach der langen Regenzeit sorgte Sonnenschein und trockene Winde für einen herrlichen Frühling. Als die Wege wieder frei waren, kam Amalafred mit den beiden Fran-

kenjungen, die als Geiseln auf der Königsburg lebten, zu Besuch. Er war froh, dass er von der Herminaburg wegkonnte, denn er kam sich schon wie ein Kindermädchen für die beiden fränkischen Knaben vor. In Rodewin würde sich bestimmt Siegbert wieder um die beiden kümmern und er konnte endlich frei sein.
Den Sprachunterricht übernahm der Schreiber an den Abenden und so gab es für Amalafred keinen Grund, frühzeitig wieder nach Hause zurückzukehren.
Über die Absichten Haralds wegen des Schutzwalls wurde zu niemand gesprochen. Für Amalafred waren das nur gewöhnliche Rodungen zur Ackerlandgewinnung.
Der Prinz besuchte als Erstes Udo in Alfenheim und nahm an den regelmäßigen Kampfübungen der Jungkrieger teil. Dies machte ihm viel Spaß und er war ein gelehriger Schüler. An den freien Tagen ging er meist allein jagen und erlegte dann hin und wieder einen Hasen oder eine Wildente. Beides war gut für eine kräftige Suppe.

Wenige Tage nach Amalafreds Ankunft erschien der Großkanzler in Begleitung zweier Reiter des königlichen Wachtrupps. Er wollte mit dem Gaugraf über die bevorstehende Verwaltungsreform sprechen. Da Harald das gesamte Königreich gut kannte, bat er ihn, bei der Zusammenstellung der Großgaue behilflich zu sein.
In den neuen Verwaltungszentren sollten zukünftig die Zinsen für die königliche Schatulle abgeliefert werden. Sonst würde alles beim Alten bleiben. Der König selbst wollte die Vorsteher dieser Großgaue ernennen, da sie nur seine Interessen wahrnehmen sollten.
Im Süden des Reichs, zwischen Donau und Werra, gab es schon diese Zusammenlegungen und auch im Norden, zwischen Elbe und Harz, hatte Herminafrid große Verwaltungszentren eingerichtet.
„Es bleibt nicht mehr viel übrig, wo wir Umstellungen vornehmen müssen“, erklärte der Großkanzler.
„Was ist aber mit dem Osten? Dort lag noch vieles brach, als ich durchs Land gezogen bin“, meinte Harald.
„Ja, das ist leider noch immer so. Das Gebiet zwischen Elbe

und Saale wurde vor hundert Jahren von den Hunnen völlig verwüstet und es hat sich bis heute noch nicht wieder davon erholt."
„Wieso waren die Hunnen nicht weiter vorgedrungen?"
„Die Thüringer haben ihnen Tribut gezahlt und Krieger für ihre Eroberungsfeldzüge zur Verfügung gestellt. Nur so war es möglich, dass die anderen Reichsteile verschont blieben."
Über eine Woche lang arbeiteten sie an dem Entwurf einer Neugliederung der Gaue. Auf einer Landkarte hatte der Schreiber die Großgaue eingezeichnet. Seine Aufzeichnungen während der Reisen mit Harald durch das gesamte Reichsgebiet waren dabei sehr hilfreich.
Der Großkanzler war mit dem Ergebnis sehr zufrieden. Freudig meinte er: „Allein hätte ich das nie geschafft. Ich bin euch zu großem Dank verpflichtet."
„Es ist erst der Anfang und der schwierige Teil liegt bestimmt noch vor dir", entgegnete Harald.
„Wie meinst du das?"
„Diesen Entwurf umzusetzen ist meines Erachtens der schwierigste Teil. Es werden sich viele Gaugrafen der neuen Zuordnung ihrer Gaue widersetzen."
„Du könntest recht haben. Vielleicht habt ihr eine Idee, wie wir ihnen das Ganze schmackhaft machen können."
Alle drei saßen da und schwiegen.
Der Großkanzler sah abwechselnd Harald und den Schreiber an.
„Du bist doch einer dieser Gaugrafen. Wie denkst du persönlich darüber?", wollte der Großkanzler wissen.
„Mir würde es gefallen, wenn wir nicht nur unsere Zinsen an den König abgeben müssten, sondern selbst einen Teil davon in unserem Gau zurückbehalten könnten."
„Das wäre nur möglich, wenn wir zuvor die Zinsen für das genutzte Königsland und die Vergabe des Jagdrechts erhöhen würden. Nur dann wäre es möglich, einen Teil für die Allgemeinheit wieder zurück zu geben. Zum Beispiel für Wege oder die Bachregulierungen und anderes mehr."
Von der Erhöhung der Zinsen war Harald erst einmal nicht sehr angetan, da ihn das durch die Nutzung der königseigenen Waldweiden besonders betraf, doch wenn Teile

dem Oberwipgau zugute kommen würden, schien das eine annehmbare Lösung zu sein. Vor seiner Abreise kam der Großkanzler noch auf die gefangenen Franken zu sprechen. Ihre Krieger waren noch im letzten Jahr nach Hause entlassen worden.

Die zivilen Gefangenen wollte Herminafrid an die slawischen Sklavenhändler verkaufen. Die Preise, die der König forderte, waren denen allerdings zu hoch, so dass sie nur wenige genommen hatten. Da die königlichen Güter nicht mehr Sklaven fassen konnten, denn sie mussten ernährt werden, so wollte Herminafrid den Rest der Sklaven zum Verkauf an die Gaugrafen frei geben. Der Großkanzler machte ein gutes Angebot.

Harald dachte kurz darüber nach und sagte zu. Die Arbeiten an dem Schutzwall könnte er durch die Sklaven beschleunigen. Jede Sippe, die einen Mann stellte, sollte für diese Zeit von ihm einen Sklaven als Hilfe für die Feldarbeit bekommen. Sie einigten sich auf zwanzig von den gefangenen Franken, die der Großkanzler selber aussuchen sollte. Der Wert für alle wurde mit drei Pferden vereinbart. Diese sollten die Wachleute am nächsten Tag der Abreise zum Königshort mitnehmen. In der verbleibenden Zeit wollte der Großkanzler sich die schöne Umgebung von Rodewin ansehen. Harald ritt mit ihm am heiligen Hain bei Wipa vorbei, zu den Rinsbergen. Von dort hatten sie einen wunderbaren Blick über den gesamten Oberwipgau. Als sie auf dem Bergkamm entlang kamen, begegneten ihnen Ochsenkarren mit großen Baumstämmen. Der Großkanzler fragte nicht danach und Harald gab keine Erklärung dazu.

Am Abend, als sie beim Met zusammen zechten, sagte er leise zu ihm:„Dein kleiner Gau ist wie eine natürliche Schutzburg. Wenn wir jemals wieder in unserem Reich bedroht werden, dann dürfte hier wohl der sicherste Platz sein."

Der Großkanzler drückte dabei vielsagend ein Auge zu und leerte mit einem Schluck seinen Becher.

„Nun werde ich mich zur Ruhe begeben! Morgen ist ein anstrengender Tag."

Seine Wachleute halfen ihrem schwankenden Herrn in den Gästeraum und blieben vor seiner Tür.

Amalafred durfte mit den beiden Geiseln auf unbestimmte Zeit in Rodewin bleiben. Den Frankenjungen schien es hier besser zu gefallen, als auf der Königsburg. Mit Siegbert streiften sie täglich durch die Wälder und versuchten zu jagen oder zu fischen.
Hier gab es immer etwas Neues zu erleben und zu entdecken. Gern waren sie mit Jaros und der Pferdeherde auf dem Rynnestig. Siegbert zeigte ihnen all das, was ihm einst Jaros beibrachte und freute sich darüber, dass er so gelehrige Schüler hatte.
Sie kehrten auf der südlichen Seite des Rynnestigs bei Rado ein. Dieser war ein Freund von Jaros und kam aus dessen Heimat, die weit im Nordosten lag. Er lebte mit seiner Familie an dem Handelsweg, der über den Rynnestig führte.
Von den Einspanndiensten für die Handelsleute konnte Rado kaum überleben. So war er daher immer sehr froh, wenn jemand bei ihm einkehrte und sich von der beschwerlichen Reise ausruhte. Für seine Mühen bekam er dann etwas zum Eintauschen. Als Jaros mit seinen Begleitern und der großen Pferdeherde bei ihm einkehren wollten, da hatte er bereits zwei Handelsleute als Gäste. Jaros wollte schon weiterziehen, doch sein Freund beteuerte ihm, dass genügend Platz für alle da wäre. So blieben sie und trieben die Pferde auf eine der freien Koppeln.
Die Frau von Jaros kümmerte sich um das Abendessen und die Kinder zeigten Siegbert und seinen beiden Begleitern aus dem Frankenland die Höhle, wo sie einst wegen des Hochwassers Schutz gesucht hatten. Siegbert musste darüber berichten, wie er allein die Gänge in der Höhle erkundete und dann an einer ganz anderen Stelle wieder herauskam.
Die ältesten Kinder von Rado waren drei Mädchen und nur wenige Jahre älter, als die beiden Franken, doch jünger als Siegbert. Sie verstanden sich sehr gut und die Fremden mussten aus ihrer fernen Heimat erzählen. Während ihres Winteraufenthaltes in der Herminaburg hatten sie schon sehr gut thüringisch gelernt und keine Schwierigkeit, den Dialekt der Leute vom Thüringer Wald zu verstehen.

Die Mädchen waren sehr bemüht, ihnen die Besonderheiten mancher Ausdrücke zu erklären und sie hatten viel Spaß dabei.
Siegbert zeigte ihnen, wie man aus Weidenästen Pfeifen herstellen konnte und aus Holunderzweigen eine Panflöte baute. Als er damit fertig war, gab es ein Pfeifen und Flöten im wilden Durcheinander, so dass es den Ohren wehtat. Die Mutter, der die Kinder ihre neuen Künste vorführen wollten, schickte sie fort. Sie sollten weit weg vom Haus ihren Lärm machen und nicht die Gäste damit belästigen.
Die großen Mädchen fanden die Töne der Hirtenflöte viel schöner, da man mit ihr einfache Melodien spielen konnte. So mussten Siegbert und die Frankenjungen ihnen welche fertigen. Zu sechst übten sie fleißig bis zum Abendessen. Danach durften sie ihre Musikkünste vorführen und erhielten von allen viel Lob dafür. Rado und Jaros sangen ihre schwermütigen Lieder aus ihrer fernen Heimat und den einsamen Stränden des großen Bernsteinmeeres.
Die beiden Handelsleute ließen sich von Rado erzählen, wo er die Steine fand. Die Römer liebten diesen Schmuck und zahlten viel Geld dafür. Nun konnten ihn sich die reicheren Franken auch leisten. Schön verarbeitete Stücke erzielten Höchstpreise und brachten den Kaufleuten hohe Gewinne. Rado hatte als Junge schon viele Bernsteine gefunden. Nach dem Sturm war er mit seinem Vater immer den Strand abgelaufen und sie haben die angeschwemmten gelben Kiesel eingesammelt. Viel hatten sie nicht dafür bekommen! Durchreisende Händler gaben ihnen vielleicht ein wenig Korn oder ein paar Früchte dafür.
Reich war von ihnen niemand geworden. Dass der Bernstein in Rom so wertvoll war, wussten sie gar nicht. Rom lag weit weg und keiner hatte eine Vorstellung, wie weit das wirklich war. Sie lebten an der Küste des Ostmeeres und kamen kaum von dort weg. Alles, was einen Tagesmarsch entfernt lag, galt als sehr weit und diejenigen, die schon einmal für längere Zeit von zu Hause fortgekommen waren, wurden von den anderen bewundert. So war es nicht unbedingt ein Unglück, dass die Kinder an Händler verkauft wurden, da sie oftmals in der Fremde ein besseres Leben füh-

ren konnten. Bei Rado und Jaros war es so und sie würden mit dem Leben in der alten Heimat nicht tauschen wollen.

Der ältere Handelsmann erzählte von seinen Reisen durch viele Reiche. Es war nicht ungefährlich, so durchs Land zu ziehen. Ihm war es schon einige Male passiert, dass er von Räuberbanden überfallen wurde. Dabei hatte der Händler Glück, dass sie sein Leben verschonten. In gefährlichen Gegenden waren die Händler nur in größeren Gruppen unterwegs.

Oft mussten sie sich bewaffnete Männer mieten, die ihnen gegen einen entsprechenden Sold, die Sicherheit auf den Handelswegen anboten. Dadurch verteuerten sich die Waren erheblich.

Zwischen Thüringen und dem Frankenreich waren seit dem Herbst letzten Jahres die Handelseinschränkungen weitgehend aufgehoben worden. Es gab nur wenige, die zwischen den beiden Reichen wieder hin und her reisten. Zu stark war das Misstrauen noch auf beiden Seiten.

Der alte Handelsmann erzählte von seinen Reisen nach Rom und Süditalien. Er war schon öfter in Pannonien und die Bernsteinküste kannte er auch. Sogar die Gegend, wo Rado und Jaros geboren waren.

Vor vielen Jahren war er dort, um Bernstein einzukaufen und diesen durch das Langobardenreich nach Ravenna zu bringen. Damals lebte noch Theoderich der Große und hatte in Ravenna seinen Königssitz. Der Reichtum des ganzen Landes hatte sich dort konzentriert und mit den gelben Steinen konnte er hohe Gewinne erzielen. Jetzt waren im Frankenreich gute Geschäfte damit zu machen. Die fränkischen Könige liebten Pracht und Prunk und der Adel war nicht geizig darin.

„Woher stammst du?“, wollte Jaros wissen.

Der alte Händler schaute versonnen in die Leere.

„Ich komme aus Aalen, einer ehemaligen Legionsstadt der Römer im Land der Alamannen. Nachdem mein Volk gegen die Franken die Schlacht bei Zülpich verloren hatte, kamen wir zum Frankenreich. Meine Familie hat dort noch einen großen Bauernhof. Wenn ich in der Nähe bin, besuche ich sie.

Es geht ihnen nicht so schlecht unter den Franken. Die halten es ähnlich wie die Römer. Alles ist geregelt und hat seine feste Ordnung. So lebt es sich besser für die einfachen Leute."
„Es soll doch immer wieder im Alamannenreich zu Aufständen gegen die Franken gekommen sein."
„Hin und wieder ruft ein junger Hitzkopf zum Widerstand auf und einige Dummköpfe folgen ihm. Dann kommen die Franken und verwüsten das Land und alle müssen darunter leiden. Doch man kann nichts dagegen tun. Es ist eben so."
„Warum begehren die jungen Leute auf, wenn es ihnen jetzt nicht schlechter geht?"
„Es sind nur die Söhne von den Adligen, die alle anderen verrückt machen. Sie glauben, dass sie in einem eigenen Alamannenreich bessere Aufstiegsmöglichkeiten hätten. An das Volk denken sie dabei nicht. Es geht ihnen nur um ihre eigenen Interessen."
„Warum wehren sich denn die Leute nicht gegen diese Unruhestifter?"
„Das ist es eben, was ich auch nicht verstehe. Sie kleben alle an ihrer Scholle und keiner schaut über seinen Feldrand hinaus. Dabei geht es ihnen heute besser als zuvor. Es wagt keiner etwas gegen die Jungen zu sagen, weil man nie weiß, ob sie es einem irgendwann heimzahlen."
„Ja, uns kleinen Leuten kann es egal sein, aus welchem Stamm die Mächtigen kommen, wenn sie uns nur genügend zum Leben lassen und Schutz gewähren."
„Das denke ich auch", meinte der Handelsmann und stieß mit den anderen seinen Bierhumpen an.

Die Kinder sollten sich in den Heuschober schlafen legen. Die baten Siegbert und die beiden Jungen, mit ihnen im Heu die Nacht zu verbringen. Die Mutter wehrte jedoch ab, da die Gäste hier im Haus einen Schlafplatz hatten. Die Frankenjungen wollten aber gern mit den Kindern zusammen sein und so schloss sich Siegbert ihnen notgedrungen an. Lieber hätte er den Männern weiter zugehört, denn das war viel interessanter, als das wilde Herumtoben mit den Kleinen. So zog er mit ihnen, trotz des anfänglichen Protestes der

Hausfrau, in die, neben dem Haus auf Stelzen stehende, Heuhütte. Da die Balken der Wände der Hütte nicht sehr dicht aufeinanderlagen, konnte das Licht des Mondes den Innenraum ein wenig ausleuchten. Während des Winters war das Heu fast ganz aufgebraucht worden. Nur noch ein kleiner Rest lag am Boden verstreut. Es reichte, um sich ein weiches Lager zu machen. Die Kinder baten Siegbert ihnen noch eine schöne Geschichte zu erzählen, damit sie einschlafen konnten. Er hatte hierzu keine Lust, doch sie ließen ihn nicht in Ruhe. So erzählte er ihnen eine Sage aus der Götterwelt.

„Balder war ein Sohn Odins und dessen Frau Frigga. Er galt als der Schönste aller Götter. Eines Nachts träumte er davon, dass sein Leben bedroht wäre und erzählte es seiner Mutter. Sie und die anderen waren deshalb sehr in Sorge und Frigga überlegte, wie sie ihren Sohn schützen könnte. Sie ließ alle Dinge und Lebewesen auf der Erde schwören, dass sie ihrem Sohn nichts Böses tun werden. Danach hatten die Götter großen Spaß daran, mit allen möglichen Gegenständen nach Balder zu werfen. Da er unverletzbar war, prallten die Sachen von ihm ab. Nichts konnte ihm schaden.

Eines Tages verwandelte sich der bösartige Loki in eine Frau und besuchte Frigga. Er fragte sie, ob wirklich gar nichts auf der Welt Balder verletzen könnte. Frigga bestätigte es und sagte: ‚Alle haben mir geschworen, meinem Sohn nichts zu tun. Nur der Mistelzweig schien zu jung zu sein, um einen Eid ablegen zu können.'

Loki frohlockte und suchte gleich einen solchen Zweig. Daraus machte er einen Pfeil und gab ihn dem blinden Hödur, Balders Bruder. Der wollte sich auch gern an dem Spiel der anderen beteiligen und mit Lokis Hilfe warf er den Pfeil in die Richtung, wo Balder stand. Das Holz durchbohrte dessen Brust, so dass er gleich tot umfiel. Alle Götter waren darüber sehr bestürzt und traurig."

Die kleinen Kinder fingen zu schluchzen an.

„Ihr braucht doch nicht weinen, vielleicht wird noch alles gut", meinte das große Mädchen.

Siegbert fuhr nun mit der Geschichte fort. „Frigga fragte,

wer sich in das Totenreich hinab wagte, um Balder dort zu suchen? Sein Bruder Hermod war dazu bereit. Als er dort ankam, da sah er ihn auf einem Ehrenplatz sitzen und Hel war letztendlich einverstanden ihn unter einer Bedingung freizugeben. Alle Dinge auf der Welt sollten Balder beweinen.
‚Wenn niemand und nichts dies verweigert, so soll er zu den Göttern zurückkehren‘, sagte sie. Die Götter zogen in alle Welt und baten die Lebewesen und auch die Steine und Bäume, um Balder zu weinen. Sie taten es alle, bis auf eine Riesin, die sich weigerte. Die Götter vermuteten, dass sich Loki in diese Riesin verwandelt hatte. So musste Balder leider im Totenreich bleiben.“
„Das ist aber eine traurige Geschichte“, meinte eines der Kinder und die kleinen Mädchen konnten ihre Tränen nicht zurückhalten. Möglicherweise war die Erzählung zu aufregend, denn die Kleinen wollten und konnten noch immer nicht einschlafen.
Erst als Siegbert damit drohte, ins Haupthaus zurück zu gehen, wurden sie ruhig. Sie kuschelten sich an ihn, wie die Küken an eine Glucke und schliefen ein.
Nur zwei von den älteren Mädchen kicherten noch mit den Frankenjungen und hatten sich etwas abseits niedergelegt. Sie waren dabei leise und störten keines der Kinder. Siegbert war noch nicht müde und wäre am liebsten zu ihnen hin gekrochen, doch dabei würden womöglich die anderen wieder wach werden. So drehte er sich nur herum, um die vier besser zu sehen und blieb ruhig liegen.
Viel konnte er nicht erkennen, doch es interessierte ihn ungeheuer, was sie miteinander trieben. Immer wieder gab eines der Mädchen einen kichernden Laut von sich und zuckte zusammen. Die vier schienen hier ihre ersten Erfahrungen mit dem anderen Geschlecht zu machen. Neidvoll blickte er hinüber. Gern wäre er dabei. Immerhin war er der Älteste, aber genauso unerfahren. Neben ihm lag die große Tochter von Rado. Sie schlief schon fest. Das erkannte er an ihrem ruhigen Atem. Sie lag mit dem Kopf auf seiner Brust. Vorsichtig berührte er ihre Stirn. Er merkte, wie seine Finger vor Aufregung zitterten. Leicht strich er ihre Haare

aus dem Gesicht und sah sie an. Sie war ein schönes Mädchen und nicht zu mager. Seine Hand glitt langsam an ihrem Hals hinab zu ihrer Schulter.
Jetzt spürte er den Stoff ihrer Bluse und die Bänder mit der sie über der Brust zusammengezogen war. Mit den Fingerspitzen zog er sacht die Schlaufe auf. Siegbert war sich unschlüssig, ob er weiter machen sollte. Die vier anderen waren noch nicht eingeschlafen. Was er jetzt tat, ließ sein Herz höher schlagen.
Siegbert hatte so etwas noch nie getan. Es beängstigte ihn irgendwie, aber nun war er schon so weit gegangen, so dass er nicht aufhören wollte. Mit der Hand glitt er ganz vorsichtig in den Blusenausschnitt und fühlte etwas Weiches. Was es war, das konnte er nicht sagen. Er spürte nur eine Wölbung der Haut, die sich angenehm anfühlte. Er nahm die Finger auseinander und konnte jetzt die Brust ganz umfassen. Da das Mädchen am Rücken lag, musste es die Rechte sein, dachte er sich. Es war ein schönes Gefühl für ihn, ihre Wärme und wie er glaubte, ihren Herzschlag zu spüren. Er hoffte, dass sie jetzt nicht aufwacht und er ihr erklären müsste, warum er seine Hand dort liegen hatte.
Die anderen waren zur Ruhe gekommen und schienen jetzt fest zu schlafen. Siegbert schlummerte ebenso ein. Das Mädchen neben ihm wurde in der Nacht wach und wunderte sich, dass seine Hand auf ihren Brüsten lag. Sie dachte, dass Siegbert sich möglicherweise im Schlaf an seine Freundin erinnerte und sie aus diesem Grunde deshalb zärtlich berührte. Doch unangenehm war ihr diese Berührung nicht und sie drückte die Hand noch fester an sich und schlief wieder ein.

Die Männer hatten noch bis nach Mitternacht zusammen getrunken und erzählt. Nur der jüngere von den Handelsleuten blieb verschlossen. Er hörte wohl zu, doch er sprach kein Wort. Jaros dachte zuerst, dass er womöglich stumm wäre und sagte deswegen nichts zu ihm. Nachdem sie schon einige Humpen Bier getrunken hatten, wollte es Jaros dann doch wissen.
Der alte Händler stellte den jungen Mann als seinen neu-

en Gehilfen vor und dass er von Natur aus so schweigsam wäre. Sie fragten ihn, wo er herkäme.
„Ich komme aus dem Grenzland zwischen Werra und Fulda und war früher ein einfacher Bauer. Doch jetzt will ich Händler werden und damit mein Geld verdienen."
„Da musst du aber mehr sprechen, als du es heute Abend getan hast. Wer seine Waren nicht anpreisen kann, der bleibt darauf sitzen."
„Ich weiß, dass ich noch viel zu lernen habe, deshalb höre ich lieber zu."
„Da hast du recht, mein Junge! Schwätzer gibt es ohnehin schon zu viele. Da ist ein Schweigsamer mehr wert und uns lieber."
Jetzt akzeptierten sie seine Stummheit.

Am nächsten Morgen zog Jaros mit den Pferden wieder weiter in das untere Tal, dort wo die saftigen Wiesen am Bach lagen. Siegbert und die Frankenjungen folgten ihm nur ungern. Jetzt, wo sie in der letzten Nacht so viel erlebt hatten, wären sie am liebsten hier geblieben.
Unterwegs unterhielten sich die Jungen über die Mädchen. Sie fanden sie sehr süß und würden sie gern wiedersehen wollen. Siegbert versprach ihnen, sich etwas einfallen zu lassen. Sie erreichten den Weideplatz, wo sie die nächsten zehn Tage bleiben wollten, bevor sie auf die Weiden des Rynnestigs zurückkehrten. Hier hatten sie vor Jahren eine kleine Hütte gebaut, in der sie übernachten konnten. Diese stand gleich neben der Koppel, in die jeden Abend die Pferde getrieben wurden. Es war leicht, hier auf die Tiere aufzupassen. Die Talwiese war seitlich durch die steilen Hänge der Berge begrenzt. Quer zu dem Bach hatte Jaros Zäune, wie Dämme errichtet und konnte jeden zweiten Tag einen neuen Weideplatz, weiter unten, nutzen. Alles war sehr einfach und so fingen sich die Jungen bald an zu langweilen.
Da sprang Siegbert über den Bach und schrie auf.
„Was ist mit dir?", rief Jaros und kam gleich zu ihm gerannt.
„Ich glaube, ich habe mir etwas gebrochen! Ich kann nicht mehr auftreten."

Jaros umfasste Siegberts Fuß und versuchte ihn vorsichtig zu bewegen, doch er jammerte gleich los.
„Wir können da nicht viel machen. Es scheint eine Verstauchung zu sein. Du brauchst Ruhe und deshalb wäre es besser, wenn wir dich zu Rado bringen."
„Wir können ihn dorthin tragen und auf ihn aufpassen", meinten die Jungen.
„Na gut, wenn ihr das machen wollt, so baut eine Trage!"
Jaros schnitt mit seinem Messer zwei starke Haselnussstöcke ab und flocht mit Weidenzweigen die Liegefläche. Dann musste sich Siegbert vorsichtig darauf legen und die beiden Frankenjungen trugen ihn talaufwärts davon.
Als sie die erste Wegbiegung hinter sich hatten, sprang Siegbert von der Trage. Die Jungen erschraken.
„Was ist mit deinem Bein?", wollte der eine wissen.
„Ich habe mir gar nicht den Fuß verknackst. Das habe ich nur so gesagt, damit ihr wieder zu Rados Töchtern kommt."
„Siegbert, du bist ein wahrer Freund!", sagten sie und schlugen ihm dankbar auf die Schultern.
„Wenn wir die letzte Wegbiegung vor dem Haus erreichen, dann müsst ihr mich aber wieder drauflegen."
„Sicher, wenn wir nur dort bleiben können und Rado uns nicht wieder zurückschickt."
„Das wird er bestimmt nicht, denn ich werde ihm sagen, dass ihr bei mir bleiben müsst."
So kamen sie bei Rado an, der gleich wissen wollte, was passiert war. Siegbert wurde in der Wohnküche auf eine Liege gelegt und die Hausfrau sah sich den Fuß an. Sie konnte keine Schwellung erkennen.
Wenn sie jedoch seinen Fuß berührte, schrie er auf. So machte sie einen kühlen Umschlag und legte das Bein vorsichtig hoch. Ihren drei Töchtern wies sie an, die Umschläge regelmäßig zu wechseln und gut auf ihn aufzupassen. Das war die richtige Behandlung, die er benötigte. Als Jaros mit den Pferden nach zwei Wochen wieder vorbei kam, da war Siegberts Fuß geheilt und der Trennungsschmerz der Frankenjungen groß.
In Rodewin kamen die zwanzig neuen Sklaven an, die der Großkanzler gegen Haralds Pferde eingetauscht hatte. Es

waren zur Hälfte Knechte und Mägde aus dem eroberten Frankenreich. Sie sahen schlecht genährt aus und waren auch sonst etwas verwahrlost.
Nachdem die Übergabe durch Wachleute des Königs erfolgt war, ließ Harald die Leute erst einmal verköstigen. Sie schienen schon seit langem nicht mehr ausreichend zu Essen bekommen zu haben.
Nachdem die Sklaven satt waren, konnten sie sich waschen und ihre Kleider reinigen. Danach sahen sie schon etwas annehmbarer aus.
Von ihnen konnte niemand thüringisch sprechen, so dass die Verständigung nur durch Harald, dem Schreiber, Heidrun und Rosa in fränkischer Sprache erfolgte.
Die Sklaven waren froh, dass sie hier überhaupt jemand verstand, denn auf den Gütern des Königs war die Behandlung schlecht und niemand sprach fränkisch.
Der Schreiber musste nun alle erfassen. Er schrieb die Namen, Alter, Herkunftsort und was sie früher gearbeitet hatten, auf ein Pergament. Danach konnten sich alle in einem der leer stehenden Pferdeställe bis zum nächsten Tag ausruhen.
Harald ließ noch feststellen, ob Ehepaare darunter waren oder verwandtschaftliche Verbindungen unter ihnen bestanden. Dort, wo er es feststellte, da ließ er diese zusammen sein. Einige Sklaven gab er leihweise an die anderen Sippen ab, wenn sie jemand für die Arbeiten an dem Schutzwall abstellten. Somit gelang es ihm, dass über die gesamte Jahreszeit hinweg die Arbeiten am Wall nicht unterbrochen wurden.

Die Wehr- und Schutzburg auf dem Wilberg war schon bald fertig. Die im Winter vorgefertigten und angespitzten Pfeiler wurden in den Boden eingelassen. So entstand ein unüberwindlicher Wall. Von hier aus konnte das gesamte Gebiet und besonders die Wege in der Umgebung gut beobachtet werden. Innerhalb des Palisadenwalls befanden sich vier Langhäuser, die vielen Menschen und Tieren Schutz bieten konnten. Auf den Rinsbergen entstand eine ähnliche Wehranlage. Von hier aus konnte man die westliche Seite des

Oberwipgaus beobachten. Die dritte Wehranlage lag oberhalb des Reibaches. Im Osten war der Gau durch Sümpfe und Moore gut geschützt und im Süden und Norden wurden Dornenhecken gepflanzt, die ein Eindringen sehr erschweren würden. Harald war mit dem Fortschritt des Schutzwalls zufrieden und glaubte, ihn in zwei Jahren ganz fertig zu haben.

Eines Tages zur Mittagszeit kamen Handelsleute nach Rodewin. Der alte Handelsmann fragte nach Harald und sagte, dass er von Jaros auf dem Rynnestig erfahren hätte, dass er hier in Rodewin möglicherweise Rossschweife aufkaufen könne.
„Wozu brauchst du die?“, wollte der Gaugraf wissen.
„Mein Kunde beliefert das fränkische Heer und die brauchen weiße Rossschweife für ihre Helme. Je weißer die Haare sind, umso besser.“
„Wenn du gut dafür zahlst, kann ich dir welche abgeben. Schau sie dir aber erst einmal an! Vielleicht sind sie dir nicht weiß genug.“
Sie gingen zu einem der großen Pferdeställe, die von außen wie Langhäuser aussahen und er zeigte ihm Schweife und gegerbte Tierhäute. Als der Händler die feinen Felle sah, wollte er diese unbedingt haben, aber Harald lud ihn zunächst zu sich auf einen Schluck Bier ein, um den Handel zu besprechen. Ihn interessierte vor allen Dingen, wo der Händler herkam und welche Neuigkeiten er aus dem Frankenlande mitbrachte.
Sein Gehilfe hatte sich ein wenig abseits von den Pferdeställen umgesehen. In dem Kräutergarten sah er eine Frau, deren Bewegungen und Aussehen ihm bekannt vorkamen. Er ging langsam auf sie zu und sprach sie von hinten an. Er nannte den Namen der Frau, die er in ihr zu erkennen glaubte. Sie fuhr aus ihrer gebückten Haltung hoch und sah den Mann mit großen Augen an.
„Nantwig, bist du es wirklich?“
„Ja, ich bin es“, rief er und ging an den Rand der Einzäunung. „Wir dürfen uns nicht anmerken lassen, dass wir uns kennen! Drum sei vorsichtig und antworte mir unauffällig!“

Die Frau ging mit ihrer Hacke näher zum Zaun und tat so, als würde sie das Unkraut jäten.
„Wie ist es dir ergangen?", fragte Nantwig.
„Als du geflohen warst, da haben sie uns erst einmal alle verprügelt. Wir sollten sagen, wie du entkommen bist. Doch keiner von uns hat etwas verraten. So haben sie noch lange auf den Wegen und in dem Wald nach dir gesucht. Dass du ins Wasser gegangen bist, daran hat niemand gedacht."
„Und was ist weiter passiert?"
„Uns Mägde und Knechte haben sie zu einem Gut des Thüringer Königs gebracht. Von hier aus sollten wir mit einem Sklavenhändler nach dem Osten ziehen. Das schien nicht geklappt zu haben und wir wussten nicht, was weiter wird. Vor zwei Wochen kam ein hoher Herr und suchte sich ein paar Frauen und Männer aus. Er wollte nur Mägde und Knechte für die Feldarbeit. Ich bin dadurch hierher gekommen und es geht mir gut bei dem neuen Herrn."
„Weißt du was mit den anderen ist?"
„Sie sind noch im Königsgut, nicht weit von der Burg des Herminafrid entfernt."
„Leben sie noch alle?"
„Ja, sie sind noch alle am Leben, aber auf dem Gut bekamen wir kaum etwas zu essen und die Arbeit war sehr schwer. Lange hält es dort niemand aus."
„Die Krieger, die mein Haus niedergebrannt haben, sind sie dort?"
„Ich habe den einen oder anderen manchmal noch gesehen. Sie leben in den Siedlungen, nicht weit von dem Gut."
„Kannst du mir beschreiben, wie ich dorthin finde?"
Nantwigs ehemalige Magd versuchte den Weg und die besonderen Merkmale des Ortes zu beschreiben. Aus dem Haus kam Rosa gelaufen. Sie sah sich um und erblickte den Fremden beim Kräutergarten.
„Junger Herr, du wirst im Haus erwartet!", rief sie laut. Nantwig ging schnell auf das Langhaus zu.
„Gefallen dir meine Kräuter?", wollte Rosa wissen.
„Es ist ein schöner Garten. Hast du ihn selber angelegt?"
„Nein, meine Herrin hat das meiste angepflanzt."
„Bist du eine Magd in dieser Siedlung?"

„Ich bin Sklavin von der Herrin hier. Jetzt beeile dich und komm herein! Mein Herr hat schon nach dir gefragt.“
Nantwig kam in den Wohnraum, wo einige Männer und der alte Handelsmann am Tisch saßen und Bier tranken.
„Setz dich her an den Tisch!“, meinte Harald.
„Wir dachten schon, dass du dich verlaufen hast, aber so groß ist Rodewin doch nicht.“
Unsicher glitt Nantwig auf den dargebotenen Schemel.
„Mein Freund ist etwas schüchtern und das Reden hat er nicht erfunden“, meinte der Handelsmann und alle mussten lachen. Inzwischen hatten sich die Männer schon auf den Preis für die Rossschweife und die Pferdehäute geeinigt.
„Wenn ihr wollt, so könnt ihr gern in einem leeren Heuschober schlafen und erst morgen weiterreisen. Wir könnten dann noch ein paar Krüge Bier trinken und morgen habt ihr den Tag vor euch. Wo soll es denn hingehen?“
Diesmal antwortete Nantwig: „Zum Königshof des Herminafrid!“
„So, so und was wollt ihr denn dort? Habt ihr Waren für den König bei euch?“
„Wir denken, dass ihm einiges von unseren Sachen gefallen könnte.“
„Na, vielleicht zeigt ihr mir eure Schätze einmal! Vielleicht kaufe ich euch etwas ab.“
Dem alten Handelsmann gefiel das eigenwillige Verhalten von Nantwig überhaupt nicht. Er zog ihn am Ärmel nach draußen und ging mit ihm zum Wagen.
„Wie kannst du nur so vorlaut sein, du Grünschnabel? Das Sagen habe immer noch ich beim Handeln, so hatten wir es ausgemacht und nicht anders. Ab jetzt bist du wieder still, sonst hau ich dir eins auf den Schädel!“
„Reg dich nicht auf! Ich sage jetzt nichts mehr.“
„Das will ich auch hoffen, sonst kannst du deine eigenen Wege gehen.“
Der alte Handelsmann holte ein paar schöne Stoffe und eine große Holzkiste aus dem Planwagen.
„Die Kiste trägst du und pass auf, dass du nicht hinfällst!“
Die Stoffe nahm der alte Mann und lief Nantwig hinterher ins Haus. Hier warteten schon alle, was sie nun zu sehen

bekommen würden. Sie staunten nicht schlecht über die gute Qualität der Stoffe. Als der alte Handelsmann jedoch die Holzkiste öffnete, verschlug es vielen die Sprache. Drinnen waren mehrere Holzschalen übereinander geschichtet. In jeder lagen wunderbare Schmuckstücke, Halsketten, Ringe, Armreifen und vieles andere mehr, dass nicht nur den Frauen, sondern auch den Männern Freude machte.
„Ihr könnt davon etwas aussuchen, aber ich muss euch gleich sagen, dass diese Stücke sehr teuer sind!"
Der Abend reichte kaum aus, um alle Kostbarkeiten gebührend zu bewundern. Am Ende kaufte Harald ein paar schöne Sachen für seine Frau und einen guten Stoff für seine Mutter.
Sehr früh am Morgen standen die Handelsleute auf und machten sich reisefertig. Nantwig wollte bald an den Königshof des Herminafrid kommen. Er hoffte, dass dort auf dem Gut noch Leute von seinem ehemaligen Bauernhof waren. Vielleicht konnte er etwas für sie tun und wenn es nur die Möglichkeit war, zu verhindern, dass sie nicht an die slawischen Sklavenhändler verkauft werden.
Bei der Abreise versuchte Nantwig noch seine Magd zu sprechen. Sie stand am Eingang zu der Unterkunft der Sklaven und sah zu ihm herüber, doch traute sie sich nicht, zu ihm zu kommen. Die ganze Nacht konnte sie vor Aufregung nicht schlafen und gern wäre sie jetzt auf den Handelswagen gestiegen und mit ihm gegangen. Vielleicht würde sie ihn niemals wieder sehen? Dieser Gedanke machte sie sehr traurig.

Da Jaros mit der Pferdeherde noch auf dem Rynnestig war und die Geiseln ihm bei der Arbeit halfen, so brauchte Amalafred noch nicht an die Heimreise denken und konnte sich intensiv den Kampfesübungen widmen. Einmal in der Woche traf er mit allen Jungkriegern zusammen und sie kämpften mit einem ehemaligen Bärenkrieger von Harald.
Die übrigen Tage besuchte er Udo in Alfenheim und übte mit ihm den Schwertkampf und das Bogenschießen. Dies dauerte nur ein paar Stunden am Morgen und danach ritt er jedes Mal wieder zurück nach Rodewin. Udo hatte ihm

angeboten in Alfenheim über Nacht zu bleiben, doch Amalafred lehnte dankend ab. Den Grund hierfür kannte niemand.
Es war Ferun, die Amalafred auf seinem Rückweg immer besuchte. Er war in sich gespalten. Auf der einen Seite wollte er mit ihr nichts mehr zu tun haben, denn sie nahm ihre Aufgabe als Dienerin der Freya sehr ernst und auf der anderen Seite war da etwas, was ihn unentwegt zu ihr hinzog und das er nicht erklären konnte. Er wollte sich von ihr lösen und redete sich ein, sie nicht zu lieben. Doch alles war nur Selbstbetrug! Ferun hatte ihn mit ihren Liebeskünsten schon lange im Netz und es gab kein Entkommen mehr. Je stärker er versuchte, sich von ihr abzuwenden, umso näher zog es ihn zu ihr hin.
Amalafred war sich seines innerlich zerstrittenen Zustandes bewusst, doch sah er keinen Ausweg aus dieser Situation herauszukommen. Manchmal glaubte er daran, dass es ein Zauber sein musste, der ihn umfing. Doch es war wohl nichts anderes, als die Liebe, die er zuvor nicht kannte und die ihn diesmal beherrschte.
Ferun hatte die Tage ihres Zusammenseins immer interessant gestaltet. Kein Treffen glich dem anderen. Nie wusste Amalafred, was sie vorhatte und immer war es am Ende schön für ihn.
Eines Tages bat sie ihn, ob sie ihn fesseln durfte. Nur zögernd willigte er ein. Sie ging mit ihm zu dem Heiligtum der Göttin Freya, das im Moor lag und band ihn dort an einen dürren Baumstamm. Er konnte sich nicht mehr rühren. Danach steckte sie ihm noch ein Tuch in den Mund, so dass er nichts sagen konnte. Es war ihm unklar, was sie diesmal mit ihm vorhatte. Als er so hilflos dalag, verschwand sie im Wald.
Nun bereute Amalafred, dass er zu diesem Spiel bereit war. Was hatte sie vor? Warum war er gefesselt? Viele Fragen zermarterten sein Hirn. Vielleicht lässt sie ihn hier bis zum nächsten Tag an dem Baum. Warum das Ganze? Es gab keine Antworten für ihn.
Nach einer langen Weile tauchte Ferun wieder auf. Ihr folgte ein Jüngling, den er noch nie vorher gesehen hatte.

Sie stellten sich beide auf der freien Rasenfläche vor dem Steinaltar auf.
Der Jüngling war nur mit einem leichten Lendenschurz bekleidet. Ferun fing an, vor dem jungen Mann zu tanzen und zog sich dabei langsam aus. Amalafred wusste, was jetzt folgen würde, denn diesen Tanz hatte sie ihm schon einmal vorgeführt. Er versuchte sich von seinen Fesseln zu lösen, doch es gelang ihm nicht. Dann wollte er schreien, doch der Knebel verhinderte es.
Alles, was da passierte, war grausam für ihn! Am liebsten wäre er tot. Als Ferun ihren Tanz beendet hatte, ging sie auf den Jüngling zu und umarmte ihn. Amalafred schloss die Augen. Er wollte nichts mehr sehen. Es wurde still um ihn herum. Als er aus seiner Ohnmacht erwachte, war der Jüngling verschwunden und Ferun kniete vor ihm.
Sie zog den Knebel aus seinem Mund.
„Wie lange war ich ohne Besinnung?“, wollte er wissen.
„Nur einen kurzen Augenblick.“
„Und wo ist der Jüngling?“
„Er ist verschwunden, so wie der Hauch des Windes.“
„Warum hast du das mit mir getan?“
„Du musst dich von dir selbst lösen.“
„Ich weiß nicht, was du meinst?“
„Deine Eifersucht steht zwischen uns. Du musst dich von ihr befreien! Es gibt keinen Besitz an einem anderen Menschen. Alle sind frei, wie der Vogel hier über uns und du musst begreifen, dass ich nur der Freya gehöre und niemand anderen!“
Amalafred ließ den Kopf sinken. Er wusste, dass sie recht hatte, aber es war so schwer für ihn, das zu begreifen. Ferun band ihn von dem Baumstumpf los und hielt ihn in ihren Armen. Er fing an zu weinen. So saßen sie noch lange, eng umschlungen und sagten nichts. Amalafred wusste, dass er sich entscheiden musste, aber es war so schwer für ihn.

10. Sachsenangriff

Dem Frankenkönig Theuderich war es gelungen, seinen Bruder Chlothar dahingehend umzustimmen, noch in diesem Sommer mit ihm zusammen gegen die Thüringer zu ziehen. Allerdings flackerten die Aufstände in Burgund wieder auf und so mussten sie den Überraschungsangriff auf Thüringen verschieben. Theuderich hatte alles so gut vorbereitet und nun ärgerte er sich, bis zum nächsten Jahr warten zu müssen.

Der König gab gerade einen Empfang für Bittsteller im großen Festsaal, als ein Bote durch das Burgtor ritt und die Stufen zum Königssaal hinauf rannte. Er meldete noch ganz außer Atem, den Einfall der Dänen und Sachsen im Norden des Frankenreichs.

„Die haben mir gerade noch gefehlt!", schrie Theuderich, so dass alle Anwesenden im Raum ängstlich zu ihm hinsahen. Die Nachricht, die Theuderich erhalten hatte, löste große Hektik aus. Der König zog sich mit den Beratern in seinen Arbeitsraum zurück.

„Warum erfahre ich erst jetzt von dem Einfall? In allen Reichen habe ich Männer, die mir außergewöhnliche Dinge melden sollen. Die Vorbereitungen zu einem Angriff auf mein Königreich können doch nicht so geheim ablaufen, dass sie es nicht bemerken! Manchmal habe ich den Eindruck nur von Versagern umgeben zu sein."

Niemand wagte etwas zu erwidern.

„Wie ich sehe, verschlägt es euch die Sprache."

Der König las nochmals das Schreiben des Truppführers, der mit seinen Kriegern die Küste am Nordmeer bewachte.

„Den Angriff haben bestimmt wieder die Sachsen angezettelt und glauben nun, dass sie zusammen mit den Dänen mehr gegen uns ausrichten können."

„Vielleicht ist es nur einer dieser Grenzeinfälle, wie wir sie schon kennen", wollte der Kanzler beschwichtigen.

„So, wie es der Truppführer berichtet, scheint es mehr zu sein. Ich brauche Klarheit, was da wirklich los ist! Wann kommt Theudebert aus Burgund zurück?"

„Er wird mit euren Kriegern in ein paar Tagen hier sein."

„Immer wieder müssen die Burgunder aufbegehren. Man sollte sie ans Ende der Welt umsiedeln, damit ihnen die Aufmüpfigkeit endlich vergeht."
„Wen sollen wir nun an die Nordgrenze senden?", wollte der Kanzler wissen.
„Ich werde selber reiten und Theudebert soll mir bald nachfolgen. Bereitet alles vor, morgen früh ziehen wir los! Die verfügbaren Krieger werden mit mir kommen und den Rest bringt Theudebert mit."
Es war alles gesagt und entschieden. Der König verließ den Raum und seine Berater diskutierten noch über Einzelheiten des bevorstehenden Feldzugs gegen die Sachsen und Dänen. Diese Völker waren nicht leicht zu besiegen. Sie waren körperlich größer als die eigenen Krieger und ebenso unerschrocken im Kampf. Das hatten die Franken schon im letzten Jahr erfahren müssen und unterschätzten den Gegner nun nicht mehr.

Mit seinem Heer zog Theuderich nach Norden. Er hatte mehrere Hundertschaften unter Waffen, die eigentlich für den Überfall auf die Thüringer gedacht waren. Nach einigen Tagen erreichte der König das Lager des Truppführers und ließ sich berichten, was passiert war. So erfuhr er, dass Sachsen und Dänen mit Booten auf den Inseln und an der Küste landeten und große Teile davon besetzten.
„Wie viele sind es?", wollte der König wissen.
„Das können wir nicht so genau sagen. Es waren mehr als zwanzig Schiffe. Sie haben ihr Lager nicht weit von der Küste aufgebaut. Es ist anzunehmen, dass es nur die Vorhut ist und die anderen nachkommen werden."
„Dann wollen wir nicht so viel Zeit verstreichen lassen und sie überraschend in der Nacht angreifen!"
„Dazu sind wir aber zu wenige Männer!"
„Das weiß ich, deshalb warten wir noch einen Tag, bis mein Heer hier ist. Ich werde mir ihr Lager jetzt gleich einmal ansehen. Es sollen aber nur wenige mit mir kommen, damit wir nicht auffallen."
Der Truppführer und noch zwei seiner besten Leute begleiteten Theuderich. Sie ritten nur im Schutz des Waldes,

um unentdeckt zu bleiben. Von einer leichten Anhöhe aus, sahen sie zur Küste. In einem nahe gelegenen Waldstück war das Lager der Eindringlinge zu erkennen. Sie schienen sich hier für längere Zeit eingerichtet zu haben, denn sie hatten einen festen Zaun aus Baumstämmen zum Schutz aufgebaut.

„Deine Vermutung ist richtig“, sagte König Theuderich zum Truppführer.

„Unsere Feinde haben ihr Lager gut befestigt und schilfgedeckte Hütten aufgebaut. Das sieht so aus, als warten sie noch auf jemanden. Ihre Anzahl ist nicht so groß, dass sie uns in einer offenen Feldschlacht entgegen treten könnten.“

„Wie können wir sie angreifen?“ wollte der Truppführer wissen.

„So, wie ich es schon gesagt habe, in der Nacht. Odin wird ihnen in der Dunkelheit nicht sehr helfen können. Wir müssen zunächst herausfinden, wo ihre Wachen stehen.“

„Das haben wir schon getan. Ich kann euch zeigen, wo sie die Späher postiert haben.“

Er streckte seinen Finger in die Richtung von vier kleinen Baumgruppen, die dem Wald vorgelagert waren.

„Sie sind von hier aus nicht zu erkennen, aber ganz sicher dort im Gebüsch.“

„Die müssen wir bei unserem Angriff zuerst beseitigen. Es muss schnell und ganz leise vor sich gehen, damit sie die anderen nicht warnen können. Ich habe da schon eine Idee, wie wir das machen“, meinte der König und schmunzelte bei dem Gedanken, was er vorhatte.

Sie zogen sich vorsichtig wieder zurück. Im Lager angekommen, ließ er alle Fässer Wein, die sie mit sich führten, zusammentragen. Den Kriegern gefiel das gar nicht, denn sie wollten auf ihre tägliche Ration Rotwein nicht verzichten. Theuderich hatte aber bereits Meldereiter losgeschickt, die für Nachschub sorgen sollten.

Am nächsten Tag wurde das Hauptheer gegen Mittag erwartet. Er ließ es in großem Abstand zu der Vorhut lagern und sie durften in der Nacht keine Feuer machen. Nichts sollte die Sachsen und Dänen beunruhigen. Von seiner

Leibwache wählte er fünf seiner besten Krieger aus und ließ sie als einfache Händler verkleiden.
Auf drei Ochsenkarren hatte er die Weinfässer packen lassen und seine Männer zogen, als Weinhändler getarnt, einen Weg entlang, der in der Nähe des Waldstückes mit dem feindlichen Lager, vorbei führte. Sie hatten keine Waffen bei sich, sondern nur, wie es üblich war, ein Messer am Gürtel in der Scheide.
Langsam zogen sie dahin. Im Dickicht der kleinen Baumgruppen konnten sie die Verstecke der Wachen sehen. Der Wald in dem das Lager war, lag zur linken Seite des Weges. Dort rührte sich nichts. Schon dachten sie, dass sich keiner sehen lassen würde, als auf einmal ein Trupp riesengroßer Sachsen auf sie zugerannt kam. Angst vortäuschend verkrochen sie sich hinter ihren Wagen. Als die Sachsen herangekommen waren, sprangen sie gleich auf die Karren und schauten nach den Fässern. Sie vermuteten Met darin. Einer von ihnen schlug ein Fass auf und langte mit der bloßen Hand hinein. Nachdem er den Wein probiert hatte, sagte er etwas, das die anderen zum Jubeln brachte.
Die Sachsen zwangen die Fuhrleute mit ihren Karren auf den Wald zuzuhalten. So kamen die Franken in ihr Lager. Die meisten schienen hier mit der Zubereitung des Abendessens beschäftigt zu sein. Die als Händler verkleideten Franken mussten den Wein an die Krieger ausschenken. Sie taten das so tollpatschig wie einfältige Knechte. Der eine oder andere „Händler“ erntete dafür einen Fußtritt.
Die Sachsenkrieger kannten keinen Wein, doch schien ihnen das alkoholhaltige Getränk ebenso gut wie der Met zu schmecken. Es dauerte nicht lange und viele von ihnen waren betrunken. Diejenigen, die die Wachen an den Baumgruppen ablösen sollten, füllten vorher noch in ihren Wassersack das berauschende Getränk aus den Fässern ein. Sie wollten nicht, dass sie über die Nacht hinweg zu kurz kamen. Als es dunkel war, schliefen schon die meisten, weil sie zu schnell getrunken hatten. Die anderen prosteten sich noch wacker zu, bis auch sie betrunken umfielen.
Darauf hatten die Franken nur gewartet. Zwei von ihnen schlichen zu den Wachposten am Tor und zu den Baum-

gruppen außerhalb des Lagers. Mit ihren Messern schnitten sie ihnen die Kehlen durch. Dann liefen sie geduckt auf dem Weg zu ihrem Heerlager und informierten den König.
Theuderich war zufrieden. Er rückte mit der gesamten Streitmacht vor. Seine Bogenschützen postierten sich um das Lager herum. Zwei Hundertschaften stellten sich zwischen dem Wald und den Schiffen auf. Sie sollten den Rückzug der Sachsen zu ihren Booten verhindern. Die anderen bezogen in der Nähe der Tore Stellung.

Auf ein Zeichen des Königs schossen die Bogenschützen brennende Pfeile ab. Im Nu brannten die Schilfdächer der Hütten. Die Männer seiner Leibgarde hatten von innen die Tore geöffnet, so dass seine Krieger hinein gelangen konnten.
Durch das Feuer aufgeschreckt bliesen die Feinde in ihre Hörner und griffen nach ihren Schwertern. Es half ihnen jedoch nicht.
Noch angetrunken und von der Übermacht fast erdrückt, gaben viele von ihnen auf und ließen sich widerstandslos fesseln. Die anderen fanden den Tod. Schon nach kurzer Zeit war alles entschieden.
Theuderich sah sich die Gefangenen an. Es waren Riesen und er dachte, dass er nicht so gern einem im Kampf gegenübergestanden hätte. An den Waffen und der Kleidung konnte er erkennen, wer zu den Anführern zählte. Die behielt er im Sachsenlager und die anderen schickte er gefesselt ins Hinterland.
In seinem Gefolge war ein Schreiber, der die Sprache der Sachsen und Dänen verstand. Der Folterknecht und sein Gehilfe gingen ans Werk. Beide übten im zivilen Beruf auch dieses Handwerk aus.
Mit Kennerblick suchten sie zwei Gefangene aus. An Stricken zogen sie die Männer in das Zelt, in dem Theuderich wartete. Der König hatte es sich inzwischen gemütlich gemacht. Er saß in einem Armstuhl und trank aus einem Silberbecher Wein. Zwei von den Kriegern der Leibwache sowie sein Schreiber standen hinter ihm. Die Sachsen mussten sich vor ihm aufstellen und er sah sie sich eine Weile an.

„Wer bist du?“, fragte er den Mann, der wie ein Anführer gekleidet war. Der Schreiber übersetzte. Lange Zeit kam keine Antwort und der Folterknecht stieß dem Mann mit einer Eisenstange ins Kreuz. Jetzt sagte der Gefangene seinen Namen.
„Na also, ich dachte schon du wärest stumm. Da du mir dann jedoch nicht von Nutzen wärst, so hätte ich dich gleich töten lassen.“
Dann fragte er den Jüngeren nach seinem Namen. Er antwortete ohne zögern. Theuderich wollte wissen, woher sie kamen und welchen Rang sie im feindlichen Heer hatten.
Der junge Sachse sah den Älteren ängstlich an. Er wollte reden, doch der Ältere zischte ihm etwas in seiner Sprache zu, so dass er gleich wieder verstummte.
„Ich sehe, dass ihr nicht sprechen wollt, doch meine Krieger haben bis jetzt jeden dazu gebracht.“
Seinen Leuten gab er den Befehl mit dem Verhör zu beginnen. Ruhig und gelassen gingen die Folterknechte ans Werk. Der Gehilfe legte Eisenstäbe in eine Schale mit glimmender Holzkohle. Mit einem Fächer schürte er die Glut und die Stäbe verfärbten sich langsam gelb.
Der Henkersknecht packte den jungen Sachsenkrieger, riss ihm seine Kleidung vom Körper und band ihn auf ein Holzgestell. Beine und Arme waren ausgestreckt. Der ältere Sachse zerrte an seinen Fesseln und rief etwas dem Jungen zu. Daraufhin steckte ihm der Henkersknecht ein Stück Wolltuch in den Mund, damit er nicht mehr sprechen konnte.
Der Schreiber mahnte nochmals den jungen Sachsenkrieger zu sagen, was sie wissen wollten, um ihm die Schmerzen zu ersparen. Der schwieg beharrlich.
Mit einer Schmiedezange hatte der Henkersknecht das erste glühende Eisen geholt und hielt es dem Burschen vors Gesicht. Da er noch immer nichts sagte, drückte er es ihm auf den Oberarm. Die Haut versengte und es roch nach verbranntem Fleisch.
Der Sachse schrie auf. Seine Widerstandskraft schien schon gebrochen. Er fing hastig an zu reden. Theuderich erfuhr von ihm alles, was er wissen wollte und noch vieles mehr.

Er hatte herausbekommen, was die Sachsen und Dänen vorhatten. Sie planten einen groß angelegten Angriff. Verschiedene der Küste vorgelagerte Inseln hatten sie schon erobert. Die Sachsen wollten von der Seeseite aus angreifen. Es hatten sich ihnen nicht alle Sachsenstämme angeschlossen, sondern nur die nordwestlich gelegenen. Die Dänen wollten dieses Mal mitmischen. Zusammen hatten sie schon manche Fahrt mit ihren Schiffen über das Meer gewagt und dabei immer reichlich Beute gemacht.
Zum Vollmond in einer Woche wollten alle hier an der fränkischen Nordküste eintreffen, um gemeinsam nach Süden zu den reichen Städten vorzustoßen.
Der König erkannte die Gefahr, die sich anbahnte, schickte einen Boten zu Theudebert und mahnte ihn zur Eile.
Die Zeit bis zum Eintreffen von seinem Sohn nutzte er, um die Wallanlage der sächsischen Vorhut zu verstärken. Die teilweise abgebrannten Schilfhütten besserten sie aus.
Nachdem der König von den Sachsen alles in Erfahrung bringen konnte, was wichtig war, wurden auch diese Gefangenen ins Hinterland gebracht. Seine Krieger verteilte er an der Küste entlang, damit sie ihm die ankommenden Feinde sofort melden konnten.

Theudebert schaffte es schon nach drei Tagen im Feldlager seines Vaters zu sein. Seine Männer brauchten zunächst Ruhe, denn sie waren von dem Marsch sehr erschöpft.
In seinem Gefolge waren Hartwig und Baldur. Sie hatten Theudebert gebeten, ihn nach Burgund begleiten zu dürfen. Theudebert kam der Bitte gerne nach. Er war sehr abergläubisch und davon überzeugt, dass die Nähe der beiden Thüringer ihm Sicherheit bot, da sie ihm schon im letzten Herbst einmal das Leben gerettet hatten.
Mit seinem Vater besprach der Prinz das weitere Vorgehen. Er machte den Vorschlag, mit den Booten der Sachsen auf die vorgelagerten Inseln zu rudern und die Feinde dort zu bekämpfen. Von den Gefangenen hatte der König erfahren, dass sich die Hauptmacht der Sachsen und Dänen aufgeteilt hatte, um die Leute auf den kleinen Inseln noch auszurauben.

Theuderich zögerte noch, doch willigte er schließlich ein. Sein Sohn Theudebert nahm die ausgeruhten Krieger, die mit Theuderich hier schon mehrere Tage lagerten und bestieg mit ihnen die Boote.
Hartwig und Baldur durften in seinem Boot mitfahren. Beide sollten aber an den bevorstehenden Kämpfen nicht teilnehmen, weil es für sie zu gefährlich sein könnte.
Es war windstill. Die Franken ruderten zu der ersten Insel, die nicht weit von der Küste entfernt lag. Von weitem konnte man die Krieger nicht als Franken auszumachen. So konnten sie unerkannt auf der Insel landen.
In einer Fischersiedlung entdeckten sie die Sachsen und kreisten sie ein. Ehe die Sachsen erkannten, dass sie von Feinden umringt waren, schossen die Franken mit ihren Pfeilen auf die Gegner.
Die Überrumpelten versuchten sich zu verteidigen und griffen nach allem, was in ihrer Nähe stand. Doch es half nichts, da die Franken sie eingekesselt hatten.
Nur wenige Sachsen überlebten bei dem Gefecht. Die sich ergaben, wurden von den Franken trotzdem getötet, da sich Theudebert mit Gefangenen nicht abgeben wollte. Er musste weiter und ging mit seinen Leuten sofort wieder zu den Schiffen. Sie zogen zu der nächsten Insel. In gleicher Weise eroberte er diese und die anderen, die in Küstennähe lagen.
Der Dänenkönig hatte mit mehreren Hundertschaften eine der nördlichsten Inseln des Frankenreiches überfallen. Die Menschen versuchten sich zu wehren. Sie zahlten mit ihrem Leben.
Dann plünderten die Dänen die Siedlungen und töteten jeden, den sie fanden. Nur wenige Inselbewohner, die in die Wälder flohen, überlebten das Gemetzel.
Als Theudebert diese Insel erreichte und sah, was die Dänen angerichtet hatten, war er sehr wütend. Die Feinde waren seit gestern von hier wieder verschwunden und in Richtung des vereinbarten Sammelplatzes an der fränkischen Küste gerudert.
Theuderich, der den Angriffsplan der Dänen und Sachsen kannte, hatte das sächsische Lager wieder so herrichten

lassen wie zuvor. Einige seiner besten Krieger wurden wie Sachsen eingekleidet, so dass niemand Verdacht schöpfen konnte. Als die Dänen landeten, glaubten sie, dass ihre Verbündeten schon auf sie warteten und mit einem zünftigen Abendessen begrüßten. Doch daraus wurde nichts. Zu spät erkannten sie die Falle, in die sie geraten waren. Es entbrannte ein heftiger Kampf.
Von überallher tauchten schwer bewaffnete Krieger auf und metzelten die vom Rudern geschwächten Dänen nieder. Ihr König fiel im Zweikampf mit einem Krieger von Theuderichs Leibwache.
Das Ausmaß des Gemetzels, das bis in die späte Nacht hinein ging, erkannte Theuderich erst am nächsten Morgen bei Sonnenaufgang. Ihm war klar, dass dies das entscheidende Gefecht gewesen sein musste.
Theudebert hatte noch ein paar weitere Inseln von den Dänen und Sachsen befreit und dort die gleiche Verwüstung vorgefunden. Als Zeichen der Rückeroberung ließ er die Köpfe der getöteten Feinde auf Stöcke spießen und am Strand aufstellen.
Der Prinz kehrte zum Festland zurück, nachdem die Feinde von allen Inseln vertrieben waren. Zurück blieben nun meist menschenleere Inseln.
Theuderich war dennoch sehr zufrieden mit dem Sieg über die Feinde und hoffte, dass sie die nächsten Jahre Ruhe geben würden. Diesmal war er der siegreiche Held und als solcher wollte er gebührend gefeiert, in seine Königsstadt einreiten.
Dieser Sieg war für Theuderich sehr wichtig. Niemand zweifelte jetzt mehr seine militärischen Entscheidungen an. Er war wieder der große König, wie man ihn von früher her kannte. Der Erfolg tröstete ihn ein wenig über den erzwungenen Aufschub, im Thüringer Königreich einzufallen, hinweg.
Der Einzug in Reims war so, wie er es sich wünschte. Die Einwohner jubelten ihm und seinen Kriegern begeistert zu. Er ritt als Erster durchs Stadttor und es wurden ihm von den Kindern Blumen auf den Weg gestreut. Seine Niederlage vom letzten Jahr schien vergessen. Baldur und Hartwig

zogen im Gefolge des Prinzen mit in die Stadt ein, so als hätten sie an den Kampfhandlungen aktiv teilgenommen. Da niemand wusste, dass sie Thüringer waren, jubelte man auch ihnen zu.
Am Abend gab es für den Adel ein Festessen im Königssaal und die Krieger wurden auf den Plätzen in der Stadt beköstigt und von den Einwohnern gefeiert. Baldur durfte wieder neben der Prinzessin an der königlichen Tafel sitzen und berichtete ihr von den Erlebnissen in Burgund und der Küste des Nordmeeres. Von den Gräueltaten, die er sah, sprach er nicht. Sie fragte nicht danach, da sie wusste, dass Kriege ihre eigenen Gesetze hatten.
Nach dem Festessen zeigten verschiedene Schausteller ihre Kunststücke und belustigten die Gäste. Danach wurde getanzt. Der König, der diesem Vergnügen nichts abgewinnen konnte, verließ zusammen mit seiner Frau die Gesellschaft. Die Prinzessin ging bald danach, denn niemand forderte sie zum Tanz auf.

Die Thüringer waren müde und gingen in ihre Kemenate. Dort lag auf dem Tisch ein Brief. Er war von Harald an Hartwig adressiert. Ein Meldereiter musste ihn mitgebracht haben. Hartwig öffnete das Futteral und breitete das Pergament auf dem Tisch aus. Er las den Brief laut vor:
„Lieber Bruder Hartwig! Ich habe auf der Rückreise vom Elbkniegau den Großkanzler besucht und es war gerade ein Meldereiter des Frankenkönigs bei ihm angekommen. Dem gebe ich dieses Pergament mit und hoffe, dass es dich erreicht. Es gibt sehr viel Neues zu berichten. Zuerst darf ich dir zu deinem Sohn gratulieren. Elke bekam ihn schon vor einigen Wochen und das Kind ist gesund und munter. Deine Frau ist deshalb nicht mit mir in den Elbkniegau gereist, da es für sie und das Baby zu beschwerlich wäre. Sie ist immer mit Ursula zusammen, die eine Tochter hat. Beide Frauen leben mit ihren Kindern einmal in Alfenheim und dann wieder in Rodewin. Es geht ihnen gut.
Deine Pferde aus dem Frankenreich und aus meiner Herde habe ich mit zu deinem Schwiegervater Weibel genommen. Ich bin dann mit ihm zu deinem Gut gefahren und habe

nachgesehen, wie sich dein Pferdeknecht dort macht. Ich war überrascht, was er in der kurzen Zeit, die er dort ist, vollbrachte. Er hat die kleine Zuchtherde, die du von Weibel zur Hochzeit geschenkt bekamst, sehr gut über den Winter bekommen, so dass ich ihm ohne Bedenken die anderen Pferde, die ich mitbrachte, überlassen konnte. Ich denke, dass du sehr zufrieden sein wirst, wenn du wieder zurückkommst.
Bleib gesund und viele Grüße an Baldur,
dein Bruder Harald."
„Das ist ein Grund zum Feiern!", rief Hartwig begeistert. „Ich habe einen Sohn."
„Ja, du hast einen Sohn und kannst ihn nicht sehen. Warum hat uns das Schicksal nur so hart bestraft?"
„Sei nicht unzufrieden! Harald schreibt, dass es Ursula und deiner Tochter gut geht und das ist doch das Wichtigste!"
Baldur konnte Hartwigs Meinung nicht teilen. Er versank wieder in eine Wehmutsstimmung, die er schon ein paar Mal bei ihm erlebte.
„Komm, wir gehen zurück in den Saal und trinken auf das Wohl unserer Frauen und Kinder!", versuchte er ihn zu bewegen. Doch der hatte sich auf seine Liege gelegt und wollte schlafen. Hartwig ging daher allein in den Festsaal zurück. In einer Ecke saß der Sprachlehrer, der ihn und Baldur immer noch überall hin begleitete, obwohl sie schon sehr gut fränkisch beherrschten.
„Warum sitzt du so traurig da?", sprach Hartwig ihn an.
„Ich kann nicht tanzen, habe zwei linke Füße."
„Ach so, dass habe ich noch gar nicht bemerkt."
Er blickte zu seinen Beinen hinunter.
„Das sagt man so, wenn jemand nicht tanzen kann oder sich sonst irgendwie komisch fortbewegt."
„Hast du es schon einmal probiert?", wollte er wissen.
„Schon einige Male, aber es gelingt mir nicht."
„Dann hast du bestimmt nicht den richtigen Lehrer gehabt. Ich glaube, ich sollte dir zeigen, wie es geht."
„Wir können doch nicht zusammen, vor all den Leuten hier."
„Nicht da, aber es gibt doch bestimmt noch andere Räume, wo wir das tun können."

„Vielleicht gehen wir in den Unterrichtsraum der Prinzessin."
„Und wer soll mit mir tanzen?"
„Vielleicht kann ich die Zofe der Prinzessin überreden."
Der Sprachlehrer fühlte sich überrumpelt und gab nur zögerlich nach.
„Gut, dann lass uns gleich die Sache angehen!", drängte Hartwig.
Nochmals versuchte der Sprachlehrer abzulehnen. Es schien ihm alles zu schnell zu gehen und er wollte die Übung lieber auf einen anderen Tag verschieben. Doch Hartwig war an diesem Abend in einer besonders euphorischen Stimmung und wollte sofort damit beginnen.
Missmutig willigte der Sprachlehrer ein und sie gingen zu dem Unterrichtsraum. Einem Diener trug er auf, nach der Zofe zu suchen und diese herzubringen. Musik hatten sie dort keine und so summte Hartwig eine Melodie, nach der sie tanzen konnten. Er zeigte dem Sprachlehrer zunächst alle Schritte in ihrer Folge und tanzte sie ihm vor. Danach sollte er selber damit beginnen.
„Du stellst dich aber wirklich sehr ungeschickt an", meinte Hartwig zu ihm und zeigte nochmals alles von vorn.
Auf einmal entdeckte er die Prinzessin an der Tür, wie sie ihnen zusah. Er verneigte sich vor ihr und entschuldigte sich, dass sie womöglich zu laut waren und gestört hatten. Sie winkte ab.
„Ich bin noch nicht müde. Vielleicht kann ich euch bei dem Unterricht ein wenig helfen. Wenn ich den Takt auf meiner Handtrommel vorgebe, dann geht es leichter."
Hartwig tanzte erneut vor und die Prinzessin schlug auf ihrer Handtrommel dazu. Am Ende applaudierte sie und forderte nun den Sprachlehrer auf mitzutun. Es war eher ein Bild des Jammers, was er da bot. Die Prinzessin schien verzweifelt und reichte ihm ihre Trommel.
„Schlag lieber den Takt und sieh zu, wie wir uns bewegen!"
Die Prinzessin forderte Hartwig zum Tanz auf. Er fand sie an diesem Abend überaus locker und ausgelassen, als hätte sie einen kleinen Schwips vom Wein. Es schien ihr viel Spaß zu machen und dem Sprachlehrer war es lieber, die Trommel zu schlagen, als herumzuhüpfen.

„Ich werde euch jetzt einen neuen Tanz zeigen“, sagte sie lachend und vollführte eine drehende Bewegung.
„Jetzt machen wir es zusammen!“
Die Prinzessin legte ihre Hände auf Hartwigs Schultern und begann sich mit ihm zu drehen. Er war ein gelehriger Schüler und hatte bald erfasst, wie man sich bewegen musste. Diesen Tanz hatte er manchmal zu den Volksfesten auf dem Marktplatz gesehen und er war bei dem einfachen Volk sehr beliebt. Dass ihn die Prinzessin kannte, wunderte ihn. Doch so sehr hatte er sich nicht mit ihr und ihrem Leben befasst. Sie war eine hübsche Frau, doch viel zu alt für ihn, wie er meinte.
Bei den heftigen Drehbewegungen stieß die Prinzessin die Kerze um, die auf dem Tisch stand. Es war plötzlich vollkommen dunkel. Der Sprachlehrer tastete sich wie ein Blinder zur Tür, um eine neue Kerze zu holen.
Die Prinzessin war erschöpft und hatte sich eng an Hartwig geschmiegt. Er spürte ihren Atem und merkte, dass sie tatsächlich zuvor Wein getrunken hatte. Jetzt konnte er sich ihre Ausgelassenheit erklären. Ihre Wangen berührten sich und sie verharrte eine ganze Weile so. Hartwig konnte ihr Herz schlagen hören. Er überlegte, was sie als nächstes tun würde. Sie war die Prinzessin und er nur kleiner Adliger, noch dazu aus einem Land, dessen Kultur am fränkischen Hof nicht sehr geschätzt wurde. Sie umfasste vorsichtig seinen Kopf und presste ihre Lippen auf seine. Hartwig blieb wie erstarrt stehen und erwiderte die Liebkosung nicht.
Das schien die Prinzessin nicht zu stören. Je ruhiger Hartwig blieb, umso unbändiger wurde sie.
Plötzlich waren Schritte auf dem Gang zu vernehmen. Der Sprachlehrer kam mit einer brennenden Kerze in der Hand in den Raum zurück. Die Prinzessin ließ von Hartwig ab und wirkte ein wenig irritiert. Sie suchte an der Wand Halt.
„Das müssen wir bald wieder einmal tun! Es hat mir sehr gefallen und wenn unser Sprachlehrer aufmerksam zuschaut, dann lernt er bestimmt noch tanzen.“
Schwankend lief die Prinzessin dann aus dem Raum in Richtung ihrer Kemenate.
Der Lehrer nahm die Trommel in die Hand.

„Was soll ich damit machen?“, fragte er Hartwig.
„Das weiß ich nicht, aber ich denke, dass du damit fleißig üben sollst.“
Lachend gingen sie zurück in den Festsaal und setzten sich an einen freien Platz an der langen Tafel.
„Jetzt wollen wir erst einmal auf deinen Musikerfolg anstoßen!“, meinte Hartwig noch immer schmunzelnd.
„Du lachst mich wohl aus, weil ich mich so ungeschickt angestellt habe?“
„Nein, das würde ich nie tun. Es ist die Freude in mir, die mich zum Lachen bringt.“
„Was für eine Freude meinst du?“
„Ich will es dir sagen. Heute Abend habe ich erfahren, dass meine Frau mir einen Sohn geboren hat. Darüber bin ich sehr froh und glücklich. Jetzt lasst uns auf meinen Stammhalter anstoßen!“
„Das ist wahrlich ein guter Grund zum Trinken“, meinte der Sprachlehrer und gemeinsam leerten sie an diesem Abend noch so manchen Becher Wein.

Der abendliche Tanzunterricht gefiel der Prinzessin. Die musikalische Begleitung übernahmen an den folgenden Abenden drei Musiker, die auch zu den Tanzfesten mit aufspielten. Baldur konnte die freundliche Aufforderung von ihr nicht abschlagen. Es gefiel ihm von Mal zu Mal besser und seine Stimmung hob sich merklich. Da die Prinzessin meist mit Baldur tanzte, musste sich Hartwig mit dem linksbeinigen Sprachlehrer abmühen. Dass gefiel ihm nicht und so zog er lieber abends mit Theudebert durch die Schankstuben der Stadt und überließ ihn der Zofe.

Die Wirtshaustouren waren manchmal sehr anstrengend. Der Prinz hatte meist seinen Freund Radolf im Gefolge und beide waren sehr trinkfest. Hartwig nannte er immer liebevoll „sein Maskottchen“, das ihm Glück bringen würde. Beim Würfelspiel hatte er oft gewonnen. Das lag aber wohl daran, dass niemand versuchte, den Prinzen mit präparierten Würfeln zu betrügen. Solche Abende endeten üblicherweise sehr spät nach Mitternacht.

Radolf, der Freund von Theudebert, war schon seit den Kindheitstagen mit ihm zusammen. Manchmal begleitete er ihn auch auf seinen Feldzügen. Der Prinz konnte sich immer auf ihn verlassen und er genoss sein Vertrauen. Radolf besaß allerdings eine recht grobschlächtige Umgangsart. Hartwig, der um etwa zehn Jahre jünger als er war, musste sich von ihm so manchen derben Spaß gefallen lassen. Vielleicht spielte da die Eifersucht eine gewisse Rolle. Theudebert achtete jedoch darauf, dass Radolf es nicht übertrieb und Hartwig ernsthaft verärgerte. Wenn einmal die Grenze erreicht war, wies er ihn zurück.

Eines Abends unterhielten sich die beiden in einem Schankhaus über ein Ereignis, das sich in jüngster Zeit im Reich des Childebert zugetragen hatte. Zwei Söhne des in Burgund gefallenen Frankenkönigs Chlodomer wurden in der Nähe eines Landgutes ihres Onkels Childebert ermordet. Dieses Ereignis schien Theudebert sehr zu berühren.
„Was meinst du, Radolf, wer es gewesen sein könnte, der meine beiden Neffen umgebracht hat?"
„Man sagt, dass es Räuber waren, da sie Sachen von den Jungen mitgenommen haben."
„Ich denke, das sollte nur so aussehen, als wären es welche. Räuber erstechen oder erschlagen ihre Opfer und erwürgen sie nicht."
„Wer sollte aber Interesse daran haben, die beiden Knaben, die kaum zehn Jahre alt waren, umzubringen?"
„Ich wüsste schon einen, der das getan haben könnte."
„Wen meinst du?"
„Es kommt nur mein Onkel Chlothar in Frage. Er hatte nach dem Tod von Chlodomer, dessen Frau geheiratet und die männlichen Nachkommen Chlodomers hätten nach ihrer Volljährigkeit Anspruch auf das Erbe ihres Vaters. Das würde Chlothar bestimmt verhindern wollen."
„Es gibt aber drei Söhne und wenn zwei tot sind, so erbt der Dritte alles."
„Den Dritten wird er auch noch umbringen lassen. Er ist als Geisel in Thüringen und dort kommt er nicht so leicht an ihn heran."

„Meinst du wirklich, dass dein Onkel sie hat umbringen lassen?"
„Ich bin mir da ganz sicher. Natürlich wird sein Bruder Childebert damit einverstanden gewesen sein, denn die beiden Jungen lebten bei ihrer Großmutter in seinem Königreich."
„Die Mutter von Chlothar und Childebert, die die Großmutter der beiden Jungen ist, war damit bestimmt nicht einverstanden?"
„Das stört ihre herrschsüchtigen Söhne gar nicht. Sie werden sie nicht vorher gefragt haben."
Hartwig, der Chlothar in Burgund bei der Niederschlagung der Aufstände einmal kurz gesehen hatte, war verwundert über die Machenschaften in der Königsfamilie.
„Was sagt denn dein Vater dazu?", fragte er Theudebert.
„Den interessiert es grundsätzlich nicht, wenn es nicht sein Reich betrifft."
„Die Jungen waren aber doch seine Neffen."
„Sie waren die Söhne seines Halbbruders Chlodomer und wenn er an Chlothars Stelle gewesen wäre, würde er bestimmt genau so gehandelt haben. Ein König muss sein Reich zusammenhalten und der Stärkere wird übrig bleiben."
Radolf, der ruhig zugehört hatte, meinte zu Theudebert gewandt: „Irgendwann wird es auch dich treffen, wenn dein Vater nicht mehr am Leben ist. Deine Onkel werden ganz bestimmt versuchen, dich aus dem Weg zu räumen."
„Warum sollten sie das tun?"
„Sie könnten sich dann das Reich deines Vaters unter sich aufteilen und da Childebert selber keine Söhne hat, würden eines Tages Chlothar oder seine Nachkommen das gesamte Frankenreich erben."
„So leicht wird ihnen das bestimmt nicht gelingen. Ich werde auf der Hut sein."
„Gegen Meuchelmörder kannst du wenig ausrichten."
„Ich habe doch mein Maskottchen bei mir und da passiert mir nichts."
Wohlwollend lächelnd blickte er zu dem Thüringer hin.

Das Gespräch an diesem Abend beschäftigte Hartwig noch lange und er erzählte Baldur davon.

„Was meinst du, ob nicht dein Onkel Herminafrid dich eines Tages ebenso umbringen lässt?“
„Ich glaube nicht. In unserer Familie herrscht nicht eine solche Missgunst, wie bei den Merowingern. Mir selbst läge gar nicht so viel daran, einmal König zu werden.“
„Ob du einmal Herrscher wirst oder nicht, das ist nicht allein deine Entscheidung. Die Gaugrafen haben im Thing das letzte und entscheidende Wort.“
„Wenn alle mit Herminafrid zufrieden sind, dann werden sie keinen anderen König mehr haben wollen.“
„Wir werden es erfahren, wenn wir wieder nach Hause kommen. Hier im Frankenreich hast du bestimmt nichts zu befürchten, immerhin hast du eine große Gönnerin am Königshof.“
„Wen meinst du?“
„Ich denke an die Prinzessin, mit der du so gerne tanzt.“
„Du siehst das ganz falsch“, entgegnete Baldur verlegen, „nicht ich tanze gern, sondern sie. Da muss ich mich fügen.“
„Das tust du doch sehr gern, habe ich den Eindruck. Bei den Übungen habt ihr mich mit dem Sprachlehrer ganz allein gelassen.“
„Deshalb hast du dich wohl an den letzten Abenden mit Theudebert in den Schankhäusern herumgetrieben? Mir ist das schon aufgefallen.“
„Wenn ich nicht mit gezogen wäre, dann hätte ich das alles nicht erfahren.“
„Was willst du jetzt tun?“
„Ich werde es in meinem nächsten Brief Harald mitteilen. Ihn wird es vielleicht mehr als dich interessieren.“
„Und wer soll den Brief überbringen?“
„Ich frage den Sprachlehrer, ob der einen Boten kennt, der in den nächsten Wochen zum Thüringer Königshort reitet und den kleinen Umweg über Rodewin nimmt.
Der Bote kann uns dann Briefe von unseren Liebsten mit zurückbringen. Oder willst du nicht wissen, wie es deiner Ursula und eurer Tochter geht?“
„Natürlich möchte ich das wissen.“

An dem Stadttor von Reims kam spätabends ein Händlerwagen an. Die Wache verweigerte die Durchfahrt und vertröstete die Leute auf den nächsten Morgen, wenn die Tore wieder offen wären. Ein junger Mann stieg von dem Bock des Wagens und verlangte den Hauptmann zu sprechen.
„Da kann doch jeder kommen und nach dem Hauptmann fragen?“, entgegnete lachend der Wachmann.
„Wenn du ihn nicht sofort holst, dann wird er morgen vom König erfahren, welcher sture Kerl mir den Einlass durch das Tor verweigert hat.“
Der Wachmann wurde unsicher und holte schließlich seinen Vorgesetzten. Dieser fing schon von weitem an zu brüllen.
„Welcher Verrückte verlangt zu später Stunde Einlass? Es ist doch bekannt, dass nach Sonnenuntergang niemand mehr in die Stadt herein kommt!“
Als er näher kam, erkannte er den jungen Mann.
„Du bist es, Nantwig!“, sagte er erstaunt.
„Ja, ich bin es und ich hoffe, dass du mir und meinen Leuten bald das Tor öffnen lässt!“
„Natürlich könnt ihr reinkommen. Öffnet ihnen geschwind!“, schrie der Hauptmann die beiden Wachen an. Die Wachen beeilten sich, dass sie das schwere, eisenbeschlagene Eichentor auf bekamen. Der Wagen der Händler konnte nun ungehindert hindurch fahren. Der alte Handelsmann war über Nantwigs Einfluss sehr beeindruckt.
„Ich glaube der Hauptmann ist dein Onkel. Mich hätten sie nicht rein gelassen.“
Nantwig sagte nichts dazu und ließ den alten Händler noch viele Vermutungen anstellen. An einer Herberge am Rande der Stadt hielten sie an. Der Wirt ließ den Wagen auf den Hof fahren und die Zugtiere versorgen.
„Wo kommst du her?“, fragte er den Händler.
„Wir kommen direkt aus Thüringen“, antwortete er.
„Ich dachte, da darf man noch gar nicht wieder hinreisen.“
„Es ist nicht leicht, dorthin zu kommen, aber einer muss den Anfang machen. Du kennst mich doch, mir ist keine Fahrt zu beschwerlich.“
„Habt ihr gute Geschäfte machen können?“, wollte der Wirt weiter wissen.

„Das wird sich noch herausstellen, wenn ich die Sachen verkauft habe. Morgen stelle ich mich an meinen alten Platz neben der Burgmauer und dann werden wir sehen, was von dem Mitgebrachten noch übrig bleibt."
„Wer sind denn die Leute bei dir?"
„Der junge Mann ist mein Partner und die beiden Frauen und den Mann hat er als Sklaven in Thüringen gekauft. Was er mit ihnen vorhat, weiß ich nicht."
„Vielleicht kann er sie mir überlassen. Mein Knecht und die Magd sind davon und so muss ich die ganze Arbeit selber erledigen. Wenn sie gut arbeiten, können sie bei mir bleiben."
„Das musst du mit meinem Partner besprechen! Ich kann dazu nichts sagen."
Der Wirt fragte sogleich Nantwig, ob er ihm den Knecht und eine Magd überlassen könne. Nantwig sagte ihm, dass er nur alle drei zusammen ausleihen könne. Der Wirt war damit einverstanden. Nun hatten die Sklaven wieder ein Dach über dem Kopf und jeden Tag zu Essen.
Am nächsten Tag fuhr der alte Handelsmann zu seinem Standplatz bei der Burg und stellte seine Waren aus. Nantwig half ihm dabei. Es dauerte nicht lange und der Sekretär erschien und fragte nach den bestellten Sachen aus Thüringen. Es waren mehrere Säcke mit weißen Rossschweifen, die für die Helme der Krieger bestimmt waren. Sie wurden sich schnell einig. Der Händler war sehr zufrieden mit dem Preis, den er erzielen konnte.

Es kamen Knechte aus der Burg, die die Säcke abholten. Einen davon sollte Nantwig tragen. Er folgte der Gruppe durch das Burgtor. Drinnen sagte ihm der Sekretär, dass er ihm folgen solle. Sie gingen durch ein Gewirr von Gängen und gelangten auf einmal in einen Vorraum zu den königlichen Gemächern.
In seinem Arbeitsraum wartete Theuderich auf die beiden. Der Sekretär verschwand, ohne ein Wort zu sagen. Am Fenster stand der König und drehte sich zu Nantwig um. Er sprach ihn freundlich an: „Wie war die Reise und was kannst du mir berichten?"

„Wir sind gestern Abend hier angekommen.“
„Das weiß ich schon. Mein Hauptmann hat es mir gemeldet. Mich interessiert, was du auf deiner Reise in Thüringen alles gesehen und erlebt hast.“
Nantwig berichtete in allen Einzelheiten von der Reise zum Thüringer Königshof.
„Haben dem Thüringer König eure schönen Glitzersteine gefallen? Oder was hätte er denn lieber?“
„Wir hatten nichts dabei, was ihn wirklich interessierte. Die Schwerter, Messer, feinen Stoffe und Edelsteine schaute er gar nicht an. Er fragte nur nach Schriften über unsere Baukunst und Bildern von unseren Städten. Beides hatten wir aber nicht dabei.“
„Das macht nichts, aber wir wissen jetzt, was er mag. Bei eurer nächsten Reise wirst du etwas davon mitnehmen. Seid ihr denn eure Sachen überhaupt losgeworden?“
„Ja, fast alles, was wir mithatten. Die Königin und die hohen Beamten kauften die wertvollen und teuren Waren und den Rest wurden wir auf dem Markt los.“
„So war es auch für den Händler, der dich mitgenommen hat, eine gute Fahrt.“
„Ja, das war sie ganz bestimmt.“
„Hast du etwas in deiner Sache herausfinden können?“
„Ich habe drei Mägde und einen Knecht von meinem Bauernhof wieder gefunden. Eine Magd war an einen Gaugrafen als Sklavin verkauft worden und die anderen drei waren noch auf einem Königsgut. Diese drei habe ich gekauft und mit hierher gebracht. Sie sind jetzt in einem Schankhaus gut untergebracht.
Die Magd, die bei dem Gaugrafen ist, wollte von dort nicht weg, weil die Leute sehr gut zu ihr sind und sie nicht mehr auf meinen Bauernhof zurück könnte.“
„Was nicht ist, kann noch werden. Vielleicht bekommst du eines Tages deinen Bauernhof wieder.“
„Dann müssten die Thüringer erst von dort weg sein.“
„Hast du etwas von den Kriegern erfahren, die deine Familie umgebracht haben?“
„Ja, ich habe ihren Anführer auf dem Königsgut gesehen.“
„Hat er dich wiedererkannt?“

„Am Anfang nicht, aber bevor er starb, schien er sich zu erinnern."
„Hast du ihn sterben sehen, war er krank?"
„Nein, ich habe ihn getötet und somit meine Familie gerächt."
„Du musst mir mehr davon erzählen, es interessiert mich!"
„Nicht weit von der Herminaburg liegt ein Königsgut. Wir machten dort Rast und sahen da viele Gefangene, die an die Sklavenhändler aus dem Osten verkauft werden sollten. Da diese den geforderten Preis nicht zahlen wollten, blieben sie auf dem Gut und mussten hart arbeiten. Sie bekamen sehr wenig zu essen und einer meiner Knechte hatte den harten Winter nicht überstanden. Der andere und die drei Mägde schafften es nur knapp. Die eine Magd, die wir bei dem Gaugrafen in Rodewin trafen, hatte Glück im Unglück. Sie wurde verkauft und konnte sich bald wieder erholen.
Die drei auf dem Königsgut waren nur noch Haut und Knochen. Ich habe sie von dem Gutsverwalter für wenig Geld bekommen können. Der hat sich gewundert, warum ich mir nicht bessere Sklaven ausgesucht habe, aber er war froh, dass er wieder einige loswurde. Dort auf dem Hof hatte ich den Anführer des Kriegertrupps, der meinen Bauernhof abgebrannt hatte, wieder gesehen. Er war ein freier Bauer und lebte nicht weit vom Gut entfernt. Als wir auf der Rückreise waren, sind wir an seinem Hof vorbei gekommen. Der alte Handelsmann kaufte bei ihm noch etwas Proviant für unterwegs. Ich habe mir in der Zwischenzeit alles angesehen.
Der Anführer lebte dort mit seinen beiden Söhnen und hatte wohl ein Dutzend Sklaven, die ihm die Arbeit verrichteten.
Einen konnte ich heimlich ansprechen und fragte ihn aus. Er sagte mir, dass sie alle hier aus dem besetzten Gebiet zwischen Fulda und Werra stammten und ihr Herr ein wahrer Leuteschinder ist. Ich sagte ihm, dass das bald ein Ende haben wird und bin dann gegangen.
Wir zogen weiter, bevor es dunkel wurde. An einem Bach machten wir Halt, um zu übernachten. Ich sagte, dass ich auf dem Weg mein Messer verloren hätte und noch einmal ein Stück des Weges zurückgehen und danach suchen wollte.

Ich lief eilig zu dem Bauernhaus des Anführers und sah, wie er angetrunken einen Sklaven auf dem Hof mit einem Stock verprügelte. Die Wut kam wieder in mir auf und ich zündete das Strohdach seines Langhauses an.
Alle rannten nun heraus und versuchten das Feuer zu löschen. Niemand bemerkte mich, als ich nach dem Anführer suchte. Ich fand ihn neben dem Misthaufen liegen, wie er lallend zu den Flammen aufsah. Er stand auf und schrie mich an, dass ich Wasser zum Löschen holen soll. Ich hatte die Mistgabel in der Hand und stieß ihn damit in die Jauchengrube. Jetzt gab ich mich zu erkennen, doch er schien sich anfangs nicht an mich zu erinnern. Erst als ich ihm sagte, dass ich derjenige war, der am Fluss fliehen konnte, wusste er, wer ich bin. Er rief mir zu, ihn aus der Jauchengrube zu ziehen, doch ich stieß ihn mit der Gabel vom Rand weg. Es gab für ihn keine Hilfe mehr, er ertrank. Dann lief ich wieder zu meinen Leuten, die wissen wollten, ob ich mein Messer gefunden hätte. Jetzt ist meine Rache gestillt!"
„Glaubst du wirklich, dass dich deine Ahnen in Ruhe schlafen lassen? Einer ist tot, aber es waren mehrere und die anderen leben noch. Vielleicht solltest du weitersuchen!"
„Wenn ihr das sagt, so werde ich mich noch nach den anderen umsehen."
„Ich denke, es wird das Beste sein, wenn du das tust. Schau dich auf deinen Reisen weiterhin genau um und berichte mir dann, wenn du zurück bist!"
Der König griff in eine kleine Holzschatulle und entnahm ihr einen kleinen Beutel mit Silbermünzen.
„Das ist dein Lohn. Bringe mir bald wieder interessante Nachrichten aus dem Thüringerreich!"
Nantwig ging zum Verkaufsstand des alten Händlers zurück, der ihn schon erwartete.
„Wo bist du so lange geblieben? Wir stehen hier nicht zum Vergnügen da!"
„Beruhige dich wieder! Ich hatte noch mit dem Sekretär gesprochen und er sagte mir, dass er uns einen neuen Auftrag geben würde. Was es sein wird, das will er uns noch sagen."
„Es war ein gutes Geschäft mit den Rossschweifen und die

Häute habe ich fast schon alle verkauft. Das nächste Mal müssen wir mehr davon mitbringen."
„Da sind wir jetzt wohl richtig reich?", meinte Nantwig verschmitzt.
„So reich nun auch wieder nicht. Wir müssen noch viele Waren für die neue Reise einkaufen und bald aufbrechen, bevor die Nebeltage beginnen. Im Winter möchte ich nämlich lieber hier sein, als die kalten Tage in Thüringen zu verbringen. Die Thüringer kennen noch nicht einmal warme Badehäuser und andere Annehmlichkeiten."
„Wann willst du denn losziehen?"
„Ich denke in einer Woche. Möchtest du wieder mit mir kommen?"
„Wenn du mich diesmal besser bezahlst, so bin ich dabei."
„Darüber können wir heute Abend bei einem Krug Wein reden. Jetzt müssen wir uns erst einmal um unsere Kundschaft kümmern!"
Der alte Handelsmann war so richtig in seinem Element. Er pries den vorbeischlendernden Leuten seine Waren an und war mit sich und der Welt zufrieden.
Am Abend saßen sie zusammen in der Schankstube bei Wein und zünftigem fränkischen Essen. Sie unterhielten sich über die vergangene Reise und der Handelsmann machte Nantwig ein besseres Angebot, wenn er mit ihm fahren würde. Nantwig sagte zu und sie besprachen, was sie an Waren mitführen wollten.

Am Nachbartisch saßen der Sprachlehrer, Hartwig und Baldur beim Wein. Hartwig hatte ein paar Bruchstücke von ihrem Gespräch mitbekommen und herausgehört, dass die beiden Handelsleute in Thüringen waren.
Natürlich interessierte es ihn, was sie Neues von dort berichten konnten. Er fragte die beiden, ob sie sich zu ihnen an den Tisch setzen wollten und von der weiten Reise in den Osten etwas erzählen würden. Nantwig hatte keine Lust dazu, aber der alte Handelsmann war froh, dass sich jemand für sein beschwerliches Gewerbe interessierte und den Wein gab es dabei noch umsonst. So kamen sie ins Gespräch und als der Handelsmann davon sprach, dass sie

auch in Rodewin waren, da strahlten die Augen von Hartwig. Er sagte, dass er den Ort auch kenne.
Der Sprachlehrer stieß ihn dabei mit dem Fuß unter dem Tisch an. Er verstand den Wink und verriet nicht mehr von sich. Als der Handelsmann ihnen sagte, dass sie in etwa einer Woche erneut dorthin reisen würden, fragte Hartwig ihn, ob er ihm einen Brief an den Gaugrafen in Rodewin mitgeben könne. Für ein kleines Entgelt war der Händler gern dazu bereit.
Am gleichen Abend schrieb Hartwig einen Brief an Elke und Harald. Baldur verfasste einen an Ursula. In dem Brief an Harald berichtete Hartwig von der Ermordung der beiden Königssöhne und dass wahrscheinlich Chlothar dahinter stecken könnte. Sie rollten die drei Pergamente zusammen und packten sie in ein Lederfutteral. Das verknoteten sie fest mit den dafür vorgesehenen Lederriemen.
Am nächsten Abend übergab es Hartwig dem alten Handelsmann zusammen mit dem Botengeld. Er bat ihn, auf dem Rückweg Post von dort mitzubringen. Dafür sollte er dann noch einmal das gleiche Geld bekommen.
Der Handelsmann war einverstanden und verstaute das Futteral in seiner persönlichen Reisekiste. Nantwig hatte gesehen, wo er die Briefe hinlegte und stahl sie ihm in der Nacht.
Nantwig zeigte die Briefe dem Sekretär und ließ sich von ihm diese vorlesen. Was er da hörte, bestätigte seinen Verdacht, dass zwei der drei Männer am Vorabend in der Schankstube Thüringer waren. Was sie hier in Reims machten, wusste er nicht, doch sie erschienen ihm sehr verdächtig und er wollte dem König diese Information zukommen lassen. Den Brief an Harald sollte der Sekretär Theuderich übergeben. Die anderen beiden verstaute er wieder an dem alten Platz in der Reisekiste.

11. Verwaltungsreform

Nach dem Tod von Bertachar kam es im Westreich unter der neuen Herrschaft seines Bruders, des Großkönigs Herminafrid, zu einigen Veränderungen. Die Bertaburg war jetzt nicht mehr Zentrum der königlichen Verwaltung. Wenn jetzt die Gaugrafen eine wichtige Entscheidung in Rechtssachen benötigten oder ihre Zinsen entrichteten, so mussten sie bis zur Herminaburg reisen.
Der König hatte angekündigt, dass nach dem Bau seiner neuen Königsburg, der Amalaburg, sich diese Wege für viele verkürzen würden. Der Bau der Burg würde noch viele Jahre dauern, das konnte jeder erkennen.
Mit der Schaffung von Großgauen sollten die weiten Wege wegfallen. Königliche Verwalter würden die Interessen des Reichs wahrnehmen. So fand die neue Zuordnung von mehreren Gauen zu einem Großgau auch viele Befürworter.
Die alten Rechte und Pflichten blieben erhalten und das war den freien Bauern wichtig.
Herminafrid sah in dieser Neuordnung Vorteile für sich, die er nicht öffentlich aussprach. Er hoffte, dass dadurch sein Einfluss auf die einzelnen Landesteile größer werden würde und die Zinserträge für das genutzte königliche Land anstiegen.
Als Sitz der Verwaltungszentren sollten einige der vorhandenen Königsgüter ausgebaut werden. Diese lagen verstreut im Reich, doch kaum mehr als einen halben Tagesritt voneinander entfernt. Sie dienten dem König zum Aufenthalt bei seinen ausgedehnten Reisen durch das Land und den Meldereitern, die dort frische Pferde zum Wechseln bekamen.
Die Güter lagen an den bekannten Wegen, die vom Norden nach dem Süden und vom Osten nach dem Westen führten. Es waren meist Königswege. Die neuen Verwaltungszentren sollten an wichtigen Knoten dieser Wege entstehen.
Während des bevorstehenden Reichsthings auf der Tretenburg wollte der König diese Neuordnung beschließen lassen. Er hoffte auf überwiegende Zustimmung, da in den

Teilen des Königsreiches, die schon früher unter seiner Herrschaft standen, große Verwaltungseinheiten bereits geschaffen waren und sich bewährt hatten.
Am ersten Vollmond nach der Ernte war das Reichsthing angesetzt worden. Es kamen schon Tage zuvor viele auf der Tretenburg an. Dieser Platz diente den Thüringern seit alters her nur als Versammlungsplatz.
Die Angereisten nutzten die Zeit, um mit alten Bekannten zusammenzukommen und sich zu unterhalten. Es hatten viele Händler in den nahe gelegenen Siedlungen ihre Waren angeboten und hofften auf ein gutes Geschäft.
Die Gaugrafen waren in den Herbergen und bei Bauern der näheren Umgebung untergebracht oder hatten ihre Zelte auf den gemähten Wiesen in der Nähe der Unstrut aufgestellt und sich dort eingerichtet. Der König quartierte sich mit seinen Leuten in einem der nahe gelegenen Königsgüter ein und sorgte für die Verpflegung während der gesamten Thingzeit. Knechte und Mägde sowie eine große Anzahl von Sklaven bedienten die Oberhäupter der Gaue und deren Gefolgschaft.

Nantwig und der alte Handelsmann reisten über Rodewin zur Tretenburg. Sie hatten das Futteral mit den Briefen Harald übergeben. Er war etwas verwundert, dass kein Schreiben an ihn mit dabei war. Zunächst dachte er sich, dass Hartwig möglicherweise nicht genügend Zeit hatte. Doch als Elke ihm ihren Brief zum Vorlesen gab, da bemerkte Harald einen Hinweis auf ein Schreiben an ihn. Warum er den Brief nicht erhalten hatte, konnte er sich nicht erklären. Der Handelsmann wollte über Nacht in Rodewin bleiben. Auf der Tretenburg versprach sich der Händler gute Geschäfte. Dort befanden sich sicher viele zahlungskräftige Männer, die möglicherweise Schmuck und Stoffe für ihre Ehefrauen kauften oder gegen andere Dinge, die er suchte, tauschen würden. Harald bot ihm an, ihn bis zur Tretenburg zu begleiten, da er als Gaugraf dort hinreisen musste. Die fränkischen Händler nahmen das Angebot an, Sie besprachen noch einige Geschäfte. Auf der Rückreise wollten die Händler wieder in Rodewin vorbeikommen und die Pferde-

häute mitnehmen, für die sie im Frankenreich gute Preise erzielen konnten.
Nachdem sie eine große Anzahl an Häuten ausgewählt hatten, zeigte der Handelsmann ihm, was er auf dem Wagen bei sich hatte. Harald konnte sich im Gegenwert Waren aussuchen. Diesmal wurden nicht nur seine Frau und seine Mutter, sondern viele andere aus seiner Sippe mit einem schönen Geschenk bedacht.
Nantwig hatte seit ihrer Ankunft Ausschau nach seiner früheren Magd gehalten. Sie kam sehr spät mit den anderen vom Feld zurück. Als sie ihn sah, freute sie sich sehr.
„Es ist schön, dass ich dich wiedersehe!“, sprach sie ihn an.
Nantwig legte den Zeigefinger auf seine Lippen und deutete ihr zu schweigen. Als sich eine Möglichkeit für ihn bot, sagte er ihr, dass sie sich heimlich bei dem Heuspeicher in der Nähe des Kräutergartens treffen wollten. Sie nickte ihm zu.
Bei passender Gelegenheit entfernte sich Nantwig von dem Wagen und ging hin. Als er neben der Tür stand, öffnete sie sich wie von selbst und seine Magd ließ ihn herein.
Rosa war zu dieser Zeit im Garten und suchte nach ein paar Gewürzblättern. Als sie sah, wie der Fremde in der Hütte verschwand, wurde sie neugierig und schlich sich heran.
Rosa konnte jedes Wort verstehen. Jetzt erinnerte sie sich daran, dass sie den Franken schon einmal in der Nähe der neuen Sklavin gesehen hatte. Ihr kam sofort in den Sinn, dass dahinter ein Geheimnis zwischen den beiden stecken musste.
Nantwig hatte gefragt, wie es der Sklavin ging.
„Mir geht es hier gut. Nur manchmal habe ich ein wenig Heimweh und sehne mich nach unserem Bauernhof zurück“, antwortete sie.
„Mir geht es ebenso. Gern würde ich wieder dort sein und alles wäre so wie früher.“
„Das geht nicht mehr. Die Thüringer Krieger haben deine ganze Familie umgebracht.“
„Ja, keiner von ihnen lebt mehr, aber ich habe noch dich, meinen Knecht und die anderen beiden Mägde, die ich freigekauft habe. Wenn ich zurückfahre, musst du mit mir mitkommen!“

„Warum? Das geht doch nicht! Deinen Bauernhof haben die Thüringer niedergebrannt und dein Land wird jetzt bestimmt von einem Thüringer bewirtschaftet."
„Nicht mehr lange! Ich glaube, dass es bald wieder Krieg geben wird und mir der König alles wieder zurückgibt."
„Wie willst du das wissen? Es sprechen alle vom Frieden zwischen den Franken und Thüringern."
„Das glauben viele, aber ich weiß es besser. Ich kenne den König sehr gut und er gibt mir viel Geld, damit ich ihm erzähle, was ich in Thüringen sehe."
„Du bist doch ein Händler!"
„Das ist nur meine Tarnung", sagte Nantwig. „Wenn du so gut zu dem König stehst, dann kannst du bestimmt in der Stadt leben."
„Das könnte ich. Geld habe ich genug. Vielleicht kaufe ich mir eine Schankstube in Reims und du und die anderen könnten dann bei mir sein."
„Vielleicht ist das auch so gut, wie auf dem Bauernhof."
„Also kommst du mit mir, wenn ich zurückfahre?"
„Ich werde es mir überlegen. Jetzt musst du aber gehen, sonst vermisst man dich!"
Nantwig öffnete vorsichtig die Tür und blickte nach links und nach rechts. Niemand war in der Nähe. Die Magd verschwand geschwind aus der Hütte und lief zu ihrer Unterkunft.
Rosa überlegte, mit wem sie darüber reden sollte. Sie könnte es Heidrun, ihrer Herrin, sagen. Doch die würde sich dann womöglich große Sorgen machen. Am Ende entschied sie sich, Harald darüber zu informieren. Sie fand ihn im Pferdestall. Eine Stute hatte sich am Bein verletzt und er sah nach der Wunde. Als er Rosa erblickte, fragte er sie, was sie hier zu suchen hätte. Sie erzählte ihm von dem erlauschten Gespräch.
„Du redest mit niemand darüber!", sagte er ihr.
„Auch nicht mit Heidrun, deiner Frau?"
„Wenn ich dir sage ‚Niemand', so meine ich das so. Heidrun darf nichts davon erfahren. Ich reise morgen mit den Handelsleuten zusammen zur Tretenburg und da werde ich auf den jungen Händler ein Auge werfen und du achtest auf die

Sklavin und kannst sie vielleicht ein wenig ausfragen. Wenn ich zurückkomme, sprechen wir wieder zusammen."
Rosa rannte zurück ins Langhaus.
Für Harald war klar, dass es sich bei den Händlern um Spione des Frankenkönigs handeln musste. Es war gut, das zu wissen. Es galt diese Erkenntnis nicht gleich preiszugeben, sondern abwartend zu handeln. Harald kannte sich mit Spionen aus. Mehr beunruhigte ihn die Aussage von Nantwig, dass es erneut zum Krieg kommen würde. Harald hoffte, auf der gemeinsamen Reise mehr herauszufinden.

Als Harald bei der Tretenburg ankam, waren schon viele Gaugrafen da. Die meisten kannten ihn von früher und bei einigen war er während seiner Inspektionsreisen als Gast gewesen. Sie waren froh, dass es ihm nach der schweren Verwundung wieder gut ging und er mit nur einem Bein fest im Sattel saß. Sie erzählten von früheren Zeiten und ihren Familien.
Harald traf hier Weibel vom Elbkniegau und erkundigte sich nach dem Verwalter von Hartwigs Gestüt. Weibel hörte nicht mehr auf, ihn zu loben. Er war öfter bei ihm und von seinen Kenntnissen in der Pferdezucht sehr beeindruckt.
Noch vor der Sommersonnenwende hatte er einige der Thüringer Stuten von dem Hengst aus dem Frankenreich decken lassen und sie waren alle trächtig geworden. Nun waren sie gespannt auf die Fohlen, die im Frühjahr des nächsten Jahres geboren würden.
Der Großkanzler ließ Harald suchen, um sich mit ihm für den Abend zu verabreden. Er war in Begleitung seines Bruders Siegbert und des Knappen angereist. Sie hatten sich auf einem Bauernhof in der Nähe der Tretenburg einquartiert, doch der Großkanzler bot ihnen an, dass er mit seinen beiden Begleitern auf dem Königsgut bleiben könne. Harald nahm das Angebot an und so hatte der Kanzler genügend Zeit und Gelegenheit, wichtige Dinge mit ihm zu besprechen.
Harald erwähnte ihm gegenüber die Begegnung mit den fränkischen Händlern und seinen Verdacht, dass es sich bei diesen um Spione handelte.

„Das kann ohne weiteres sein, dass es welche sind. Es ist von ihnen nichts zu befürchten. Wir haben auch welche im Frankenreich und wenn beide Seiten wissen, was ein jeder so tut, dann erhöht es das Gefühl der Sicherheit. Jetzt, wo wir den Frieden anstreben, dienen die Spione eher unserer Sache."
„Was ist aber, wenn dieser Mann meiner Sklavin sagt, dass es einen Krieg geben wird."
„Er wird ihr nur etwas imponiert haben wollen. Das brauchen wir nicht ernst nehmen!"
Harald merkte, dass der Großkanzler voll auf die Friedenslinie eingefahren war. Es hatte keinen Sinn mit ihm weiter darüber zu sprechen.
Im Königsgut traf er den Hauptmann von Bertachar. Er verwaltete jetzt die Bertaburg als normales Königsgut. Nach dem Tod seines Herrn war der Hauptmann nicht mehr in Reichsgeschäfte eingebunden.
Noch immer schien Herminafrid dem Hauptmann und dem Zinsverwalter nicht zu trauen. Er glaubte, dass die beiden einen Teil des Königsschatzes unterschlagen oder ihm vorenthalten würden. Beweisen konnte er es nicht, doch das nahe Verhältnis zu ihrem früheren Herrn war allgemein bekannt. Herminafrid vermutete, dass sie eines Tages versuchen wollten, mit diesem Schatz Baldur auf den Thron zu heben. Bis dahin würde allerdings noch viel Wasser die Unstrut hinabfließen und das Westreich fest in seiner Hand sein.
Der Großkanzler zeigte Harald die Liste der vom König ernannten Grafen für die neuen Verwaltungszentren. Seinen Namen fand er auch darin. Darüber war er sehr überrascht.
„Harald, wieso bist du darüber so erstaunt?", wollte der Großkanzler wissen.
„Ich habe nicht damit gerechnet, dass ich unserem Großgau vorstehen soll."
„Es war mein Vorschlag und Herminafrid war damit einverstanden. Es gibt noch einige andere Gaugrafen, die als Verwalter der Großgaue ernannt werden. Du stehst da nicht allein. Es ist ein großes Vertrauen, das der König und ich in

dich setzen. Als Verwalter unterstehst du absolut dem König und als Gaugraf bist du deinem Gau verpflichtet. Das sehe ich aber nicht als Widerspruch. Die Interessen eines jeden Gaus sollten mit den Reichsinteressen übereinstimmen."
„Das verstehe ich und ich fühle mich durch diese Ernennung sehr geehrt."
„Dieses Amt hast du dir verdient. Du hast bisher viel für das Reich getan."
Auf der Liste hatte Harald einige Namen gelesen, die er gut kannte. Es waren jedoch mehrheitlich fremde Namen.
„Wer sind diese Personen?", wollte er wissen.
„Es sind bewährte Verwalter der Königsgüter. Die Ernennung gilt nur für fünf Jahre. Danach wird jeder vom König für die nächsten fünf Jahre wieder bestätigt oder ein neuer ernannt."
„Warum nimmt Herminafrid diesen Wechsel vor?"
„Es werden dadurch die Privatinteressen der Verwalter unterbunden."
„Das verstehe ich", sagte Harald zustimmend.

Am nächsten Morgen begann das Thing. Herminafrid setzte sich auf seinen Armstuhl, der auf dem hohen Stein des Thingplatzes aufgestellt war. Um ihn herum standen der Großkanzler, der Reichsschwertführer und der Oberpriester. Im Halbkreis um den Stein hatten sich die Gaugrafen aufgestellt.
Der König eröffnete nach altem Brauch das Thing und der Großkanzler gab bekannt, worüber sie sprechen und entscheiden müssten. Es gab nur zwei Sachen, das Friedensbündnis mit den Franken und die Neuzuordnung der Gaue zu großen Verwaltungseinheiten.
Mit dem Friedensbündnis wurde begonnen. Die Mehrheit begrüßte diese Bemühungen und man hoffte auf einen langanhaltenden Frieden zwischen dem Frankenreich und dem Thüringer Königreich.
Einige Gaugrafen machten dazu kritische Anmerkungen. Ihnen wurde durch Zischen angezeigt, dass sie still sein sollten. Nach kurzer Zeit kam es zur Abstimmung und es gab keine Gegenstimme.

Der Großkanzler begrüßte diesen Entscheid und kam dann zum zweiten Punkt. Er erklärte der Versammlung die Zusammenhänge und verwies besonders auf die Vorteile der neuen Verwaltungsordnung. Da sie schon im überwiegenden Teil des Reiches angewendet wurde, konnte sich der Kanzler die Verbesserungen von den betreffenden Gaugrafen bestätigen lassen.
Dennoch gab es mehrere Adlige, die ihre Bedenken zum Ausdruck brachten. Sie sahen in den Großgauen erste Ansätze, die bestehenden Gaue in ihren Entscheidungen zu beeinflussen und deren Rechte zu beschneiden.
Es wurde hierüber lange diskutiert. Rede und Gegenrede zogen sich noch am nächsten Tag hin. Es war jedoch erkennbar, dass sich die Gegner der Reform in vielen Punkten umstimmen ließen. Am dritten Tag hatte der Großkanzler gleich nach Beginn des Things zur Abstimmung aufgerufen.
Die überwiegende Mehrheit stimmte dafür. Damit wurde die Gebietsreform angenommen. In der Folge verlas der Großkanzler die Namen der vom König ernannten Verwalter für die Großgaue. Jeder der Genannten musste vortreten und dem König seinen unbedingten Gehorsam versichern. Sie erhielten zur Bestätigung eine silberne Medaille, die sie am Halsband tragen konnten und die ihre hohe Position in diesem Amt anzeigte. Ebenso erhielt jeder ein Pergament, auf dem unter anderem die Gaue genannt waren, die zusammengehörten.

Harald stand nun einem Großgau vor, der im Süden vom Rynnestig bis zur Bertaburg im Norden und von der oberen Il im Osten bis über die Ge hinweg im Westen reichte. Das Königsgut, an dessen nördlichen Rand die Wip in die Ge mündete, sollte der zentrale Sitz der königlichen Verwaltung sein. Die Gaugrafen seines Gebietes kamen zu Harald und beglückwünschten ihn zu dieser Ernennung. Sie kannten ihn gut und er war ihnen lieber, als irgendein unbekannter königlicher Gutsverwalter.
Am Abend saßen die Gaugrafen noch lange auf der Tretenburg zusammen und besprachen, wie sie in der Zukunft das

Zusammenwirken günstig gestalten könnten. Harald versprach, sie in den nächsten Tagen in ihrem Gau zu besuchen und gemeinsam anstehende Dinge, wie zum Beispiel die Erhaltung von Königswegen, Rodung von Waldflächen oder die Jagd- und Fischrechte zu besprechen.
Nicht überall schien es so reibungslos abgelaufen zu sein. Verschiedene Gaugrafen beschwerten sich bei dem Großkanzler wegen der Zuordnung ihres Gaus zu dem neuen Verband und manche waren mit der Ernennung des Verwalters nicht einverstanden. Jeder bekam das Recht sich nach einer angemessenen Zeit beim König zu beschweren. Dort, wo es nicht funktionieren würde, sicherte der Großkanzler eine Änderung zu.
So endete der dritte und letzte Thingtag für den König zufriedenstellend und er konnte wieder zur Herminaburg abreisen.
Harald ritt erst am nächsten Morgen nach Rodewin. Ihm schlossen sich Amalafred und die beiden fränkischen Jungen an. Die Gruppe nahm den kürzesten Weg und erreichte die Siedlung am Abend. Hier war man gespannt, was es Neues zu berichten gab und Harald erzählte nach dem Abendessen von dem Reichsthing. Er war sehr müde an diesem Abend und Siegbert musste an seiner statt mit dem Bericht über die Einzelheiten der Reise und dem Ablauf der großen Versammlung fortfahren. Er tat es gern, denn es gab für ihn nicht sehr viele Gelegenheiten über so interessante Dinge zu berichten. Als Harald sich in sein Langhaus zurückgezogen hatte, sprach er mit seiner Frau Heidrun über die neue Aufgabe als Verwalter des Großgaus.
„Ich weiß nicht, ob ich das alles schaffen kann?“, meinte er zu ihr.
„Das wird schon gut gehen, glaube mir!“, entgegnete Heidrun zuversichtlich.
„Ich bin nicht davon überzeugt, ob das mit den Großgauen eine gute Lösung ist. Was ist, wenn manche Verwalter ihre Macht für ihre persönlichen Interessen nutzen? Bis eine Beschwerde beim König einlangt und dort entschieden wird, kann es zu spät sein.“
„Der König wird es nicht soweit kommen lassen und darauf

schauen, dass keiner seine Macht missbraucht. Es würde sonst auf ihn zurückfallen und seine Position schwächen."
„Du wirst recht haben. Ich mache mir bestimmt unnütz Sorgen."
„Das, was mich beunruhigt, ist dein langes Wegbleiben von zu Hause. Wenn du in Arnberg oder bei den übrigen Gaugrafen bist, wer soll dann deine Arbeit machen?"
„Hab keine Sorge, Heidrun! Siegbert ist schon groß und kann viel daheim übernehmen."
„Und was ist mit mir?"
„Du kannst mitkommen, so wie früher. Meine Mutter passt auf die Kinder auf."
„Wenn du das wirklich möchtest, würde es mich freuen. Die Reisen sind nicht mehr so weit und wenn es mir zu viel wird, dann kehre ich allein wieder heim."
„Ja, ich denke das ist eine gute Lösung und du kannst morgen gleich die Reisekisten für uns packen. Zuerst geht es nach Arnberg und dann besuchen wir die einzelnen Gaue, so wie wir es früher getan haben."
Heidrun war damit zufrieden und freute sich schon auf die gemeinsamen Fahrten. Am nächsten Morgen informierte Harald den Schreiber und seinen Knappen, dass sie alles für die Reise vorbereiten sollten. Es war wie in früheren Tagen. Rosa würde Heidrun begleiten. Heidruns Kinder blieben in der Obhut der Sippe. Elke und Ursula, die in Rodewin weilten, wollten sich um sie kümmern. Rosa versuchte immer wieder Harald allein zu sprechen. Irgendwann fiel es ihm auf, dass sie ihm etwas zu sagen hatte und er deutete ihr an, ihn in den Pferdestall zu begleiten.
„Was willst du Rosa?", fragte er.
„Ich habe mit der Sklavin gesprochen, die sich mit dem Händler unterhielt. Nachdem ich ihr drohte, dass ich alles meiner Herrin sagen würde, gestand sie mir, dass sie den Mann kennt."
„Sind sie verwandt?"
„Das nicht, aber sie war bei ihm Magd. Die Thüringer Krieger hatten sein Bauernhaus niedergebrannt und die ganze Familie umgebracht. Jetzt hätte er gern, dass sie ihm nach dem Frankenreich folgt."

„Nun verstehe ich vieles. Die Handelsleute werden auf dem Rückweg bei uns wieder Halt machen und dann muss sie sich entscheiden. Was will sie denn? Möchte sie mit ihm fliehen? Oder lieber hier bleiben? Ihr geht es doch gut bei uns."
„Sie weiß es selber noch nicht."
„Na gut, dann werden wir es ihr überlassen, wie sie sich entscheidet. Wenn sie mit ihm fortgehen will, so kann sie es tun."
„Soll ich ihr das sagen?"
„Ja, du kannst mit ihr darüber sprechen. Wenn sie ihm folgt, so werden wir sie nicht einfangen und zurückbringen."
Rosa lief zu der Sklavin, die im Kräutergarten Unkraut jätete. Sie erzählte ihr, was Harald sagte und dass sie nichts zu befürchten hätte, wenn sie mit dem Händler weggehen würde. Allerdings sollte sie mit niemanden darüber reden.
Die Sklavin freute sich über diese Nachricht. Als Rosa wieder weg war, kamen ihr jedoch Bedenken, ob das die richtige Entscheidung wäre, mit ihrem früheren Herrn ins Frankenland zu ziehen.
Hier in Rodewin ging es ihr gut und sie fühlte sich nicht als Sklavin, sondern wie sie es früher gewohnt war, als Magd. Ihr kamen Zweifel, ob es ihr im Frankenreich so gut ergehen könnte.
Mit der Sprache hatte sie sich schon vertraut gemacht und konnte sich mit den übrigen Sippenmitgliedern in einfachen Dingen unterhalten.
Harald hatte Siegbert in seine Aufgaben eingewiesen und ihm wegen der Sklavin Bescheid gegeben. Ganz gleich, wie sie sich entscheiden würde, sollte er nicht darauf reagieren.
Für Hartwig schrieb Harald noch einen Brief, den die Händler ihm übergeben sollten. Er war davon überzeugt, dass der Brief an ihn unterschlagen und wahrscheinlich von Theuderich oder einem seiner Beamten gelesen wurde. Deshalb achtete Harald in seinem Schreiben darauf, dass nichts Verfängliches darin stand. Ihm war unklar, ob die beiden Handelsmänner dahinter steckten und in Wirklichkeit nur Spione waren. Doch wie konnte er Hartwig warnen?

Dieses Pergament würde wahrscheinlich von anderen gelesen werden. So schrieb Harald ihm, dass er sich über seine beiden Briefe bedanke. Dies musste seinem Bruder doch auffallen, dass da etwas nicht stimmte.

Amalafred war sehr froh, wieder in Rodewin zu sein und genoss die persönliche Freiheit, die er nur hier hatte. Es gab niemand, der ihm vorschrieb, was er tun und lassen sollte. Siegbert kümmerte sich um die beiden Frankenjungen und er konnte sich dem Kampftraining in Alfenheim widmen. Zeitig in der Früh ritt er zu Udo. Er hatte fleißig auf der Herminaburg geübt und Udo war mit seinen Fortschritten im Schwertkampf zufrieden.
Auf dem Heimweg ritt er am Eichelsee vorbei. Als er das Haus der Kräuterfrau sah, überlegte er, ob er die Frauen besuchen sollte. Das letzte Zusammensein mit Ferun hatte er noch sehr unangenehm in Erinnerung und er nahm sich damals vor, nicht mehr zu ihr zu gehen. Seine Eifersucht konnte er nicht unterdrücken, davon war er überzeugt und deshalb wollte er lieber Ferun fernbleiben. Als er vom Waldrand auf das einfache schilfbedeckte Haus sah, spürte er einen unbeschreiblichen inneren Drang, doch einen kurzen Besuch abzustatten. Amalafred ritt langsam hin. Die Tür war nicht verschlossen, doch auch niemand zu sehen.
Amalafred ging um das Haus herum. Keiner war da. Er dachte sich, dass sie im Wald sein würden um Kräuter und Beeren zu suchen. Es war sehr heiß zur Mittagszeit und da beschloss er noch ein kühles Bad im Eichelsee zu nehmen. Diesmal würde er darauf achten, sich nicht wieder am Schilf oder einer Muschelschale zu schneiden. Als er zu dem Holzsteg kam, der durch den Schilfgürtel zu einer tiefen Stelle im See führte, da hörte er leise Stimmen.
Langsam schlich sich Amalafred an die Wasserstelle. Er konnte Ferun und Helga erkennen, wie sie mit ruhigen Bewegungen durch das Wasser glitten. Sie unterhielten sich dabei und hatten ihn nicht bemerkt. Er setzte sich an den Rand des Steges und sah ihnen zu. Erst als sie zurückschwammen, erblickten sie ihn.
„Komm herein!“, rief ihm Ferun zu.

Er ließ sich nicht ein zweites Mal dazu auffordern, denn die Sonne brannte unbarmherzig auf sein Haupt. Als er sich langsam in das Wasser hinab ließ, spürte er die kalten Quellen am Grund. So schwamm er lieber und bewegte sich in den warmen Wasserschichten an der Oberfläche.
„Wann bist du angekommen?“, wollte Helga wissen.
„Gestern bin ich angereist.“
„Kannst du wieder ein paar Tage hierbleiben? Oder musst du auf die Pferde des Königs aufpassen?“
„Ich kann bleiben, denn ich habe hier noch einiges zu erledigen.“
„Wohl wieder in Alfenheim, bei der schönen Gislinde?“, meinte Ferun spöttisch.
„Gislinde interessiert mich nicht. Ich habe dort mit Udo zusammen zu tun.“
„Aha, dem schönen Udo. Hat er denn inzwischen eine Freundin? Oder interessiert er sich nicht dafür?“
„Das weiß ich doch nicht und es interessiert mich auch nicht.“
Den jungen Frauen war es jetzt im Wasser zu kühl geworden und sie legten sich auf den Steg, um sich aufzuwärmen. Amalafred schwamm noch eine Weile.
„Bleib nicht so lange drin, sonst verkühlst du dich!“, rief ihm Ferun zu. Jetzt spürte er die Kälte. Zitternd stieg er aus dem Wasser.
„Komm, leg dich zwischen uns, damit du wieder warm wirst!“
Amalafred nahm das Angebot gern an und so spürte er nicht den kühlen Wind, der leicht über den See blies.
„Ich hätte nicht gedacht, dass es mir so schnell kalt wird.“
„Die Quellen unterschätzt man. Nicht weit von hier ist ein Waldteich, der von ihnen gespeist wird. Dort ist vor einigen Jahren ein Junge gestorben.“
„Wie ist denn das passiert?“, wollte Amalafred wissen.
„Der Junge war erhitzt. Ohne sich abzukühlen ist er gleich vom Ufer aus in den Teich gesprungen und da war es um ihn geschehen.“
„Das ist aber traurig. Daran werde ich denken, wenn ich wieder einmal baden gehe!“
„Du hast noch immer blaue Lippen und zitterst vor Kälte“, stellte Helga fest.

„Ich werde dich ein wenig massieren und dann wird dir bestimmt bald wieder warm."
Amalafred lag auf dem Bauch und Helga setzte sich auf ihn. Gekonnt walkte sie die Haut seines Rückens und der Arme. Das gefiel ihm und er spürte, wie die Wärme durch seinen Körper strömte. Ferun lag daneben und hatte die Augen geschlossen. Vielleicht schläft sie, dachte er sich. Helga tat ihr Bestes. Als der Rücken schon ganz gerötet war, forderte sie ihn auf, sich umzudrehen, damit sie seine Brust massieren konnte. Etwas unsicher kam er der Aufforderung nach. Sie hüpfte auf seinem Bauch herum, als wäre er nur ein Stück Fleisch, ohne Leben. Unbarmherzig knetete sie die Muskeln durch und hielt nicht still, wenn er vor Schmerzen stöhnte. Als die Brust gerötet war, drehte sie sich um und nahm sich die Beine vor. Ferun öffnete die Augen und sah zu ihm hin.
„Wo bist du denn mit deinen Gedanken?", flüsterte Ferun ihm zu.
„Ich denke an gar nichts", meinte Amalafred verlegen.
„Das sehe ich."
Sie legte ihre Hand auf sein Gesicht und strich mit dem Finger über seine Lippen.
Die Massage und das Ausruhen danach, hatten ihm gut getan und er fühlte sich sehr wohl. Helga war inzwischen in die Hütte gegangen, um eine Suppe für den Abend vorzubereiten. Ferun lag mit geschlossenen Augen neben ihm und hatte noch immer ihre Hand auf seinem Gesicht. Nach einer Weile sagte sie zu Amalafred: „Hast du etwas bemerkt?"
„Was soll ich bemerkt haben?"
„Ich meine, dass ich nicht eifersüchtig auf Helga bin. Ich hatte die Augen geschlossen, doch mit den Fingern auf deinem Gesicht alles gesehen."
„Wie kann man mit Fingern sehen? Das ist doch unmöglich!"
„Vieles, was man sehen kann, das lässt sich auch fühlen. So wie ein Blinder seine Umwelt durch Berühren und Hören wahrnimmt. Ich habe also alles mitbekommen, was ihr miteinander getan habt."
„Ich habe gar nichts mit ihr gemacht", protestierte er sogleich.

„Amalafred, natürlich hast du nichts getan, aber du hast es zugelassen und dich nicht gewehrt."
„Ich wollte es aber gar nicht."
„Das ist nicht wichtig, ob du es willst oder nicht. Es ist etwas passiert, was dich an meiner Stelle eifersüchtig und wütend gemacht hätte. Ich habe aber nichts gesagt und keine Eifersucht in mir gespürt."
„Du bist halt anders, als ich. Vielleicht magst du mich nicht so sehr, wie ich dich?"
„Das glaube ich nicht. Ich freue mich, wenn ich dich sehe und bin gern in deiner Nähe."
„Doch du liebst mich halt nicht."
„Ich denke, dass ich dich liebe, aber deshalb muss ich dich nicht besitzen."
„Was ich liebe, das will ich ganz allein für mich haben. Ich will es mit niemanden teilen."
„Du hast eine andere Auffassung von Liebe. Es ist dein Egoismus, der dich dazu verleitet. Wenn du wirklich liebst, dann kannst du auch verzichten! Du musst es nur wollen und den ersten Schritt dazu tun."
„Ferun, könntest du mir dabei helfen, meine Eifersucht zu bezwingen?"
„Ich versuche es schon seit langem und wir werden es gemeinsam schaffen. Doch jetzt lass uns zur Hütte gehen! Ich werde dir noch einen Tee aufbrühen, bevor du gehst."
Als er sich verabschiedete, fragte ihn Ferun, ob er morgen wieder kommen würde. Er sagte zu.

In Rodewin hatte jetzt Siegbert die Aufgaben des Hausherrn übernehmen müssen und somit wenig Zeit, sich um die beiden Frankenjungen zu kümmern. Die schien das nicht zu stören, denn sie kannten sich in der Siedlung und dem angrenzenden Gebiet schon sehr gut aus und streiften allein durch die Gegend. Dabei fanden sie gleichaltrige Freunde in den anderen Sippen. Gemeinsam gingen sie auf die Jagd, fischten in den Teichen oder der Wip und machten so manchen Unsinn. Überall, wo es etwas Neues gab, waren sie zur Stelle. Als eines Tages die Handelsleute in Rodewin ankamen, war das eine willkommene Abwechslung.

Die Gruppe von fünf Jungen belagerten die ganze Zeit die Händler.
In Rodewin war niemand, der fränkisch sprechen konnte und die beiden Geiseln verrieten nicht, wo sie herkamen. Die Händler wollten nur eine Nacht dort bleiben und am nächsten Tag zeitig weiterreisen. Siegbert hatte ihnen die bereits bezahlten Pferdehäute auf den Wagen gepackt, so dass sie schon am Abend reisefertig waren. Sie unterhielten sich untereinander in ihrer Sprache, so dass die anderen sie nicht verstehen konnten. Nantwig, der Jüngere von ihnen, erzählte dem alten Handelsmann, dass er eventuell vorhätte, eine Sklavin von dem Hof heimlich mitzunehmen. Der Alte riet ihm ab. Es kam zum Streit zwischen den beiden und die Jungen schauten verwundert zu. Nur die beiden Frankenjungen wussten, worum es ging.
Als Nantwig nach der Sklavin suchte, folgten sie ihm heimlich. Sie kamen zu dem Heuspeicher in der Nähe des Kräutergartens und sahen, wie er drinnen verschwand. Langsam schlichen sie sich heran und hörten, was drinnen gesprochen wurde.
Die Sklavin hatte Nantwig schon erwartet. Er teilte ihr den Fluchtplan mit. Sie war sich nicht sicher, ob sie mit ihm gehen sollte, denn es ging ihr hier in Rodewin gut und sie wollte nicht in der Stadt wohnen. Nantwig versicherte ihr, dass es nicht mehr lange dauern würde, bis das Gebiet, auf dem sein Bauernhof stand, wieder fränkisch werden würde und sie als Magd dort das Sagen haben sollte. Diese Aussicht gefiel ihr schon besser und sie wurde in ihrer Meinung wankelmütig. Nantwig erzählte ihr von den Vorgängen, die sich im Frankenreich abspielten und die seine Vermutung auf einen baldigen Krieg bestärkten.
„Das mit dem Krieg bildest du dir nur ein oder du erzählst es mir, damit ich dir folge!“
„Du kannst es mir glauben. Ich habe Beweise dafür!“
„Von den Leuten in Rodewin hörte ich, dass es ein Friedensbündnis zwischen den Franken und Thüringern gibt und da wird niemand einen Krieg anzetteln.“
„Bevor wir hierher reisten, hatten uns in Reims ein paar Thüringer Spione angesprochen und Briefe für den Herrn

in Rodewin mitgegeben. Das ist doch Beweis genug, dass es mit dem Friedensbündnis nicht weit her ist. Wenn die Könige wirklich Frieden wollten, würden sie keine Spione brauchen."

„Ich kenne mich da nicht so aus, aber was sollen die Thüringer in Reims schon ausspionieren können?"

„Ich habe die Briefe selbst gelesen und in einem stand geschrieben, dass unser König Chlothar seine beiden Neffen umbringen ließ, um deren Erbe zu verhindern. Solche bösartigen Verleumdungen schreibt niemand, der an Frieden glaubt."

„Vielleicht stimmt das. Wir kleinen Leute haben da zu wenig Einblick."

„Doch wieso teilt er es in einem Brief nach Rodewin mit? Ich konnte es verhindern und habe das Pergament dem alten Handelsmann heimlich weggenommen und an den König weitergeleitet. Er wird mich bestimmt reichlich dafür belohnen, wenn ich zurückkomme."

„Ich verstehe von alledem nichts und es macht mir nur Angst, was du sagst. Am liebsten würde ich noch hier bleiben."

„Du musst es wissen, was du tust!", entgegnete Nantwig verärgert.

„Wenn du im nächsten Frühjahr wiederkommst, dann bin ich vielleicht dazu bereit. Noch besser wäre es, wenn du dann deinen Bauernhof schon wieder hast."

Nantwig konnte nicht verstehen, dass seine Magd das Angebot von ihm abschlug. Möglicherweise hatte sie Angst vor der Flucht und dass man sie wieder aufgriff und dafür bestrafte. Verärgert ging er zurück zum Wagen. Die Magd verschwand bald darauf im Wohnhaus.

Die beiden Frankenjungen waren über das, was sie hörten, sehr betroffen. Besonders der Bruder der beiden ermordeten Prinzen sorgte sich um sein eigenes Leben. Solange er als Geisel hier in Thüringen war, hatte Chlodwig keinen Zugriff auf ihn, jedoch was würde sein, wenn er wieder zurück musste. Das konnte schon im nächsten Jahr sein. Oder vielleicht ein Jahr später? Doch irgendwann wäre es soweit und im Frankenreich gäbe es niemand, der ihm Schutz bieten könne. Noch dazu, wo er jetzt alleiniger Erbe des königlichen

lichen Vermögens seines Vaters Chlodomer war, dürfte sein Leben keinen Pfifferling mehr Wert sein. Sein Freund, der mit ihm die Geiselhaft teilte, versuchte ihn zu beruhigen.

Harald inspizierte das königliche Gut in Arnberg, das als Verwaltungssitz des neuen Großgaus bestimmt war. Es glich den übrigen Königsgütern auf denen mehrheitlich Sklaven die Arbeit verrichteten.
Der Gutsverwalter war froh, dass er nicht vom König dazu ernannt wurde, die Verwaltung zu übernehmen. Er konnte wohl Lesen und Schreiben, aber im Umgang mit den eigenwilligen Adligen tat er sich schwer. Harald schickte seinen Knappen zu allen Gaugrafen, die zu seinem Gebiet zählten und lud sie zum Thing ein.
Die Tage vor der Versammlung nutzte Harald, um das Anwesen kennen zu lernen und er richtete sich mit Heidrun und seinen Leuten wohnlich ein. Der ehemalige Verwalter unterstützte ihn dabei und schien mit der zweiten Rolle, die er ab nun auf dem Gut spielte, zufrieden zu sein. Für Harald hatte es den Vorteil, dass er nicht in den Ablauf der Arbeiten eingreifen musste. Alles verlief zunächst so, wie sie es gewohnt waren. Eine Hälfte des Stalls, der für die Pferde der Meldereiter bestimmt war, ließ er als provisorische Unterkunft für sich und seine Leute umbauen.
In der Nähe der Siedlung gab es einen schönen Wald mit herrlichem Baumbestand. Die alten und verwachsenen Bäume hatte man stehen gelassen, da sie als Bauholz ungeeignet waren.
Harald erkannte den Reiz dieses Waldes und wies den Verwalter an, dass keiner ihn mehr betreten dürfe. Es sollte ein Hain werden.
Nur er und die Priesterschaft sollten Zugang haben. In ein paar Jahren, so hoffte er, würden bestimmt die Götter darauf aufmerksam werden und unter dem Blätterdach der Eichen und Buchen lustwandeln.
In wenigen Tagen fanden sich die Gaugrafen bei ihm ein und Harald hatte am Rande des neuen Hains eine geeignete Stelle für die Versammlung gefunden. Es ging ihm bei diesem Thing darum, seine Vorstellung über das Zusam-

menwirken aller Gaue bekanntzugeben und mit ihnen zu diskutieren.
Auf dem königlichen Dokument war der neue Großgau mit „Wiesenland“ bezeichnet worden. Wahrscheinlich, da die Flüsse der oberen Il und der Ge von großen und saftigen Wiesen gesäumt waren. Der Name gefiel allen und man kam sogleich auf den heiklen Punkt der königlichen Steuern zu sprechen. Hier erhitzten sich die Gemüter.
Viele hatten in der Vergangenheit keine Abgaben für die Nutzung des königlichen Waldes und die Jagd entrichtet und leiteten daraus ein Gewohnheitsrecht ab. Es bedurfte Haralds vollster Überzeugungskraft dies richtig zu stellen. Den Gaugrafen sagte er zu, sie in den nächsten Tagen in ihren Siedlungen zu besuchen.
Es sollten dann Flurbegehungen erfolgen. Danach sollten die Abgaben für jeden ermittelt werden. Dass ein Teil der Zinsen zur Verbesserung der Wege verwendet werden sollte, stimmte viele wieder etwas versöhnlich. Nach heftigen Diskussionen, die sich fast drei Tage hinzogen, kehrten alle heim und warteten auf den Besuch von Harald.
Auf den Reisen zu den Gauen nahm Harald Heidrun mit. Sie wurden von den Sippen sehr freundlich empfangen. An den Flurbegehungen nahmen die Sippenältesten des jeweiligen Gaus teil und es wurden gleich vor Ort die Abgaben an den König festgelegt. Harald zeigte hierbei großes Verständnis für die Nöte der Bauern und blieb maßvoll bei der Festlegung der Zinsen. Sein Schreiber notierte alles, was besprochen wurde.
Am Ende hatten alle das Gefühl, günstig weggekommen zu sein. Die Sippen, die dem König Krieger bereitstellen konnten, erhielten große Nachlässe und dort, wo mehrere Männer in einer Sippe für den Kriegsdienst verpflichtet waren, entfielen oftmals die Zinsen vollkommen.
Nach einigen Wochen waren die Begehungen beendet und sie kehrten zum Königsgut zurück. Der Verwalter hatte inzwischen einen der Pferdeställe nach Haralds Angaben umbauen lassen, so dass sie gut drinnen wohnen konnten. Am Abend setzten sich die Männer zusammen und besprachen die anstehenden Arbeiten.

Der Schreiber hatte jetzt wieder eine angemessene Aufgabe erhalten. Er sollte in Zukunft die gesamten Zinseinnahmen kontrollieren. Der Knappe Roland würde ihm dabei helfen, wenn es notwendig war. Harald wollte zurück nach Rodewin.
Es war Zeit, die Vorräte für den kommenden Winter einzulagern. Diesmal hatte ihm die Kräuterfrau eine kurze Kälteperiode und wenig Schnee vorausgesagt. Er glaubte ihr und hielt sich daran, doch die meisten Bauern waren noch durch den vorherigen strengen Winter verunsichert. Der Verwalter erzählte, dass sie für die Sklaven vom Bau der Amalaburg vorsorgen müssten.
„Was für Sklaven meinst du?", fragte Harald verwundert.
„Der König hat die kräftigen Männer aus Franken für den Bau der Amalaburg eingesetzt. Im Winter ist aber die Arbeit am Bau stark eingeschränkt und dann werden die Sklaven auf die Königsgüter verteilt."
„Wie viel sollen denn hier untergebracht werden?"
„Ich denke es werden zwölf sein, wie im letzten Jahr. Und was tun die Männer den ganzen Winter über?"
„Das letzte Mal waren wir nicht genügend darauf vorbereitet. Wir hatten zu wenig Getreide eingelagert und da konnten wir sie nicht ausreichend ernähren. Deshalb waren die meisten für die schwere Waldarbeit nicht zu verwenden."
„Ich hoffe doch, dass du dieses Jahr besser vorsorgen wirst?"
„Das ist nicht das Problem, aber du hast unseren Wald zum Hain gemacht und wir können darin keine Bäume mehr fällen."
„Da hast du recht! Ich werde deshalb die Männer in meinen Gau mitnehmen und sie können dort Waldarbeit verrichten."
„Kannst du alle ernähren?"
„Jetzt, wo ich weiß, wie viele es sind, ist das kein Problem. Du kannst mir noch ein paar kräftige Frauen mitgeben, die die Männer versorgen und das Reisig im Wald zusammenräumen."
„Das lässt sich einrichten, denn ich habe ohnehin nicht genügend Winterarbeit für alle."
Der Schreiber und der Knappe blieben auf dem Königsgut.

Harald konnte nun mit Heidrun und Rosa nach Rodewin zurückkehren. Amalafred und die beiden Frankenjungen waren noch da. Die Jungen erzählten Harald aufgeregt, was sie von Nantwig hörten, als sie ihn belauschten.
„Ihr habt hoffentlich mit niemand darüber gesprochen?“, wollte Harald wissen.
„Nein, wir haben auf dich gewartet.“
„Das ist gut so. Es soll kein anderer erfahren. Bis zu der Zeit, wo ihr wieder zurückkehren müsst, werde ich mir etwas einfallen lassen, was wir tun können. Vielleicht finden wir für Chlodomers Sohn bei uns ein Versteck, bis er volljährig ist. Seid also unbesorgt!“
Beruhigt zogen die Jungen wieder ab. Weibel hatte durch einen Meldereiter Harald informieren lassen, dass er ihn in den nächsten Tagen besuchen wollte. Er sagte es Elke, die sich freute und Harald jeden Tag damit nervte, wann ihr Vater denn nun endlich kommen würde.

Eines Tages gegen Mittag war es soweit und Weibel kam mit einem Knecht angeritten. Bevor er sich mit Harald zusammensetzen konnte, wurde er von Elke in Beschlag genommen. Es machte Weibel große Freude seine Enkelkinder zu sehen. Natürlich hatte er für sie ein paar Geschenke mitgebracht. Am Abend saßen beide Gaugrafen zusammen. Harald wollte wissen, warum er gekommen war.
„Ich war kürzlich beim Großkanzler und wir haben über die Besiedlung in meinem Gebiet gesprochen.“
„Das ist eine riesige Fläche, die du nun zu verwalten hast.“
„Das ist richtig. Mein Problem ist, dass noch immer zu wenig Menschen dort wohnen.“
„Das war mir vor zwei Jahren bei meinen Reisen auch schon aufgefallen. Die Erde ist fruchtbar, doch es ist niemand da, der sie bebaut.“
„Leider ist es immer noch so! Das sind noch die Folgen der Hunneneinfälle vor fast hundert Jahren. Die Hunnen drangen damals vom Osten bis zur Saale vor und hatten die Menschen, die sie ergreifen konnten umgebracht oder verschleppt. Bis heute haben sich die Sippen nicht davon erholt.“

„Es muss eine sehr schwere Zeit für alle gewesen sein und das Land zwischen Elbe und Saale ist stellenweise immer noch wie ausgestorben.“
„Du bist doch jetzt als Verwalter des nördlichen Teils dieses Gebiets eingesetzt worden. Was willst du tun?“
„Das habe ich mit dem Großkanzler besprochen. Er sagte mir, dass viele kleine Gruppen der Slawen aus dem Osten gutes Land suchen und sich gern im Thüringer Königreich ansiedeln würden. Diesen Menschen soll nun erlaubt werden, in unser Reich zu kommen.“
„Gehören die Slawen diesen wilden Reiterstämmen an, von denen man immer wieder Grauenvolles hört?“
„Ich denke nicht, jedoch genau weiß ich das nicht. Uns ist zu wenig bekannt, was mehrere Tagesritte im Osten beginnt.“
„Niemand interessiert sich für den Osten und man hat mit den Leuten nur zu tun, wenn es sich um Sklaven handelt. Ich habe übrigens einen von dort schon sehr viele Jahre hier in Rodewin und bin sehr zufrieden mit ihm. Er hat eine Frau und Tochter und ich glaube, dass es ihm bei uns gefällt.“
„Ist das Jaros? Ich dachte, er sei ein Pferdeknecht.“
„Ich kenne keinen, der besser mit Pferden zurechtkommt, als er.“
„Da kannst du sehr zufrieden sein, dass du so einen Mann hast.“
Beide stießen mit ihren Metbechern an.
„Wie kann ich dir helfen, lieber Weibel?“
„Du kannst mir einige deiner Pferde abgeben, die wir den Neusiedlern zur Zucht überlassen könnten.“
„Die werden aber nicht viel zum Tauschen haben, wenn sie aus dem Osten kommen.“
„Das ist es eben. Aus diesem Grunde dachte ich mir, dass wir sie den Neusiedlern nur borgen und die Hälfte der Nachzucht uns gehört. Das wäre doch ein gutes Geschäft. Oder nicht?“
„Für uns wäre das sicher ganz gut. Ob die Neusiedler damit einverstanden sind, kann ich nicht einschätzen?“
„Die Slawen haben keine andere Wahl. Sie kommen mit nichts!“

„Was ist aber, wenn die Neusiedler mit Pferden gar nicht umgehen können?"
„Das kann ich leicht herausfinden. Die von uns Pferde bekommen sollen, müssen zuvor bei mir als Knecht ein paar Wochen arbeiten. Dann sehe ich, wer dazu taugt und wer nicht."
Die beiden Gaugrafen wurden sich einig. Sie wollten kleine Pferdegruppen mit einem Hengst und zwei Stuten leihweise abgeben und erhofften sich dadurch in angemessener Zeit hohe Gewinne.
Von Seiten des Königs gab es das Zugeständnis, dass die Neuansiedler für die nächsten Jahre keine Abgaben an den königlichen Verwalter entrichten mussten. Im Frühjahr des nächsten Jahres sollte damit begonnen werden. Weibel war zufrieden, dass Harald ihn unterstützte. Er konnte selber einige Zuchtgruppen abgeben, doch die würden bei weitem nicht ausreichen. Mit Haralds Hilfe wäre ein Erfolg beschieden, davon war er überzeugt.

12. Angriffspläne

Der Winter war auch im Frankenreich kurz und mild. Auf den Feldern und Wiesen gab es schon Mitte März keinen Schnee mehr und die Knospen an den Bäumen zeigten ihr zartes Grün. Der alte Händler hatte sich mit Nantwig in der Herberge seines Freundes in Reims einquartiert. Im Frühjahr wollten beide nach Thüringen reisen.
Der Wirt lebte allein. Seine Frau war schon vor ein paar Jahren gestorben und Kinder hatten sie keine. Er jammerte oft wegen der schweren Arbeit und er sehnte sich nach einem ruhigen Platz, um die letzten Jahre seines Lebens genießen zu können. Sein Freund, der Handelsmann, machte ihm den Vorschlag, das ganze Anwesen zu verkaufen und sich ein kleines Häuschen auf dem Land zu nehmen. Der Wirt hatte schon selbst diesen Gedanken, doch es fand sich niemand, der ihm die Summe, die er forderte, zu zahlen.
Nantwig hatte etwas Geld, welches er auf den beiden Reisen verdient hatte. Ein Teil der Silbermünzen, die er vom König erhielt, gab es auch noch. Dieses Vermögen war Nantwig bereit, in das Anwesen der Wirtschaft zu investieren. Es reichte jedoch noch nicht ganz aus. Er würde noch einige Fahrten unternehmen müssen, um die geforderte Summe aufbringen zu können.
Der Handelsmann bot ihm an, das Geld zu leihen und er wollte den Betrag von seinem nächsten Verdienst gleich einbehalten. Nantwig war damit einverstanden und so wurden sie kaufeinig.
Sein Knecht und die beiden Mägde, die er in Thüringen freikaufte, hatten sich gut eingearbeitet und der Wirt war mit ihnen zufrieden. Er würde noch so lange in der Schenke bleiben und aushelfen, bis Nantwig von seiner letzten Reise aus Thüringen zurückkäme und für immer hier bleiben könnte.

Hartwig und Baldur besuchten oft die Schankstube, um einen Becher Rotwein aus den südlichen Reichsregionen zu trinken. Beide unterhielten sich gern mit dem alten Handelsmann, der so schöne Geschichten von seinen Reisen er-

zählen konnte. Nantwig hielt sich bei diesen Unterhaltungen zurück. Für ihn waren die beiden Männer Spione aus dem Thüringer Königreich und somit seine Feinde.
Im April waren die Wege wieder befahrbar. Nichts hielt den Händler mehr zurück. Diesmal wollten sie zuerst nach Süden reisen und die Städte nahe der Donau besuchen. Von dort aus sollte es weiter zur Herminaburg gehen. Hartwig fragte den Händler, ob er wieder ein paar Briefe nach Rodewin mitnehmen könne. Da es das erste Mal so gut ging, sagte er zu. So schrieben die Thüringer ihren Liebsten einen sehr ausführlichen Brief und für Harald verfassten sie einen allgemein gehaltenen, mit allen Neuigkeiten, die sie von diesem und jenem gehört hatten.
Es verlief alles wie beim letzten Mal. Nantwig entwendete auch dieses Mal das Futteral aus der Reisekiste des Handelsmanns und zeigte es dem Sekretär. Dieser las die Briefe und gab sie danach zurück.
Die Nachricht an Harald fehlte. Nantwig legte alles wieder heimlich in die Kiste. Ihre Reise verlief sehr gut und Nantwig brachte dieses Mal seine dritte Magd mit nach Reims.
Es gelang ihm, die Magd schließlich zur Flucht nach Reims zu überreden und versteckte sie auf dem Wagen. Der Handelsmann bemerkte die Magd erst, als sie schon weit von Rodewin entfernt waren. Der Händler machte ihm große Vorwürfe, da er wusste, was passieren würde, wenn man sie bei ihm fände. Nantwig konnte ihn jedoch beruhigen.
Nach Tagen der Angst erreichten alle drei wohlbehalten das Frankenreich. Es war ihnen niemand gefolgt. Die Magd hatte ihnen verraten, dass der Herr von Rodewin sie nicht beim Weggehen hindern würde. Ob man einem Thüringer jedoch glauben konnte?
Die Wiedersehensfreude in Reims mit dem Knecht und den anderen Mägden war groß und sie feierten ihre Befreiung. Die junge Magd bedankte sich mit einem Kuss bei Nantwig, dass er so mutig war und sie hierher entführt hatte.
„Es war nicht leicht für mich, denn du wolltest am Anfang nicht mitkommen“, stammelte er verlegen.
„Hat es dir denn in Rodewin so sehr gefallen? Vielleicht hast du dort einen Freund gehabt?“, neckten sie die anderen.

Mit hochrotem Kopf stand die Magd vor ihnen und brachte kein Wort heraus.
„Das wird bestimmt ganz anders sein“, entgegnete der Handelsmann.
„Immerhin ist sie von Nantwig geraubt worden und eine Frau entführt man nur dann, wenn man sie auch heiraten will.“
Alle lachten über diesen Scherz und prosteten sich zu. Auf einmal hob Nantwig seine Hand, damit alle ihm zuhören sollten.
„Das ist gar keine so schlechte Idee. Ich werde sie heiraten, wenn sie es will.“
Alle verstummten und wurden ganz ernst.
„Mit so was macht man keinen Spaß! Du meinst es doch nicht ernst?“, fragte der Knecht.
„Doch, es ist mein vollster Ernst! Willst du meine Frau werden?“, sprach Nantwig die junge Magd an.
Diese sah sich um, als würde sie Hilfe suchen. Dann blickte sie auf Nantwig und sagte zögernd: „Ja!“
„Das muss gefeiert werden!“, rief der Schankwirt. „Eine Hochzeit hatte ich noch niemals im Haus. Das ist ein großes Glück. Alle, hier in der Schankstube, sind heute meine Gäste und wir feiern die Verlobung von Nantwig und seiner schönen Maid. Wie heißt du denn überhaupt, mein Kind?“
„Ich heiße Lioba“, sagte sie leise.
„Auf Lioba und Nantwig!“, rief der Wirt und sie stießen mit ihren Weinbechern an. Nun hatten der Knecht und die beiden Mägde viel zu tun, um nachzuschenken.
Als es schon spät war und sie zu Bett gingen, sagte Nantwig zu Lioba: „Du brauchst nicht zu den Mägden in die Kammer, du kannst mit zu mir kommen!“
Ohne eine Erwiderung folgte sie ihm.
„Willst du mit mir schlafen?“, fragte sie ihn und sah zu Boden.
„Ich weiß es nicht. Ich sehe noch die Bilder von damals vor mir, als die Krieger dich und die anderen Frauen vor meinen Augen geschändet haben. Es muss für euch sehr schlimm gewesen sein.“
„Ja, das war es! Ich wollte es vergessen.“

„Ich nicht! Seit diesem Tag habe ich keine Frau mehr angerührt."
Lioba setzte sich zu ihm auf den Rand der Liege und umfasste seinen Kopf. Sie küsste ihn auf die Wange und dann auf den Mund. Die Berührung der Lippen erregte ihn, doch er konnte die Bilder aus der Vergangenheit nicht verdrängen. Immer noch hörte er die Schreie der Frauen und das Keuchen der Krieger, die sich an ihnen vergingen. Lioba fühlte, was in ihm vorging und legte seinen Kopf in ihren Schoss.

Der Tag der Vermählung wurde festgesetzt. Sie wollten in der Kirche heiraten und sprachen die Einzelheiten mit dem katholischen Priester ab. Die Hochzeitsfeier fand in der Schankstube statt und viele Freunde und Bekannte waren gekommen. Es ergab sich, dass Hartwig und Baldur sowie der Sprachlehrer vom Handelsmann auch eingeladen wurden. Nantwig sagte nichts dazu, doch es missfiel ihm.
Die beiden Thüringer hatten bisher noch keine christliche Hochzeitszeremonie miterlebt. Es war alles sehr feierlich. Hartwig dachte an seine Hochzeit, die mit der plötzlichen Abreise ins Frankenreich ein so schnelles Ende gefunden hatte.
Während der Feier wurde Hartwig plötzlich aufgefordert zu erzählen, woher er käme. Nach anfänglichem Zögern sagte er den Gästen, dass er aus Rodewin komme. Das Erstaunen war groß, als Hartwig die weiteren Einzelheiten bekannt gab. Es wich das anfängliche Misstrauen und wechselte in Mitleid.
Alle bedauerten die beiden Thüringer. Lioba erzählte von ihren Erlebnissen in Rodewin und dass es ihr dort gut gefallen hatte. Seitdem waren Hartwig und Baldur in der Schankstube immer willkommen. Sie gehörten jetzt gewissermaßen dazu.

Am Hofe des Theuderich war eine Abordnung des Langobardenkönigs Wacho eingetroffen. Viele wunderten sich und es durfte auch nicht darüber gesprochen werden. Sie waren hier in geheimer Mission.

Gerade deswegen nahmen die Gerüchte stark zu. Den wirklichen Grund kannte nur der König, der jedoch gab keines seiner Geheimnisse preis.
Die Tochter des Königs vermutete Heiratsabsprachen. Vielleicht sollte sie Wacho ehelichen? Die Prinzessin bat ihre Mutter herauszufinden, ob es so war. Doch auch die Königin konnte nichts erfahren.
So versuchte die Prinzessin selbst mit dem Gesandten zu sprechen, den sie im Park traf. Der war etwas unsicher, ob er sich mit ihr unterhalten dürfe. Als der Gesandte aber hörte, dass sie die Tochter des Königs war, wurde er zugänglich.
Die Prinzessin sprach ihn direkt auf eine Heirat zwischen ihr und seinem Herrn an.
Verwundert und irritiert versuchte der Gesandte das Missverständnis aufzuklären und verriet ihr, dass es sich nicht um sie, sondern um ihren Bruder handle.
„Theudebert soll doch eine Prinzessin aus dem Thüringer Königreich heiraten", entgegnete die Prinzessin.
„Es ist nur für den Fall, dass es doch nicht dazu kommt, dann wird er Wisigard die Tochter vom König Wacho zur Frau nehmen."
Die Prinzessin kannte nun das Geheimnis und war froh, dass es nicht sie betraf. Die Langobarden galten nämlich als barbarisch, mit wenig Kultur und ungewöhnlichen Gebräuchen. Einen solchen Mann wünschte sich die Prinzessin nicht, auch wenn er ein König war.
Während des üblichen Tanzunterrichtes, der inzwischen zur geliebten Abwechslung in ihrem Alltag wurde, erzählte sie Baldur von der Begegnung mit dem Gesandten und dass die Langbärte nicht wegen ihr, sondern wegen Theudebert hier waren.
Baldur fragte die Prinzessin nach den Einzelheiten. Als er mit Hartwig darüber sprach, kamen den beiden große Bedenken hinsichtlich des Friedensbündnisses zwischen den Franken und Thüringern.
„Die Langobarden sind unser Brudervolk und ihr König Wacho war mit meiner Tante verheiratet", meinte Baldur. „Wenn jetzt die Franken mit ihnen zusammengehen und

Theudebert die langobardische Prinzessin heiratet, so würden die Langobarden uns nicht gegen die Franken unterstützen. Dann könnte Theuderich ungehindert in Thüringen einfallen."
„Das muss nicht so sein! Es wäre eine durchtriebene Machenschaft des Frankenkönigs."
„Ich sollte auf jeden Fall an Harald eine Nachricht senden und ihm diese Sache mitteilen."
„Der Handelsmann wird allerdings nicht in den nächsten Tagen nach Thüringen abreisen."
„Vielleicht können wir den Brief einem Meldereiter mitgeben?"
„Was ist, wenn die Franken den Brief lesen? Das könnte uns vermutlich Probleme bereiten."
„Ich werde ihn an Elke schreiben. Das fällt nicht weiter auf."
„Versuchen kannst du es!"
Hartwig verfasste den Brief. Erst am Ende berichtete er von dem, was sie gehört hatten. Diese Informationen sollte sie an Harald weitergeben. Das Pergament rollte Hartwig zusammen und steckte es in ein Futteral. Der Sprachlehrer kam gerade in ihre Kemenate, als er fertig war.
„Das ist schön, dass du hier bist", sagte Hartwig zu ihm. „Ich habe soeben einen Brief an meine liebe Frau geschrieben. Kennst du einen zuverlässigen Boten, der den Brief nach Rodewin mitnehmen würde?"
„Mein Cousin ist bei den Meldereitern, den kann ich fragen. Du kannst mir den Brief mitgeben."
Hartwig übergab ihm das Futteral und sie gingen zusammen zum Tanzunterricht der Prinzessin. Der Cousin des Sprachlehrers hatte den Brief einem Kameraden gegeben, der am nächsten Tag an den Thüringer Königshof reiten sollte.
Sein Vorgesetzter kontrollierte die Postfutterale und sah das Pergament an Hartwigs Frau. Er war neugierig, was der Thüringer geschrieben haben könnte und las es. Dabei fand er am Ende des Schreibens die Zeilen für Harald. Er ging sofort zum Sekretär. Der erkannte die brisante Nachricht und zeigte das Schreiben gleich dem König.
Theuderich schrie auf, wieso diese Information an die Thüringer gelangen konnte und wer das alles wüsste. Sein

Sekretär musste sofort der Sache nachgehen, sollte dabei äußerste Diskretion wahren. Es dürfte über diesen Vorgang nichts bekannt werden.
Der Sekretär fand heraus, dass das Schreiben von dem Sprachlehrer an die Meldereiter weitergegeben wurde. Somit konnte auch dieser von dem Inhalt gewusst haben. Mit den früheren beiden Schreiben an Harald und der verdeckten Information über die Frau von Hartwig, ergab sich für den Sekretär der schwerwiegende Verdacht, dass die beiden Geiseln geheime Informationen an den Thüringer Königshof lieferten.
Als Komplizen kamen der alte Handelsmann und der Sprachlehrer der Prinzessin in Frage. Dies berichtete er dem König. Theuderich lehnte sich in seinem Armstuhl zurück und überlegte.
„Die Geiseln wollen uns auskundschaften. Das geht zu weit. Wir werden sie alle vier in Gewahrsam nehmen. Den Handelsmann und den Sprachlehrer kannst du verhören. Vielleicht sagen sie uns etwas, was wir noch nicht wissen. Den Geiseln krümmst du vorerst kein Haar! Geh ganz vorsichtig vor, damit niemand etwas merkt!“
„Was sagen wir denen, die nach den Männern fragen.“
„Erzähle ihnen, dass sie in meinem Auftrag verreist sind! Dann fragt niemand mehr weiter.“
Der Sekretär bestellte die vier am nächsten Morgen als Zeugen ins Gerichtsgebäude. Keiner von ihnen wusste, worum und um wen es gehen würde. Als sie sich im Vorraum einfanden, wunderten sie sich, warum gerade sie hier sein sollten. Eine Weile danach erschienen Wachmänner und nahmen sie gefangen. Durch enge Gänge gelangten sie ins Verlies. Sie wurden im Keller in einen Raum gesperrt. Ratlos saßen sie da und wunderten sich, was mit ihnen passierte. Baldur und Hartwig glaubten den Grund zu wissen, doch sie sprachen im Beisein der anderen nicht darüber.
Am nächsten Tag wurde der Handelsmann in den Folterraum zum Verhör gebracht. Der Sekretär befragte ihn nach seinen Reisen ins Thüringer Reich. Er erzählte ihm alle Einzelheiten, an die er sich noch erinnern konnte. Danach wur-

de er wieder zu den anderen gesperrt und der Sprachlehrer geholt.
Dieser wurde über sein Zusammensein mit den Geiseln befragt und ob ihm an ihnen etwas verdächtig vorkam. Viel konnte er nicht erzählen, da er niemals etwas Ungewöhnliches im Verhalten der Thüringer bemerkte. Jeden folgenden Tag wurden die beiden erneut verhört und die gleichen Fragen gestellt. Hartwig und Baldur ließ man in Ruhe. Die Verhöre des Handelsmanns und Sprachlehrers wurden in der zweiten Woche verstärkt und es kam die Folter zur Anwendung.
Die Situation schien für alle aussichtslos. Nantwig, der einen guten Kontakt zum Sekretär hatte, erfuhr von ihm, dass sich der Handelsmann im Verlies befand und ihm vorgeworfen wurde, gemeinsam mit dem Sprachlehrer Helfer der beiden Thüringer Spione zu sein.
Nantwig erkannte, dass alles nur wegen der Briefe war, die er dem Sekretär übergeben hatte. Er erfuhr auch, dass die Gefangenen in ein Burgverlies, weit entfernt von Reims gebracht werden sollten und allen vieren der Tod bevorstand. Zu Hause sprach er darüber mit Lioba. Sie erschrak und war betrübt, dass Nantwig für deren Tod verantwortlich sein würde.
Sie bat ihn, doch irgendetwas dagegen zu unternehmen, doch er sah keine Möglichkeit. Lioba ging sogar soweit, dass sie ihn deswegen verlassen wollte, weil sie mit keinem Mann zusammenleben könne, der den Tod von Freunden verschuldet hatte.

Die Gefangenen wurden nach drei Wochen im Kerker in einen geschlossenen Wagen gesperrt und weggefahren. Der Sprachlehrer und der Handelsmann waren durch die Folterungen sehr geschwächt und konnten kaum selbständig in den Karren steigen. An allen bloßen Stellen ihres Körpers waren die Wunden der peinlichen Vernehmungen zu sehen. Zwei Wachmänner fuhren mit ihnen aus der Stadt in südliche Richtung.
Am Abend erreichten die Wachleute mit den Gefangenen einen großen Fluss. Sie riefen nach dem Fährmann auf der

anderen Seite. Das Boot kam langsam heran. Sehr vorsichtig fuhren sie mit dem Wagen auf die Fähre.
„Bring uns sicher hinüber!“, meinte der Wachmann, der das eine Pferd am Halfter führte. Als sie in der Mitte des Flusses waren, schlug der Fährmann die Wachleute mit einem Knüppel nieder und warf sie ins Wasser. Danach öffnete er den Verschlag des Karrens und zog die Gefangenen heraus.
Hartwig wunderte sich, was da vor sich ging. Da er, wie die anderen drei, einen Sack über den Kopf gestülpt bekommen hatte, konnte Hartwig nicht sehen, was passierte. Er spürte nur, dass er sich auf einem Boot befinden musste. Mit einem Messer schnitt jemand seinen Sack auf und auch die Handfesseln.
Die Abendsonne blendete ihn. Hartwig sah nur, dass ein Mann die Pferde ausspannte und sie ins Wasser springen ließ. Danach rollte der Unbekannte den Wagen vom Boot.
Als der Retter näher kam, erkannten sie ihn.
„Du bist es Nantwig“, riefen sie verwundert.
„Ja, jetzt steht endlich auf und helft mir schnell das Fährboot auf die andere Seite zu bringen!“
Hartwig und Baldur packten mit an. Die beiden anderen waren dazu zu schwach. Am Ufer stand unter einem Baum der Wagen des Handelsmanns.
„So, nun steigt ein! Ich fahre mit euch bis zur Fulda und von dort müsst ihr allein weiter!“
In dem Kistenverschlag des Wagens mussten sich die vier tagsüber verstecken, denn niemand durfte sie sehen.
Nach ein paar Tagen erreichten sie den Grenzfluss und fanden einen Fährmann, der sie sicher über den Fluss setzte. Auf Thüringer Gebiet verabschiedete sich Nantwig von ihnen und ging an einer anderen Stelle am Fluss zurück auf fränkisches Land.
Als Nantwig in seinem Schankhaus wieder ankam, erzählte er Lioba stolz von der gelungenen Rettung der vier. Sie war überglücklich, dass er ihnen geholfen hatte. Wie er es angestellt hatte, verriet er ihr nicht.
Bereits am nächsten Tag suchte Nantwig wie zufällig den Sekretär auf. Von ihm erfuhr er von dem furchtbaren Unglück mit dem Gefangenenwagen.

„Wie kann so etwas nur passieren?"
„Sie wollten über den Fluss mit einer Fähre setzen und da sind wahrscheinlich die Pferde durchgegangen und der Wagen ist ins Wasser gestürzt."
„Das ist furchtbar! Konnte sich jemand retten? Vielleicht die Wachmänner?"
„Nein, sie sind auch ertrunken. Die Strömung war zu stark. Flussabwärts hat man ihre Leichen gefunden. Nur die Rösser konnten ans Ufer schwimmen."
„Was ist mit dem Wagen? Wurde er schon gefunden?"
„Das ist unmöglich bei der Flusstiefe. Vielleicht kommt er irgendwann wieder nach oben, aber da wird von den Gefangenen nicht mehr viel übrig sein."
„Was ist denn mit dem Fährmann passiert?"
„Den hat man total betrunken in seiner Hütte gefunden. Wahrscheinlich werden die Wachmänner deshalb selber die Fähre bedient haben."
„Es ist bestimmt nicht leicht mit einem solchen Boot umzugehen. Was sagt denn der König dazu?"
„Es hat ihn nicht berührt. Er sagte nur, dass es bald allen Thüringern so ergehen wird."
„Das denke ich auch und dann bin ich dabei und verhelfe ihm zum Sieg."
„Du bist ein Mann, wie ihn sich unser Herrscher nur wünschen kann! Jetzt musst du dir einen anderen Handelsmann suchen, der mit dir nach Thüringen fährt. Wenn es soweit ist, gebe mir einen Bescheid, damit ich dir die richtigen Sachen für Herminafrid mitgeben kann!"
Nantwig verließ zufrieden die Königsburg. Alles war so, wie er sich das vorgestellt hatte. Nantwig überlegte nun, wo er einen anderen Händler finden konnte. Da Lioba ihm sagte, dass sie schwanger war, beeilte er sich nicht damit.

Theuderich ließ sein Heer mobilisieren. Alle glaubten, dass er erneut gegen die Sachsen kämpfen würde. Chlothar hatte ihm gemeldet, dass er bereit wäre, mit ihm zu ziehen. In Burgund waren in diesem Jahr keine Aufstände ausgebrochen. Während eines Besuchs von Chlothar in Reims, informierte Theuderich auch seinen Sohn Theudebert über das wahre Kriegsziel. Der war sehr verwundert. Damit hatte er nicht gerechnet. Sein Vater wies ihn an, einen großen Heerhaufen von Nordwesten nach Thüringen zu führen. Er würde vom Westen vorstoßen und Chlothar von Südwesten über den Königsweg kommen. Alle drei Heerhaufen sollten sich zu einer bestimmten Zeit an einem vorgegebenen Ort treffen und dann gemeinsam zum Hauptkampfplatz ziehen. Ziele waren die Tretenburg und Herminaburg, wo die Franken das Thüringer Heer und den Königschatz vermuteten.

Hartwig und Baldur zogen mit dem Planwagen durch das besetzte Gebiet zwischen Fulda und Werra und fuhren auf dem Königsweg in Richtung Rodewin.
Der Händler und der Sprachlehrer waren immer noch sehr geschwächt und Hartwig machte öfters eine Pause, als er es sonst getan hätte.
Nach mehreren Tagen kamen sie gegen Nachmittag an. Alle dachten, dass es die fränkischen Händler wären, da sie den Wagen von weitem wieder erkannten. Als aber dann Hartwig vom Wagenbock sprang, war die Freude besonders groß. Ein Kind lief schnell ins Haus, um Elke zu holen. Die konnte am Anfang gar nicht glauben, dass es stimmte. Sie dachte zu träumen. Hartwig schloss sie in seine Arme und drückte sie an seine Brust. Lange konnte sie nichts sagen und die Tränen liefen ihr über die Wangen.
„Du brauchst doch nicht zu weinen, mein Liebes!“
„Es sind Freudentränen, du hast mir so gefehlt.“
„Nun ist alles wieder gut. Wo sind denn unsere Kinder?“
„Im Haus, komm ich will sie dir zeigen!“
Inzwischen waren auch Baldur, der Handelsmann und der Schreiber vom Wagen gestiegen. Harald kam hinzu und umarmte wortlos seinen Bruder. Er begrüßte dann die anderen drei. Baldur erzählte ihm von der Flucht aus dem Frankenland.
„Wir werden später darüber reden, jetzt kommt und stärkt euch erst einmal!“
Sie halfen den beiden erschöpften Franken in die Küche und Waltraut, Haralds Mutter, setzte ihnen eine Schüssel mit Gemüsesuppe und Brot vor.

Die anderen standen um den Tisch herum und sahen ihnen zu. Nachdem sie gesättigt waren, wollte Harald mit Hartwig und Baldur allein sprechen. Sie gingen in den Pferdestall und sein Bruder erzählte ihm von den Ereignissen der letzten Wochen im Frankenreich.
„Da habt ihr großes Glück gehabt, dass ihr von Nantwig befreit wurdet. Ich denke, dass wir eure Ankunft noch geheim halten müssen, damit wir ihn nicht gefährden.“
„Wir müssen unbedingt den König informieren, denn die Franken haben schon viele Krieger zusammengezogen und könnten bald nach Thüringen ziehen.“
„Das denke ich auch“, sagte Harald.
„Ich werde Siegbert sogleich zum Großkanzler schicken.“
Sie besprachen die Sache mit Siegbert und der ritt gleich los zum König.

Am nächsten Tag gegen Mittag kam Siegbert am Königshort an und suchte sofort den Großkanzler auf, der war über diese Nachricht nicht wenig erstaunt.
„Wir müssen diese Angelegenheit streng geheim halten. Ich werde mit dem König darüber sprechen und danach sehen wir, was wir weiter tun. Du wartest auf mich, bis ich wiederkomme!“
Die Hausfrau nahm Siegbert mit in die Küche und gab ihm zu Essen. Der Großkanzler hatte Glück, dass der König sich nicht auf der Jagd oder auf seiner Baustelle, der neuen Amalaburg, befand. So konnte er ihn von der Flucht seines Neffen und den jüngsten Ereignissen im Frankenreich informieren.
„Das kann ich nicht glauben! Nein! Das ist bestimmt ein Missverständnis!
Der fränkische Gesandte hat mir erst kürzlich wieder den unverbrüchlichen Friedenswillen des Königs übermittelt. Vielleicht stecken die Feinde des Frankenkönigs dahinter, die ein starkes Bündnis der Franken mit den Thüringern verhindern wollen?“
„Es wurde uns bereits berichtet, dass im Frankenreich Theuderich gegenwärtig sein Heer aufstellt.“
„Der Frankenkönig wird es gegen die Sachsen brauchen.

Mit denen hatte er schon im letzten Jahr Ärger gehabt."
„Es soll aber diesmal auch Chlothar dabei sein."
„Der wird ihn gegen die Sachsen unterstützen. Glaube mir Kanzler, es ist nicht so, wie es scheint!"
„Was meint ihr, was sollen wir jetzt tun?"
„Wichtig ist, dass nichts von der Flucht bekannt wird. Baldur und die anderen sollen in Rodewin bleiben. Es könnte sonst unser Friedensbündnis gefährden. Wir warten ab, bis eine Nachricht von Theuderich eintrifft. Im Übrigen haben wir noch unsere Spione im Frankenland, die uns rechtzeitig warnen würden."
Der Großkanzler ritt gleich am nächsten Tag mit Siegbert und einem Meldereiter nach Rodewin. Er teilte die allzu große Sorglosigkeit Herminafrids nicht. Zu oft waren die Frankenkönige wortbrüchig geworden und er konnte sich vorstellen, dass sie es auch diesmal sein könnten.
Die Gespräche in Rodewin verstärkten seine Vermutung, dass die Situation ernst war. Er musste als Großkanzler Maßnahmen treffen, um bei einem Angriff der Franken nicht unvorbereitet zu sein.
„Harald, was meinst du, was wir jetzt unternehmen sollten, ohne unser Friedensbündnis mit den Franken zu gefährden?"
„Ich würde vorschlagen, dass wir das gleiche wie die Franken tun. Wir ziehen unsere Krieger bei der Tretenburg zusammen und sagen ihnen, dass wir gegen die Sachsen ziehen."
„Das ist eine gute Idee. Somit hoffen alle auf reiche Beute und werden kommen. Nur für die wenigen Stämme der Sachsen, die immer wieder bei uns einfallen, brauchten wir doch nicht das ganze Heer zu mobilisieren. Viele der Gaugrafen werden die Sache nicht so ernst nehmen und ausbleiben."
„Das kann sein, aber es bereiten sich zumindest alle auf den Kampf vor."
Noch in Rodewin schrieb der Großkanzler den Erlass zum Sammeln des Heeres bei der Tretenburg und schickte den Meldereiter zum König, damit er das Schreiben bestätigte. König Herminafrid war zu diesem Zeitpunkt noch immer da-

von überzeugt, dass die Informationen von Baldur auf Missverständnissen beruhen würden.
Trotzdem unterstützte der König den Vorschlag seines Großkanzlers zur Mobilisierung des Heeres, um gegen die feindlichen sächsischen Stammesgruppen an der Thüringer Nordgrenze zu ziehen. Ein solcher Heerzug würde die Zentralmacht des Königs stärken und den Zusammenhalt im Reich fördern. Meldereiter wurden mit einem königlichen Schreiben in alle Großgaue entsandt. Da noch Erntezeit war, kamen nur wenige der Gaugrafen der Aufforderung des Königs zeitgerecht nach.
Viele Gaugrafen ließen sich entschuldigen und wollten später nachkommen. Von einer Disziplin, wie sie einst Bertachar forderte, war nicht mehr viel zu erkennen.
Keiner nahm die Aufforderung zum Heerzug wirklich ernst und hinzukam, dass viele Krieger ihre Kampfübungen vernachlässigt hatten und inzwischen aus der Übung gekommen waren. Trotz alledem nahm die Zahl der Krieger, die sich im Feldlager in der Nähe der Tretenburg einfanden, stetig zu und der Schwertführer des Königs organisierte gemeinsame Kampfübungen.

Hartwig und Baldur genossen das Zusammensein mit ihren Geliebten und Kindern. Sie gingen zusammen zu den nahen Waldteichen, um zu baden. Immer wieder mussten sie von ihren Erlebnissen im Frankenland berichten und wenn sie eine Geschichte wiederholten, so gab es dann immer noch etwas Neues darüber zu erzählen.
Harald hatte die Arbeiten an dem Schutzwall verstärkt. Jeder, der auf den Feldern entbehrlich war, wurde hierfür eingesetzt.
In die Waldschneisen, die sie in den Wintermonaten geschlagen hatten, waren Dornenhecken angepflanzt worden. Die Sumpfgebiete wurden so erweitert, dass nur noch Stege oder schmale Dammwege hindurch führten und auf den Höhen der Berge waren Wehrburgen aus Baumstämmen und Erde errichtet worden.
Im Ernstfall könnte Harald seinen Gau abriegeln oder zumindest den Zugang sehr erschweren. Die Nachrichten aus

dem Frankenland hatten ihn sehr beunruhigt, doch er durfte darüber noch nicht mit den anderen sprechen. Vorsorglich ließ er jedoch große Kornspeicher in Rodewin anlegen und tauschte sehr frühzeitig mit den Bauern des Flachlandes große Getreidemengen ein.
Manche wunderten sich darüber und glaubten, dass ihm wieder die Schamanin einen harten Winter vorausgesagt hatte. Entsprechende spöttische Bemerkungen ignorierte er einfach.

Eines Tages kam nun der Gesandte des Frankenreiches zur Herminaburg und überbrachte die traurige Nachricht vom Tod der Geiseln. Er berichtete, dass die Geiseln auf ihrer Fahrt in den Süden mit dem Reisewagen in den Fluss gestürzt und dabei ertrunken seien. Der Wagen und die Leichen hätte man bisher noch nicht bergen können. Bis auf den Umstand, dass die Geiseln als Gefangene sich auf dem Wagen befanden, hatte sein Bericht gestimmt. Der Gesandte wusste es auch nicht anders. Der König nahm den Tod seines Neffen zur Kenntnis und tröstete die Hinterbliebenen, besonders Radegunde, die jetzt niemand mehr aus ihrer Familie hatte. Nachdem ihre Mutter und der Vater gestorben waren, hatte sie nur noch ihren Bruder Baldur.
Herminafrid erkundigte sich nach dem Fortgang des Friedensbündnisses und schlug eine baldige Hochzeit seiner Tochter mit dem Sohn des Frankenkönigs vor. Der Gesandte wollte diesen Wunsch seinem Herrn ausrichten. Der Großkanzler bot ihm an, noch ein paar Tage sein Gast zu sein. Dieses Angebot nahm der Gesandte gern an und er freute sich auch, seinen Sohn, der sich am Thüringer Königshof als Geisel befand, wiederzusehen.
In den folgenden Gesprächen versuchte der Großkanzler Näheres über das Zusammenziehen der Heeresverbände der Franken in Erfahrung zu bringen.
Der Gesandte erzählte ihm freimütig in allen Einzelheiten darüber und dass Theuderich einen Krieg gegen die streitbaren Sachsen führen wolle. Auch zu dem Gerücht über den Tod der beiden Söhne von Chlodomer gab er Auskunft. Der Gesandte war davon überzeugt, dass Chlothar die Kin-

der hat töten lassen, um deren Erbansprüche auszuschließen. Aus diesem Grunde riet er dem Großkanzler bei der Rückkehr des fränkischen Prinzen, dies zu bedenken.
„Was kann ich da tun? Schutz kann ich dem Prinzen nur hier in Thüringen bieten."
„Das denke ich auch, deshalb sollte man überlegen, ob es nicht besser wäre, wenn der Prinz erst nach seiner Volljährigkeit zurück in das Frankenland käme!"
„Ich kann ihn doch nicht so einfach hierbehalten. Dein König wäre damit bestimmt nicht einverstanden."
„Der junge Prinz kann sich doch auch hier im Land irgendwo verstecken und keiner weiß, wo er ist."
„Das erscheint mir wenig glaubhaft und Theuderich dürfte hierfür kein Verständnis haben."
„Vielleicht doch? Theuderich ist nicht immer Chlothars Meinung und sein Bruder hatte sich schon mehr als einmal gegen ihn aufgelehnt. Mit dem Prinzen hat er möglicherweise einen Trumpf in der Hand, den er zur gegebenen Zeit ausspielen kann. Ich könnte die Angelegenheit mit meinem Herrn besprechen."
„Tut das, es ist besser so, wenn der König eingeweiht und damit einverstanden ist!"
Der Großkanzler konnte aus den Unterredungen mit dem Gesandten nicht herausfinden, ob dieser mehr weiß, als er sagte.
„Eines müssen wir noch bereden, bevor du zurückreitest! Es geht dabei um die Hochzeit der Königskinder. Hast du Theudeberts Meinung zu dieser Heirat gehört?"
„Ich hatte mit ihm darüber sprechen können und er ließ sich von mir beschreiben, wie die Prinzessin aussieht und was für ein Wesen sie hat. Er schien sehr zufrieden mit dieser Wahl zu sein."
„Ich hörte vor längerer Zeit, dass er die Prinzessin des Langobardenkönigs Wacho heiraten sollte. Es war aber dann nichts daraus geworden."
„Das stimmt. Wisigard war im Gespräch, so wie viele andere. Mit dieser Wahl schien Theudebert nicht sehr glücklich gewesen zu sein. Die Thüringer Prinzessin Rodalinde ist unvergleichlich schöner. Ich kenne sie beide."

„Gibt es denn gegenwärtig noch enge Kontakte zwischen Wacho und Theuderich?"
„Die Verbindung ist sehr locker. Erst neulich war eine Abordnung bei ihm. Wacho hätte gern seine Unterstützung bei seinen Feldzügen im Süden seines Reiches."
„Davon hatte ich gehört, dass es da Gebietsabtretungen zu Gunsten der Langobarden geben soll. Doch was ist mit seiner Tochter Wisigard? Ist sie schon verheiratet?"
„Das nicht, aber sie soll schon einem Langobarden fest versprochen sein."
Der Großkanzler war zufrieden über diese Information. Auch dieses Gerücht schien falsch zu sein, sonst hätte der Gesandte nicht so frei darüber gesprochen.
Herminafrid ließ sich von ihm berichten und meinte: „Ich habe es dir gleich gesagt, dass alle Beschuldigungen nur Intrigen gegen das Friedensbündnis sind. Diese Lüge über eine so glaubwürdige Quelle, wie unsere Geiseln, an uns heranzutragen, ist von den Gegnern eine bravouröse Leistung. Wir können jetzt beruhigt die Hochzeit vorbereiten. Ich selbst werde die Braut nach Reims geleiten."

Wenige Tage nach der Abreise des Gesandten kam einer der geheimen Boten aus dem Frankenreich. Es waren ausgesuchte Männer, die ihre Informationen nur mündlich überbrachten und unauffällig als Händler oder fahrende Leute durch die Länder zogen. Er informierte den Großkanzler darüber, dass drei fränkische Heere in Richtung Thüringen ziehen würden. Gleichfalls teilte der Bote ihm mit, dass der Frankenkönig Theuderich mit dem Langobardenkönig ein Bündnis geschlossen hat und er seine Tochter Theudebert zur Frau geben will. Diese Nachricht schlug wie ein Blitz ein.
Der König wurde sofort informiert. Herminafrid, der immer noch glaubte, dass dies alles Falschmeldungen sein mussten, ließ sich direkt von dem Boten berichten. Seine Beschreibung deckte sich vollständig mit Baldurs Bericht und so war der König jetzt endlich davon überzeugt, dass er vom Frankenkönig hintergangen wurde.
Herminafrid ließ sofort den Kriegsrat zusammenkommen

und der Großkanzler trug den Sachverhalt vor. Die Herren diskutierten über die Angelegenheit, als würde es sich um eine Spazierfahrt ins Grüne handeln.
Nach ein paar Stunden platzte dem König der Kragen. Er unterbrach die Diskussion, wo jeder versuchte, sich vor dem König besonders herauszustreichen.
„Ich glaube, ich bin in einem Hühnerstall. Ihr gackert rum und nichts kommt dabei heraus. Euer Geist scheint schon genau so verrostet zu sein wie eure Schwerter. Wenn ihr so weitermacht, dann sind die Franken hier und ihr habt noch immer nichts unternommen. Einen solchen Kriegsrat kann ich nicht gebrauchen!"
Verdutzt sahen die Männer zum König und keiner traute sich etwas zu erwidern. Herminafrid stand von seinem Stuhl auf und blickte in die Runde.
„Ich werde jetzt gehen und wer mir von euch nicht binnen einer Stunde einen guten Vorschlag auf einem Pergament liefert, wie wir dem fränkischen Heer begegnen können, den brauche ich nicht als Ratgeber!"
Mit grimmigem Blick verließ der König den Raum.
Das eisige Schweigen hielt noch eine Weile an. Ein jeder dachte daran, welchen Vorschlag er machen könnte, um das Wohlwollen des Königs zu erreichen. Es waren auch nicht alle Männer des Rates der Schreibkunst so mächtig, dass sie ihre Gedanken und Ideen zu Papier hätten bringen können. Der Großkanzler half denen durch ein paar Beamte – als Schreiber – aus.
Am Ende der festgesetzten Zeit sammelte er die Pergamente eines jeden Ratsherrn ein. Einige von ihnen hatten gar nichts niedergeschrieben. Damit ging er zum König und las sie ihm vor.
Herminafrid gab keinen Kommentar dazu und deutete ihm nur an, das Pergament auf die eine oder die andere Seite des Tisches abzulegen. Als der Großkanzler damit fertig war, zeigte der König auf den kleinen Stapel und sagte: „Das sind die brauchbaren Vorschläge. Ihre Verfasser bleiben im Kriegsrat und die anderen will ich nicht mehr sehen!"
„Wir sollten aber diese Ratsherren nicht so sehr brüskieren! Es sind Männer mit erheblichem Einfluss."

„Wenn du das meinst, so lass dir etwas einfallen! Mir können die Dummköpfe nicht mehr dienen."
„Gut, dann werde ich die Herren in würdiger Form aus dem Kriegsrat verabschieden."
„Tu, was du willst! Ich mag mit ihnen nichts mehr zu tun haben."
Der Großkanzler ging zurück in den Königssaal und sprach zu den ungeduldig wartenden Ratsleuten: „Der König dankt euch allen für die gemachten Vorschläge. Einer von euch hatte die Idee, die Anzahl der Räte zu reduzieren, um damit die Diskussionszeit zu verkürzen und schneller zu einer Lösung zu kommen. Dieser Vorschlag hat unserem König besonders gefallen, da dadurch die ausgeschiedenen ehrenwerten Räte sich verstärkt den Vorbereitungen der Verteidigung widmen können. Der König lässt allen, die ausgeschieden sind, seinen besonderen königlichen Dank aussprechen und ehrt sie mit einer Urkunde! Ich werde euch nun deren Namen nennen."
Der Großkanzler rief jeden Namen einzeln auf, ging auf den Rat zu und drückte ihm fest die Hand.
Die so geehrten Herren verließen den Saal. Übrig blieben nur noch eine Handvoll Männer. Die setzten sich in einem kleinen Nebenraum zusammen und berieten mit dem Großkanzler, welche Maßnahmen gesetzt werden müssen. Herminafrid musste erkennen, dass er von unfähigen Beratern in Kriegssachen umgeben war. Um solche Dinge brauchte er sich bis dato auch nicht zu kümmern, weil sein Bruder Bertachar diese Aufgabe für das gesamte Thüringer Königsreich übernommen hatte. Nun war er tot und alles lastete auf ihm.
Die Angst überkam ihn und auch die Gewissheit, bei dieser Auseinandersetzung mit den Franken nicht gewinnen zu können. Er überlegte, welche wichtigen Schritte er als nächstes setzen müsste, um zu retten, was noch zu retten wäre.
Ihm war klar, dass die Franken nur an der Beute interessiert sein konnten. Deshalb musste er als Erstes den Königsschatz in Sicherheit bringen. Mit diesem würde er nach einer Niederlage in den folgenden Jahren das Reich wieder

aufbauen können. Ihm stellte sich die Frage, wie und wo er die Kisten mit Gold, Silber und Edelsteinen in Sicherheit bringen konnte.
Viel Zeit blieb nicht, dies zu tun. Der König versuchte sich vorzustellen, wo die Franken nach dem Schatz suchen würden. Das Versteck dürfte somit nicht in der Nähe seiner Burgen und der Königsgüter liegen. Es müsste in einem nur schwach besiedelten Gebiet und unauffindbar für andere sein.
Nach vielen Überlegungen entschied sich der König für eine Höhle, die ihm einst sein Bruder Bertachar einmal zeigte. Es war eine Kalksteinhöhle. Diese Höhle war durch Auswaschungen entstanden. Während einer Jagd wurde sie durch Zufall entdeckt. Die Brüder drangen damals nicht weit in die Höhle vor, doch empfanden sie diese als ein sicheres Versteck.
Sein Bruder hatte ihm scherzhaft gesagt, dass es ein Platz für einen Königsschatz wäre. Diese Höhle lag nur eine Tagesreise von der Herminaburg entfernt und so konnte er sich auch selbst um den Transport kümmern. Er ließ sofort die Kisten auf Ochsenkarren laden und Sklaven führten die Gespanne.
Der König ritt in Begleitung von Amalafred voran. Die Krieger seiner Leibwache säumten die Wagenkolonne. Sie waren noch vor dem Morgengrauen losgefahren und hatten ihr Ziel am späten Nachmittag erreicht. Am Rand eines ausgedehnten Waldgebietes angekommen, ließ Herminafrid ein letztes Mal rasten.
Die Sklaven stellten die Zelte für das Nachtlager auf. Am nächsten Morgen zogen sie weiter. Die Leibwache sollte zurückbleiben und hier auf ihn warten. Nur langsam kamen die schwer beladenen Karren auf dem weichen Waldweg voran. Als sie ein Felsenmassiv erreichten, ließ Herminafrid die Kolonne anhalten. Den Sklaven kam dieser Ort nicht geheuer vor. Auch Amalafred hatte ein ungutes Gefühl. Der König lief auf die Felsen zu und schien etwas zu suchen. Nach einer Weile kam er zurück und sagte Amalafred, dass er den Eingang zu der Höhle gefunden habe.
Die Sklaven machten den Eingang frei und leuchteten mit

Fackeln den mannshohen Gang aus. Langsam gingen sie vorwärts und erreichten einen hohen Raum, von dem drei Gänge weiter nach innen führten. Herminafrid wählte den mittleren und sie kamen in ein schön geformtes Gewölbe.
„Das ist der Platz, wo wir den Schatz lagern werden!", ordnete er an.
Die Sklaven beeilten sich, die Kisten hineinzubringen, denn es überkam sie an diesem Ort eine große Furcht. Als alles verstaut war, ließ Herminafrid in dem Vorraum den mittleren Zugang mit Steinen zuschütten. Auch den äußeren Eingang zur Höhle ließ er sorgfältig mit Steinen verschließen.
Dank einer sehr geschickten Tarnung konnte nun kein Uneingeweihter den Höhleneingang mehr erkennen. Um die Spuren der Wagenräder zu verwischen, ließ der König an den letzten Wagen große Eichenäste binden und hinterherziehen.
Am Waldrand angekommen, schlossen sich ihnen wieder die Männer der Leibwache an. Amalafred fragte seinen Vater, warum er die Leibwache nicht mit zu dem Versteck genommen hatte.
„Niemand außer dir und mir soll dieses Versteck kennen! Wenn die Franken siegen sollten, dann werden sie alles anstellen, um an diesen Schatz zu kommen und jeder der etwas darüber weiß, würde es unter ihrer Folter verraten."
„Wenn es deine Männer der Leibwache sagen würden, dann könnten es doch auch die Sklaven tun, die die Kisten in die Höhle getragen haben?"
„Das ist nicht mehr möglich, denn ihr Leben ist begrenzt."
„Wie meinst du das?"
„Sie werden dann tot sein."
Betroffen sah Amalafred auf die Kolonne. Sie hatten einen anderen Rückweg genommen. Er führte zu einem Königsgut. Dort wollten sie übernachten.
Der Hauptmann der Leibwache wies die Sklaven an, Bäume zu fällen, die sie am nächsten Morgen auf ihre Karren laden und zur Amalaburg bringen sollten. Als die Sklaven im Wald mit der Arbeit beginnen wollten, wurden sie von den Pfeilen der Krieger getötet. Die Leichen warfen diese in einen nahe gelegenen Sumpf. Nur Herminafrid und sein

Sohn wussten nun von dem Versteck des Königsschatzes und so sollte es bleiben.
Als sie wieder auf der Herminaburg ankamen, ging Amalafred in seine Kemenate. Dass so viele Sklaven wegen des Goldes umgebracht wurden, belastete ihn. Er nahm sein Amulett, das er um den Hals trug ab und betrachtete es.
Das Amulett war ein Geschenk von Ferun, der Tochter der Schamanin aus Rodewin und sollte ihn auf allen seinen Wegen vor Unheil schützen. Seitdem hatte er sich nicht mehr verletzt und so glaubte Amalafred an den Zauber, der darin verborgen war. Er betrachtete den kreisrunden abgeflachten Stein mit den Runen.
Die Rückseite der Scheibe war glatt. Amalafred nahm sein Messer und ritzte ein paar Linien hinein. Es war die Wegbeschreibung zu dem Ort des Königsschatzes. Das Amulett, das ihn an seine erste große Liebe erinnerte, barg nun nicht nur einen großen Zauber, sondern war für ihn der Schlüssel zum Schatz.

13. Falkengewänder

Der König kam zu seinen Kriegern auf die Tretenburg. Er hatte seit langem kein Heer mehr selber angeführt und sich immer auf seinen Bruder Bertachar verlassen. Schon nach wenigen Tagen erkannte er, dass es ihm nicht gelingen würde, Disziplin und Ordnung hineinzubringen. Auch sein Schwertführer war dazu nicht in der Lage. Die Tausendschaftsführer rieten dem König, den ehemaligen Hauptmann von Bertachar als Anführer einzusetzen und ihm das Reichsschwert zu übergeben. Erst nach langem Zögern entschloss er sich dazu. Der König übertrug ihm die gesamte Führung für die Verteidigung des Reiches und zog sich auf die Herminaburg zurück.
Fast täglich brachten Meldereiter Nachrichten von den heranrückenden Franken. Ihre Heere sollten unvorstellbar groß sein. Herminafrid glaubte nicht an einen Sieg und verstärkte seine Leibwache. Mit deren Hilfe ließ er die fränkischen Sklaven bis an die Elbe bringen. Sie stellten für ihn eine Gefahr dar. Es wurde befürchtet, dass diese in der gegenwärtigen Situation sich gegen ihre Herren auflehnten. Auch Harald musste seine gekauften Franken an den König zurückgeben.
Das Gebiet zwischen Mulde und Elbe hielt Herminafrid als relativ sicher vor dem Zugriff der Feinde, da die Saale und dann auch die Mulde das Vordringen des fränkischen Heeres erschwerten. An den jeweiligen Ostufern dieser Flüsse ließ er Wachstationen errichten und alle Menschen, die von den westlichen Reichsgebieten bereits nach dem Osten auf der Flucht waren, ließ er dort ansiedeln.

Bei einer ersten Inspektion des Kriegslagers durch den Hauptmann Bertachars erkannte dieser sofort, dass vieles im Argen lag. Mit diesen Männern konnte kein Sieg errungen werden. Die meisten Krieger waren aus der Übung und unterschätzten die Kampfesstärke der Franken. Trotzdem versuchte er sein Bestes.
Er stellte das Heer so zusammen, wie es vor zwei Jahren erfolgreich unter Bertachars Führung den Sieg gegen die

Franken errang. Mit ihm an der Spitze schien für jeden der Sieg wieder sicher zu sein. Die noch säumigen Trupps aus den Gauen trafen bald ein und der Hauptmann wies ihnen einen guten Platz zu.
Die Kampfesübungen wurden teilweise eingestellt und die Krieger mussten die vor zwei Jahren aufgelassenen Verteidigungsgürtel von der Werra bis hin zur Tretenburg ausbessern. Für den Hauptmann und den König war es wichtig, Zeit zu gewinnen und wenn die Franken auf Thüringer Land ankamen, ihr Vorankommen zu erschweren. Aus diesem Grunde wurde eine Vielzahl von Hindernissen auf den Einzugswegen errichtet.
Es galt nun Fallgruben auszuheben. Zahlreiche Gebiete wurden durch das Öffnen von Dämmen geflutet. Gefällte Bäume versperrten die Wege. Die Krieger legten trockene Reisigwälle an, die beim Nahen der Franken entzündet werden sollten.
Mit dem Errichten dieser Hindernisse stieg der Kampfes- und Siegeswille unter den Kriegern und sie waren überzeugt, dass das fränkische Heer niemals die Tretenburg erreichen könnte. Man wollte die Franken schlagen und diesmal keinen von ihnen am Leben lassen. Die Franken sollten den Göttern geopfert werden, damit sie niemals wieder ihren Fuß auf Thüringer Land setzen können.

Harald hatte den Sippen im Wiesenland geraten, im Oberwipgau Schutz zu suchen. Nur wenige nahmen dieses Angebot an, da jeder an den Sieg glaubte und keine Notwendigkeit sah, von zu Hause wegzugehen. Als Harald hörte, dass die Franken in dreifacher Stärke anrückten, da war ihm klar, dass sie nicht gewinnen konnten.
Die Krieger des Oberwipgaus waren bereits unter der Führung von Udo aus Alfenheim im großen Heerlager bei der Tretenburg. Harald konnte nicht mitziehen, da ihm ein Bein fehlte und er somit untauglich war. So setzte er seine ganze Kraft ein, um seinen Gau und die Menschen, die darin lebten, zu schützen. Siegbert, der noch kein Krieger war, half ihm dabei. Lieber wäre er mit Hartwig und Udo geritten, doch das durfte er nicht.

Eines Tages erschien der Großkanzler in Begleitung der Geiseln in Rodewin. Er wollte mit Harald einige Dinge bereden. Die wichtigste Sache waren die fränkischen Geiseln. Den König interessierte das Schicksal der beiden Jungen nicht. Er wäre auch nicht abgeneigt, sie töten zu lassen, doch der Großkanzler verwies darauf, dass der Tod des Prinzen, dem König Chlothar nur recht sein könnte. So überließ Herminafrid es ihm, was mit ihnen geschehen sollte.
Eine Sicherheit am Königshof für die beiden Geiseln gab es nicht mehr. Sie wurden von Bediensteten beleidigt und tätlich angegriffen, weil sie Franken waren. Rodewin, ein Ort weit abseits von der Herminaburg, schien als Versteck für sie bestens geeignet.
Harald war damit einverstanden, die Geiseln in Rodewin zu behalten. Der Großkanzler erzählte ihm auch von den Ereignissen am Königshof und im Heerlager. Beide waren sich darüber einig, dass kaum eine Aussicht auf einen Sieg bestand.
„Der König scheint auch dieser Ansicht zu sein", meinte er. „Der Reichsschatz wurde in ein sicheres Versteck gebracht, dass nur er und Amalafred kennen und jetzt ist er dabei, das Gebiet von der Saale bis zur Elbe zu sichern."
„Das ist, glaube ich, eine richtige Entscheidung. Wenn die Franken unser Gebiet wieder verlassen haben, so kann er zurückkommen", meinte Harald.
„Ich denke, dass die fränkischen Könige Teile unseres Landes im Westen und Süden einbehalten werden. Wahrscheinlich wird dann die Werra die Westgrenze wieder sein. Es ist auch möglich, dass wir den Süden zwischen der Donau und dem Main verlieren könnten."
„Dann bliebe Herminafrid immer noch der größte Teil des Thüringer Reichs erhalten."
„So richtig weiß man das bei den Franken jedoch nicht, was die wirklich vorhaben. Der Gesandte hatte mir einmal gesagt, dass sie das ganze Thüringer Königreich in das Frankenreich eingliedern wollen, wie sie es mit Burgund und dem Reich der Alamannen gemacht haben."
„So ein riesiges Land wird aber immer schwieriger zu regieren sein."

„Wenn man es so, wie die Merowinger macht und das Reich unter allen Söhnen aufteilt, dann geht das."
„Auch die Römer hatten einst schon versucht, ihre Grenzen weit nach dem Osten auszudehnen. Damit sind sie jedoch gescheitert. Ähnlich wird es hoffentlich auch den Franken ergehen! Was habt ihr vor? Werdet ihr den König in das Land hinter der Saale begleiten?"
„Ja, das werde ich tun. Meine Familie ist bereits vom Königshort dorthin weggezogen."
„Ist die Königin auch fort?"
„Nein, sie wollte noch bis zu der Entscheidungsschlacht bleiben. Was werdet ihr tun, wenn wir verlieren sollten?"
„Ich habe vorgesorgt", meinte Harald. „Wir versuchen zu überleben. Die Franken werden nach einem Sieg schnell Beute machen wollen, so wie wir es vor zwei Jahren zwischen Fulda und Werra auch getan haben."
„Da ging es doch nicht um Beute, das war doch etwas ganz anderes!", entgegnete der Großkanzler verwundert.
„Mir sind so verschiedene Vorfälle zu Ohren gekommen. Mein Bruder Hartwig war dabei und er hatte mir von Gräueltaten berichtet, wie sie in jedem Krieg vorkommen. Also denke ich, dass auch die Franken nach einem Sieg nicht zimperlich mit den Thüringern umgehen werden! Diese Zeit, in der die Franken in unserem Land sind, gilt es zu überstehen!"
„Vielleicht solltest du deine Frau und deine Kinder auch nach dem Osten schicken, solange es möglich ist!", riet der Großkanzler.
„Ich bin mir nicht sicher, ob die Franken nicht bis zur Elbe vordringen werden."
„Hoffen wir, dass uns das nicht widerfährt! Das wäre der Untergang unseres Volkes!"
„Ja, bitten wir unsere Götter um Beistand! Nur die Götter allein können uns jetzt noch helfen."
Der Großkanzler schien von der Hilfe durch die Götter nicht sehr überzeugt zu sein. Einmal, weil er offiziell den arianischen Glauben angenommen hatte und zum anderen, weil er gar nicht an Götter glaubte. Allerdings sprach der Großkanzler mit niemand darüber.

Nachdem der Großkanzler wieder abgereist war, kümmerte sich Harald um die Geiseln. Beide erzählten ihm von den Anfeindungen auf der Herminaburg. Manche der Leute sprachen davon, sie umzubringen.
„Das ist so, wenn Menschen Angst haben. Sie neigen dann schnell zur Gewalt“, meinte Harald.
„Hier werden wir doch sicher sein?“, wollte der Prinz wissen.
„Das kann niemand sagen. Dein Onkel Chlothar hat deine Brüder umgebracht und keiner hätte das für möglich gehalten. Du müsstest auch dann noch um dein Leben bangen, wenn deine Landsleute diesen Krieg gewinnen würden und euch mit nach Hause nehmen.“
„Kann man denn gar nichts dagegen tun?“
„Ich müsste einen Ort finden, wo ihr unbemerkt lange Zeit bleiben könnt. Im Moment fällt mir keiner ein.“
„Wir haben auf unseren Streifzügen mit Siegbert einmal eine alte Frau an einem See besucht. Siegbert sagte uns, dass sich nicht viele zu ihr hin trauen, da sie eine Schamanin ist und mit den Geistern und Göttern sprechen könne. Vielleicht können wir uns bei ihr verstecken.“
„Das ist eine gute Idee! Ich werde zu ihr reiten und sie fragen. Ihr beide bleibt hier im Haus und zeigt euch nicht draußen vor den fremden Leuten! Niemand muss wissen, wer ihr seid!“
Harald ritt gleich zu der Kräuterfrau. Vor ein paar Tagen hatte sie ihm schon aus den Runen gelesen und die Niederlage der Thüringer vorausgesagt.
Als er den See erreichte, traf er sie und ihre Töchter in ihrer Hütte an.
„Harald, was willst du? Es muss doch sicher etwas ganz Wichtiges sein, da du dein Pferd so sehr angetrieben hast.“
„Das stimmt Kräuterfrau. Ich muss dich allein sprechen!“
Die alte Frau sagte ihren Töchtern in bestimmenden Ton, dass sie Holz für den Herd holen sollten. Harald begann, als die Töchter draußen waren.
„Wir beide wissen, dass es Krieg mit den Franken gibt und die Thüringer verlieren werden. Nun hat man mir vom Königshof die beiden fränkischen Geiseln geschickt. Sie waren

dort nicht mehr ihres Lebens sicher. Es ist auch zu gefährlich, die Geiseln bei mir zu behalten. Aus diesem Grunde habe ich an dich gedacht."

„Sind es denn alte Männer?", fragte die Kräuterfrau.

„Nein, es sind Knaben."

„Das ist gut. Mit Knaben verstehe ich mich besser, als mit alten Männern."

„Kannst du sie bei dir aufnehmen?"

„Wenn die Knaben mit meinem bescheidenen Heim zufrieden sind, können sie bei uns wohnen."

„Es dürfte aber niemand erfahren, wer sie wirklich sind. Du kannst sie als deine weitläufigen Neffen ausgeben."

„Sprechen die Knaben auch unsere Sprache?"

„Sie sind schon lange hier und reden so wie wir."

„Gut, dann wird man sie nicht gleich erkennen, woher sie wirklich kommen. Wer sind ihre Familien?"

„Ich kenne nur den Vater des einen Jungen. Er ist der fränkische Gesandte an unserem Königshof und der zweite ist ein Prinz."

„Oho, sagtest du ein Prinz?"

„Ja, er ist ein wahrhaftiger Prinz, doch sein Vater ist im Krieg gefallen und seine Mutter hat den Frankenkönig Chlothar geheiratet. Der Junge hatte noch zwei Brüder, doch die ließ sein Onkel ermorden, damit er nicht das Erbe seines Bruders an die Neffen zurückgeben muss."

„Das ist fürchterlich, was du da erzählst. Weiß denn der Junge davon?"

„Ja, er hat es erfahren. Sein Leben ist hier in Thüringen und auch im Frankenreich gefährdet. Deshalb muss er untertauchen, solange bis er sich selber wehren kann."

„Was soll ich meinen Töchtern sagen, wer die Knaben sind?"

„Vielleicht sagst du ihnen, dass es Jungen von meinen fränkischen Sklaven sind, die ich dem König wieder zurückgeben musste."

„Ich denke, das ist glaubhaft für die beiden. Es wäre auch nicht unbedingt gelogen, denn etwas Besseres als Sklaven sind sie im Moment nicht. Vielleicht ist ihr Leben sogar noch weniger wert?"

„Es kann sein, dass der Sohn des Gesandten schon früher zu seiner Familie gehen wird. Den Prinz musst du weiterhin gut verstecken, bis er volljährig ist. Er könnte vielleicht einmal ein König werden und wird es dir dann bestimmt danken."
„Was braucht schon eine alte Frau für einen Dank? Ich habe meine hübschen Töchter und dich, als Retter in der Not. Mehr brauche ich nicht!"
„Die Not in dem harten Winter habe ich nur durch deinen guten Rat lindern können. Hättest du mir damals nicht vorausgesagt, dass er so kalt und lang sein wird, so hätte ich auch kein Korn zum Abgeben gehabt."
„Es ist schon alles richtig, wie es kommt. Die Nornen wissen es. Ich werde mal nach meinen Töchtern sehen und ihnen sagen, dass ihre angeblichen Cousins für immer zu uns kommen."
„Gut, tu das! Ich reite jetzt zurück. Siegbert wird die Jungen gleich zu dir bringen."
Harald galoppierte nach Rodewin zurück. Dort kamen gerade viele Menschen aus dem Wiesenland an, die ihre Siedlungen verlassen hatten und Schutz im Oberwipgau suchten. Siegbert und Heidrun kümmerten sich um sie. Harald wies ihnen vorübergehend Unterkünfte in den leeren Stallungen zu.
Mit Siegbert ging Harald danach ins Haus zu den Geiseln. Er sagte ihnen, dass sie bei der Kräuterfrau am Eichelsee wohnen könnten. Siegbert sollte sie gleich hinbringen. Ihre Pferde müssten sie auf Haralds Weide bei dem Schwemmteich stehen lassen, denn die Kräuterfrau war arm und zwei reiche Neffen passten nicht zu ihr. Niemand durfte ahnen, wer sie wirklich waren.
Siegbert suchte in seinem Kasten nach Kleidungsstücken, die ihm nicht mehr passten und die Jungen wechselten ihr Gewand. Jetzt konnte man die beiden nicht mehr von den Einheimischen unterscheiden.
„So gefallt ihr mir!", sagte Harald. „Jetzt wird euch niemand mehr erkennen. Eines noch auf den Weg, redet auch untereinander nicht mehr in eurer Heimatsprache! Das könnte euch nämlich verraten. Nur Siegbert und die Kräuterfrau

haben davon Kenntnis und so soll es erst einmal bleiben!"
Die Jungen ritten mit Siegbert zu ihrer neuen Unterkunft. Die Kräuterfrau und ihre Töchter warteten schon sehr gespannt auf die Knaben aus Rodewin. Besonders Helga nahm sich wie eine große Schwester der beiden an.
„Habt ihr denn überhaupt einen Namen? Ich weiß nicht, ob Sklavenjungen einen Namen haben? Eure Eltern haben euch bestimmt einen fränkischen Namen gegeben. Wir müssen jetzt für euch thüringische Namen finden!"
„Bedränge sie doch nicht so! Biete ihnen erst einmal etwas zu Essen an", sagte ihre Mutter und machte die Tischplatte frei.
„Du magst doch auch meine Kräutersuppe, Siegbert?"
Dieser wagte nicht „Nein" zu sagen. Siegbert hatte vor den Kräuterfrauen großen Respekt. Oder vielleicht sogar auch Angst? Ferun brachte einen Kessel vom Herd und stellte ihn auf den Tisch. Dann füllte sie mit einer Kelle die kleinen Holzschalen. Voller Skepsis begannen Siegbert und die Jungen zu essen.
„Schmeckt es euch denn?", wollte Helga wissen. Die Jungen nickten, doch man konnte ihren Gesichtern ansehen, dass es nicht so war. Mit Mühe zwängten sie sich die Suppe hinein. Siegbert taten die Jungen leid, wenn er daran dachte, dass sie jeden Tag so etwas vorgesetzt bekamen. Bevor Siegbert zurück ritt, versprach er ihnen, sie so oft wie möglich zu besuchen.

Die ersten Tage waren sehr schwer für die Knaben zu ertragen. Das Leben in dieser Einsamkeit kannten sie noch nicht und sie hätten sich auch nicht freiwillig danach gesehnt.
Einziger Trost waren die beiden Töchter der Kräuterfrau mit ihrem frohen und lebhaften Wesen. Helga hatte sich am nächsten Morgen zwei Namen für die beiden ausgedacht und diskutierte mit ihrer Schwester den ganzen Tag darüber, ob sie zu den Knaben passen würden. Denen war es egal, wie man sie nannte.
Helga und Ferun entschieden somit den einen Bygul und den anderen Tregul zu nennen. Als ihre Mutter dies hörte, lächelte sie dazu, sagte aber nichts weiter. Beide Namen

klangen so ähnlich, wie die von Freyas Katzen. Das wussten aber die Knaben nicht. Ab nun hieß der Prinz „Bygul“ und der Sohn des Gesandten „Tregul“.
Die Jungen fanden die Namen etwas komisch, doch sie gewöhnten sich allmählich daran und sprachen sich selber damit an.
Helga schlug eine feierliche Namensgebung auf der Freyainsel vor. Wie das geschehen sollte, besprach sie mit ihrer Schwester. Ideen gab es viele, doch die meisten verwarfen sie wieder.
In der Nacht schreckte Helga aus dem Schlaf auf und weckte Ferun.
„Was ist los?“
„Komm mit hinaus vor die Tür, damit wir die anderen nicht im Schlaf stören! Ich muss dir unbedingt etwas sagen!“
„Es kann nicht so wichtig sein, dass du es mir jetzt sagen musst.“
„Doch Ferun, es ist ganz, ganz wichtig.“
Die beiden Töchter schlichen leise nach draußen.
„Hu! Das ist aber kalt. Ich will wieder hinein ins Haus!“, meinte Ferun fröstelnd.
„Bleib hier! Ich hatte soeben einen Traum, in dem mir Freya erschienen ist. Sie nahm mich bei der Hand und führte mich zu ihrer Insel im Moor. Dann zeigte sie mir ihr Falkengewand und sagte, dass wir den beiden Knaben auch ein solches Gewand fertigen sollen und dass die uns dann eines Tages einen ebenso schönen Schmuck schenken würden, wie sie ihn trug. Die Halskette von ihr war wunderschön und sie hatte mich fast geblendet. Wir müssen gleich in der Früh anfangen und Federn suchen.“
„Gut, lass uns darüber sprechen, wenn die Sonne aufgegangen ist! Ich bin schon halb erfroren.“
„Ich auch. Wir können uns zusammenkuscheln und dann werden wir schneller wieder warm.“
So krochen beide unter eine Decke. Helga hätte gern noch mit Ferun geredet, doch die war schon wieder eingeschlafen.
Am nächsten Morgen gingen die Töchter mit ihrer Mutter in den Wald, um dort Heidelbeeren zu suchen. Helga hatte

alle gebeten, für sie Federn zu sammeln, die sie unterwegs sehen würden. Es gab nur wenige Stellen, wo ein Greifvogel einen Eichelhäher gerissen hatte und die Federn des verspeisten Vogels am Boden lagen. Auch an den nächsten beiden Tagen hatten sie nicht mehr Erfolg.
Am dritten Tag kam Siegbert früh angeritten, um nach seinen Schützlingen zu sehen. Sie stiegen mit auf sein Pferd und alle drei ritten ein Stück des Weges in Richtung Sandberg. Dort machten sie unter einer großen Linde Halt.
„Ich habe euch hierher gebracht, damit uns die Frauen nicht sehen können."
„Warum denn?"
„Ich habe einen Proviantsack bei mir und jetzt könnt ihr erst einmal wieder ein Stück Fleisch zwischen die Zähne bekommen."
„Das hat uns schon sehr gefehlt, die Kräuterfrau und ihre Töchter essen keines", meinte Bygul.
„Das weiß ich. Deshalb werde ich, wenn ich zu euch komme, immer ein Stück Speck oder gebratenes Fleisch dabei haben. Die Frauen dürfen aber nichts davon wissen, sonst verzaubern sie uns noch in Tiere."
„Das glaube ich nicht, aber wir werden es trotzdem nicht verraten."
„Wenn ihr satt seid, dann reiten wir gleich wieder zurück. Wie ich hörte, müsst ihr heute Beeren für den Winter sammeln."
„Das machen wir schon seit ein paar Tagen. Es ist eine echte Plagerei, aber wir werden es schon schaffen."
Als sie zurückkamen, war die Frühstückskräutersuppe fertig. Bygul und Tregul nahmen sich nur sehr wenig. Auch Siegbert musste mit Platz nehmen und eine Holzschale, der mit verschiedenen frischen Kräutern angereicherten Suppe, essen. Er ließ sich nicht anmerken, dass sie ihm überhaupt nicht schmeckte.
„Siegbert, habt ihr zu Hause Federn von Hühnern oder Gänsen übrig", fragte Helga.
„Das kann ich nicht sagen. Die Federn von den Flügeln der Gänse nimmt Harald als Federkiel zum Beschreiben der Pergamentrollen und meine Mutter nimmt sie zum Wegwi-

schen der Asche auf der offenen Feuerstelle in der Küche. Die kleineren Federn werden gesammelt und am Königshort getauscht. Manche Leute stecken sie dort in große Säcke und schlafen darauf."
„Ach, was es doch so alles gibt?", meinte Ferun erstaunt.
„Ich kann zu Hause einmal nachsehen, ob noch welche da sind. Wie viel brauchst du denn?", wollte er wissen.
„Einen großen Sack voll", sagte Helga und deutete mit der Hand an, dass dieser vom Boden bis zu ihren Knien reichen müsste.
„Das ist aber eine riesige Menge. Was willst du denn damit tun?"
„Freya wünscht sich zwei Falkengewänder und die möchte ich ihr fertigen."
„Hat die Göttin es dir gesagt?", fragte Siegbert ungläubig zurück."
„Manchmal spricht sie im Traum mit mir."
„Ich will sehen, was ich machen kann", antwortete er und verabschiedete sich schnell, um nicht noch eine Schale der grünen Kräutersuppe mitessen zu müssen. Die Knaben taten ihm leid, aber sie hatten keine andere Wahl. Sie bekamen diese wahrscheinlich jeden Tag vorgesetzt.

Das gesamte Geflügel wurde in Rodewin von Tante Elfriede betreut. Die Tante fütterte die Tiere, bevor sie auf das Feld ging und noch einmal, wenn sie am Abend wieder zurückkam. Das Federvieh war ihr ganzer Stolz. Sie hatte eine große Anzahl von Hühnern und Gänsen. Die Gänse waren in einem geschlossenen Gehege am Teich untergebracht und die Hühner liefen auf dem Hof frei herum.
Wenn ein Huhn für die Suppe benötigt wurde, so musste einer der Männer es fangen und ihm den Kopf abhacken. Selber mochte sie das nicht tun. Es kam aber vielleicht nur einmal in der Woche vor, dass ein oder zwei Hühner geschlachtet wurden. Es traf die zuerst, die nicht genügend Eier legten. Am liebsten hielten sich die Hühner auf dem Mist auf. Der Hahn scharrte obenauf. Siegbert hatte diesem Treiben immer gern zugesehen.
In dem Seitenverschlag des Hühnerstalls, wo das Futter

lag, hatte die Tante die Federn der gerupften Hühner gelagert. Jetzt waren die Säcke fast leer.
Siegbert überlegte nun krampfhaft, wie er zu mehr Federn kommen könnte. Er wollte aber den Fragen aus dem Weg gehen, wieso und für wen er sie brauchte. Sie den lebenden Tieren herauszureißen war auch keine gute Idee. Das würde die Tante merken.
Wie konnte er es dennoch erreichen, dass man eine größere Menge des Federviehs auf einmal schlachtete?
Es kam ihm ein Blitzgedanke, wie er da nachhelfen konnte. Im Speicher standen die Fässer mit Met und eines war schon angebrochen. Aus ihm schöpfte er einen Becher des alkoholischen Getränks. Von seinem Brot in dem Proviantsack nahm er ein großes Stück und zerkrümelte es in den Weinbecher. Die Brotkrumen saugten geschwind den Met auf. Dann ging Siegbert zu dem Misthaufen.
Er schaute sich um, dass ihn auch niemand sah und schüttete den Becher oben drauf. Schnell lief er zu dem Gemüsegarten und betrachtete von dort, was passieren würde. Der Hahn kam als Erste und fand die Brotkrumen. Sein Krähen lockte sofort viele Hühner herbei, die sich um das alkoholgetränkte Brot stritten. Am Ende blieb dem Hahn kein Leckerbissen mehr übrig. Zu seinem Glück!
Die Hühner, die das Brot gefressen hatten, torkelten schon nach kurzer Zeit auf dem Misthaufen herum. Sie kippten zur Seite und strampelten mit den Füßen in der Luft. Auch das Gackern klang seltsam, so dass sich sogar der Hahn verwundert umsah.
Siegbert lief in die Küche und schlug Alarm. Seine Mutter, Heidrun und Rosa, die zu Hause waren, kamen herausgeeilt und Siegbert zeigte auf den Misthaufen.
Der Schreck war groß. Mindestens ein halbes Dutzend Hühner konnten nicht mehr laufen.
„Ihr müsst sie schnell schlachten, bevor sie noch sterben“, rief er ihnen zu.
„Jaros ist mit den anderen auf dem Feld und kommt erst am Abend zurück, solange können wir nicht warten“, jammerte seine Mutter.
Heidrun bat Siegbert, die umgefallenen Hühner zu töten, um

diese wenigstens noch für die Suppe verwenden zu können. Das tat er auch. Siegbert schlug ihnen mit einer Hippe die Köpfe ab und gab die ausgebluteten Hühner Rosa.
Die Frauen rupften ihnen die Federn heraus. Dabei jammerte Waltraut unaufhörlich.
„Ist das ein großer Schaden. so viele Hühner tot."
„Das ist doch nicht so schlimm, Mutter, es sind ja nur ein paar", versuchte Siegbert sie zu trösten.
„Hoffentlich haben sich die anderen nicht angesteckt und sterben uns alle weg. Das habe ich schon einmal als Kind erlebt."
„Ich denke nicht, dass es so schlimm ist. Sieh doch nur der Hahn, wie er munter auf dem Mist umherläuft und die anderen Hühner sehen auch ganz normal aus!"
„Siegbert, du musst sie gut beobachten! Wenn wieder eines umfällt, musst du gleich den Kopf abhacken!"
„Ich werde aufpassen, Mutter!", versicherte er ihr.
Nach dem Rupfen der Federn nahm Rosa bei allen Hühnern die Eingeweide heraus. Da man glaubte, dass die Tiere krank waren, warf sie die Innereien den Hunden vor. Die schnappten gierig nach den unerwarteten Leckerbissen. Die Federn hatte Siegbert aufgelesen und in einen Sack gesteckt. Den hatte er unauffällig in einem Heuspeicher gelagert.

Am Nachmittag ritt Siegbert noch einmal zum Eichelsee, beladen mit einem Federsack. Er musste noch eine Weile auf die Beerensucher warten. Helga war begeistert, dass er ihr Federn besorgen konnte.
„Das ist wunderbar, dass du so viele Federn mitgebracht hast", sagte sie zu ihm.
„Werden sie auch reichen?", wollte er wissen.
„Ich denke schon. Den Rest werden wir noch im Wald finden."
„Wenn ihr die Falkengewänder fertig habt, darf ich sie mir auch einmal ansehen?"
„Ganz bestimmt, aber es wird noch ein paar Tage dauern, bis sie fertig sind. Wir sagen es dir."
„Was werdet ihr damit machen? Könnt ihr mit den Gewändern wie Freya durch die Luft fliegen?"

„Ich glaube nicht, aber Freya wird sich schon etwas dabei gedacht haben. Wenn sie fertig sind, werden wir unsere Cousins damit einkleiden und die Namensgebung feierlich zelebrieren."
„Darf ich da auch dabei sein und zusehen?"
„Ja, du kannst dazu kommen. Es wird aber abends sein, wenn gerade die Sonne untergegangen ist."
„Das ist mir egal. Ich habe keine Angst auf dem Heimweg im Dunkeln durch den Wald zu reiten."
„Vielleicht aber dein Pferd?"
„Dann kann ich immer noch absitzen und es am Halfter führen."
„Du bist sehr mutig! Wirst du bald ein Jungkrieger sein?", wollte Helga wissen.
„Nach zwei Wintern werde ich die Prüfung ablegen."
„Ich habe schon gesehen, dass du ein richtiger Mann bist. Einen Bart hast du schon."
Interessiert sah sich Helga die Flaumhaare unter seiner Nase an und sie strich ihm behutsam über die Wangen. Gern ließ Siegbert es mit sich geschehen. Er war sehr stolz auf seinen Bart und hoffte, dass der noch schneller wachsen würde. Es war ein sichtbares Zeichen der Männlichkeit und ein Mann wollte er gerne jetzt schon sein.
„Hast du eine Freundin?", fragte Helga weiter. Da jedoch die anderen zuhörten, sagte er: „Darüber spreche ich nicht."
„Ist schon gut, du musst es uns nicht sagen. Wenn ihr wollt, so werde ich euch eine Geschichte erzählen, in der das Falkengewand von Freya eine wichtige Rolle spielte."
„Bitte erzähle uns die Geschichte!", sagte Bygul und die anderen nickten mit dem Kopf.

„Die Götter in Asgard, der Burg am Ende des Regenbogens, verdanken ihre ewige Jugend den goldenen Äpfeln, die Iduna eines Tages von einem Baum pflückte. Sie konnte sich aber nicht mehr erinnern, von welchem Baum das war.
In einem besonderen Gefäß bewahrte sie die Äpfel auf und gab nur so viel an die Götter ab, dass die nicht in ihrem Aussehen älter wurden. Der Riese Tjatse hatte die Bedeutung dieser Äpfel erkannt und wusste, dass die Götter ohne

sie alt und schwach werden würden. Wenn er sie in seinen Besitz bekäme, so wäre er der Mächtigste auf dieser Erde. Er hatte Odins Weggefährten Loki gezwungen, dass der ihm bei der Entführung von Iduna behilflich sein sollte. Loki lockte die Göttin in einen Wald, um ihr Äpfel zu zeigen, die den Goldenen ähnelten.
Iduna sollte die Wunderäpfel mitnehmen, damit man sie vor Ort vergleichen konnte. Die arglose Iduna tat, wie ihr Loki riet. Als sie auf eine Lichtung kamen, stürzte ein Adler herab und trug sie mit ihren Äpfeln davon. Er flog nach Nordosten zu einem Ort der Trymheim hieß.
Dort verwandelte sich der Adler wieder in seine wahre Gestalt. Es war der Riese Tjatse. Als Idunas Mann den Verlust seiner Frau und der Äpfel bemerkte, informierte er gleich alle Götter. Die suchten lange Zeit vergebens.
Loki geriet in Verdacht, damit etwas zu tun zu haben. Er bot sich an, nach Iduna selbst zu suchen und sie wieder zurück nach Asgard zu bringen. Um das bewerkstelligen zu können, borgte er sich das Falkengewand von Freya aus. Als Falke verwandelt, flog er nach Trymheim und traf dort Iduna an. Der Riese war gerade hinaus aufs Meer gefahren, um zu fischen. Loki verwandelt die Göttin in eine Nuss und eilte mit ihr und den Äpfeln durch die Lüfte zurück nach Asgard. Als der Riese vom Fischfang nach Hause kam und niemand mehr da war, wusste er, was geschehen war. Der Riese verwandelte sich in einen Adler und verfolgte den Falken. Doch Loki hatte inzwischen einen guten Vorsprung und war schon in Sichtweite von Asgard.
Dort sah einer der Götter die beiden Vögel nahen und rief die anderen herbei. Die Götter errichteten einen großen Haufen mit Holzspänen. Als der Falke sicher in Asgard gelandet war, entzündeten sie das Holz. Der Adler konnte in seinem Sturzflug nicht bremsen und versengte sich in den hoch lodernden Flammen seine Schwingen. Als der Adler zu Boden fiel, wurde er von den Göttern erschlagen.
Loki war nun der große Held und wurde von allen gefeiert. Sie hatten ihre Äpfel wieder und blieben dadurch jung."
„Vielleicht können wir mit dem Falkengewand dann auch so wie Loki fliegen? Das wäre wunderbar. Dann würden wir

leicht an jeden Ort auf dieser Erde gelangen können", meinte Tregul.
„Es kann sein, dass euch Freya in euren Träumen mit Hilfe des Falkengewands in die Ferne reisen lässt. Das wäre doch auch ganz schön?"
„Mir würde es genügen", sagte Bygul.
Siegbert ritt nun wieder heim. Er nahm den Weg über den Sandberg und sah auf dem Feld vor der Siedlung seine Tante Elfriede und einige andere aus der Sippe. Sie mähten Getreide. Er ging zu ihr und half mit, die geschnittenen Halme zu Garben zusammenzubinden.
„Wieso hilfst du mir bei meiner Arbeit?", wollte sie von ihm wissen.
„Nur so, weil ich gerade vorbeigekommen bin."
„Das ist aber sonderbar, sonst kümmerst du dich auch nicht darum."
„Doch manchmal schon, wie heute zu Hause."
„Was hast du heute daheim erledigt."
„Ich habe ein paar Hühnern den Kopf abschlagen müssen."
„Was hast du getan?", schrie Tante Elfriede ihn an. „Was ist mit ihnen passiert? Wieso hast du sie getötet?"
„Ich musste es tun, weil sie krank waren und nicht mehr stehen konnten. Sie hätten sonst die anderen noch angesteckt."
„Was verstehst du schon davon? Da kenne nur ich mich aus und du kannst ihnen doch nicht einfach den Kopf abhacken, wenn sie einmal umfallen?"
„Die anderen haben es mir gesagt. Ich kann nichts dafür. Ich wollte es dir nur schon jetzt sagen, damit du daheim keinen so großen Schreck bekommst."
„Den Schreck habe ich schon bekommen. Ich muss jetzt gleich zurück und nach meinem Viehzeug sehen. Du kannst meine Arbeit weitermachen, bis die anderen auch gehen."
Elfriede lief eiligen Schrittes in Richtung der Siedlung. Siegbert fand es angemessen, dass er jetzt ihre Arbeit übernehmen musste. Es war für ihn so etwas wie eine Wiedergutmachung. Harald hatte viel zu tun. Die Lücken des Schutzwalls um das Gebiet des Oberwipgaus mussten geschlos-

sen werden. In Wipa, das im Zentrum des Gaues lag, siedelte er die vielen Leute aus den benachbarten Gauen an, die hier Schutz vor dem heranrückenden fränkischen Heer suchten. Es waren Frauen und Kinder, kriegsuntaugliche Männer und Sklaven. Sie brachten ihr Vieh mit und Futter für einige Wochen. Da alle davon ausgingen, dass die Schlacht siegreich enden würde, wollte man sich nicht zu lange hier einrichten.
Es wurden jetzt weitere Wassergräben angelegt. Des Weiteren galt es die Dornenhecken zu verdichten. Die Holzpalisaden auf den Aussichtspunkten des Wilberges und der Rinsberge mussten verbessert werden.
Die Jungen setzte Harald als Meldereiter innerhalb des Oberwipgaus ein. Sie überbrachten die Nachrichten von den Aussichtspunkten zu ihm. Das bereitete diesen Jungen viel Spaß und sie spürten, dass ihre Tätigkeit für die Gemeinschaft anerkannt wurde und sehr wichtig für den Verlauf der weiteren Ereignisse sein konnte.
Harald stellte für die Schutzburgen und die Zufahrten zum Gau wehrfähige Trupps aus angehenden Jungkriegern und Altkriegern zusammen. So manche junge Frau, die gut mit dem Pfeil und Bogen umgehen konnte, schloss sich diesen wehrhaften Trupps an. So hatten alle ihre Aufgabe. Niemand saß gelangweilt herum.

Elke und Ursula lebten mit den Kindern in Alfenheim. Da Udo und Ulrich zur Tretenburg gezogen waren, mussten die Frauen deren Aufgaben mit übernehmen. Sigu, der Sklave von Elke, und die anderen Sklaven halfen fleißig mit, dass die Ernte eingebracht und die Tiere versorgt wurden.
Hartwig und Baldur waren inzwischen zur Tretenburg abgereist. Sie hatten vorher noch ein paar schöne Tage mit ihrer Familie zusammen verbringen können. Jetzt musste ihre so spektakuläre Flucht aus dem Frankenland nicht mehr geheim gehalten werden. Da sie lange Zeit am fränkischen Königshof verbracht hatten, behielt sie der Hauptmann als Berater in seiner Nähe.
Jetzt gelangten täglich neue Informationen über das Heranrücken der fränkischen Heere beim Hauptmann ein. Diese

Informationen mussten richtig bewertet werden und da war ihm die Hilfe der beiden sehr wichtig. Sie konnten sich leichter in die Vorgehensweise der Franken hineinversetzen. So, wie es schien, hatten ihre Heere nicht die Absicht, sehr schnell voranzukommen. Sie setzten diesmal auf Sicherheit. Es war ihnen bestimmt bekannt, dass die Thüringer nicht so viele Krieger aufbringen konnten und versuchen würden, ihnen Fallen zu stellen. Theuderich und Chlothar kamen mit allen Kriegern, die sie hatten. Sie waren kampferprobte Männer.
An den Abenden, wenn es im Lager etwas ruhiger wurde, setzte sich der Hauptmann mit Hartwig und Baldur zusammen und sie mussten von ihren Erlebnissen im Frankenland erzählen. Die Schilderungen gaben ihm die Gewissheit, dass das Thüringer Heer in einer offenen Feldschlacht den Franken weit unterlegen war. Er musste also Möglichkeiten finden, wie sie ihren Gegner auf dem Weg durchs Thüringer Land schwächen konnten. Noch waren die fränkischen Krieger auf dem eigenen Gebiet im Anmarsch, aber es dürfte nur wenige Tage dauern, bis sie die Fulda und Weser erreichten.

Vielleicht konnte ihm Harald in dieser Situation helfen? Er schickte einen Meldereiter zu ihm und bat ihn, sofort zu kommen. Nun musste Siegbert die Aufgaben von Harald in Rodewin übernehmen. Als der Hauptmann Harald die Situation erklärt hatte, berieten sich die beiden, was am besten zu tun wäre. Sie beschlossen, das fränkische Heer schon beim Übergang an den Grenzflüsse zu attackieren, um deren Kampfmoral zu schwächen. Hierfür waren die schnellen Trupps der Jungkrieger am besten geeignet. Sie konnten im Wechsel zwischen Angriff und Flucht das fränkische Heer ständig attackieren.
Innerhalb kurzer Zeit mussten Trupps aus Freiwilligen aufgestellt werden, die gute Reiter waren. Ehemalige Bärenkrieger von Harald sollten dann die Führung dieser Hundertschaften übernehmen.
Bei der Auswahl der Männer für diese berittenen Trupps waren mehr Jungkrieger bereit mitzuziehen, als benötigt

wurden. Die Bärenkrieger suchten sich die geeigneten aus. Nachdem die Aufstellung der Trupps beendet war, wurden die Krieger zu den vermuteten Übergängen der Grenzflüsse entsandt. Sie sollten frei entscheiden, wann und wie sie angreifen wollten. Über Meldereiter sollten sie mit dem Hauptmann in Kontakt bleiben. Danach inspizierten sie die vorgelagerten Hindernisse. Sie waren mit den Arbeiten sehr zufrieden.
Es sprach sich im Heer schnell herum, dass auch der kriegsversehrte Anführer der ehemaligen Bärenkrieger im Lager war. Das hob sehr stark die Moral der Mannschaft und alle waren zuversichtlich, dass der bevorstehende Kampf siegreich für die Thüringer enden würde. Doch bei allen Anstrengungen übersah der Hauptmann nicht die gewaltige Übermacht des Gegners.
Was wäre, wenn die Franken langsam, Stück für Stück, weiter vordringen würden und am Ende die Saale erreichten?
„Dort müssen wir sie unbedingt aufhalten. Hinter der Saale und in den Bergen wären unsere Leute noch sicher. Wir sollten die Franken nach dem Norden – hin zum Harz – locken. Dann hätten wir sie in der Zange, nämlich zwischen den Sachsen und uns“, meinte Harald.
„So blöd werden die Franken nicht sein, uns dorthin zu verfolgen. Wenn unser Heer in diese Richtung ausweicht, so würden sie bestimmt weiter in Richtung Tretenburg ziehen. Sie wollen den Königsschatz und dann mit der Beute schnell wieder zurück in ihr Land.“
„Den Königsschatz werden sie bestimmt nicht finden. Der König wird ihn gut versteckt haben“, mutmaßte Harald.
„Wenn sie ihn nicht bekommen, dann werden sie das ganze Land ausplündern und die Leute als Sklaven mitnehmen. So haben sie zumindest einen kleinen Gewinn aus ihrem Heerzug.“
„Glaubst du denn wirklich, dass die Franken uns wieder verlassen werden?“
„Ich denke schon. Ihr Reich ist groß und wenn sie es noch mehr vergrößern, dann können sie es eines Tages nicht mehr unter Kontrolle halten.“
„Weißt du, welche Wege die drei Heere nehmen werden?“

„Das lässt sich so leicht nicht sagen. Wir versuchen es zu beeinflussen, indem wir den Franken dort, wo sie entlang ziehen wollen, noch Proviant in den verlassenen Siedlungen überlassen. Die anderen Siedlungen sind alle geräumt. Da gibt es nichts mehr zu finden, was man auf einem Feldzug benötigt und so viel Zeit werden sie sich nicht nehmen, kreuz und quer durchs Land zu ziehen, um Getreide und Vieh zur Versorgung der Krieger und Pferde zu beschaffen. Entlang dieser Wege sind unsere Fallgruben und andere Hindernisse aufgebaut."
„Ich habe in meinem Großgau auch allen geraten, in den geschützten Gau vorübergehend zu ziehen. So sind die Siedlungen von der Bertaburg nach dem Süden in Richtung Rynnestig leer und dort ist nichts mehr zu holen."
„Das ist eine gute Lösung, aber es ist selbst bei einem Krieg nicht leicht, die Leute davon zu überzeugen, dass sie ihren Grund und Boden vorübergehend verlassen sollen. Viele können sich gar nicht vorstellen, was mit ihnen passieren würde, wenn wir die Schlacht nicht gewinnen."
„Das denke ich auch", bestätigte Harald, der auch lange mit seinen Gaugrafen vom Wiesenland darüber gesprochen hatte, bis er sie überzeugen konnte, ihre ungeschützten Siedlungen zu verlassen.

Es kamen immer mehr Menschen Tag für Tag im Oberwipgau an. Die meisten brachten nur ihr Vieh mit. Das Getreide vergruben sie zu Hause an geschützten Stellen außerhalb ihrer Siedlungen. Es sollte mit dem Krieg nicht lange dauern. Siegbert hatte jetzt viel zu tun, denn jeder kam zu ihm, der eine Frage hatte. Freizeit gab es keine mehr.

Nur selten konnte Siegbert die beiden Franken bei der Kräuterfrau besuchen. Als die Falkengewänder fertig waren, sollte in der darauffolgenden Vollmondnacht der Göttin Freya für ihre Träume gedankt werden. Speziell drehte es sich um den Traum, den Helga hatte. In einem Dankestanz wollte sie ihrer Göttin huldigen.
Siegbert und die Knaben waren schon sehr gespannt, was Helga sich für diesen Abend ausgedacht hatte. Am Voll-

mondabend kam Siegbert kurz vor Sonnenuntergang zu der Hütte am Eichelsee. So recht geheuer schien ihm die Sache nicht und er erinnerte sich, wie ihm als Kind im Wald das Fürchten gelehrt wurde. Jetzt war er kein Knabe mehr und somit durfte er keine Angst zeigen.
Die Kräuterfrau und Helga waren bereits seit dem späten Nachmittag auf der Freyainsel. Beide hatten schon alle Vorbereitungen für diese Nacht getroffen.
Ferun führte Siegbert und ihre neu gewonnenen Cousins zu dem Moor. Sie gingen vorsichtig durch den Wald. Der Weg war kaum zu erkennen, da das Blätterdach der Laubbäume das Mondlicht abschattete. Erst als sie an den Rand des Moores kamen, konnten sie das Spiegelbild der goldenen Mondkugel deutlich in den Schlammpfützen sehen.
Die Insel erblickten sie von weitem, da dort Fackeln brannten. So war es leicht, den Holzsteg zu finden, der hinüber führte. Siegbert sah überall im Moor kleine Flammen aufflackern und ein kalter Schauer rann über seinen Rücken.
Als sie auf der Insel anlangten, wies ihnen die Kräuterfrau einen Platz auf dem Rasen zu. Schweigend setzten sie sich nieder und betrachteten aufmerksam, was sich da abspielte.
Die drei Frauen schienen alles gut miteinander abgestimmt zu haben. Ohne Worte wusste jede, was sie zu tun hatte. Ferun und Helga schlugen langsam die Handtrommel und die Kräuterfrau sang ein Lied. In den Versen wurde die Göttin Freya gepriesen. Das Trommeln und auch der Gesang verstärkten sich. Wieder spürte Siegbert Furcht, obwohl er nicht allein auf dieser Insel war und auch die Fackeln das Umfeld ausleuchteten. Danach nahm die Schamanin eine langgestreckte Trommel, die mit allerlei Zeichen bemalt war. Sie klang viel tiefer und voluminöser, als die Handtrommeln.
Ferun fing an, um den Altar herum zu tanzen und Helga folgte ihr. Ihre Bewegungen waren sehr anmutig und Siegbert erinnerte sich, dass er diesen Tanz zur Hochzeit von Hartwig von den beiden schon einmal gesehen hatte. Als sie damit aufhörten gingen sie zu einem verdorrten Baum, über den zwei Mäntel hingen. Diese waren vollkommen mit Federn bedeckt.

Das mussten die Falkengewänder sein, dachte sich Siegbert. Ferun und Helga nahmen sie ab und gingen zu den Knaben. Die stellten sich vor ihnen auf. Wortlos entkleideten sie die Jungen und hüllten sie mit den Federumhängen ein. Dann zogen auch sie sich aus. Mit den Umhängen sahen Bygul und Tregul wie Vögel aus und von weitem hätte man sie bestimmt für riesengroße Falken halten können.
Helga nahm Bygul an der Hand und sie tanzten im Rhythmus der Trommel um den Altar der Freya herum. Ferun folgte mit Tregul. Dabei riefen sie abwechselnd die Namen „Bygul!“ und „Tregul!“. So laut, dass auch Freya sie hören musste.
Nach einer Weile wurde der Trommelschlag leiser. Die Tänzer wandten sich zum Altar hin, auf dem ein hölzerner Bottich und ein großer Becher standen.
Helga schöpfte den Becher mit einer Holzkelle voll und trank ihn in einem Zuge aus. Dann füllte sie ihn wieder und reichte ihn Bygul. So ging es weiter, bis auch Siegbert den Becher austrinken musste. Mit Widerwillen tat er es. Er stellte sich vor, dass allerlei Untier in diesem Zaubertrank ihr Leben lassen musste. Der Tee, oder was immer es war, bewirkte eine angenehme Wärme, die durch alle Glieder strömte. Danach tanzten die vier weiter. Zweimal erfolgte noch eine Unterbrechung, bei der der Becher mit dem Zaubertrank von jedem ausgetrunken wurde. Bei dem dritten Becher fühlte sich Siegbert wie beschwippst. Berauscht wippte er im Takt der Trommel, bis es ihn nicht mehr am Boden hielt und er aufsprang und alle gemeinsam um den Altar herum tanzten. Er riss seine Kleidung vom Körper und verstreute die Sachen auf der Grasfläche. Zwischendurch schöpfte er sich selbst den Becher voll und trank ihn leer.
Nachdem er das ein paar Mal getan hatte, schwanden ihm die Sinne. Er ging ganz langsam zu Boden und säuselte etwas vor sich hin, dass niemand verstand. Die anderen ließen sich durch diesen Vorgang nicht stören und tanzten lange weiter.
Kurz vor Mitternacht hörten sie auf. Sie zogen sich wieder an und hängten die Falkengewänder über den dürren Baumstumpf. Dann versuchten sie Siegbert zu wecken, der

wollte aber liegen bleiben. Die Kräuterfrau bestand jedoch darauf, dass ihre Töchter ihn ankleideten und mit zur Hütte nahmen. In diesem Zustand konnte er nicht nach Rodewin zurückreiten. So legten sie ihn zu sich auf die Liege und ließen ihn bis zum Morgen ausschlafen.

Siegbert wachte erst auf, als die anderen schon beim Frühstück waren. Er schien etwas Schädelweh zu haben, wie nach einem Rausch mit Met. Bygul und Tregul machten ihre Scherze mit ihm, doch die Frauen hielten sich zurück. Schnell ritt er nach Hause. An diesem Tag war nicht mehr viel mit ihm anzufangen. Am liebsten hätte Siegbert sich im Heu versteckt und geschlafen, doch es schien ihm, als ob gerade diesmal viele zu ihm kamen und etwas von ihm wollten.

14. Entscheidungsschlacht

Der Frankenkönig Theuderich, sein Sohn Theudebert und König Chlothar zogen auf unterschiedlichen Wegen der Thüringer Grenze entgegen. Dabei schlossen sich immer mehr Krieger aus ihren fränkischen Reichsgebieten den Heeren an. Es waren meist Bauern, die ihre Ernte eingebracht hatten und danach Zeit und auch Lust auf Beutemachen verspürten. Der Zug nach Thüringen war vielversprechend.

Wenn die Bauernkrieger von dem Thüringer Königsschatz wahrscheinlich nichts abbekommen würden, so glaubten sie jedoch fest daran, in den dortigen Siedlungen etwas Brauchbares zu finden. Mit den königlichen Interessen, Land zu gewinnen und das Reich zu vergrößern, konnte von ihnen kaum einer etwas anfangen. Für sie war der Feldzug erfolgreich, wenn genügend Beutestücke im Reisesack waren oder Sold gezahlt wurde.

Das Sammeln des Heeres dauerte seine Zeit und auch der Tross verhinderte ein schnelleres Vorankommen der Verbände. Diese bestanden zum Teil aus Reitern. Die meisten Krieger waren jedoch zu Fuß.

Als sie in die Nähe der Thüringer Grenze kamen, suchte die Vorhut nach geeigneten Stellen, die Flüsse Fulda und Weser ohne Schaden zu überwinden. Zuvor wurden Späher an die ostseitigen Ufer geschickt, die nach Kriegern der Thüringer Ausschau halten sollten. Vor den geeigneten Furten wurden auf eigenem Boden große Heerlager eingerichtet.

In den folgenden Tagen kamen noch weitere Verbände aus dem Umkreis hinzu. Die Heerführer unterwiesen ihre Tausendschaftsführer bezüglich des Vorgehens auf Thüringer Gebiet und dem vermeintlichen Ziel, wo die Entscheidungsschlacht stattfinden könnte. Um die Kampfstimmung anzuheizen, wurden Falschmeldungen weitergegeben, die bei manchem Frankenkrieger Entsetzen und Abscheu vor dem Thüringer Königshaus und seinen Vasallen hervorrief. Man sprach von Verrat, Brudermord und ähnlichem. Theuderichs Spione hatten ihrem König die Situation in Thüringen gemeldet. Sie berichteten, dass die Thüringer von dem be-

vorstehenden Angriff überrascht wurden und ihr Heer sich in der kurzen Zeit nicht ausreichend auf den Kampf vorbereiten konnte. Das war es, was der Frankenkönig hören wollte. Am liebsten würde er sofort auf sein Ziel zustürmen, doch diesmal musste er besonnen vorgehen. Eine Niederlage konnte er sich nicht leisten, das war ihm bewusst.
Die Entscheidungsschlacht vermutete Theuderich bei der Tretenburg, da dies der Thingplatz und auch der zentrale Sammelplatz der Thüringer Krieger war.
Von hier aus würden die Thüringer ihre Verteidigung aufbauen und je schneller er vorankam, umso weniger Zeit hatten die Feinde, sich vielleicht noch eine Reihe von Verteidigungsmaßnahmen einfallen zu lassen. Daher trieb er seine Leute zur Eile an. Die Überquerung der Fulda war für Theuderich ohne größere Schwierigkeiten und Störungen möglich. Auch auf dem Weg bis zur Werra gab es keine Hindernisse.
Der Übergang an dem einstigen Grenzfluss schien nicht mehr so reibungslos ablaufen zu können. Die Späher entdeckten Reitergruppen, die auf der anderen Seite das Flussufer sicherten. Es waren kleine Trupps, die er durch seine erfahrenen Reiterverbände schnell vertreiben konnte.
Diese gegnerischen Störmanöver versetzten Theuderich etwas in Sorge. Er hatte nicht damit gerechnet, dass der in Kriegssachen so unerfahrene König seinem Heer das Vorankommen schon ab der Grenze erschweren würde. Theuderich musste also sehr vorsichtig sein und jeden Schritt gut überlegen.
Die ständigen Attacken am Tag und auch in der Nacht verlangsamten das Vorankommen erheblich. Seine Meldereiter berichteten ihm die gleichen Schwierigkeiten bei den Heeren des Chlothar und bei seinem Sohn Theudebert. Auch sie kamen deshalb nur langsam voran.

Im Thüringer Lager waren der König und seine Familie erschienen und alle Krieger huldigten ihnen. Er sprach zu ihnen in bewegten Worten und machte ihnen Mut für den bevorstehenden Kampf. Danach verließ die königliche Familie wieder das Feldlager und zog sich auf die Herminaburg zu-

rück. Dem Hauptmann und auch Harald war das sehr recht, denn sie hatten noch viele Vorbereitungen zu treffen.
Erste Meldungen vom Eindringen der fränkischen Heeresgruppen auf Thüringer Gebiet wurden ihnen gemeldet.
„Jetzt wird es ernst!", bemerkte der Hauptmann dazu.
„Uns bleiben nur noch wenige Tage, bis sie hier ankommen. Wir werden versuchen, Die Franken zunächst zu einem anderen Schlachtfeld zu locken, damit sie verunsichert werden."
„Was ist, wenn sie nicht darauf hereinfallen?", wollte Harald wissen.
„Dann können wir auch nichts dagegen tun. Zumindest müssen wir versuchen, die Franken in jeder erdenklichen Art zu schwächen. Auch die nächtlichen Angriffe auf die heranrückenden Heerhaufen müssen wir weiterführen. Wenn die Franken nicht zur Ruhe kommen, dann machen sie Fehler und das ist unser Vorteil."
„Wir werden sie auf ihrem Weg hierher wie Wölfe verfolgen, die an den Flanken der Herden sich ihre Opfer aussuchen. Wenn ihre Reiterei uns dann verfolgt, so können wir an geeigneten Stellen zurückschlagen."
Diese und andere Möglichkeiten wurden besprochen und der Hauptmann schickte seine Meldereiter mit den entsprechenden Befehlen hinaus.
Die Franken blieben sehr vorsichtig und ihre Vorhut kontrollierte genau den Weg im Vorfeld, auf dem ihre Krieger entlang zogen. Wirkliche Verluste erlitten sie durch die Störungen nicht. Es gab wohl ein paar Tote bei den kurzen Angriffen aus der Flanke, doch verhinderten diese Attacken nicht das Weiterkommen des fränkischen Heeres.

Hartwig, der sich im Lager langweilte, bat den Hauptmann, dass er ihn der Hundertschaft zuteilt, die bei den Fallgruben auf das Frankenheer wartete. Den Hunno kannte er gut. Es war der Bärenkrieger, der Harald vor zwei Jahren schwer verletzt vom Rynnestig nach Rodewin gebracht hatte. Erst nachdem sein Bruder sein Einverständnis gab, durfte Hartwig gehen. Er ritt im Galopp an der Unstrut entlang und wollte noch bis zum Dunkelwerden dort eintreffen. Nicht

weit von den Fallgruben entfernt, fand er die Hundertschaft in einem Waldstück. Der Hunno wunderte sich, warum Hartwig zu ihnen kam.
„Ich habe es im Lager nicht mehr ausgehalten. Vielleicht könnt ihr noch einen Krieger brauchen?"
„Wenn die Franken eintreffen, so werden wir jeden Kämpfer nötig haben, doch im Moment müssen wir uns gedulden und abwarten."
„Dann geht es euch nicht besser, als denen im Heerlager. Warum greift ihr die Vorhut des Feindes nicht an?"
„Die Franken sind noch zu weit entfernt."
„Was ist, wenn sie nicht hier bei den Fallgruben entlang kommen?"
„Ein paar Männer von mir locken sie hierher."
„Wie kann ich die finden? Ich würde gern zu ihnen reiten."
„Das ist nicht leicht. Sie bewegen sich hauptsächlich an den Flanken von Theuderichs Vorhut und nötigen sein Heer, eine bestimmte Route einzuschlagen."
„Greifen sie die Feinde an?"
„Sie legen Brände dort, wo die Franken nicht entlang ziehen sollen."
„Dann kann ich nach dem Feuer Ausschau halten und werde sie finden."
„Wenn du unbedingt zu ihnen willst, so beschütze dich Odin! Es ist sehr gefährlich und wenn dich die Franken erwischen, dann bist du ein toter Mann."
„Besser noch, als hier zu versauern."
„Ich sehe, du bist genauso draufgängerisch wie dein Bruder. Es hat wohl keinen Zweck, dich zurückzuhalten."
„Morgen früh ziehe ich los und komme mit den Franken zurück. Dann könnt ihr sie niedermachen."
Der Hunno verzog skeptisch sein Gesicht.

Hartwig war sehr zeitig wach. Der Bärenkrieger begleitete ihn bis zu den Fallgruben. Dort zeigte er ihm die Schneisen, durch die man hindurchreiten musste, um nicht einzubrechen.
„An den Dornenbüschen kannst du den Weg erkennen. Wenn du ihn verfehlst, so gibt es keine Rettung für dich.

In den Gruben haben wir angespitzte Balken am Boden eingelassen und wer hineinfällt, wird aufgespießt."
„Das ist schlimmer, als den Franken in die Hände zu fallen", meinte Hartwig ironisch.
Er ritt an der Unstrut weiter in Richtung Westen. Der Weg, der in der Nähe des schmalen Flusses entlang führte, war durch die Räder der Ochsenkarren stark ausgefahren. An manchen Stellen wurde der Fluss breiter und flacher und man konnte leicht an die andere Uferseite gelangen.
Am Nachmittag sah Hartwig in der Ferne Rauch. Es konnten brennende Siedlungen sein oder die Lagerfeuer der Franken. Jetzt musste er besonders vorsichtig sein. Auf dem Weg durfte er nicht mehr bleiben. So ritt er durch den Wald.
Wahrscheinlich hatten die Franken mehrere kleine Spähtrupps ausgesandt, die die Gegend erkundeten. Hier im Unterholz konnte er sich nur noch nach der Sonne richten, um sich zu orientieren. Bei jedem Knacken von dürren Ästen und anderen ungewöhnlichen Geräuschen zuckte er vor Anspannung zusammen. Hinter einer Bodenwelle trat ganz plötzlich ein Mann aus der Deckung eines breiten Baumstamms. Er hatte einen Pfeil auf ihn gerichtet.
„Wer bist du?", rief er, sichtlich nervös.
„Ich komme von der Tretenburg."
„Bist du Thüringer oder Franke?"
„Kannst du mich nicht an der Sprache erkennen?"
„Auch Franken sprechen manchmal so wie wir."
„Dann bist du bestimmt ein Thüringer. Bring mich zu deinem Truppführer!"
„Du kannst mir folgen, aber in gehörigem Abstand. Bei einer falschen Bewegung schieße ich dich vom Pferd!"
Der Mann lief durch den Buchenwald und sie kamen zu einem kleinen Hügel.
„Hier warte, bis der Anführer kommt", rief er ihm zu und kletterte die Anhöhe hinauf. Die Zeit verging und nichts passierte. Hartwig überlegte, was er tun würde, wenn auf einmal Franken auftauchen. Dann bliebe ihm nichts anderes übrig, als zu fliehen.
Das Geräusch eines brechenden Astes war zu hören, doch

nicht aus der Richtung des Hügels, sondern von dort, wo er herkam. Er drehte sich um und gewahrte fünf Krieger, die sich unbemerkt von hinten an ihn herangeschlichen hatten. Eine Flucht wäre nicht mehr möglich. Zwei von ihnen hatten ihre Bögen gespannt.

„Ich bin Hartwig, der Bruder von Harald aus Rodewin“, rief er ihnen zu.

„Lass dich einmal ansehen! Ich kenne deinen Bruder“, entgegnete der Anführer und ging auf ihn zu.

„Du hast dich etwas verändert. Ich war vor vier Jahren einmal bei euch. Damals warst du noch ein schmales Bürschchen. Ich bin der Truppführer von diesen Männern. Was willst du hier in der Gegend?“

„Gegen die Franken will ich mit euch kämpfen und nicht im Lager versauern!“

„Bist du ein guter Krieger? So zeige es uns!“

Der Anführer zog sein Schwert und hielt es Hartwig entgegen. Sie kreuzten die Klingen miteinander und es sah so aus, als würde es ums Überleben gehen. Mit einer gekonnten Parade schlug Hartwig dem Anführer das Schwert aus der Hand und setzte ihm die Klinge an den Hals.

„Halt ein, sonst bringst du mich noch um! Du kannst wirklich gut fechten, das habe ich gemerkt. Lass uns jetzt zu unserem Versteck gehen!“

Sie liefen zusammen den Hügel hinauf. Dort war eine freie Lichtung, von der aus man weit nach Westen sehen konnte.

„Von hier aus kannst du das fränkische Heerlager sehen. Sie haben sich dort schon mehrere Tage eingeigelt, doch weiß ich nicht warum.“

Hartwig sah hin und erkannte die Feldzeichen von Theuderich und Chlothar.

„Sie warten auf das Heer von Theudebert.“

„Woher willst du das wissen?“, erwiderte der Anführer.

„Sein Feldzeichen ist auf der Anhöhe noch nicht zu sehen.“

„Woher kennst du die Feldzeichen?“

„Ich habe die letzten zwei Jahre als Geisel bei den Franken gelebt.“

„Dann kann es wohl lange dauern, bis sie weiterziehen?“
„Es hängt von dem Heer des Theudebert ab, wann es ankommt. Ich nehme an, dass sie von hier aus geschlossen zur Tretenburg aufbrechen wollen.“
„Unsere Fallgruben werden dann nicht viel nützen. Sie sind nur für kleinere Verbände gedacht.“
„Dann müssen wir sie eben schon jetzt dorthin locken und ihnen den Garaus machen.“
„Wie soll das geschehen, die ruhen sich jetzt in dem gut gesicherten Lager aus? Da kommen wir nicht an sie heran.“
„Vielleicht können wir sie dazu bringen, einen Ausbruch gegen uns wagen.“
„Und wie stellst du dir das vor? Die sind doch nicht blöd.“
„Wir dürfen die Franken in der Nacht nicht mehr zur Ruhe kommen lassen. Wie ich Chlothar kenne, bleibt er nicht lange still.“
„Da ich keine bessere Idee habe, so können wir es versuchen“, meinte der Anführer.
Im Schutze der Nacht schlichen sich die Thüringer in kleineren Gruppen an das Frankenlager heran und schossen Brandpfeile auf ihre Zelte. Es entstand eine große Aufruhr und alle Krieger griffen zu den Waffen, weil sie glaubten, dass ein großer Angriff der Thüringer folgen würde. Doch der blieb aus. Der Schaden, den die Pfeile angerichtet hatten, war gering. Unangenehmer war die Störung der Nachtruhe.
Tagsüber zeigte sich ein Trupp der Thüringer in gehöriger Entfernung den Feinden und schien unschlüssig, ob sie angreifen sollten. Chlothar machte seine Scherze über den Kampfeswillen seiner Gegner. Als die nächtlichen Angriffe jedoch regelmäßig erfolgten und niemand mehr zum Schlafen kam, da wurde er sichtlich ärgerlich. Theuderich versuchte ihn zu beruhigen, doch es gelang ihm nicht.
„Ich werde die Bande mit meinen Reitern niedermachen und dann können wir wieder in Ruhe schlafen.“
„Bleib lieber hier im Lager! Theudebert wird nicht mehr lange brauchen, bis er mit seinem Heer zu uns stößt und dann rücken wir gemeinsam vor.“
„So lange will ich nicht warten! Die Thüringer glauben noch,

dass wir Angst haben und sie uns ans Bein pinkeln können. Doch nicht mit mir! Da habe ich schon ganz andere in die Knie gezwungen.“

„Tue, was du nicht lassen kannst, doch ich rate dir ab!“

Nach der vierten unruhigen Nacht schickte Chlothar zwei Hundertschaften seiner Reiter los. Sie galoppierten auf die Gruppe der Thüringer zu, die sie tagsüber beobachten konnten. Als die Thüringer die Franken sahen, flohen sie in Richtung der Fallgruben.

Es war ein Rennen um Leben und Tod. Hartwig war unter ihnen und er frohlockte, dass die Franken sie verfolgten. Der Abstand zwischen ihnen wurde jedoch immer geringer. Die Thüringer Krieger trieben ihre Pferde zum Äußersten an. Erschöpft erreichten die Fliehenden den ersten Wall mit den Gruben und sie ritten bei der sicheren Schneise hindurch. Die Franken stürmten in breiter Front heran und die Vordersten stürzten in die getarnten Bodensenken. Die Nachfolgenden konnten nicht schnell genug zurückweichen und fielen hinterher. So starb fast die Hälfte der Verfolger.

Der Hunno, der die Thüringer und Franken ankommen sah, hatte sich mit seinen Männern in den Waldstücken vor den Fallgruben verborgen und war dann in die Flanke der fränkischen Reiterei gefallen. Es kam zu einem harten Gemetzel, bei dem die erschöpften Franken keine Chance hatten. Nur wenige von Chlothars Kriegern konnten zurück ins Heerlager fliehen. Obwohl das ein großer Schaden war, frohlockte Theuderich innerlich, dass dies Chlothar passiert war. Nun konnte sein Halbbruder nicht mehr mit dem Finger auf ihn zeigen. Die Frankenkönige erkannten, dass sie trotz ihrer Übermacht sehr vorsichtig sein mussten. Die ständigen nächtlichen Angriffe und die Niederlage bei der Verfolgung der Thüringer drückte die Kampfmoral in ihrem Heer.

Der Bärenkrieger an den Fallgruben ließ alle Franken köpfen und hängte ihre Häupter an den Ästen der Bäume, die am Wegrand standen, auf. Hartwig war gleich zur Tretenburg weitergeritten und berichtete dem Hauptmann von dem Kampfgeschehen.

„Theuderich wird jetzt vorsichtiger werden. Dadurch gewinnen wir noch etwas Zeit und ich hoffe, dass die Trupps aus

den entfernten Gauen bald hier eintreffen werden. Wenn es zur Schlacht kommt, brauchen wir jeden Mann."
„Wo ist Baldur?", wollte Hartwig wissen.
„Ich habe ihn zur Herminaburg geschickt. Der König wollte es. Du sollst ihm dorthin folgen."
„Dann kann ich aber nicht mit euch auf dem Feld kämpfen."
„Sei unbesorgt", meinte Harald, „die Franken kommen bestimmt auch zur Burg, denn sie vermuten dort den Königsschatz. Es wird gut sein, wenn du dann Baldur zur Seite stehst."
Hartwig war damit nicht einverstanden, doch sah er die Notwendigkeit ein und ritt zur Herminaburg weiter.

Nachdem Theudebert mit seinen Kriegern endlich das Sammellager erreicht hatte, zogen die Franken gemeinsam sogleich in Richtung Tretenburg weiter. Sie kamen zu den Fallgruben, die sie umgingen und waren entsetzt, als sie die Köpfe ihrer getöteten Krieger an den Ästen der Bäume hängen sahen. Chlothar ließ sie alle abschneiden und in einem Massengrab beerdigen.
Nach einigen Tagen erreichten die Franken das Kampfgebiet. Es war sumpfig und kein idealer Ort für eine Feldschlacht. Die beiden feindlichen Heere standen sich nun gegenüber und musterten einander. Von einer Anhöhe konnte der Hauptmann das ganze Terrain überblicken. Die ungleiche Heeresstärke war jetzt deutlich zu erkennen.
Die nächsten Tage würden darüber entscheiden, ob es die Götter gut mit den Thüringern meinten und ihnen trotz der geringen Anzahl an Kriegern einen Sieg bescheren würden. Obwohl die Franken wussten, dass sie in großer Überzahl waren, hatte ihre Kampfmoral in den letzten Tagen durch die anhaltenden Überfälle stark gelitten.

Die Nacht war warm und schwül. Es brannten nur wenige Feuer in den provisorischen Lagern.
Ein jeder wartete auf den Sonnenaufgang und dem Beginn der Entscheidungsschlacht. Auch Harald fand keine Ruhe und unterhielt sich mit dem Hauptmann über vergangene

Zeiten, als noch ihr König Bertachar lebte. So verging die Zeit schneller. Gegen Mitternacht wurden sie müde und fanden noch ein paar Stunden Schlaf.
Vor dem Sonnenaufgang kam Bewegung in die Heerhaufen. Es wurde hastig etwas gegessen und die Pferde versorgt. Für die Thüringer war es ein Kampf ums Überleben und für die Franken die Aussicht auf reiche Beute. Nachdem die Reihen der Krieger auf beiden Seiten Aufstellung genommen hatten, wurden die Signalhörner geblasen.
Die vorderen Reihen stürmten keilförmig aufeinander los. Es begann ein fürchterliches Gemetzel. Die Reiterei griff von den Seiten an. Wenn es im Menschengewühl kein Vorankommen mehr gab, dann sprangen die Reiter von ihren Pferden und kämpften zu Fuß weiter, Mann gegen Mann. Den schnellen Thüringer Reitertrupps mit den Bärenkriegern als Führer war es gelungen, die massive fränkische Front an den Flanken zu teilen und Gruppen abzuspalten. Diese losgelösten und von dem Heer isolierten fränkischen Verbandsteile wurden dann fast vollkommen aufgerieben. Als die Sonne unterging und die Kampfhandlungen abebbten, stellten die Franken erhebliche Verluste fest. Chlothar machte Theuderich Vorwürfe, dass er es zuließ, die Formation zu durchbrechen.
Am nächsten Tag achtete Theuderich darauf, dass die Thüringer mit ihrer Taktik nicht mehr zum Zuge kommen konnten. An diesem Tag war das Kampfgeschehen ausgeglichen und auch die Thüringer mussten große Verluste in Kauf nehmen.
Der dritte Tag sollte die Entscheidung bringen. Zu viele Thüringer Krieger waren schon gefallen und die Überzahl der Franken bestimmte nun das Geschehen auf dem Schlachtfeld. Bis zur Erschöpfung wehrten sich die Thüringer, doch es kamen immer wieder neue Frankenkrieger nach. Gegen Mittag zeichnete sich die Niederlage ab. Die sehr diszipliniert kämpfenden Franken gewannen allmählich die Überhand. Das Schlachtfeld war übersät mit gefallenen Kriegern und toten Pferden von beiden Seiten.
Es gab keine Hoffnung mehr auf einen Sieg. Harald wollte sich mit in das Kampfgewühl stürzen, doch der Hauptmann

befahl ihm, den König von der Niederlage zu berichten und dann in seinen Gau weiter zu reiten und die Menschen dort zu beschützen. Auf beiden Seiten wurde bis zuletzt erbittert gekämpft. Obwohl die Verluste der Franken viel höher waren, so entschied letztendlich ihre zahlenmäßige Übermacht. Die Thüringer wurden bis an das Ufer der Unstrut gedrängt und viele mussten da ihr Leben lassen.
Das Blut der gefallenen Krieger, ob Franke oder Thüringer, färbte das Wasser des Flusses rot. Die Leichen der Pferde und Männer stauten ihn an. Noch vor Sonnenuntergang war die Schlacht entschieden.
Der Hauptmann der Thüringer hatte sich selbst in das Schlachtgetümmel gestürzt und stand nun allein in einem Kreis von Feinden. Die wussten nun nicht, ob sie ihn töten oder gefangen nehmen sollten, denn er hatte viele ihrer Kameraden mit seinem Schwert niedergestreckt und keiner wagte sich zu nah an ihn heran.
Chlothar bemerkte es. Er sprang vom Pferd und seine Krieger machten ihm Platz. Als er in den Kreis kam, sah er zum Hauptmann und sprach zu seinen Männern.
„Seht ihn euch an! So kämpft ein Krieger, wie man ihn sich wünscht. Nur ein König kann ihn bezwingen!“
Er warf seine Franziska, die gefürchtete Wurfaxt der Franken. Diese durchschlug den Schuppenpanzer und drang in die Brust des Mannes. Mit erhobenem Schwert sank der Hauptmann auf die Knie und bat Thor um Beistand für die Thüringer. Dann fiel er tot zu Boden.
Eine Weile blieben alle wie erstarrt stehen. Chlothar befahl, den Leichnam mitzunehmen. Das fränkische Heer setzte auf die andere Seite der Unstrut über. Dort wollten sie lagern und am nächsten Morgen zur Herminaburg weiterziehen.
Theuderich ritt über die toten Leiber der Krieger und der Pferde hin zum anderen Ufer. Es bereitete ihm sichtlich große Genugtuung. Seiner Rache war hiermit zum Teil Genüge getan. Das Lager ließ Theuderich gut bewachen, da er mit Überraschungsangriffen rechnete.
Wenigen Thüringer Kriegern war die Flucht in Richtung Herminaburg gelungen, doch wie viele es waren, wusste Theu-

derich nicht. Er ließ sie auch nicht verfolgen, da er sein Heer zusammenhalten musste. Als der Tross das Schlachtfeld erreichte, wurden Gruben ausgehoben und die gefallenen Frankenkrieger hineingelegt. Die toten Thüringer blieben liegen. Der einzige der Beachtung fand, war der Hauptmann. Ihn ließ Chlothar feierlich auf einem großen Scheiterhaufen nach germanischem Brauch verbrennen. Einige seiner Männer und auch Theuderich wunderten sich darüber. Doch Chlothar galt als eigenwillig und man ließ ihn am besten in Ruhe.

Harald und sein Knappe Roland waren zur Herminaburg geritten und hatten dem König von der Niederlage berichtet. Herminafrid war sehr gefasst. Er schien nichts anderes erwartet zu haben. Dann eilten sie auf dem kürzesten Weg nach Rodewin. Allen Menschen, denen sie begegneten, rieten beide sich in den Thüringer Bergen schnell in Sicherheit zu bringen und ihre Hütten anzuzünden.
Die Franken sollten im Vorland des Thüringer Waldes keine Beute machen können und würden dadurch möglicherweise dieses Gebiet meiden. Viele der so Gewarnten, brannten ihre Hütten nieder und zogen mit ihrem Vieh und der geringen Habe in die südlichen Täler zum Rynnestig hin. Auch die im Wiesenland noch befindlichen Menschen zündeten ihre Häuser an und folgten Harald in den Oberwipgau. In Rodewin war man in großer Sorge, wie die Schlacht ausgehen würde. Der Gaugraf berichtete vom Verlauf des Kampfes und allen war klar, dass sich ihre schlimmsten Befürchtungen erfüllt hatten. Nur wenige der Krieger, die ausgezogen waren, würden nach Hause zurückkehren und das betrübte sie sehr. Doch für Trauer war jetzt keine Zeit. Es ging ums eigene Überleben.
Harald hatte einige Jungen aus seinem Meldereitertrupp ausgewählt, die sich als Späher in der Nähe der verlassenen Siedlungen aufhalten und ihm das Herannahen von fränkischen Kriegern melden sollten. Er ließ weiter an dem Schutzwall bauen und die letzten Wege zum Oberwipgau schließen.
Die Abzweigungen an den Wegkreuzungen wurden un-

kenntlich gemacht, so dass niemand mehr einen Zugang zu dem Gebiet hinter den Bergen in den Oberwipgau finden konnte.
Nach den ersten Tagen der Angst, die die Nachricht über die verlorene Schlacht auslöste, folgte eine Zeit der großen Anspannung, was weiter passieren würde. Harald versuchte die Menschen zu beruhigen und es gelang ihm auch weitgehend, indem er ihnen Arbeiten an dem Schutzwall zuwies. So hatte jeder das Gefühl, für seine Sicherheit selber etwas beizutragen.
Unterhalb des Wilberges wurde an einer engen Talstelle die Wip angestaut und es sammelte sich langsam das Wasser zu einem kleinen See an. Somit war auch der Zugang entlang der Wip unpassierbar geworden.
Der Priester und die Schamanin hatten in diesen Tagen viel zu tun. Täglich erflehten sie am heiligen Hain bei Wipa von den Göttern Beistand in der Not.
Es kamen sehr viele Menschen zu dem Thingplatz und suchten untereinander Trost in dieser schweren Zeit. Die Ungewissheit war die schlimmste Empfindung. Lebten die Männer noch? Oder waren sie im Kampf gefallen? Würden die Franken durch dieses Gebiet ziehen, um Beute zu machen und zu brandschatzen? Oder würden sie weiterziehen? Niemand konnte darauf eine Antwort geben. Ebenso waren Elke und Ursula in großer Sorge. Sie hatten die letzten Jahre schon ihre Männer entbehren müssen, doch nun war die Ungewissheit auf ein Wiedersehen viel größer. Die Kinder begriffen die Sorgen ihrer Mütter nicht. Für sie war die Gegenwart das Maß aller Dinge und so spielten sie ihre Spiele, als wenn nichts Schlimmes passiert wäre.

Harald hatte erzählt, dass der König östlich der Saale Befestigungslinien gegen die Angreifer errichtet hatte und die Franken wahrscheinlich nicht weiter nach Osten vordringen würden. Somit wäre der Großteil des Gaus von Elkes Vater geschützt. Das riesige Weideland, was Hartwig und sie von ihm geschenkt bekamen, lag südlich der Elbe und östlich der Saale. Vielleicht konnte Haralds Pferdeknecht die Zuchttiere retten? Bei diesen Gedanken an die Zukunft mischte sich das bange Empfinden und die Hoffnung, dass ihr Mann noch am Leben war. Was wäre, wenn er nicht wiederkäme? Da das Schicksal Baldur und Hartwig eng miteinander verbunden hatte, so sprachen sich Ursula und Elke gegenseitig Mut zu. Sie hatten für ihre Kinder zu sorgen und neuer Nachwuchs schien sich bei beiden wieder anzukündigen.

Nachdem der König von der Niederlage erfuhr, begleitete er seine Frau und die Kinder bis zur Saale, damit sie sicher zu dem Königsgut, dass er als Fluchtort vorgesehen hatte, kommen konnten. Er selbst ritt mit einer Hundertschaft seiner Leibwache wieder zurück zur Herminaburg. Als er auf halben Weg war, sahen sie vor sich in der Ferne einen großen Heerhaufen entlang ziehen. Herminafrid ritt zu einem Hügel, wo er das Terrain besser überblicken konnte.
Die Krieger kamen vom Norden. Es konnten somit keine Franken sein. Er hoffte, dass es Thüringer waren, die verspätet in Richtung Tretenburg, dem Sammelplatz, unterwegs waren. Zwei Späher sollten das herausfinden. Sie ritten gleich los. Die königlichen Reiter machten Rast und warteten auf sie.
Es dauerte nicht lange und einer der Männer kam hastig zurückgeritten. Er berichtete, dass es Sachsen waren. Sie hatten die Kundschafter entdeckt und verfolgt. Dabei wurde sein Gefährte erschossen. Von dem Hügel aus konnte Herminafrid sehen, dass der Heerhaufen zum Stillstand gekommen war und ein Suchtrupp der Sachsen der Spur des Thüringer Kriegers folgte. Ein Teil der Leibwache ritt ihnen entgegen. Sie legten eine falsche Spur zum Waldrand hin, in einen Hinterhalt. Hier warteten sie auf die Sachsen.
Es waren etwa ein Dutzend Krieger, die zum Fürchten aussahen. Sie hatten zottige Wolfsfelle um die Schultern gehängt und waren von riesenhafter Statur. Als sie nah genug heran kamen, zischten die Pfeile durch die Luft und fanden treffsicher ihr Ziel. Einer der Sachsen konnte noch in sein Horn blasen und die anderen warnen.
Herminafrid, der vom Hügel aus alles gut überblicken konnte, sah wie der sächsische Heerhaufen die Richtung wech-

selte und jetzt in weitem Bogen um seinen Aussichtshügel herum ausschwärmte. Ein Durchkommen in Richtung Herminaburg war für ihn nicht mehr möglich. Er entschloss sich daher, zurück zur Saale zu reiten und in einer seiner Wehrburgen bei Scheidungen Schutz zu suchen.
Die Sachsen hatten den von einem Pfeil getroffenen Späher des Königs vor ihren Anführer gebracht. Der ließ ihn foltern, so dass sie bald erfuhren, dass sich unter den fliehenden Thüringern der König befand. Sie waren gekommen, um Beute zu machen und Herminafrid wäre ihnen ein sehr willkommenes Geschenk. Durch ihn könnten sie an den Königsschatz gelangen und den Franken zuvorkommen. So verfolgten sie die Thüringer bis hin zur Burg und belagerten sie. Die Hunnos der Sachsenstämme, die sich mit den Franken verbunden hatten, beratschlagten, wie sie am besten vorgehen könnten.
„Vielleicht hat Herminafrid seinen Schatz auf dieser Burg versteckt", meinte ihr Anführer. „Wir müssen die Burg einnehmen, bevor die Franken hier sind."
„Wie willst du das erreichen? Das ist unmöglich, wie du siehst", sprach einer seiner Gefolgsmänner.
„Nichts ist unmöglich! Was ich will, habe ich immer bekommen und du wirst um Mitternacht der Erste sein, der den Wall überwindet!"
Die anderen schwiegen. Keiner wollte mit zu den ersten Angreifern gehören. Besser war es abzuwarten, als vorzeitig das Leben beim Angriff zu verlieren.

Von dem Wall der Wehrburg beobachteten die Wachen die Gegend. In der Burg waren viele Menschen aus den benachbarten Siedlungen, die hier Schutz suchten. An einen Angriff der Sachsen in der Nacht dachte niemand. Umso überraschter waren sie, als gegen Mitternacht die Feinde in die Burg eindrangen. Sie hatten sich unbemerkt an den Wall heranschleichen können und waren an einigen Stellen darüber geklettert.
Dem König gelang mit seiner Leibwache im letzten Moment die Flucht. Die Sachsen suchten wie wild nach dem vermeintlichen Schatz. Sie folterten jeden, den sie auf dem

Burggelände finden konnten. Keiner von ihnen wusste, wo er versteckt war. Da sie nichts erfuhren, brannten die Angreifer alle Holzgebäude nieder.
Die Menschen in der Burg wurden auf dem Hof zusammengetrieben. Sie mussten am folgenden Morgen mit der Suche nach dem Königsschatz fortfahren. Nach dem Brand waren nur noch die Grundmauern übrig geblieben.
An allen Stellen, wo man die kostbaren Truhen vermuten konnte, mussten die Gefangenen die Erde aufgraben und nachsehen. Wer sich nicht schnell genug dabei bewegte, der wurde mit einem Knüppel erschlagen.
Zwischendurch griffen sich die Sachsenkrieger Frauen heraus und vergewaltigten sie.
Kinder mussten ihnen Essen und Met heranschaffen. Wenn das nicht schnell genug ging, war ihr Leben verwirkt. All das dauerte ein paar Tage. Als der Anführer der Sachsenkrieger die Suche aufgab, ließ er alle Gefangenen töten und zog in Richtung Herminaburg weiter.
Der Thüringer König war mit seiner Leibwache an der Saale flussabwärts geritten. Er wollte versuchen, im großen Bogen vom Norden her, zur Herminaburg zu gelangen. Die Flucht vor den Sachsen gelang ihm, da diese nur nach dem Schatz suchten und ihn nicht mehr verfolgten. Auf dem Weg zur Herminaburg kam ihm ein Meldereiter entgegen, der von der Eroberung der Königsburg durch Theuderich berichtete und im letzten Moment noch fliehen konnte. Dem König blieb jetzt nichts anderes mehr übrig, als sich jenseits der Saale zurückzuziehen.

Auf der Herminaburg hatte der König eine der drei Hundertschaften seiner Leibwache zurückgelassen, um die Burg mit den Bewohnern vor den Angriffen der Franken zu schützen. Die Feinde ließen auch nicht lange auf sich warten. Theuderich war sich sicher, dass der Schatz nur hier sein konnte. Es war der Hauptsitz von Herminafrid und somit das Zentrum des Reiches. Anders, als die meisten Wehrburgen waren die Mauern aus Stein und somit schwer zu überwinden. Die Franken drangen in die vorgelagerte Stadt ein. Der Marktplatz und die Handwerkshäuser waren

menschenleer. Sie schienen alle Schutz hinter den starken Mauern der Burg gesucht zu haben. Theuderich stellte sich auf eine längere Belagerung ein und verteilte seine Krieger entlang der gesamten Burgmauer, so dass niemand ungesehen heraus oder hinein gelangen konnte. Am Abend beriet er sich mit Chlothar und Theudebert.
„Wie wollen wir die Burg erstürmen? Wir haben keine Schleudern, um eine Bresche in die Mauer zu schlagen."
Chlothar schien sehr ungehalten zu sein. Er wollte seine Beute und schnell wieder zurück in sein Reich.
„Ich will nicht warten", meinte er.
„Das musst du bestimmt auch nicht. Wir werden morgen früh einen Angriff starten. Da können wir sehen, wie stark die Verteidigung ist."
„Vielleicht sollten wir sie ausräuchern, dann öffnen sie von selbst die Tore."
„Damit kannst du Herminafrid nicht beeindrucken. Er ist ein Fuchs und hat bestimmt noch einige Überraschungen für uns parat."
„Vielleicht sollten wir mit ihm verhandeln?", meinte Theudebert.
„Das ist gar keine so schlechte Idee!", entgegnete Chlothar.
Theuderich wehrte sogleich ab.
„Worüber willst du mit ihm verhandeln? Ihm bleibt doch nichts. Du kannst ihn fragen, wie er sterben will?"
Es war keine Lösung in Sicht und das ärgerte Chlothar am meisten.

Am nächsten Tag begannen die Franken mit dem Angriff auf die Mauern an verschiedenen Stellen. Zuvor hatten die Krieger lange Leitern gefertigt, die sie an die Außenmauer anlegten. Die Verteidiger stießen sie jedoch jedes Mal um und es kamen bei dem Ansturm viele Franken um. Theuderich beobachtete das Geschehen sehr genau und stellte fest, dass hinter den Mauern nicht sehr viele Krieger waren. Mit einem Ausbruch und Angriff brauchten sie wahrscheinlich nicht zu rechnen. Seine Bogenschützen schossen ihre Pfeile sobald sich ein Ziel zeigte. Die Entfernung war jedoch zu groß, um sicher zu treffen. Theudebert durch-

streifte inzwischen mit einigen seiner Männer die Gegend, um Proviant zu beschaffen. Alle Siedlungen waren leer. Die Menschen hatten sich mit ihrer Habe in die großen Wälder zurückgezogen.
Weiter von der Burg entfernt hatte Theudebert mehr Glück. In diesem Gebiet war die Niederlage der Thüringer in der Schlacht noch nicht bekannt. Die Bauern arbeiteten unbekümmert auf ihren Feldern. Der Schrecken war groß, als sie die Frankenkrieger sahen und es blieb ihnen keine Zeit mehr zu entfliehen. Hier fand Theudebert genügend Vieh für das Frankenheer. Die Bauern mussten es selbst in sein Lager bei der Herminaburg treiben.
Nach den ständigen Angriffen, die auch in der Nacht stattfanden, gelang es einer kleinen Gruppe der Frankenkrieger gegen Mitternacht an einer Stelle die Mauer zu erklimmen und diesen Abschnitt gegen die Verteidiger im Innenbereich der Burg zu behaupten. Dadurch konnten immer mehr Krieger nachrücken, die sich den Weg in Richtung Burgtor erkämpften.
Als das Tor geöffnet werden konnte, stürmten weitere Krieger hinein. Die Thüringer wehrten sich tapfer, doch sie konnten die Feinde nicht mehr zurückdrängen. Die Franken durchsuchten mit Fackeln in der Hand alle Räume der Burg nach dem König. Als Theuderich erfuhr, dass Herminafrid und seine Familie gar nicht mehr hier waren, konnte er seine Wut kaum mehr zurückhalten. Er befahl die Burgmauern zu schleifen und überall nach dem Königsschatz zu suchen.

In den folgenden Tagen rissen seine Krieger alle Mauern ein, da sie vermuteten, dass sich das Gold noch irgendwo in der Burg befand. Außer einer silbernen Schale hatten sie nichts Kostbares gefunden. Die Gefangenen, unter denen sich auch Hartwig, Baldur und Radegunde befanden, wurden auf einer umzäunten Fläche im Lager bewacht. Sie bekamen nur wenig zu essen und zu trinken.
Chlothar machte Theuderich große Vorwürfe wegen des erfolglosen Kriegszuges.
„Wo ist dein versprochener Schatz?“, schrie er ihn unentwegt an.

„Wir werden ihn finden und dann bekommst du deinen Teil ab.“
„Meine Krieger sind hierhergekommen, um Beute zu machen und nicht um Burgen zu schleifen und Trübsal zu blasen.“
„Es ist doch nicht meine Schuld, dass wir ihn noch nicht haben.“
„Vielleicht hat Herminafrid ihn ganz woanders hingebracht. Ohne ihn werden wir das Gold nie finden.“
„Wir suchen nach dem König und dann wird er uns sagen, wo er ihn vergraben hat.“
„Ich will aber nicht hierbleiben und ein paar Thüringern hinterher jagen. Ich will wieder nach Hause.“
Theuderich widerstrebte die zänkische Art von Chlothar. Er tat so, als wäre es seine Schuld. Immer öfter gerieten die beiden hart aneinander. Das ging sogar soweit, dass Theuderich beschloss, seinen Halbbruder töten zu lassen. Der Anschlag wurde von Chlothars Leibwache im letzten Moment vereitelt. Bevor der Meuchelmörder starb, nannte er Theuderichs Namen. Dieser bestritt jedoch, etwas damit zu tun zu haben.
Chlothar wusste nicht, wer wirklich dahinter steckte. Es konnten auch einige seiner Gefolgsleute gewesen sein, die ihm gegenüber wiederholt schon ihren Unmut äußerten.
Er entschloss sich, auch ohne Schatz zurückzuziehen und verlangte von Theuderich alle Gefangenen, die sie gemacht hatten, als Sklaven. Ebenso sollte er ihm zusichern, dass er den Königsschatz mit ihm teilt sowie er ihn gefunden hätte. Theuderich war damit einverstanden. Er war froh, dass sein Halbbruder verschwand und er machen konnte, was er wollte.

Chlothar inspizierte die Gefangenen. Ihm fiel ein Mädchen auf, dass die anderen mit Essen und Trinken versorgten und die trotz ihres schäbigen Gewands, das sie trug, den Kopf stolz auf ihren Schultern trug. Er erkundigte sich nach dem Namen des Mädchens. Anfangs wollte keiner darüber Auskunft geben, doch ein Stück Brot lockerte die Zunge bei manchen. So erfuhr er, dass sie die Nichte des Königs war.

Er ließ sie sofort ergreifen und in sein Zelt bringen.
„Wie heißt du, mein Kind?“, fragte er sie.
„Radegunde.“
„Das ist ein schöner Name. Er gefällt mir. Wo sind deine Eltern?“
„Sie sind beide tot.“
„Hast du noch Geschwister?“
„Nur einen Bruder.“
„Und ist dein Bruder hier als Gefangener?“, wollte Chlothar von Radegunde wissen.
Radegunde schwieg.
„Du kannst es mir ruhig sagen. Ich will ihm nichts antun und wenn du es mir nicht sagst, so sagen es mir die anderen.“
„Er ist auch hier.“
„Ist noch jemand aus der königlichen Familie unter euch?“
„Nein, sie sind alle weg.“
„Und weißt du auch, wohin sie gegangen sind.“
„Nein.“
„Sehr redselig scheinst du nicht zu sein, aber du bist zumindest eine Prinzessin und als solche will ich dich auch behandeln und mit mir nehmen.“
„Ich will aber nicht mit dir gehen.“
„Das entscheidest du nicht. Wenn du brav bist, dann darf dich auch dein Bruder begleiten. Was hältst du davon?“
„Dann will ich brav sein.“
„Versprichst du mir das?“
„Ja, ich verspreche es.“
Radegunde war froh, dass ihr Bruder bei ihr sein durfte. Was der Frankenkönig mit ihr vorhatte, konnte sie sich nicht denken. Sie hatte gehört, dass alle Gefangenen im Frankenreich als Sklaven verkauft würden. Chlothar schickte sie wieder zurück zu den anderen. Es freute ihn, dass er einen so guten Fang gemacht hatte und bemühte sich, dass keiner etwas davon erfuhr.
Am nächsten Tag ordnete er den Rückmarsch an. Wer von seinen Kriegern weiter mit Theuderich nach dem Schatz suchen wollte, der konnte dies tun. Die anderen, die mit ihm kämen, wollte er an dem Erlös aus den Sklavenverkäufen beteiligen.

Chlothar war erstaunt, dass so viele seiner Krieger hier bleiben wollten und sich unter Theuderichs Befehl stellten. Ihm war es recht, denn so blieb ihm mehr von dem Geld für die Sklaven übrig.
Theudebert hatte das Streitgespräch zwischen seinem Vater und Chlothar mit angehört. Er wusste nicht, wie sich sein Onkel weiter verhalten würde und beobachtete ihn heimlich.
So sah er, dass er sich um ein kleines Mädchen unter den Gefangenen bemühte. Er erkundigte sich, wer das Mädchen war. Als er herausfand, dass sie eine Prinzessin war, ging er zu seinem Vater und fragte ihn: „Kannst du mir eine Gefangene geben? Sie ist noch ein Kind."
„Ja, ja, du kannst sie dir nehmen. Ich habe jetzt Wichtigeres zu tun, als mich um kleine Mädchen zu kümmern."
Theudebert ließ Radegunde sofort in sein Zelt bringen. Als Chlothar davon erfuhr, tobte er. Theuderich hatte ihm alle Gefangenen zugesagt und nun holte sich sein Sohn eine davon weg. Er lief gleich zu seinem Halbbruder und schrie ihn an.
„Du hast mir alle Gefangenen gegeben und jetzt kommt dein Sohn und nimmt sich, was schon mein Eigentum ist."
Theuderich ließ den Prinz holen und wollte wissen, ob das stimmen würde, was Chlothar ihm sagte.
„Ich habe mir nur das Mädchen genommen, das du mir erlaubt hast, sonst niemand."
Jetzt erkannte Theuderich, dass es sein Irrtum war und er versuchte die Wogen zu glätten. Chlothar und Theudebert bestanden beide darauf, das Mädchen zu bekommen.
„Warum streitet ihr so heftig wegen einem kleinen Mädchen?", wollte der König wissen.
Die Streithähne schwiegen.
„Soll ich das Kind selber fragen?", entgegnete der König.
„Sie ist eine Thüringer Prinzessin, die Nichte von Herminafrid. Eines Tages werde ich sie heiraten", sagte Chlothar.
„Ach, so ist das, jetzt verstehe ich! Du willst dir damit das Recht auf die Thüringer Königskrone erwerben. Doch der König lebt noch und hat eigene Kinder. So wird es dir nichts nützen, wenn du seine Nichte heiratest."

„Ich werde es trotzdem tun und nun sage deinem Sohn, dass er mir das Mädchen herausgibt!“
„Das ist schwer, denn ich habe Theudebert das Mädchen zugesagt.
Chlothar schnaubte vor Wut.
„Alle Gefangenen gehören mir!“, schrie er.
„Beruhige dich, Bruder! Beide wollt ihr das Mädchen, was soll ich tun? Also teile ich sie mit meinem Schwert und gebe jedem von euch eine Hälfte. Oder habt ihr einen besseren Vorschlag?“
Theuderich sah Chlothar und seinen Sohn an, doch die schwiegen.
„Es gibt vielleicht noch eine andere Lösung. Da du, mein Bruder, die Prinzessin heiraten willst und ich mit Theudebert andere Heiratspläne vorhabe, so gestattest du ihm, einen anderen Gefangenen nach seiner Wahl zu nehmen und er gibt dir dafür das Mädchen zurück.“
Das schien Chlothar annehmbar, da ihn die anderen Gefangenen nicht interessierten. Er nickte Theuderich zustimmend zu. Seine rechte Faust streckte er Theudebert entgegen.
„Wenn du dich noch einmal an meinem Eigentum vergreifst, dann schlag ich dir den Schädel ein!“, drohte er seinem Neffen. Theudebert gab das Mädchen zurück. Eigentlich brauchte er keinen anderen Gefangenen, aber da es so abgemacht war, wollte er dem Genüge tun. Er ging zu dem Lagerplatz und ließ seine Blicke über die große Menge Menschen schweifen, die hinter einem Holzgatter zusammengepfercht kauerten. Dabei fiel ihm ein junger Mann auf, der ihm bekannt vorkam. Er ließ ihn in sein Zelt bringen. Dort sah er ihn von allen Seiten an.
„Kannst du mich verstehen?“, wollte er von dem Gefangenen wissen. Der schwieg.
„Du wunderst dich, dass ich dich holen ließ oder auch nicht, denn du verstehst meine Sprache nicht. Denn der, den ich kannte und der dir ähnlich war, ist tot, im Fluss ertrunken. Das ist sehr schade! Ich habe ihn sehr gemocht. Er war gewissermaßen mein Glücksbringer und hatte mir auch einmal das Leben gerettet. Das ist schon lange her und ich

habe es noch nicht vergessen. Er hatte auch einen Freund bei sich, der ein Neffe des Thüringer Königs war. Leider ist der auch tot! Jetzt soll ich mir einen Gefangenen auswählen und weiß nicht, wen ich nehmen soll. Ich denke, ich nehme dich. Du bist ab nun mein Sklave und ich werde dir als Erstes unsere Sprache beibringen lassen. Gehe zu meinem Schreiber ins Zelt! Er gibt dir Kleidung und alles, was du sonst noch benötigst."
Der Thüringer schwieg weiterhin.
„Ach, ich habe vergessen, dass du mich nicht verstehst."
Theudebert rief nach seinem Schreiber und wies ihn an, seinen neuen Sklaven einzukleiden und ihm die fränkische Sprache beizubringen.

Am nächsten Tag zog Chlothar mit seinen Kriegern und den Gefangenen zurück ins Frankenreich. Theuderich hatte die ganze Burg einreißen lassen und nirgendwo etwas von dem Schatz gefunden. Nun war auch er davon überzeugt, dass er nicht hier sein konnte. Er sammelte sein Heer und zog in die Richtung, die Herminafrid genommen haben sollte.
Von fliehenden Thüringern erfuhr der König, dass auf einer Königsburg ein Sachsenheer grausam gehaust habe und es zu unbeschreiblichen Gräueltaten gekommen war. Die verängstigten Bauern erzählten ihm noch, dass die Burg an der Unstrut liegen würde, dort wo diese in die Saale mündete. Die Sachsen sollen Herminafrid vertrieben haben.
Jetzt wusste Theuderich, dass der Thüringer König zuletzt an diesem Ort weilte und wenn er einen Schatz mit sich führte, ihn wahrscheinlich da versteckt hatte. Er mahnte seine Krieger zur Eile. Womöglich hatten die Sachsen den Königsschatz schon weggeschafft? Dieser Gedanke war für ihn unerträglich.
Auf dem Weg zur Burg kamen ihm die Sachsen entgegen. Die beiden Heere standen sich gegenüber, als wollten sie jeden Moment aufeinander losschlagen. Theuderich traf sich mit dem sächsischen Anführer in der Mitte.
„Ich begrüße dich, Anführer der Sachsen!", sprach er.
„Sei mir gegrüßt, König der Franken!", antwortete der Sachsenführer.

„Ihr kommt sehr spät. Die Schlacht haben wir allein gewonnen. Wo warst du mit deinen Kriegern?“
„Wir haben uns in der Zeit vertan und dann haben wir den König von seiner Burg vertrieben.“
„Konntet ihr damit nicht warten bis ich hier bin?“
„Es ergab sich so, dass er dorthin geflohen war und meine Leute glaubten, große Beute machen zu können.“
„Und habt ihr etwas gefunden?“
„Nichts war da, was sich mitzunehmen gelohnt hätte. Wir vermuten seinen Schatz in der Herminaburg.“
„Dort komme ich her und habe auch nichts gefunden. Jetzt könnt ihr wieder nach Hause zurückkehren, wir brauchen euch nicht bei der weiteren Schatzsuche, denn wir allein haben die Schlacht gewonnen.“
„Nicht wegen des Goldes wollten wir euch helfen, sondern wegen des Landes, das du unserem Volk nördlich der Unstrut versprochen hast.“
„Das Versprechen galt dafür, dass du uns mit deinen Kriegern in der Schlacht bei der Tretenburg beistehst, aber ich hatte keinen von euch während des Kampfes gesehen. Vielleicht wolltet ihr abwarten, wer gewinnt und euch dann entscheiden, auf wessen Seite ihr euch stellt?“
„Du denkst aber schlecht von uns, wir sind doch keine Feiglinge, die einem Kampf ausweichen!“
„Es gibt aber auch Stämme unter den Sachsen, mit denen wir an unserer Nordgrenze viel Ärger haben.“
„Das ist nun einmal so. Wir Sachsen sind nicht so eins wie ihr. Immer gibt es welche, die ihren eigenen Interessen nachgehen. Wenn du gegen sie kämpfst, so werden wir ihnen nicht helfen.“
„Das genügt mir nicht. Du müsstest mich gegen sie tatkräftig unterstützen! Nur dann kann ich glauben, dass du auf meiner Seite stehst.“
„Gegen meine eigenen Brüder kämpfen, das ist nicht leicht! Das verstehst du doch?“
„Hilfst du mir nun gegen sie oder nicht?“
„Das käme darauf an?“
„Worauf?“
Theuderich sah sichtlich genervt sein Gegenüber an.

„Ob meine Krieger Zeit zum Kämpfen hätten.“
„Ihr seid mir schon ein sonderbares Volk“, entgegnete Theuderich resignierend.
„Stehst du noch zu deinem Versprechen?“, wollte der Sachsenführer ungeduldig wissen.
„Ich werde es nur dann halten, wenn ihr mir helft, die westlichen Sachsenstämme zur Ruhe zu bringen! Dann können sich einige deiner Leute auf meinem eroberten Thüringer Gebiet nördlich der Unstrut ansiedeln. Sie müssen sich jedoch mir unterordnen. Darum geht jetzt wieder heim und sprecht mit euren westlichen Stämmen!“
„Ich weiß nicht, was meine Gefolgsleute zu deinem Vorschlag sagen? Ich denke sie wollen schon jetzt hier bleiben.“
„Dann musst du sie überzeugen zu gehen!“
„Und wenn ich das nicht kann?“
„Dann werden wir hier an dieser Stelle entscheiden, ob wir Verbündete bleiben oder nicht. Überlege es dir gut!“
Die Anführer der beiden Heere gingen zu ihren Leuten zurück. Theuderich gab den Befehl, auf sein Zeichen hin anzugreifen. Da wandten sich die Sachsen zur Seite und zogen nach Norden ab. Der König erzählte seinem Sohn von der Unterredung mit dem Anführer und ihrer Abmachung für das nächste Jahr.

Nachdem das Sachsenheer verschwunden war, zogen die Franken weiter zur Burg bei Scheidungen an der Unstrut. Dort fand König Theuderich alles zerstört. Die Siedlungen in der Nähe waren eingeäschert und die Leichen der Menschen lagen verstreut herum. Hunde fraßen an den toten Leibern und die Krähen warteten auf ihr Festmahl.
Es war ein Bild des Grauens, doch Theuderich erschütterte es nicht. Seine Rache für die erlittene Schmach vor zwei Jahren war noch nicht gestillt. Das Suchen seiner Krieger nach dem Königsschatz schien auch hier erfolglos zu sein. Er beriet sich mit Theudebert, wie sie weiter vorgehen sollten. Sein Sohn hielt die Suche für aussichtslos. Er wollte daher mit seinem Heerhaufen wieder zurück ins Frankenland.

Sein Vater war damit einverstanden. Die Krieger, die mit ihm nach Hause ziehen wollten, konnten es tun. Die Mehrheit blieb jedoch bei Theuderich, denn sie wollten weiter Beute machen. Der Frankenkönig hatte die Absicht, im besiegten Thüringer Reich für eine Weile zu bleiben und wollte Herminafrid aufspüren. Über ihn hoffte er an das Gold zu gelangen. So zog er kreuz und quer durch das Gebiet nördlich der Unstrut, da sich hier Herminafrid mit einer Schar seiner Krieger aufhalten sollte. Theuderich gelang es nicht, den sehr listreichen Herminafrid zu fangen.

Auf seinem Weg durch das Land raubten und brandschatzten die Frankenkrieger die Siedlungen, an denen sie vorbeikamen. Der Frankenkönig ließ seinen Männern freie Hand und sie wüteten wie die Hunnen vor hundert Jahren.

Die Siedlungen, die die Sachsen bei ihrem Durchzug übersahen, wurden nun von den Franken geplündert. Nur die Königsgüter verschonte er. Sie gehörten nun ihm und er ließ dort überall eine kleine Wachmannschaft zurück.

Die Menschen, denen sie habhaft werden konnten, schickten sie als Gefangene ins Frankenland. Sie sollten als Sklaven verkauft werden. Jeder, der selbst laufen konnte, musste mitziehen, sogar die Kinder. Die anderen wurden getötet oder man überließ sie ihrem Schicksal.

Nachdem der Frankenkönig die Suche nach Herminafrid aufgegeben hatte, zog er die Saale flussaufwärts. Das andere Ufer mied er, denn er hatte von Kundschaftern erfahren, dass dieses Gebiet bis zur Elbe von kampferprobten Thüringer Kriegern und auch vielen Slawen, denen Herminafrid Land versprach, beschützt wurde. Er wusste nicht, wie viele es waren, aber das Risiko war ihm zu hoch, mit seinem Heer dorthin zu ziehen. So begnügte er sich mit dem eroberten Land, das zwischen Harz und Donau und von der Saale bis an die Grenze zu seinem Reich lag.

Als er das Thüringer Gebirge erreichte, ließ er sein Heer nach Westen weiter ziehen. Die Berge waren ihm nicht geheuer, er wollte sie daher umgehen.

Da er keinen massiven Widerstand seitens der Thüringer mehr zu fürchten brauchte, bildete er eine Vielzahl kleiner Reitertrupps. Sie schwärmten vom Heerhaufen aus und

durchkämmten beidseits des Königwegs das eroberte Gebiet.
Einer dieser Trupps erreichte auch den Unterlauf der Wip. Die Frankenkrieger waren sich nicht sicher, ob sie den Bach entlang ein Stück talaufwärts reiten sollten, um nachzusehen, ob es da etwas zu holen gäbe. Theuderich hatte alle gewarnt, nicht zu tief in die Täler vorzudringen, weil er dort mit Gegenwehr rechnete. Er wollte seine Krieger nicht unnütz gefährden. Ein kleiner Trupp von zehn Männern entschloss sich dennoch dazu. Sie kamen an bereits zerstörten Siedlungen vorbei. Keiner konnte sich erklären, wer vor ihnen hier war und das getan hatte. Als sie in die Nähe des Wilberges kamen, beschlossen sie am Bach zu lagern. Einigen von ihnen war die Gegend nicht geheuer. Sie hatten sich sehr weit von ihrem Heer entfernt und wussten, dass ihnen niemand helfen konnte. Der Anführer war jedoch ein unerschrockener Draufgänger, der keine Furcht kannte. Er brachte die Ängstlichen schnell zur Raison.
Die Späher hatten Harald das Herannahen der Franken gemeldet. Er begab sich zum Wilberg und konnte von dort aus alles überblicken. Das große Frankenheer war nicht zu sehen. So vermutete er, dass es eine versprengte Gruppe oder Kundschafter waren. Er beschloss die Feinde in der Nacht zu vertreiben oder zu töten.
Gegen Mitternacht schlichen sich die alten Krieger und die Jungen mit ihren Waffen an sie heran. Als sie nah genug am Lager waren, schossen sie aus ihrem Versteck mit Pfeilen nach ihnen. Nur wenige überlebten den Pfeilregen.
Drei Franken konnten sich noch wehren und stellten sich mit ihren Schwertern und Schilden in den Händen um das lodernde Feuer herum. Sie konnten jedoch niemand sehen. Da prasselte ein erneuter Pfeilregen auf sie herab. Mit ihren Schilden schützten sie sich einigermaßen dagegen. Inzwischen hatte sich Siegbert mit ein paar Knaben von der Bachseite her, an das Lager der Franken herangeschlichen und auf ihre Pferde geschwungen.
Im Galopp sprengten die Thüringer mit den anderen Tieren davon, noch ehe jemand darauf reagieren konnten. Nun standen die Franken allein da und ohne Pferde konnten

sie nicht fliehen. Einer der Thüringer Altkrieger hatte seinen glänzenden Schuppenpanzer angelegt und trat in größerer Entfernung aus dem Wald. Das Licht des Feuers spiegelte sich in den kleinen Platten des Panzerhemdes.
„Zeigt ihr euch endlich, ihr Feiglinge! Auf zum Angriff!“, schrie der Anführer und stürmte auf den Alten zu. Die anderen folgten ihm jedoch nicht. Sie vermuteten eine Falle. So war es auch. Als der Anführer bedrohlich nah an den Thüringer herankam, flogen unzählige Speere auf ihn zu und durchbohrten ihn.
Schwer fiel er zu Boden und hauchte sein Leben aus. Die beiden am Feuer legten ihre Waffen nieder und ergaben sich. Sie streckten ihre Arme weit von sich. Der alte Krieger ging langsam mit dem Schwert in der Hand auf sie zu. Als er vor ihnen stand, zog der eine Franke sein Messer aus dem Gürtel und stach es dem alten Mann in den Bauch. Der hob mit letzter Kraft sein Schwert und stieß es dem Franken in die Brust. Beide verstarben kurz darauf.
Der überlebende Franke jammerte wie ein Weib, warf sich auf die Knie und hob flehend die Arme. Aus dem Gebüsch trat Harald, auf einen Stock gestützt, den Speer in der Hand und humpelte auf den Franken zu. Er setzte ihm seine Waffe an den Hals, als ob er ihn erstechen wollte. Dann rief er nach den anderen.
Eine Schar von Knaben kam aus dem Gebüsch und sie fesselten den fränkischen Krieger. Die Leichen packten sie auf ihre Pferde und beseitigten die Spuren des Lagers. Dann zogen sie bachaufwärts hinter den Schutzwall.
Der gefesselte Franke und auch die Toten wurden zum Thingplatz gebracht. Harald verhörte den Gefangenen. Der Franke war überrascht, dass ihn jemand verstand. Von ihm erfuhren die Thüringer den weiteren Verlauf der Entscheidungsschlacht und der Suche des Frankenkönigs nach dem Königsschatz.
Der Frankenkrieger wurde in Ketten gelegt und diese an einem großen Stein neben dem Thingplatz verankert. Die Köpfe seiner Kameraden spießten sie auf Pfähle und stellten sie neben dem Hain auf. Für den gefallenen Altkrieger wurde eine Feuerbestattung vorbereitet. In dieser Zere-

monie wurde allen gefallenen Thüringern gedacht und das Weinen und Jammern fand an diesem Abend kein Ende. Alle hatten sie Familienangehörige verloren und es blieb die Ungewissheit, was weiter passieren würde. Siegbert führte ein weißes Pferd aus Haralds Zucht auf den Thingplatz. Der Priester tötete das Tier mit seinem Schwert und die Götter nahmen das Opfer an.

15. Umbruch

Nach dem sehr heißen Sommer folgte zeitig der Herbst. Der Frankenkönig Theuderich war mit seinem Heer durch das Thüringer Land gezogen und hatte die Siedlungen, an denen er vorüberzog, niedergebrannt. Nur die Königsgüter blieben verschont. Dort ließ er Krieger zurück, die in Zukunft für Ruhe und Ordnung sorgen sollten. Er wollte das eroberte Gebiet nicht mehr hergeben. Die Sklaven, die er aufgreifen konnte, mussten die Arbeiten auf seinen neuen Gütern verrichten. Die Adligen und freien Bauern, Knechte und Mägde, denen er habhaft wurde, ließ er nach dem Westen in sein Reich bringen. Das Land schien vollkommen entvölkert zu sein.

Nur zögernd trauten sich die Menschen, die in den Wäldern Unterschlupf fanden, wieder in ihre Siedlungen und auf die Felder. Sie bauten ihre Hütten auf und beseitigten die Schäden der Verwüstung.

Verunsichert waren die Menschen durch die fränkischen Krieger, die in den benachbarten Königsgütern stationiert waren. Kein Thüringer wusste, wie die Franken reagieren würden, wenn sie mit ihnen zusammentrafen. Die Bauern lebten weiterhin in Angst und Sorge.

Es dauerte viele Wochen bis man mitbekam, dass die Feinde keinen Einheimischen behelligten. Die Franken schienen sich nur auf den Gütern aufzuhalten. Das übrige Umfeld beachteten sie nicht.

Dieses Verhalten ermutigte die meisten Thüringer wieder heimzukehren. Auch die vielen Menschen, die Schutz im Oberwipgau fanden, gingen in ihre Siedlungen zurück und richteten sie wieder her. Die versteckten Vorräte an Getreide und anderen Dingen waren unversehrt geblieben und so glaubte man, den Winter gut überstehen zu können.

Die Frauen, deren Männer im Krieg geblieben waren, hatten nun das Sagen, aber das war in schlechten Zeiten nichts Ungewöhnliches. Sie verstanden zu wirtschaften und kannten sich auch bei der Feldarbeit gut aus. Es blieb so manche schwere Arbeit liegen und konnte erst mit Hilfe der Nachbarn erledigt werden.

Noch vor dem ersten Schnee hatte der Frankenkönig Theuderich Beamte und fachkundige Gutsverwalter aus dem Westen seines Landes in die besetzten Gebiete entsandt, die auf seinen Ländereien Ordnung schaffen sollten.
In der Nähe der Saale lagerten noch einige fränkische Hundertschaften, damit der nach Osten geflohene König der Thüringer an der Rückkehr gehindert werden sollte. Überall im Königreich wurde verkündet, dass Thüringen als Reich nicht mehr existiere und alle Menschen, die in dem besetzten Gebiet lebten, jetzt Franken seien. Damit konnten die wenigsten etwas anfangen. Es interessierte sie im Moment auch gar nicht. Es ging in diesem Winter darum, nicht zu verhungern.
Harald hatte gut vorgesorgt und brauchte nichts zu befürchten. Von seinen Vorräten konnte er sogar an viele etwas abgeben. Auf dem Gut Arnberg, in dem er als königlicher Verwalter des Wiesenlandes eingesetzt war, hatten jetzt Franken das Sagen.
Sklaven, die dort arbeiteten, trugen Harald jede Neuigkeit und Veränderung zu. So war er gut informiert, was dort passierte. Die Krieger, die sich da befanden, verließen kaum die Siedlung. Sie lebten fast völlig isoliert von ihrer unmittelbaren Umgebung. Da von ihnen keine Gefahr auszugehen schien, schwand auch allmählich die Angst vor ihnen. Die Kinder waren die Ersten, die zu den Fremden gingen und sie natürlich neugierig beäugten. Verständigen konnten sich die Kinder nicht mit den Franken, da diese anders sprachen.
Im Frühjahr wurden die Felder bestellt und das Leben schien wie früher zu sein. Auch vor der Frankenzeit waren die Königsgüter isolierte Gebilde in ihrem Umfeld, da sie von königlichen Verwaltern geführt wurden und Sklaven die Arbeit verrichteten. Jetzt schien es nicht anders zu sein, nur dass man die neuen Herren nicht verstand.

Der Schnee war in diesem Jahr zeitig geschmolzen. In Alfenheim gab es doppelten Nachwuchs. Ursula und Elke hatten Söhne geboren. Die Menschen im Ort deuteten die Geburt der Kinder als ein gutes Zeichen.

Keiner von den Männern war mehr in den Oberwipgau zurückgekehrt. So musste angenommen werden, dass alle Krieger in der Schlacht an der Unstrut umgekommen waren. Gefasst nahmen es die Angehörigen nach der winterlichen Trauerzeit hin.

Es war Anfang Sommer, als fränkische Reiter in Richtung Rodewin unterwegs waren. Harald hatte noch immer die Knaben als Späher eingesetzt, die ihm das Eindringen der Feinde in den Gau meldeten. Die Reiter schienen sich gut auszukennen. Nach kurzer Zeit erreichten sie den Hof. Alle hatten sich in den Hütten versteckt und sahen durch die Ritzen der Balken hinaus.
„Ist jemand da?“, rief laut einer der Franken. Harald erkannte seine Stimme und ging hinaus.
„Es sah so aus, als hätte hier keiner überlebt“, sagte der Mann und sprang vom Pferd. Harald ging auf ihn zu und sie umarmten sich wie alte Freunde.
„Sei mir willkommen und trete in mein Haus ein!“, entgegnete er. Der Franke folgte ihm in den Wohnraum. Sie setzten sich an den großen Tisch und Heidrun lugte vorsichtig durch die Tür.
„Dies ist der fränkische Gesandte der uns schon einmal besucht hatte. Bring uns Met, damit wir das Wiedersehen begießen können!“
Heidrun ging in die Küche. Rosa und die anderen wollten von ihr wissen, was das für Männer waren.
„Es ist der fränkische Gesandte, mit dem Harald früher verhandelt hatte“, entgegnete sie voller Stolz. „Es muss ein sehr reicher Herr sein. Er ist ganz fein gekleidet.“
„Ja, das ist er, aber haltet mich nicht auf, ich muss ihnen zu Trinken bringen.“
Sie trug einen Krug mit Met und zwei Becher in die Wohnstube und schenkte ein. Die Männer prosteten sich zu.
„Ich bin auf der Durchreise und da dachte ich, dich kurz zu besuchen. Viel Zeit habe ich nicht, aber für einen guten Schluck reicht es immer.“
„Das ehrt mich, dass du gekommen bist. Wohin soll deine Reise gehen?“

„Ich will zu Herminafrid. Er soll jetzt im Osten leben."
„Das hörte ich auch, aber niemand weiß es genau."
„Auch ich weiß es nicht, doch es ist der einzige Teil vom Thüringer Königreich, der ihm noch verblieben ist."
„Was ist denn mit dem Süden?"
„Mein König Theuderich ist auch durch dieses Gebiet gezogen und hat es leergefegt, so wie hier, nördlich der Thüringer Berge. Im Süden sind dann viele frankentreue Alamannen und andere nachgerückt und die Leute, die sich versteckt hatten, leben jetzt unter ihnen."
„Das ist so wie bei uns. Die Königsgüter werden alle von fränkischen Verwaltern geführt."
„Euer König hatte gute Vorarbeit geleistet und dieses Netz von Königsgütern geschaffen. Wir brauchten nur die Verwalter austauschen."
„Wie lange wollt ihr denn unser Land noch besetzt halten?"
„Das wird ganz von den Verhandlungen mit Herminafrid abhängen. Deshalb reise ich zu ihm, um ihm einen Vorschlag Theuderichs zu unterbreiten."
„Darf man wissen, worum es dabei geht?"
„Es wird nicht lange ein Geheimnis bleiben. Ich denke, dass ich es dir schon sagen darf. Theuderich bietet Herminafrid einen Friedensvertrag an."
„Den gab es doch schon einmal und dein Herr hat ihn gebrochen."
„Damals hatten die Thüringer den Frieden nach ihren Vorstellungen erzwingen wollen, doch diesmal geht der Vorschlag vom fränkischen Herrscher aus."
„Dieser Vertrag wird bestimmt anders aussehen?"
„Er ist so, wie ich ihn dir bei unserer ersten Begegnung im Königshort der Herminaburg erklärt hatte."
„Du sprachst damals davon, dass Herminafrid ein Vasall deines Herrn werden sollte."
„So ist es und Herminafrid hat jetzt keine andere Wahl mehr. Entweder stimmt er zu oder er herrscht nur noch in dem Land hinter der Saale."
„Würde er einverstanden sein, dann gäbe es Thüringen nicht mehr, aber so bleiben wenigstens noch ein kleiner Rest und der Name."

„Für die Menschen ist es gleich, wer sie regiert, solange es ihnen nur gut geht. Im Frankenreich sind alle mit ihrem Leben zufrieden und bald werden es die Leute hier auch sein."
„Wieso gibt es dann immer noch Aufstände in alamannischen und burgundischen Reichsgebieten?"
„Das sind nur junge Hitzköpfe, die ihren eigenen Vorteil suchen und andere aufwiegeln."
„Vielleicht fühlen sich diese Volksgruppen unterdrückt und wollen nach ihren eigenen Vorstellungen leben."
„Wie jeder zu leben hat wird überall und immer vom Adel vorgegeben und auch die Religion der Untertanen richtet sich nach der ihres Herrn. Auch bei uns hat es viele Jahre gedauert, damit der katholische Glauben Einzug halten konnte. Wir sind ein Mischvolk und Chlodwig machte uns zu Christen. Jetzt fühlen wir wie ein Volk."
„Würdet ihr von uns Thüringern auch verlangen, dass wir unsere Götter verleugnen?"
„Auf kurz oder lang werdet auch ihr sie vergessen und dem Christengott huldigen."
„Das kann ich mir nicht vorstellen. Niemals geben wir sie auf! Sie sind der einzige Halt, den wir in dieser schweren Zeit haben."
„Ich will dir nicht deine Götter ausreden, aber geholfen hatten sie euch bei der Schlacht an der Unstrut nicht."
Harald war verärgert und trank seinen Becher in einem Zuge leer. Der Gesandte merkte, dass ihn diese letzte Bemerkung schwer getroffen hatte und entschuldigte sich. Dann drängte er zum Aufbruch und sie reisten weiter.

Das Gespräch beschäftigte Harald noch lange. Dass die Franken ihm seinen Glauben nehmen könnten, war ihm nie in den Sinn gekommen. Niemals würde ihnen das gelingen! Tagelang dachte er noch über das Gespräch mit dem Gesandten nach und auch über den Glauben. Er war von Kindheit an mit den germanischen Göttern aufgewachsen, kannte ihre Geschichten und fand bei ihnen Trost und Hoffnung in schweren Zeiten. Ihm war bekannt, dass es Menschen gab, die andere Götter verehrten. Welche, das wusste Ha-

rald nicht so genau. Möglicherweise waren es germanische, denen man nur andere Namen gegeben hatte.
Die Königin Amalaberga glaubte auch an einen anderen Gott. Der König hat es ihr erlaubt. Viele Leute sprachen schon davon, dass Herminafrid dem christlichen Gott huldigen würde und es von seinen Beamten ebenso erwartete. Vielleicht hatte Thor deshalb die Hilfe den Thüringern bei der Schlacht versagt?

Harald wollte unbedingt mit einem Priester darüber reden, nur der konnte Bescheid wissen und ihm Auskunft geben. Es war noch früh am Tag und so ritt er allein zu den Pferdekoppeln in der Nähe des Schwemmteiches. Die Tiere kamen zu ihm an den Zaun und ließen sich streicheln. Er hatte auch noch ein paar Brotkrumen in seinem Gürtelsack und gab sie ihnen. Alle waren gut über den Winter gekommen. Die meisten Stuten hatten in diesem Jahr gesunde Fohlen zur Welt gebracht. Dies freute ihn sehr. Als vor zwei Jahren noch Hartwigs Hengst, ein Geschenk des fränkischen Prinzen, bei ihm war, ließ er von ihm einige Stuten decken. Die Nachkommen waren feingliedriger im Bau und sie bewegten sich auch eleganter. Harald hatte erst etwas Sorge gehabt, dass sie den kalten Winter nicht so gut überstehen könnten, doch ihr Winterfell schien sie genauso gut zu wärmen, wie das der anderen.
Von hier aus ritt Harald weiter nach Alfenheim. Er wollte nachsehen, wie es denen dort erging. Elke kam ihm auf dem Hof entgegen und fragte ihn, ob er etwas von Hartwig gehört hatte. Die Ungewissheit über seinen Tod war ihr unerträglich. Ähnlich erging es auch den anderen Frauen. Ulrich und Udo waren nicht zurückgekehrt und auch von Baldur hatte niemand ein Lebenszeichen erhalten.
Die Frauen fingen an zu weinen und Harald tröstete sie in ihrem Schmerz. Sein Mitgefühl gab ihnen Kraft.
Im Haus erledigte nun der Knecht alle schweren Arbeiten. Von Ulrich und Udo hatte er das Schmiedehandwerk erlernt und konnte einfache Arbeiten selber ausführen. Harald war zufrieden, dass hier alles so gut weiterging und verabschiedete sich.

Auf dem Heimweg wollte Harald noch bei der Kräuterfrau vorbeischauen. Vielleicht konnte sie ihm etwas zu seinen Glaubensfragen sagen. Der Weg dorthin führte durch den Wald und je weiter er die Wip hinab ritt, umso offener wurde der Bachlauf und mündete in sumpfige Wiesen. Hier wendete Harald sein Pferd in Richtung Osten und ritt am Waldrand entlang. Vom Weg aus konnte er zur linken Hand den breiten Sumpfgürtel erkennen.
Es war ein sehr tückisches Moor, da die hohen Gräser, die kleinen offenen Wasserstellen überdeckten. Wer sich verirrte und dort hineingeriet, hatte kaum eine Chance mit dem Leben davonzukommen. Dieses Moor konnte nur von Kundigen durchwatet werden. Harald ritt weiter auf dem Weg am Waldrand entlang und kam an der Freyainsel vorbei. Hier machte er Halt und band sein Pferd an einem Baumstamm fest. Vorsichtig ging er zu Fuß zu dem Steg, der hinüber zur Insel führte.
Mit seinem Holzbein musste er sehr aufpassen, um nicht zwischen dem Geflecht des Steges stecken zu bleiben. Mühsam gelangte er auf die Insel und setzte sich ins Gras. Es war ein Ort der Ruhe. Nur das Quaken der Frösche und das Zirpen der Grillen waren zu hören. Er schloss die Augen und schlief ein.
Harald erblickte, als er erwachte, schemenhaft eine weibliche Gestalt, die in ein Falkengewand gehüllt war. Die Sonne blendete ihn und Harald wusste nicht, ob er noch träumte.
Sein erster Gedanke war, dass es Freya sein könnte, die ihn hier besuchte und ihm vielleicht etwas mitteilen wollte. Er versuchte mit ihr zu sprechen, doch seine Stimme versagte. Jetzt war Harald davon überzeugt, dass er sich in einem Traum befand. Da er selber nicht reden konnte, so wollte er hören, was die Göttin ihm mitteilen wollte. Die Gestalt bewegte die Arme auf und ab.
Harald richtete sich auf und hielt die Hand über seine Augen, damit ihn die Sonne nicht so blendete. Enttäuscht ließ er die Hand sinken. Es war nicht die Göttin, die vor ihm stand.
Es war Helga, die nur mit dem Falkenumhang bekleidet, ihm Luft zufächelte. Harald war ein wenig traurig. Zu gerne

wäre er Freya einmal begegnet. Er hatte so viele Fragen, die er ihr stellen wollte. Helga konnte ihm diese bestimmt nicht beantworten. Sie kniete sich zu ihm nieder und nahm seinen Kopf in ihre Hände.

„Du lagst wie ein Gott da und ich konnte deinem Gesicht ansehen, dass du im Traum nicht hier bei den Menschen, sondern in Asgard bei den Göttern warst. Ich habe dir mit dem Falkengewand Luft zugefächelt, damit dir die Hitze nicht deinen Traum zerstört."

„Ich kann mich nicht mehr genau erinnern, wovon ich träumte. Ich wollte mit Freya sprechen, aber ich weiß nicht, ob es mir gelungen ist."

„Sag mir, an was du dich noch erinnerst, ich bin eine ihrer Dienerin!"

„Ich würde es dir gerne erklären, doch du wirst mich nicht verstehen."

„Es käme auf einen Versuch an."

Harald sah zu Helga und dachte, dass Freya vielleicht durch ihren Mund zu ihm reden könnte.

„Ich möchte wissen, wer der Christengott ist. Ist es ein Ase oder ein Wane? Oder wer ist es sonst?"

„Er ist keines von beiden. Er ist der Geist der Schöpfung und des Lebens."

„Hat er denn gar keine Gestalt, so wie Odin oder Thor?"

„Man kann ihn nicht sehen und doch sieht er uns. Man kann ihn nicht hören, doch er hört uns. Überall ist er gegenwärtig, in uns und um uns so wie die Luft oder das Wasser."

„Woher weißt du das?", fragte Harald erstaunt.

„Meine Mutter hat es mir so erklärt."

„Und woher weiß es deine Mutter?"

„Das musst du sie selber fragen!"

Helga hängte das Falkengewand und die Halskette mit den durchscheinenden gelben Steinen über den knorrigen Baumstamm und zog ihr einfaches Leinenkleid über.

„Was ist das für eine Halskette, die du getragen hast? Was sind das für leuchtende Kiesel?"

„Es sind Bernsteine, die Tränen der Freya. Wenn sie auf die Erde fallen, werden sie zu Gold und im Wasser zu Bernstein. Wir haben sie geschenkt bekommen."

„Kann ich mir die Kette einmal ansehen?"
Helga reichte Harald die Kette. Er hielt sie gegen die Sonne und die Strahlen spiegelten sich wie wild.
„Die sind ganz leicht und warm, anders als Bergkristalle."
„Willst du uns besuchen? Ich würde dich dann begleiten."
„Ja, ich möchte mit deiner Mutter sprechen!"
Helga half Harald vom Boden auf und er ging vorsichtig wieder über den Holzsteg zum Waldrand. Dort wartete sein Pferd. Harald stieg auf und bot Helga an, hinter ihm auf dem Pferderücken Platz zu nehmen. Sie sprang auf und so ritten sie langsam hin zum Eichelsee.

Vor der Hütte saßen die beiden Jungen. Sie freuten sich, den Gaugraf einmal wiederzusehen und wollten wissen, was es Neues gab. Er erzählte die letzten Neuigkeiten, die ihm bekannt waren.
Vom Besuch von Treguls Vater, dem Gesandten des Frankenkönigs, sagte Harald nichts. Er war noch immer wegen dessen Äußerung zu dem Glauben verärgert.
Die Kräuterfrau kam aus ihrem Haus.
„Ach, du bist es! Du warst schon lange nicht mehr hier", bemerkte sie interessiert.
„Ich will dich etwas fragen!"
„Was willst du wissen, mein Junge?"
„Sag mir, wer der Christengott ist? Helga meinte, du wüsstest es."
„Ich kann dir nicht sehr viel darüber erzählen. Was ich weiß, hat mir der Priester in Wipa gesagt, doch so richtig verstanden habe ich ihn nicht. Du solltest zu ihm gehen, er kann es dir besser erklären. Hast du Hunger? Ich habe eine feine Kräutersuppe im Kessel."
Die Jungen schmunzelten bei dem Gedanken, dass Harald die Suppe essen sollte. Sie hatten sich nach den vielen Wochen schon daran gewöhnt, aber schmecken tat sie ihnen immer noch nicht.
„Du kannst mir einen Schöpflöffel davon geben, aber nicht mehr", entgegnete Harald.
„Helga, geh und bringe unserem Gast eine Schale!", herrschte die Frau ihre jüngste Tochter an, die sich mit den

Jungen neckte. Diese albernen Neckereien mochte die Kräuterfrau gar nicht.
„Die drei hängen wie Pech und Schwefel zusammen und immer müssen sie herumtoben. Ich glaube, Helga wird nie erwachsen werden."
„Helga ist doch ein kluges Kind. Ich hatte sie wegen des Christengotts gefragt und eine Antwort bekommen. Nur verstanden hat sie es selbst noch nicht."
„Ja, ein gescheites Kind ist sie und eine gute Dienerin der Freya."
„Ist sie denn alt genug dazu?", wollte Harald wissen.
„Ich glaube schon, du kannst sie selber danach fragen."
„Ich bin in guten Händen, da brauche ich ihre Hilfe nicht, aber ich danke dir für das Angebot."
Helga kam mit der Schüssel Kräutersuppe aus dem Haus. Die Suppe dampfte noch.
„Pass auf! Verbrenn dir nicht den Mund!", sagte sie und reichte ihm die Schüssel.
„Ich danke dir, mein schönes Kind", sagte er und sah sie an. Die Röte schoss ihr ins Gesicht.
„Ich bin kein Kind mehr", sagte sie erbost und lief wieder in das Haus.
„Was hat sie denn?" fragte Harald ihre Mutter.
„Ich weiß nicht. So sind nun mal die jungen Dinger."
Harald schlürfte die Suppe und nach jedem Löffel kicherten die Knaben.
„Was lacht ihr beiden?", fragte er sie. Sie antworteten nicht und verschwanden auch im Haus.
„Wo ist denn deine große Tochter Ferun?"
„Sie ist in der Hütte."
„Warum zeigt sie sich mir nicht? Ist sie krank?"
„Nein, Ferun stillt gerade ihr Töchterchen."
„Was sagst du da, sie hat eine Tochter?"
„Ja, vor ein paar Wochen ist sie geboren."
„Und wer ist denn der Vater?"
„Es gibt bei uns keine Väter."
„Mir kannst du es doch sagen. Ich behalte es für mich."
Die Kräuterfrau überlegte eine Weile und schien sich nicht sicher, ob sie es ihm verraten sollte. Sie beugte sich zu Ha-

ralds Ohr und flüsterte ihm zu: „Nur du sollst es erfahren und sonst niemand. Es ist der Pferdeknecht des Königs, der bei uns so oft zu Besuch war."
„Ach so, den Pferdeknecht meinst du."
„Natürlich, der Pferdeknecht. Es war doch die ganze Zeit kein anderer bei ihr."
„Weiß es denn der Pferdeknecht?"
„Nein, es wird niemand erfahren, auch er nicht. Es ist ein Göttergeschenk der Freya, da es ein Mädchen ist."
Harald fragte nicht weiter. Die Kräuterfrau schien zu glauben, dass Amalafred ein Pferdeknecht war. So wollte er es dabei belassen.
„Willst du die Kleine einmal sehen?"
„Gern."
„Dann komm mit!"
Die Frau öffnete die Haustür und er humpelte ihr hinterher. Ferun saß auf einem Schemel neben der Feuerstelle und stillte das Kind. Sie sah ihn an und sagte nichts.
„Ferun, ich wünsche dir und deiner Tochter alles Gute!", sprach er zu ihr und strich mit seinen Fingern über den Kopf des Babys.
„Ich habe auch ein Geschenk für das Kind".
Harald griff in seinen Lederbeutel am Gürtel und zog eine römische Silbermünze heraus. Ferun bedankte sich und blickte glücklich auf ihre Tochter, die zufrieden an ihrer Brust lag.
„Jetzt muss ich aber wieder gehen. Ich habe noch viel daheim zu tun. Wenn ihr irgendetwas zum Leben braucht, so sagt es mir oder Siegbert!"
Alle begleiteten ihn noch nach draußen und winkten dem Reiter nach.

Als Harald in Rodewin eintraf, warteten Leute, die seinen Rat brauchten. Sie kamen aus anderen Gauen, die zum Wiesenland gehörten. Da im Königsgut jetzt die Franken saßen und er der ehemalige Verwalter des Wiesenlandes war, ging man jetzt in den Oberwipgau zu ihm, um Probleme zu entscheiden. Harald war für sie immer noch die Ansprechperson, die den Thüringer König in ihrem Großgau vertrat.

Eine Frage, die er klären sollte, war das Verhalten zu den Besatzern. Durften sie mit den Franken Handel treiben? Oder sollte man den Fremden aus dem Wege gehen?
„Ihr seid sicher aus den Siedlungen, die in der Nähe zum Königsgut liegen?
Solange die Franken euch nichts wegnehmen oder euch Gewalt antun, könnt ihr mit ihnen Waren tauschen.
Ihr müsst nur sehr vorsichtig sein, dass es keinen Ärger gibt! Die Franken sind im Moment die Stärkeren und ich kann euch dann leider nicht helfen."
„Einige von uns haben schon Gemüse mit ihnen getauscht und die Franken haben uns dafür Münzen gegeben und gesagt, dass man diese jetzt überall im Reich gegen andere Waren eintauschen kann.
Wie soll das aber gehen, wenn ich nicht weiß, was ich für die Kupfermünzen bekomme?"
„An das Geld müssen wir uns alle noch gewöhnen. Geld hatten schon die Römer und noch andere davor. Selbst wenn die Franken wieder weggehen, werden wir diese Tauschmünzen behalten. Mit den Münzen wird der Handel vereinfacht. Ich rate euch deshalb, es anzunehmen und bei den fahrenden Händlern dafür andere Dinge zu erwerben!"
„Wenn du uns das sagst, so werden wir es probieren."
„Ist das alles, was ihr im Moment auf dem Herzen habt?"
„Im Augenblick ja."
„Es ist schon sehr spät und bald wird es dunkel. Ihr könnt bei mir im Pferdestall übernachten! Macht euch dort ein Lager aus Stroh!"
Sie bedankten sich und gingen nach draußen.
Bei diesen Besprechungen hörten die großen Kinder zu und Harald fand es gut, dass sie sich für die Dinge, die im Land passierten, interessierten. Einer der Jungen sagte zu ihm:
„Du musst genau so klug wie Odin sein, um alle Fragen der Leute zu beantworten."
„Das ist gar nicht so leicht, mein Sohn. Odin hatte auch seine Probleme damit. Er war ständig auf der Suche nach Wissen, um alle Fragen, die andere ihm stellten, beantworten zu können. Die schwierigsten Fragen sind immer die, die man sich selbst stellt. Odin hat deshalb viel gelitten."

„Kannst du uns darüber erzählen?“
„Nun gut, wenn ihr es hören möchtet, so will ich euch davon berichten.“
Die Kinder setzten sich im Halbkreis um ihn herum und lauschten gespannt.

„Eines Tages stellte Odin sich die Frage, was es bedeutet, zu leben und zu sterben. Um das zu erfahren, hängte er sich an einen Ast des Weltenbaumes Yggdrasil. Dieser Baum verbindet die Unterwelt, die Erde und den Himmel miteinander. Solange seine Blätter grün sind, wird es die Erde geben.
Aufgehängt an dessen Ästen, versuchte Odin eine Antwort auf seine Fragen zu finden. Als die anderen Götter sahen, wie er so hilflos und leidend da oben hing, wollten sie Odin wieder herunterhelfen.
Er untersagte es ihnen und rief ihnen zu, dass sie ihn in Ruhe lassen sollten. Neun Tage und Nächte hing er da oben, ohne etwas zu trinken und zu essen. Es schien, als wäre Odin mehr tot als lebendig. Die Schmerzen waren ihm unerträglich und seine Sinne schwanden. Er sah alles, wie durch einen Nebel.
An der Grenze zwischen Leben und Tod erkannte er die Unterwelt. Odin sah die Toten und sie sprachen mit ihm. Auf viele seiner Fragen bekam er eine Antwort. Odin lernte die Runen zu lesen.
Es sind mächtige Zeichen. Auch lernte Odin viele starke Zauberlieder. Es waren Lieder mit denen man Feuer löschen und Ketten sprengen, den Sturm entfachen und das Meer besänftigen kann. Die Zauberlieder können auch gegen Liebeskummer, Sorgen und Krankheiten helfen.
Als Odin vom Weltenbaum wieder herunterstieg, ist er zum mächtigsten Gott geworden. Seitdem gebietet er nicht nur über die Lebenden, sondern auch über die Toten. Die Kraft der Runen und Zaubersprüche kennt ihr. Oft habt ihr dem Priester zugeschaut, wenn er sie gebrauchte. Doch sie helfen nur dem, der auch fest an unsere Götter glaubt.“
Nun war es Zeit zum Abendessen. Die Mutter hatte das warme Essen vorbereitet. Jeder setzte sich auf seinen Platz

und Harald dankte Thor für seine Hilfe in der schweren Zeit. Sie gedachten auch dem gefallenen Vater Herwald und dem vermissten Hartwig, den sie tot glaubten.
Es war ein Ritual, das sich jeden Tag wiederholte und mit dem alle zufrieden waren. Große Schüsseln mit Brei stellte die Mutter auf den Tisch und alle langten zu. Nach dem Abendessen wollten die Kinder noch eine Göttergeschichte hören und Harald fing an zu erzählen.

„Die Wanen hatten die Asen ein zweites Mal zum Kampf herausgefordert. Sie waren damals mit dem Ergebnis des Friedenschlusses nicht einverstanden.
Odin besiegte die Wanen und verlangte von ihnen, seine Herrschaft anzuerkennen. Jeder, der dazu bereit war, sollte in ein großes Gefäß spucken.
Aus dieser Spucke erschuf Odin einen Mann mit großer Weisheit und schickte ihn zu den Menschen. Sein Name war Kvasir. Er konnte ihnen alle Fragen beantworten, die sie ihm stellten.
Eines Tages wurde nun Kvasir von zwei bösen Zwergen ermordet, die sein Blut mit Honig vermischten und einen Met daraus brauten. Das Getränk sollte zur Weisheit verhelfen. Ein Troll nahm den Zwergen den Met weg und wollte ihn für sich allein behalten. Odin gelang es mit einer List in die Festung des Trolls zu gelangen und den Met an sich zu nehmen. Er brachte ihn nach Asgard und bestimmte, dass nur jene Menschen und Götter davon trinken dürfen, die sich auf die Dichtkunst verstehen.
Aus diesem Grunde nennt man diesen Trunk auch den Met der Dichter. Brage, ein Sohn von Odin, wurde als Hüter dieses Getränks bestellt. Seit dieser Zeit ist er der Gott der Poesie und Redekunst."

Für die Kinder war es schon Zeit, sich schlafen zu legen. Die Frauen setzten sich in einer Ecke des Raumes zusammen und beschäftigten sich mit Handarbeiten. Sie unterhielten sich gern dabei. Die meisten Frauen strickten aus Schafwolle Strümpfe und auch Kleider für die kalten Tage. Die Männer setzten sich vor dem Haus unter den alten Lin-

denbaum und sprachen über die Arbeit und das Geschehen in der Welt.
In Rodewin waren im Verhältnis zu anderen Sippen noch viele Männer vorhanden.
Es waren dies Alwin, der ältere Bruder von Herwald, der schon zu den Greisen zählte und Herwalds jüngerer Bruder Ingolf, der wegen seiner epileptischen Anfälle, die er hin und wieder bekam, kriegsuntauglich war.
Auch Harald konnte nicht mehr in den Krieg ziehen, da ihm ein Bein fehlte.
Alwin und Ingolf hatten nur Töchter, von denen die älteren verheiratet waren und nun in anderen Sippen, außerhalb vom Oberwipgau lebten. Durch die Ehen der Kinder waren viele Familien wie in einem Netzwerk miteinander verbunden.
Das gab Grund sich gegenseitig zu besuchen und die Meinungen auszutauschen. Ingolf wurde wegen seines Leidens immer sehr behutsam behandelt. Wenn er bei den krampfartigen Anfällen zu Boden sank und Schaum aus den Mundwinkeln trat, wagte sich niemand an ihn heran.
Der Priester hatte gesagt, dass diese Erscheinung nur bei Menschen auftritt, die mit den Göttern sehr engen Kontakt hätten. Somit war er ein Auserwählter, so etwas wie ein Bote der Götter. Darauf bildete sich Ingolf zeitlebens viel ein und er war in seiner Jugend von den Mädchen sehr begehrt.
Diese Beliebtheit schien mit den Jahren nicht gelitten zu haben und seine Frau achtete wie ein Luchs auf ihn. Dennoch gelang es ihm immer wieder von zu Hause wegzukommen und in einer anderen Hütte ein kurzes Glück zu finden. Das war allen bekannt, nur seine Frau schien es nicht zu wissen. Niemand störte sich daran und so hatte man immer etwas zu tratschen, wenn man zusammenkam.
Hin und wieder besuchte Ingolf seine Töchter. Er nahm dann gern Umwege in Kauf, um bei einer einsamen Witwe einmal Halt zu machen. Jetzt, nach der verlorenen Schlacht, wo viele Männer nach Walhall gezogen waren, boten sich ihm besonders viele Möglichkeiten.
Es nahm derart zu, dass Ingolf sogar seine Besuche bei der Kräuterfrau und ihren Töchtern einstellte. Die schienen in dieser Zeit die Benachteiligten zu sein. Es kamen kaum

Männer mehr zu ihnen, die Geschenke mitbrachten. Wenn die Kräuterfrau nicht Harald hätte, der sie mit Getreide und anderen Lebensmitteln regelmäßig belieferte, so sähe es für sie sehr schlecht aus.
Wenn sich die Gelegenheit bot, so prahlte Ingolf von seinen vielen Eroberungen. Die Männer hörten ihm amüsiert und schweigend zu. Siegbert spitzte die Ohren. Ingolf war für ihn so ein rechter Draufgänger, wie er es auch gern einmal sein würde, doch bisher hatte er noch keine Freundin gehabt. Als Ingolf ihn danach fragte, gab er es zu und meinte, dass er zu schüchtern sei, um ein Mädchen anzusprechen.
Ingolf bot ihm an, ihn das nächste Mal mit auf eine Besuchsreise zu einer seiner Töchter mitzunehmen. Die anderen mussten darüber lachen, denn sie konnten sich vorstellen, wie das ausgehen würde.
Siegbert war alt genug, um seine Erfahrungen mit dem anderen Geschlecht zu machen. Die Hilfe seines Onkels würde ihm da gut tun. Die Becher mit dem Met waren ausgetrunken und alle verzogen sich zu ihrer Schlafstätte.
Harald wollte am nächsten Tag zum Priester zu reiten, um mit ihm über seine noch immer unbeantwortete Frage nach dem Christengott, zu sprechen. Er erzählte Heidrun davon, die sich schon niedergelegt hatte. Sie konnte ihm auch nichts dazu sagen und blieb sehr kurz in ihrer Antwort. Er hatte das Gefühl, dass sie im Moment keine Lust auf eine tief greifende Unterhaltung hatte und als er in ihre leuchtenden Augen blickte, wusste er warum.

Am nächsten Morgen war Harald sehr zeitig losgeritten, um den Priester aufzusuchen. Der Priester lebte abseits der Siedlung Wipa am Rande des heiligen Hains in einer kleinen Hütte. Er hatte nur einen kleinen Kräutergarten und ein paar Apfelbäume. Getreide und Gemüse bekam er von den Bauern der umliegenden Siedlungen und zwei Waisenjungen, die bei ihm lebten, kümmerten sich um den Haushalt.
Die Jungen waren im Alter, wo man anfing, sich auf die Jungkriegerprüfung vorzubereiten. Doch beide waren bestrebt, von ihrem Lehrmeister so viel wie möglich zu lernen, um später selber einmal Priester zu werden. Sie waren

sehr intelligent und ihr Meister hatte seine Freude an ihnen. Beide halfen ihm bei den wöchentlichen Opferritualen und erzählten den Kindern in den Siedlungen Geschichten über die germanischen Götter. Die Jungen bekamen als Dank von den Hausfrauen meist Eier oder auch einmal ein Stück geräucherten Speck.
Der Priester war allein zu Hause, als Harald ihn besuchte.
„Sei gegrüßt, Harald! Ich freue mich, dass du mich auch einmal besuchst. Zu selten hast du Zeit, zu mir zu kommen."
„Ich habe sehr viel zu tun, Priester, das weißt du doch! Auch heute kann ich leider nicht lange bei dir verweilen."
„Dann muss es etwas ganz Wichtiges sein, dass du gekommen bist."
„So ist es! Eine Frage beschäftigt mich schon seit Tagen und ich habe noch keine Antwort darauf gefunden. Vielleicht kannst du mir helfen?"
„Sprich nur!", ermutigte ihn der Priester.
„Ich möchte wissen, wer der Christengott ist? Ist er ein Ase oder ein Wane?"
„Das ist nicht so leicht zu beantworten und es ist auch nicht so einfach, das zu verstehen."
Der Priester zwirbelte an seinem langen weißgrauen Bart und überlegte.
„Die Frage hatte ich mir selbst schon vor sehr langer Zeit gestellt und mir Rat bei vielen klugen Menschen geholt, doch keiner konnte mir eine befriedigende Antwort geben. Zuletzt fragte ich einen Mann, der als Bettler durch unser Land gezogen ist und nur von dem lebte, was ihm die Menschen, die er besuchte, gaben. Er besaß nicht mehr, als das, was er auf der Haut trug und das war nur ein schäbiges Gewand. Ich sprach mit ihm über vielerlei Dinge und erfuhr, dass er ein Christ ist und für seinen Gott durch die Welt zog und mit den Menschen sprach. Es war ein sehr kluger Mann und ihm stellte ich die gleiche Frage."
„Wenn der Bettler ein Christ war, so muss er doch wissen, wer sein Gott ist und wo er herkommt."
„So leicht ist das nicht. Er sagte mir, dass sein Gott keine für uns Menschen erfassbare Gestalt besäße und man sich von ihm kein Bildnis machen durfte."

„Wenn er keine Gestalt hat, dann kann er doch gar nicht existieren. Was ich nicht sehen, fühlen, hören, riechen oder schmecken kann, das ist doch für mich nicht da. Oder stimmt das nicht?“
„Es gibt Dinge, die wir nicht erkennen und sie existieren doch. Nur mit unserem Glauben können wir sie erfassen. So soll es auch mit ihrem Gott sein.“
„Ich könnte an so einen Gott niemals glauben. Odin und die anderen Götter sind für mich real und sie haben einen Körper und eine Stimme.“
Der Priester lehnte sich auf seinem Schemel zurück und überlegte lange. Dann sah er Harald an und fragte ihn: „Wann hast du das letzte Mal einen unserer Götter vor dir gesehen?“
„So leibhaftig habe ich noch nie einen gesehen, aber ich weiß, wie sie ausschauen und sie haben mir schon viele Zeichen gegeben.“
„Das stimmt, die Zeichen sind es, an denen wir sie erkennen und unser Glaube an ihre Existenz. Nur so lange wir unseren Glauben bewahren, solange sind sie unter uns und helfen in der Not.“
„Und wer ist jetzt der Christengott?“
„Das konnte mir bisher niemand beantworten. Ich denke, dass es Buri ist, der erste Ase, den die Urkuh aus dem Eis geleckt hat.“
„Wo kam denn Buri her? Er muss doch in das Eis erst einmal hineingekommen sein.“
„Wahrscheinlich ist er von einer anderen Welt auf unsere Erde gekommen. Dort, wo sein Zuhause war, mussten die Asen unvorstellbare Fähigkeiten besitzen. Irgendein Zufall hat ihn auf unsere Erde gebracht und er hat mit Hilfe seiner geistigen Fähigkeiten diese mit umgestaltet, so wie sie jetzt ist.“
„Odin und seine Brüder sollen doch die Welt erschaffen haben.“
„Das sagt man und es wird auch bestimmt so gewesen sein, doch ihr Großvater, der unsterblich ist, hat ihnen möglicherweise dabei geholfen.“
„Darüber wird nichts berichtet, dass Buri ihnen geholfen hat.“

„Wenn du deine Kinder unterstützt, dann hilfst du auch im Stillen und wachst mit einem Auge über ihnen."
„Ja, das war auch bei meinem Vater so, der uns in manchen schwierigen Situationen geholfen hatte und wenn uns etwas Besonderes gelang, dann hat er uns den Ruhm allein überlassen."
„Buri, so denke ich mir, könnte der Christengott sein, da er für sich in Anspruch nimmt, dass die Menschen nur ihn allein anerkennen dürfen."
„Und was ist mit Odin, dem mächtigsten aller Götter?"
„Sein Enkel Odin kann nicht so mächtig wie sein Großvater Buri sein. Er hat eine erdgeborene Mutter, die von den Riesen abstammt. Somit ist er halb Ase und halb Riese."
„Ja und deshalb sind Odin und alle Asen in Asgard nicht unsterblich."
„Das ist richtig. Sie müssen von den magischen Äpfeln der Göttin Idun essen, damit sie jung bleiben und nicht wie die Riesen sterben. Buri und sein Sohn Bör sind jedoch unsterblich und besitzen die ganze unvorstellbare Macht ihrer Ahnen."
„Dann wäre der Christengott mächtiger als die Götter der Germanen, die wir anbeten."
„Wenn meine Überlegung stimmt, müsste es so sein, doch das denke ich mir nur so."
„Ich glaube, ich habe dich verstanden, doch bin ich nicht wirklich zufrieden über diese Erkenntnis."
„Ich verstehe dich gut, Harald. Mir geht es ebenso und deshalb spreche ich mit niemand darüber, es sei denn, dass jemand danach fragt, so wie du."
Die beiden Waisenjungen waren inzwischen vom Fischfang an der Wip zurückgekommen. Sie hatten vier Forellen mit den Händen gefangen und brachten sie in einem Sack mit nach Hause. Der Priester begutachtete den Fang und war zufrieden damit.
„Wir werden die Forellen uns gleich am Spieß braten und du, Harald, wirst unser Gast sein."
Die Vorbereitungen verrichteten die beiden Jungen. Sie nahmen die Fische aus, entschuppten sie und steckten sie auf dünne Holzstöcke. Dann ließen die Jungen die Fische

langsam über dem Feuer gar werden. Währenddessen diskutierte Harald mit dem Priester noch über die Veränderungen im Reich und die Zukunft des Landes. Der heilige Mann war nicht sehr optimistisch, dass die Franken wieder abziehen würden, auch nicht nach einem Friedensabkommen zwischen den Königen Herminafrid und Theuderich. Er glaubte, dass die katholische Kirche hinter alldem stecken würde und der König nur ihr Werkzeug wäre.
„Wieso glaubst du das?“, wollte Harald wissen.
„Betrachte doch, wie sich das Christentum entwickelt hat! Der arianische Glaube wurde bereits von vielen Stämmen der Germanen angenommen. Auch unser hochverehrter Ostgotenkönig Theoderich war Arianer. Dann gibt es noch die Katholiken, zu denen die Franken gehören. Beide dieser Christengruppen bekämpfen sich wie die Wilden und wie es aussieht, werden die Katholiken irgendwann gewinnen. Folglich werden sie also versuchen, immer mehr Gebiete für ihre Glaubensrichtung zu bekehren.“
„Was sind denn die Unterschiede zwischen den beiden Gruppen?“
„Das werde ich dir nach dem Essen erklären. Ich glaube die Fische sind jetzt gar und die wollen wir uns erst einmal schmecken lassen.“
Harald hatte bei dem Priester wieder viel dazu gelernt, doch befriedigten ihn die neuen Erkenntnisse nicht sehr. Die Welt war so kompliziert geworden. Odin musste es oft so ergangen sein, wenn er mit seinem einen Auge auf die Erde hinab sah und sich wunderte, was aus seiner Schöpfung geworden war. Vieles hatte er sich bestimmt anders vorgestellt. Das meiste entwickelte sich nicht so, wie er sich das ursprünglich ausdachte. Selber konnte und wollte Odin nichts mehr daran ändern und musste es hinnehmen, so wie es war.

Zum nächsten Vollmond wollte Ingolf für ein paar Tage seine Tochter besuchen, die einen Tagesritt weit von Rodewin entfernt lebte. Er hatte Siegbert versprochen, ihn diesmal mitzunehmen. Ingolf hatte Spielzeug aus Holz geschnitzt und freute sich schon auf die strahlenden Augen der Enkel.

Seine Frau gab ihnen selbstgestrickte Handschuhe für die Kinder und einen breiten Schal für die Tochter mit.
Die Männer wollten zuerst zum Rynnestig reiten und dann in das Seitental abbiegen, an dessen Ende die Siedlung lag. Siegbert war noch nie dort. Er kannte nur den Weg bis zum Rynnestig. Oft war Siegbert mit der Pferdeherde zu dem Höhenweg der Thüringer Berge geritten.
Ingolf machte in manchen Siedlungen für einen kleinen Schwatz bei Bier oder Met einen Halt. Siegbert ließ sich von ihm dazu nicht animieren. Ihm war noch der kleine Schwips nach dem Abtrieb der Pferde durch Alfenheim in unangenehmer Erinnerung. Seitdem mied er alkoholische Getränke. Bedingt durch die vielen Pausen kamen die beiden Männer nur langsam vorwärts.
Gegen Abend langten sie endlich in einer kleinen Siedlung an. Eine Frau kam aus dem Langhaus und begrüßte sie. Sie war sehr viel jünger als Ingolf und bot ihm und seinen Begleiter an, bei ihr zu übernachten. Ingolf war einverstanden, denn die nächste Siedlung würden sie nicht vor dem Einbrechen der Dunkelheit erreichen.
Die Frau lebte hier mit zwei Mägden allein auf dem Hof. Vor drei Jahren hatte sie ihren Mann verloren. Jetzt musste sie sehen, wie sie mit den beiden allein die Landwirtschaft bewältigte. Kinder hatte sie keine. Ingolf schien die Frau gut zu kennen. Er erzählte ihr, dass Siegbert sein Neffe wäre, der ihn zu seiner Tochter begleitete.
„Er ist ein hübscher Bursche“, sagte die Frau so laut, dass Siegbert es unbedingt hören musste.
„Du brauchst nicht gleich rot zu werden, mein Junge. Komm setz dich an den Tisch, es gibt sofort etwas zu essen!“
Ingolf deutete seinem Neffen an, sich neben ihn zu setzen. Die Mägde kamen aus dem Kuhstall und nahmen auch am Tisch Platz. Sie waren beide nur wenig älter als Siegbert. Die Hausfrau trug eine Schale Hirsebrei auf und gab jedem einen Löffel. Dann streute sie ein paar getrocknete Beeren über den Brei und setzte sich zu ihnen.
„Lasst es euch schmecken!“, forderte sie zum Essen auf. Alle arbeiteten sich in der flachen Holzschüssel vom Rand zur Mitte vor. Siegbert aß wenig, denn er glaubte, es könnte

für die anderen nicht reichen. Die Hausfrau schob ihm noch Brei von ihrer Seite mit dem Löffel zu und nötigte ihn zuzulangen. Die Mägde hatten bereits ihre Portion aufgegessen und deuteten an, ihm von seinem Teil etwas wegzunehmen.

„Ärgert mir den Jungen nicht, ihr dummen Gänse!“, schalt sie die Hausfrau. Die mussten jedoch lachen und Siegbert überließ ihnen freiwillig seinen restlichen Brei. Danach säuberten die Mägde die Herdstelle.

Die Hausfrau blieb bei den Männern sitzen und strickte an einem Schal aus Wolle. Dabei konnte sie sich gut unterhalten. Ingolf erzählte ihr von den neuesten Geschehnissen in Thüringen, so wie er es von Harald gehört hatte und übertrieb bei diesem und jenem ein wenig, wie es so seine Art war. Siegbert mischte sich nicht ein. Er sah lieber zu den Mägden, die sich nach dem Putzen mit ihren Spinnrädern abmühten. Diese Arbeit schien sie jedoch nicht anzustrengen, denn sie lachten und scherzten in einem unverständlichen Dialekt. Der Hausfrau war aufgefallen, dass er sich gern an deren Gesprächen beteiligen würde. So forderte sie die Mägde auf, anders zu reden und sich um ihn zu kümmern. Ingolf hatte inzwischen das Thema gewechselt und in bewährter Art der jungen Witwe Komplimente gemacht. Nach der langen Zeit des Alleinseins verfehlten diese Worte ihre Wirkung nicht. Sein Neffe lauschte mit einem Ohr der gekonnten Wortwahl seines Onkels.

Nach einer Weile stand die Frau auf und ging in den Kuhstall, der neben der Küche lag. Ingolf folgte ihr und schloss die Tür. Die Mägde hörten mit dem Spinnen auf und schlichen sich zu der Lehmwand, die den Kuhstall von der Küche abtrennte.

Siegbert stand unschlüssig da. Man schien ihn vergessen zu haben. Niemand beachtete ihn. Die Mägde deuteten an, dass er zu ihnen kommen sollte. Sie zeigten auf ein Loch in der Wand. Er sah hindurch und erkannte seinen Onkel und die Witwe, wie sie auf einem Heuhaufen lagen, der an der Seite des Stalls aufgeworfen war.

„Lass uns auch wieder durch das Loch schauen!“, forderten die Mägde und versuchten ihn vom Guckloch wegzuziehen.

Es begann ein Gerangel und er hatte Mühe sich zu behaupten.
Was Siegbert da erkennen konnte, verschlug ihm die Sprache und auch die Mägde waren ganz aufgeregt. Nachdem die Hausfrau und Ingolf aus dem Kuhstall wieder zurückkamen, unterhielten sie sich, als wäre nichts passiert und tranken gewürztes Bier. Beide machten einen sehr zufriedenen Eindruck.
Sein Onkel war jetzt müde und wollte schlafen. So beendeten die Mägde ihre Spinnarbeit und die Hausfrau löschte das Feuer auf der Herdstelle. Nur die Glut spendete noch ein wenig Licht in dem Küchenraum, der auch zum Wohnen und für das Nachtlager diente. Zwei einfache Holzliegen standen an den Seitenwänden. Auf der einen ruhten die Mägde und auf der andern sehr viel größeren die Frau. Die beiden Gäste legten sich neben der Hausfrau mit auf die größere Liege zur Ruhe.
Ingolf lag am Rand und schlief gleich ein. Er schnarchte so laut wie ein Bär beim Winterschlaf. Danach begann auch die Frau ihn mit einem pfeifenden Schnarchton zu unterstützen. Siegbert lag in der Mitte und fand bei diesen Geräuschen und zwischen den beiden Leibern eingekeilt, keinen Schlaf. Er drehte sich auf die Seite und wieder auf den Rücken, doch nichts half.
Die Witwe musste durch die unruhigen Bewegungen von ihm wach geworden sein. Sie flüsterte ihm zu: „Kannst du nicht einschlafen?"
„Ich bin noch nicht müde", antwortete er leise.
„Da weiß ich ein Mittel dagegen", sagte sie und drehte sich zu ihm hin. Sie legte ihre Hand auf seinen Bauch strich mit kreisenden Bewegungen leicht darüber.
Wohlige Wärme durchströmte seinen Körper bei der Berührung und so tauchte er langsam in das Reich der Träume ein.
Die Männer schliefen noch, da hatten die Hausfrau und ihre Mägde bereits die Kühe gefüttert und gemolken. Sie tranken zum Frühstück eine Schale der noch warmen Kuhmilch.
„Wir müssen jetzt gehen", sagte Ingolf zur Witwe.
„Wenn ihr zurückreist, könnt ihr gern wieder bei mir einkeh-

ren. Ich mache euch dann einen süßen Brei mit Früchten, den magst du doch besonders gern."
Ingolf versprach ihr zu kommen und sie zogen weiter. Bis zur Siedlung der Tochter war es nicht mehr weit. Auch hier hatte der verlorene Krieg tiefe Wunden gerissen. Ingolfs Schwiegersohn war, wie dessen Vater und Bruder, vermisst.
Niemand glaubte mehr daran, dass sie die Schlacht an der Unstrut überlebt hatten. Man erzählte sich, dass es nur wenige Gefangene gab und die meisten der Thüringer Krieger nach Walhall geritten waren. Die Trauer wich der Sorge um das Überleben und Ingolfs Tochter war sehr froh, dass ihr Vater etwas Speck und Honig für die Sippe mitbrachte. Ihre Schwiegermutter, die jetzt die Zügel auf dem Bauernhof in den Händen hielt, nahm die Geschenke entgegen.
Ingolf wollte nur einen Tag dort bleiben. So erledigten die beiden Männer ein paar Arbeiten, die für die Frauen zu schwer waren. Sie besserten das Strohdach aus und fällten zwei Bäume, die zum Ausbessern der Tragbalken im Haus vorgesehen waren.
Am Nachmittag des übernächsten Tages zogen sie den gleichen Weg zurück nach Rodewin, den sie gekommen waren. Sie kehrten wieder bei der Witwe ein. Auf dem Weg erzählte Ingolf, was er dort so alles vorhatte.
„Diesmal kommen die Mägde dran", prahlte Ingolf.
„Bist du für die nicht schon ein bisschen zu alt?"
„Dafür ist man nie zu alt. Einer, wie ich hat Ausdauer und das lieben auch die jungen Dinger. Ich werde mal mit der Witwe sprechen, dass sie sich deiner annimmt."
„Mach dir keine Sorgen um mich!"
„Doch die mache ich mir. Du bist schon so alt und immer noch grün hinter den Ohren. Es wird Zeit, dass wir einen Mann aus dir machen. Ich hatte schon mit vierzehn gewusst, wo es langging. Wie du es anstellen musst, das hast du das letzte Mal durch das Loch in der Wand sehen können."
„Ich kenne kein Loch in der Wand."
„Schwindle nicht! Die Mägde schauen mir jedes Mal zu, wenn ich mit ihrer Herrin im Kuhstall bin. Ich weiß das."
„Macht es dir nichts aus, wenn dich jemand dabei beobachtet?"

„Im Gegenteil, das fordert mich erst richtig heraus. Jetzt sind die jungen Küken bestimmt schon so weit, dass sie es von selber wollen."
„Wir werden sehen, ob du bei ihnen ankommst."
„Willst du mit mir wetten, dass ich es schaffe?"
„Na gut, was setzt du dagegen?"
„Ich gebe dir mein Messer und du mir deine Hirtenflöte."
„So sei es abgemacht!", sagte Siegbert und freute sich schon auf das Messer, das bald ihm gehören würde. Die Witwe hatte die beiden von weitem auf den Hof zureiten sehen.
„Schön, dass ihr so zeitig wieder da seid", empfing sie Ingolf und sie umarmten sich. Dabei flüsterte ihr der Onkel etwas ins Ohr. Dann ging sie zu Siegbert.
„Dich drücke ich auch an meine Brust, mein Jüngling", sagte sie und zog ihn fest an sich. Verlegen versuchte er sich ihrer Umarmung zu entziehen, doch sie ließ es nicht gleich zu.
„Du kannst mir dabei helfen, Heu für die Kühe zu holen", sagte sie zu ihm und lief in Richtung des Heuschobers davon. Siegbert folgte ihr unsicher. Als er dort ankam, lag sie mit dem Rücken auf dem Boden und blickte ihn an.
„Komm zu mir, mein Junge! Hab keine Angst!", sagte die Witwe. Zaghaft ging er auf sie zu. Sie fasste nach seiner Hand und zog ihn zu sich hinunter. Dann umklammerte sie ihn wie eine Spinne und er hatte keine Möglichkeit und später auch keinen Willen zu entfliehen.
Ingolf ging inzwischen in den Kuhstall. Die Mägde waren mit dem Melken beschäftigt. Er hatte für sie feines Honiggebäck mitgebracht, das ihm seine Frau eigentlich für die Enkelkinder mitgegeben hatte. Einen besseren Köder hätte er gar nicht haben können. Eine nach der anderen unterbrach ihre Arbeit und widmete sich ihm und der Leckerei. Danach half er ihnen die Milch in die Küche tragen.
Siegbert und die Witwe kamen gleichfalls aus dem Heuschober zurück. Die trockenen Grashalme hingen ihnen noch in den Haaren. Vergnügt verbrachten die fünf den Abend und Ingolf stellte noch so manche Kostbarkeit aus Rodewins Küche auf den Tisch.
Auch ein Weinschlauch mit Met war dabei und die Frauen

nippten ein wenig davon. Spät war es, als sie sich niederlegten und die ganze Nacht widmete sich die junge Witwe nur Siegbert. Ingolf hatte sich nach einem kurzen Schlaf gegen Mitternacht zu den Mägden auf die Liege begeben und sie am Schlafen gehindert.
In der Früh wollte Siegbert gar nicht mehr aufstehen. Er fühlte sich müde und krank. Nach einer warmen Milchsuppe ging es ihm dann wieder etwas besser und sie zogen nach Hause. Unterwegs verlangte Ingolf das Pfand für die verlorene Wette. Siegbert gab ihm seine Hirtenpfeife gern, denn es begann in seinem Leben nun ein neuer Abschnitt. Siegbert fühlte sich jetzt als Mann.

16. Thronfolge

Vor ein paar Jahren hätte Hartwig nicht gedacht, dass er eines Tages ein Sklave von Theudebert werden würde. Er hatte großes Glück im Unglück.
Zum einen, nach der Entscheidungsschlacht bei der Einnahme der Herminaburg durch die Franken zu überleben und zum anderen, den Prinzen zum Herrn zu bekommen. Schon auf dem Rückzug hatte Theudebert herausgefunden, dass es sich bei seinem neuen Sklaven tatsächlich um Hartwig handelte, der ihm schon einmal im Sachsenkrieg das Leben rettete. Er mochte diesen jungen Thüringer und machte ihn zu seinem Leibsklaven.
Hartwig begleitete nun den Prinz überall hin, kostete seine Speisen, ob sie vergiftet waren und achtete auch sonst auf sein leibliches Wohl. Mit dieser Aufgabe war Hartwig zufrieden. Wenn er manchmal mitbekam, wie es den anderen Gefangenen erging, die auf den Märkten meistbietend verkauft wurden, so fand er keinen Grund, über sein Schicksal zu hadern.
Hartwig erfuhr später auch, wo Baldur verblieben war. Chlothar hatte ihn zusammen mit seiner Schwester Radegunde auf eines seiner Güter gebracht. Dort verrichtete er Gartenarbeiten. Wenn Theudebert bei seinem Onkel zu Besuch war, fand Hartwig Gelegenheit mit seinem Freund heimlich zu sprechen.
Baldur hatte bereits Fluchtversuche geplant. Chlothar, der das mitbekam, warnte ihn davor. Das Wohl seiner Schwester würde von seinem Verhalten abhängen. Wenn Baldur fliehen würde, hätte Radegunde dann darunter zu leiden. Dies bekümmerte Baldur sehr und er gab jegliche Gedanken an eine Flucht auf.
Auch Hartwig dachte manchmal daran zu fliehen, jedoch als Leibsklave Theudeberts hatte er noch die Möglichkeit, seinen Freund hin und wieder zu sehen und ihm Trost zu spenden. Beide waren überzeugt, dass sich Ursula und Elke sowie die Kinder wohlauf befanden. Baldur und Hartwig hofften, sie eines Tages wiederzusehen.

Theudebert zog im Frühjahr mit einem kleinen Heer nach Südwesten. Die Westgoten hatten den südlichen Teil von Aquitanien wieder zurückerobert. Ihm half Gunther, ein Sohn König Chlothars, mit einem Heer. Hartwig war noch nie so weit im Süden des Frankenreiches gewesen und von dem milden Klima sehr angetan. Hier wuchsen der Wein und viele Früchte, die er nicht kannte. Hartwig kam bis an den Atlantischen Ozean und in die Nähe der Pyrenäen. Die weite Ebene des Landes war sehr sumpfig. Bedingt auch durch die Tatsache, dass es oft regnete, war ein schnelles Vorankommen nicht möglich.
In Aquitanien tat Theudebert etwas, was niemand für möglich gehalten hätte. Er nahm Deuteria, die Frau eines Galloromanen, der beim Herannahen des Heeres geflohen war und seine Frau im Stich ließ, als Geliebte.
Deuteria stammte aus einem sehr angesehenen senatorischen Geschlecht und ihr war die Festung, in der sie sich vor den Franken schützten, anvertraut worden.
Der Prinz machte das Angebot, alle in der Festung zu verschonen, wenn sie sich ihm ergeben würden. Deuteria selbst schritt mit einem kleinen Gefolge durch das Tor ihm entgegen und übergab Theudebert die Schlüssel der befestigten Stadt.
Das fränkische Heer verhielt sich sehr diszipliniert. Es wurde nicht geplündert, gebrandschatzt oder vergewaltigt. Theudebert wollte sich hier für ein paar Tage ausruhen. Hartwig gefiel es dort sehr gut.
Die meisten Orte, die die Franken bisher erobert hatten, wurden zerstört. Hartwig taten die Handwerker und Bauern sowie die Knechte und Mägde leid.
Deuteria lud am Tag der Übergabe der Stadt, Theudebert und die hochrangigen Gefolgsleute zu sich in den Palast ein. Sie ließ die feinsten Speisen auftragen.
Hartwig musste von allem kosten, was der Prinz für sich auswählte. Es war eine unbeschreibliche Vielfalt an unbekannten Köstlichkeiten.
Während des Mahls spielten Musikanten und eine Tänzerin zeigte ihr Können. Sie wand sich wie eine Schlange, als hätte sie keine Knochen und Gelenke im Leib.

„Schenk mir noch ein!“, forderte der Prinz Hartwig auf. Den Wein aus dem Krug hatte er schon vorgekostet. Deuteria prostete dem Prinzen immer wieder zu und er erwiderte gern ihre Aufforderung.
Nach dem Essen wurde zum Tanz aufgespielt und Hartwig hatte jetzt Pause und konnte zusehen und sich etwas ausruhen. Er bemerkte, dass die Herrin ihrem Gast mit ihren schönen Augen glühende Blicke zuwarf. Theudebert schien sehr angetan von ihr zu sein. Die beiden unterhielten und scherzten miteinander, als wären sie ein Liebespaar. So dauerte es auch nicht lange, dass sie sich in ihre Gemächer zurückzogen. Der Prinz wies seinen Leibsklaven an, hinter einem Vorhang Wache zu halten. Vielleicht fürchtete er eine Falle, einen möglichen Anschlag auf sein Leben oder es war nur eine allgemeine Vorsichtsmaßnahme von ihm.
Hartwig stellte sich mit einem Kurzschwert bewaffnet hinter einen Vorhang am Fenster und konnte durch den dünnen Stoff den ganzen Raum überblicken, ohne jedoch selbst gesehen zu werden.
Nach geraumer Zeit trat Deuteria durch eine Seitentür in den Raum. Sie hatte sich ein seidenes Kleid angezogen und sah verführerisch aus. Die eindeutige Absicht von ihr war unverkennbar und sie ließ sich für ein langes Vorspiel keine Zeit. Theudebert zog eilig sein Hemd und die Hose aus und sie ließ ihr Kleid fallen. Hartwig fiel es schwer, ruhig hinter dem Vorhang zu stehen und aufzupassen.
Er hatte Glück, dass sie gleich nach dem Liebesspiel den Raum wieder verließ. Jetzt konnte er hervortreten. Theudebert meinte scherzhaft zu ihm: „Du hättest bestimmt gern bei ihr ein wenig vorgekostet? Doch tröste dich, ich werde für dich auch etwas Nettes finden!“
Die abendlichen Zusammenkünfte wiederholten sich und schon am vierten Tag sah der Prinz keine Notwendigkeit mehr, dass eine Bewachung notwendig wäre. Deuteria hatte eine sehr hübsche Sklavin, die sich nun um Hartwig kümmern sollte. Ihm blieb keine Wahl und so fügte er sich dem Wunsch seines Herrn.
Aus den wenigen Tagen, die das Heer hier ausruhen sollte, wurden Wochen. Theudebert schien der Herrin vollkommen

verfallen zu sein. Gunther war inzwischen mit seinem Heer weitergezogen und hatte gute Beute machen können. Das missfiel Theudeberts Kriegern und sie murrten über ihren Heerführer.
Der Prinz musste sich fügen, jedoch heiratete er noch die Geliebte, bevor er mit dem Heer weiterzog. Als der Frankenkönig Theuderich von der Vermählung seines Sohnes erfuhr, tobte er vor Wut, denn er hatte dem Langobardenkönig Wacho die Ehe zwischen Theudebert und Wisigard zugesagt. Es war eine alte Abmachung, durch die der Kriegszug gegen die Thüringer erst möglich war. An diese Zusage musste sich der König halten.
Mehrere Frauen durften – seit Chlodwigs Bekenntnis zum Katholizismus – die Frankenkönige nicht mehr gleichzeitig haben. So sprach sich auch der Bischof von Reims gegen die Heirat aus.
Der Prinz hatte Glück, dass er so weit von Reims entfernt war. Während der Zeit des Heerzugs konnte und wollte sein Vater nichts gegen die Entscheidung seines Sohnes unternehmen. So blieb die Angelegenheit erst einmal liegen. Nach der Rückkehr des Heers im Herbst wollte Theuderich mit ihm darüber sprechen. Er hatte jetzt viel mit der Neugestaltung seines Reiches und den besetzten Thüringer Gauen zu tun. Der Gebietszuwachs im Osten war gewaltig.

Der Sieg in der Schlacht an der Unstrut im Jahre 531 war nur der Anfang. Jetzt wollte Theuderich das eroberte Land in sein Reich einbinden. Diese Aufgabe war schwieriger, als er angenommen hatte.
Durch die Flucht von Herminafrid in den Landesteil zwischen Saale und Elbe war ein vollkommener Sieg nicht gegeben. So lange der Thüringer König lebte, waren seine Gefolgsleute im ganzen Reich durch ihren Eid an ihn gebunden. Daher ließ Theuderich alle Adligen, denen er habhaft werden konnte, in den Westen seines Reiches bringen.
Theuderich gab ihnen dort kleine Landstücke, so dass sie sich durch harte Arbeit wieder eine Existenz aufbauen konnten. Verdienstvolle Gefolgsleute in seinem Heer erhielten im Gegenzug die verwaisten Höfe und Güter der Thüringer.

So zogen viele Franken in die besetzten Gebiete zwischen Donau und Rynnestig.
Nördlich des Harzes gab es einige Probleme mit den Sachsen. Sie beanspruchten das Land bis zur Unstrut. Theuderich verwies sie auf die Abmachung, die er mit dem Anführer des Sachsenheeres getroffen hatte. Doch die Sachsen wollten nicht länger warten. So musste Theuderich seinen Sohn nach Thüringen beordern, um nördlich des Harzes Ruhe zu schaffen.
Theudebert musste seine geliebte Frau verlassen und gegen die Sachsen ziehen. Hartwig begleitete den Prinzen auf diesem Kriegszug. Er war nun nicht mehr sehr weit vom Elbkniegau entfernt und überlegte, ob er fliehen sollte. Theudebert schien seine Gedanken zu erraten und sprach ihn darauf an: „Wir sind nicht weit von der Saale entfernt. Es wäre einfach für dich, dorthin zu kommen. Würdest du gern gehen?"
Verwundert über diese Offenheit, zögerte Hartwig mit einer Antwort.
„Ich glaube nicht, dass ich dich jetzt erst darauf gebracht habe, zu fliehen. Jeder Vogel in einem Käfig ist bestrebt davonzufliegen. Warum solltest du anders reagieren?"
„Was bringt mir die Flucht, wenn ich andere gefährde?", entgegnete Hartwig.
„Du meinst deinen Freund Baldur, der bei Chlothar ist."
„Ja, den meine ich."
„Ich glaube, es ist eine gute Entscheidung von dir, zu bleiben. Du bist der einzige, der deinen Freund und seine Schwester aus den Klauen meines Onkels befreien kann und deshalb ist es besser, bei mir zu bleiben."
Hartwig erkannte allzu gut, dass Theudebert recht hatte. Die Sachsen hatten sich nördlich des Harzes schon breitgemacht, als wären sie die Herren des Landes.

Mit seinen kampferprobten Kriegern vertrieb Theudebert die Sachsen schnell in ihr ursprüngliches Gebiet und erinnerte sie an ihr Versprechen. Von dort zog er weiter an die Nordsee, weil da die Dänen und die Westsachsen die Grenze nach Franken schon wieder überschritten und die

Siedlungen plünderten. Als er gegen sie vorging, halfen ihm diesmal die östlichen Sachsenstämme, wie sie es zugesagt hatten. Der Prinz konnte viele Gefangene machen, die er nach Reims auf den Sklavenmarkt brachte. Dort, wo die Sachsen gegen ihr eigenes Volk kämpften, gab es keine Gefangenen. Sie töteten alle. Hartwig wunderte sich über dieses Verhalten und sprach mit einem der sächsischen Anführer.
„Du willst wissen, warum wir sie alle umbringen?
Es gibt zwei Gründe. Der eine ist, dass die Westsachsen mit den Dänen gemeinsame Sache machen und die Dänen sind unsere erbitterten Feinde. Sie versuchen uns nach dem Süden zu drängen. Der zweite Grund ist der, dass sich keiner von ihnen später an uns rächen kann."
„Ihr könntet doch zumindest die Alten, Frauen und Kinder verschonen!", meinte Hartwig.
„Wenn wir nur die Männer töten, so könnten die anderen nicht überleben."
Der Boden war im Norden wenig ertragreich, daher überwog die Viehwirtschaft. Auf den ausgedehnten Grasflächen sah Hartwig kleine Gruppen Schafe und manchmal auch ein paar Kühe. Die Siedlungen lagen weit voneinander entfernt und weite Wälder bedeckten große Landflächen.
Es begann der Herbst und die Kämpfe fanden immer noch kein Ende. Ständig rückten neue Trupps der Dänen nach. Sie kamen mit Booten von der Nordsee und drangen schnell in die südwestlichen sächsischen Gebiete und auch in das nördliche Grenzland des Frankenreiches ein.

Eines Tages traf im Heerlager ein Bote vom Königshof in Reims ein. Der König beorderte seinen Sohn eilig zu sich, da er sehr krank war. Theudebert übergab die Führung seines Heeres einem seiner Gefolgsleute und ritt nur in Begleitung von Hartwig und vier Kriegern, seiner Leibwache, auf dem kürzesten Weg zur Königsburg. Als er dort ankam, war es schon zu spät.
Sein Vater war verstorben. Er klagte in den letzten Tagen sehr an Herzstechen. In der Nacht fand er seinen Seelenfrieden. Seine Mutter und die Schwester waren vollkommen

in Tränen aufgelöst und Theudebert konnte kaum ein Wort mit ihnen reden.
Der Sekretär des Königs weilte ständig bei seinem kranken Herrn und hatte sich jedes Wort von ihm notiert. Er nahm den Prinz zur Seite und sprach mit ihm: „Ich muss dir etwas ganz Wichtiges von deinem Vater sagen! Er hatte gehofft, dass du noch rechtzeitig hier eintriffst und er selber mit dir reden kann. Doch sein Herz wurde immer schwächer und so hat dein Vater es mir gesagt und ich habe seine Worte genau aufgeschrieben. Hier sind die Pergamentseiten. Du kannst darin alles nachlesen!"
„Sag mir kurz, worum es geht!"
„Der König hatte von einem seiner Spione erfahren, dass sein Halbbruder Chlothar die Absicht hat, dich töten zu lassen. Er konnte jedoch nicht sagen, wann das passieren sollte und wer es tun würde."
„Das ist ungeheuerlich! Ich habe immer zu ihm gehalten, all die Jahre und jetzt so etwas!"
„Es geht wahrscheinlich um die Erbfolge nach dem Tod deines Vaters. Chlothar und sein Bruder Childebert waren sich immer darin einig, dass sie bei der Verteilung der Reichsteile nach dem Tod deines Großvaters Chlodwig zu kurz gekommen seien. Du hast keine Kinder und wenn du tot wärst, so würde das gesamte Reich deines Vaters ihnen zufallen. Dein Vater wollte dich daher noch zu seinen Lebzeiten zum Mitregenten bestätigen lassen."
„Das hätte er sich früher überlegen müssen und nicht, wenn es schon zu spät ist!"
„Der König war mit der neuen Verwaltung für Thüringen so sehr beschäftigt und fühlte sich gesund. Der plötzliche Tod ist für uns alle ein Schock und wir können es noch nicht fassen."
„Was meinst du, was jetzt getan werden muss?"
„Zunächst müssen wir für deine Sicherheit sorgen und der hohe Adel sowie die Kirche werden deine Krönung zum König vorbereiten."
„Dann müssen sie sich aber sehr damit beeilen, damit Chlothar nicht eines Tages mit seinen Kriegern vor den Toren Reims steht."

„Ich werde zur Eile mahnen und dir schlage ich vor, dass du dich bis zur Krönung in deinem Heerlager aufhältst. Unter deinen treuen Kriegern bist du am sichersten."
„Wer wird hier in Reims auf meiner Seite sein?"
„Jeder, der früher deinem Vater treu gedient hat, wird hinter dir stehen. Chlothar wird keinen von ihnen in seine Verwaltung übernehmen. Er ist da viel zu misstrauisch."
„Ich kann mich also auch weiterhin auf deine Loyalität verlassen?"
„Das kannst du auch dann, wenn du kein König werden würdest und ins Exil gehen müsstest. Ich bin dir genau so treu ergeben, wie ich es gegenüber deinem Vater war."
„Das freut mich sehr und ich werde es dir eines Tages danken."
Theudebert ließ in der Burg besondere Vorkehrungen für seine Sicherheit treffen. Nach den Trauerfeierlichkeiten reiste er sofort wieder zu seinem Heerlager. Theudebert würde im Lager so lange warten, bis man ihn zur Krönung nach Reims holt.

Den Nebeltagen im Herbst folgte ein sehr milder Winter. Die Kämpfe gegen die Dänen hielten an und manchmal konnten diese auch das besetzte Gebiet für einige Zeit behaupten.
In Theudeberts Heerlager kamen nun fast täglich Männer aus dem gesamten Frankenreich angereist, um ihm ihre Treue zu versichern.
Zur Wintersonnenwende erschien auch sein Jugendfreund Radolf. Er hatte sich auf seinen Gütern in Aquitanien aufgehalten, die er als Lehen nach dem Eroberungsfeldzug im Frühjahr erhielt.
Radolf übermittelte Theudebert die herzlichsten Grüße von Deuteria. Sie war schwanger und sehnte sich nach der Nähe ihres Mannes.
„Radolf, du musst mir noch mehr von Deuteria erzählen!", forderte ihn Theudebert immer wieder auf. Hartwig, der bei den Gesprächen dabei war, langweilten die ständigen Wiederholungen, jedoch der Prinz konnte nicht genug davon hören.
Eines Abends saßen sie zu dritt in seinem Zelt und spra-

chen von vergangenen Zeiten und besonders von Deuteria. Aus Aquitanien hatte Radolf einen der köstlichsten Weine dieses Landes mitgebracht. Hartwig war gerade dabei nachzuschenken, als er sah, wie Radolf sein Messer aus dem Gürtel zog und auf Theudebert einstechen wollte.
Im letzten Moment schleuderte Hartwig den vollen Krug auf Radolf, so dass die Messerklinge nicht in Theudeberts Herz drang, sondern ihn am linken Oberarm traf.
Ein zweites Mal konnte Radolf nicht zustechen, da Hartwig ihm sein Messer an die Kehle hielt. Der Prinz saß noch immer fassungslos da und sagte nur: „Warum du? Du bist doch mein Freund!“
Radolf ließ das Messer fallen und blickte zu Boden. Die Wache vor dem Zelt eilte herbei und fesselte ihn. Hartwig riss sich den Ärmel von seinem Hemd und verband damit die Stichwunde am Oberarm seines Herrn. Sie blutete sehr.
Ein Wachmann holte den Medicus. Er musste geweckt werden und sah noch ganz verstört aus. Nachdem er sich die Wunde angesehen hatte, konnte er den Prinzen beruhigen. Es waren keine Sehnen durchtrennt worden und die Messerklinge schien auch nicht vergiftet zu sein.
Theudebert brauchte einige Zeit, um sich von dem Schreck zu erholen. Er schickte alle, bis auf Hartwig, aus dem Zelt. Am Boden lag gefesselt sein alter Freund Radolf. Theudebert betrachtete ihn unentwegt und beide schwiegen.
„Wie viel hat er dir geboten?“, schrie er ihn auf einmal an. „Wie viel? Sag es mir!“
„Das Leben meiner Familie!“, antwortete Radolf leise.
„Ich habe dich nicht verstanden, du Meuchelmörder! Sprich lauter!“
Radolf wiederholte seine Worte.
„Wieso das Leben deiner Familie?“, schrie Theudebert ihn abermals an.
„Chlothar hat meine Frau und meinen Sohn in seiner Gewalt und will sie beide töten, wenn ich dich nicht umbringe.“
„Deine Familie ist dir also mehr wert als ich?“
Radolf antwortete nicht darauf. Theudebert ging zum Tisch und setzte sich auf einen Schemel. Er schob Hartwig den leeren Trinkbecher zu, damit er ihm Wein einschenken soll.

Dann trank er einen großen Schluck.
„Ich habe Glück gehabt, dass du den Wein nicht vergiftet hast, aber dann wärst du auch mit umgekommen, du treuloser Hund! Was macht man mit einem Köter, der seinem Herrn nicht mehr folgt? Man erschlägt ihn."
Radolf sah immer noch auf den Boden.
„Wo ist deine Frau jetzt mit eurem Sohn?"
„Bei Chlothar auf seiner Burg."
„Ich kenne deine Frau. Sie ist sehr hübsch, um sie täte es mir leid."
Theudebert ließ zwei Krieger von der Eskorte von Radolf kommen und befahl ihnen, sich reisefertig zu machen. Dann diktierte Theudebert einen Brief an Chlothar. Im Namen von Radolf schrieb er und meldete den Tod von Theudebert. Auf der Jagd habe er ihn getötet und seine Leiche versteckt. Chlothar soll nun sein Versprechen einhalten und den Kriegern, die ihm diese Botschaft übermitteln, seine Frau und seinen Sohn wohlbehalten übergeben. Radolf würde in einem fremden Land auf sie warten und nicht mehr ins Frankenreich zurückkehren. Als Beweis für die Richtigkeit des Schreibens legte Theudebert einen Ring, den er von Chlothar einst erhalten hatte, dem Schreiben bei.
Die Krieger ritten gleich los. Radolfs Frau und den Sohn sollten sie an einen Ort direkt an der Küste zum Nordmeer bringen. Der Prinz wies alle in seiner Umgebung an, dass sie über die Vorfälle der letzten Nacht zu schweigen haben. Theudebert übertrug die Heerführung einem seiner Gefolgsleute und zog mit seiner Leibwache und Hartwig sowie dem gefesselten Radolf in Richtung Küste ab. Hier wartete er in einer Siedlung unweit des vereinbarten Ortes.

Die beiden Krieger von Radolf überbrachten Chlothar das Futteral mit dem Schreiben. Er erkannte den Ring, der dem Pergament beilag. Den Brief las Chlothar mehrere Male und war wegen des Ringes von der Richtigkeit überzeugt. Die Krieger befragte er, wo sie die Frau und den Jungen hinbringen sollten. Als sie ihm die Küste nannten, so glaubte er, dass sich Radolf auf die große Insel im Nordmeer zurückziehen wollte.

Das war auch besser so, denn dann gab es keine Zeugen für die Tat im Frankenreich. Wenn man eines Tages die Leiche von Theudebert finden und nach dem möglichen Mörder suchen würde, so wäre Radolf nicht mehr da. Den Kriegern gab der König einen Beutel mit Silbermünzen. Er befahl ihnen, diesen Radolf persönlich auszuhändigen. Mit der Frau und dem Kind ritten die Krieger zu dem vereinbarten Ort an die Küste.
Für Chlothar war nun der Weg frei, das Königreich seines verstorbenen Halbbruders Theuderich einzunehmen. Er ließ sein Heer sofort nach Reims aufbrechen. Die Tore blieben ihm dort jedoch versperrt. Chlothar drohte, die Stadt zu bezwingen und dann zu schleifen, wenn sich die Bürger nicht freiwillig ergeben würden. Die Königin blieb standhaft. Sie glaubte nicht dem Gerücht, dass ihr Sohn einem Attentat erlegen war. Die Königin ließ ihrem Schwager ausrichten, dass er mit seinem Heer wieder nach Hause ziehen soll. Solange sie ihren Sohn nicht beerdigt hätte, würde er für sie am Leben sein. Chlothar war über die Antwort sehr erzürnt. Er belagerte nun die Stadt.

Inzwischen waren Radolfs Krieger mit der Frau und dem Jungen an der Küste im vereinbarten Ort angelangt und versteckten sich in der Hütte am Strand. Theudebert schickte einen Mann seiner Leibwache als verkleideten Fischer hin, um die Lage zu erkunden. Dieser wartete einen Tag, um mögliche Verfolger, die Chlothar beauftragt haben könnte, zu entdecken. Am nächsten Morgen ritt der Prinz mit seiner Leibwache zu der Hütte, wo die Freigelassenen warteten.
„Wir kennen uns", sprach Theudebert die Frau an.
„Ja, mein Prinz. Ihr wart auf unserer Hochzeit."
„Ich kann mich noch gut daran erinnern. Nie sah ich eine schönere Frau zuvor!"
„Das sagtet ihr mir damals schon, als wir beide zusammen tanzten."
„Dann muss es wohl stimmen!"
„Ist das dein Sohn?"
„Ja, er ist acht Jahre alt."
„Ist es schon so lange her, dass ich auf eurer Hochzeit war?"

„Ja, mein Prinz! Die Jahre sind schnell vergangen."
„Erzählt mir, was passiert ist! Wer hat euch entführt?"
Die Frau blickte zu ihrem Sohn und Tränen traten in ihre Augen.
„Vor ein paar Wochen drangen Krieger in der Nacht in mein Schlafgemach ein und entführten uns auf eine Burg. Ich weiß nicht, worum es geht, aber sie meinten, dass mein Mann in großen Schwierigkeiten stecken würde und ich alles genau befolgen sollte, was sie mir sagten. Sie hielten uns in einem verliesartigen Teil der Burg gefangen. Wir konnten mit niemanden sprechen. Zum Glück war mein Sohn bei mir und ich hatte die Hoffnung, bald wieder frei zu kommen."
„Wieso konntest du das hoffen, wenn du nicht wusstest, warum du dort warst?"
„Einer der Wächter sagte mir, dass es nicht lange dauern würde."
„Du weißt also nicht, worum es ging?"
„Nein, ich habe keine Ahnung!"
„Dann will ich es dir sagen!"
Theudebert wies Hartwig an, den Sohn von Radolf mit nach draußen zu nehmen. Er sollte noch nichts von dem schweren Vergehen seines Vaters wissen. Theudebert erzählte der Frau von dem Mordanschlag und sie konnte es nicht fassen. Dann weinte sie herzzerreißend.
„Warum bist du so betrübt?", wollte der Prinz wissen.
Schluchzend versuchte sie zu antworten.
„Ich beweine unser Schicksal. Die Not meines Mannes, so zu handeln und seinen Tod."
„Radolf lebt noch, doch ich will ihn töten lassen. Ein Meuchelmörder darf nicht verschont bleiben."
„Radolf hat es doch nicht für Geld getan, sondern um das Leben seiner Frau und seines Sohnes zu retten."
„Dafür hat Radolf einen Freund töten wollen?"
„Ihr wisst nicht, was es heißt, ein Kind und eine Frau zu haben! Die stehen einem näher, als alles andere in der Welt."
„Ich bin auch verheiratet und meine Frau erwartet ein Kind."
Mit beiden Händen bat sie den Prinzen flehentlich, ihren Mann zu verschonen und ihn in die Verbannung zu schicken. Sie wollte mit ihrem Sohn folgen.

Theudebert war sich nun unschlüssig, was er tun sollte. Er hatte das Gefühl, dass zu viele Emotionen in seiner Entscheidung mitspielten. Theudebert lief aus der Hütte und rief Hartwig zu sich.
„Was soll ich tun?“, fragte er ihn.
„Ich würde Radolf gemeinsam mit seiner Frau und seinem Sohn auf die große Insel im Nordmeer verbannen. Es ist für ihn schlimmer mit seiner Schuld zu leben, als wenn du ihn töten lässt.“
Nach einer längeren Denkpause ging Theudebert wieder zurück in die Hütte. Er ließ Radolf kommen und ihm die Fesseln abnehmen. Radolf und seine Frau fielen sich um den Hals und sanken beide auf die Knie. Der Sohn stand daneben und schien das Ganze nicht zu begreifen. Theudebert war von dem Wiedersehen der beiden sehr gerührt und er überlegte, wie er gehandelt hätte, würde es um Deuteria gehen. Möglicherweise hätte er sich auch für sie entschieden.
Hartwig musste nun einen Fischer ausfindig machen, der ein seetüchtiges Boot besaß und Radolf, seine Frau und seinen Sohn sicher auf die große Insel im Nordmeer bringen würde.
Den Judaslohn von Chlothar behielt Theudebert zurück. Radolf sollte sehen, wie er überleben würde. Außer den Sachen, die sie am Leibe trugen, hatten sie nichts bei sich. Als der Fischer mit ihnen davon segelte, sah ihnen niemand nach.

Theudebert eilte in sein Heerlager zurück. Dort herrschte große Aufregung, denn man hatte von der Belagerung der Stadt Reims durch Chlothars Krieger gehört. Es kursierte das Gerücht, dass Theudebert tot wäre. Als die Krieger sahen, dass ihr Feldherr noch lebte, waren sie froh und zogen mit ihm auf dem kürzesten Weg zur Residenzstadt. Meldereiter berichteten Chlothar vom Herannahen von Theudebert und seinem Heer. Er konnte sich die Wiedergeburt seines Neffen nur so erklären, dass dieser von den Toten auferstanden sein musste.
Eine Konfrontation der beiden Heere wollte der König nicht

herbeiführen. So zog sich Chlothar zurück, denn er hatte hier nichts mehr verloren.

Die Reimser Bevölkerung feierte ihren Prinzen mit seinen Kriegern, als hätten sie einen großen Sieg errungen. Wenige Tage nach dem Einzug in die Stadt fand die Krönung statt. Auch Chlothar und Childebert waren zu den Feierlichkeiten geladen. Es war nicht sicher, ob sie kommen würden. Möglicherweise fürchteten sie um ihr Leben. Erst als Theudebert ihnen zugesichert hatte, dass sie sicher wieder nach Hause zurückkehren würden, sagten sie zu.
Zu den Krönungsfeierlichkeiten erschien der gesamte Adel von Austrasien, dem Königreich des verstorbenen Theuderich. Es kamen auch viele Gäste aus den befreundeten Nachbarreichen. Einziger Wehrmutstropfen für Theudebert war das Fehlen von Deuteria. Die Kirche hatte die Ehe mit ihr nicht anerkannt, da sie noch mit einem anderen Mann verheiratet war. Doch hoffte Theudebert sie bald nach der Krönung in Aquitanien wiederzusehen.
Hartwig hatte als Dank für die Lebensrettung die Freiheit geschenkt bekommen. Ihm wurde ein fränkischer Adelstitel verliehen und ein großes Lehen in Aquitanien gegeben. Er hatte seinem Herrn zugesagt, so lange in seinem Dienst zu bleiben, bis es ihm gelänge, Baldur und dessen Schwester Radegunde frei zu bekommen. Der König wollte ihn dabei unterstützen und erzählte ihm von seiner Auseinandersetzung mit Chlothar damals im Heerlager bei der Herminaburg und dass sein Onkel die Absicht hatte, Radegunde zu heiraten. Hartwig suchte Nantwig, der nun Schankwirt in Reims war, auf. Sie erkannten sich auch gleich wieder und hatten sich viel zu erzählen. Am Ende kam Hartwig auf Baldur zu sprechen und wie er ihm und seiner Schwester zur Flucht verhelfen wollte.
Nantwig sah keine Möglichkeit dies auszuführen, wollte sich jedoch darüber Gedanken machen. Die in Aussicht gestellten Silberstücke hatten ihn wahrscheinlich dazu bewogen. Zufrieden, dass Nantwig sich darum kümmern wollte, zog Hartwig mit Theudebert im Frühjahr nach Aquitanien. Dem König ging es nur darum, seine geliebte Deuteria wiederzu-

sehen. Da das Gebiet nördlich der Pyrenäen von den Franken bereits zurückerobert worden war, brauchte er nicht mit seinem Heer dort erscheinen.
Theudebert musste das Heer im Norden gegen die Dänen und Sachsen erneut kämpfen lassen. Die Führung seiner Krieger übertrug er einem fähigen Gefolgsmann.
Die Eingliederung Thüringens in das Frankenreich ließ er im Sinne seines Vaters weiterführen. Der Reichsadel und die Kirche waren mit dieser Entscheidung einverstanden.

Deuteria kam Theudebert in Cabrieres – wie bei ihrer ersten Begegnung – durch das große Tor entgegen. Beide fielen sich in die Arme und freuten sich über das Wiedersehen. Hartwig hatte die gleichen Aufgaben wie zuvor, allerdings jetzt als ein freier Mann und trug sogar noch einen Grafentitel. Der König zog sich nach der Ankunft mit Deuteria sofort in ihre privaten Gemächer zurück. Hier zeigte sie ihm ihr gemeinsames Kind. Er nahm es auf den Arm und trug es in die Vorhalle, wo sich seine Gefolgsleute aufhielten. Dann hob Theudebert sein Kind in die Höhe und rief.
„Seht her, das ist mein Sohn! Eines Tages wird mein Sohn das größte Reich der Welt beherrschen! Er soll Theudebald heißen!"
Mit dieser Geste hatte Theudebert allen Anwesenden kundgetan, dass er das Kind als seinen Erben anerkannte.
Deuteria war darüber glücklich. Sie hatte davon gehört, dass die Kirche ihre Ehe mit ihm nicht billigte, da sie zur Zeit der Eheschließung bereits verheiratet war und somit könnte es Schwierigkeiten bei der Erbfolge ihres Sohnes geben.
Das Klima des Südens gefiel dem König und auch Hartwig viel besser, als die rauen Winde an der Küste des Nordmeeres. Sie ritten oft gemeinsam zur Jagd aus und Theudebert widmete sich der Zucht der weißen Pferde dieses Landes.
Eines Tages sahen sie während eines Jagdausflugs eine große Herde.
„Was hast du mit deinen Zuchttieren, die ich dir geschenkt habe, getan? Sind schon Fohlen da?", wollte Theudebert von Hartwig wissen.

„Dein Hengst hat mehrere Stuten von meinen weißen Pferden gedeckt. Seine Nachkommen haben die guten Eigenschaften beider Rassen vererbt bekommen."
„Da bin ich froh darüber. Eines Tages werden wir nach Thüringen reiten. Wir werden deinen Hof besuchen und ich sehe mir dann die Tiere an."
„Wann willst du denn dorthin?", fragte Hartwig neugierig.
„Das weiß ich noch nicht. Es hängt viel von den Verhandlungen mit Herminafrid ab. In seinem letzten Angebot hatte er auf einer Verbindung seiner Tochter Rodalinde mit mir bestanden, doch ich bin schon mit Deuteria verheiratet."
„Wie ich kürzlich hörte, akzeptiert die Kirche deine Ehe mit ihr nicht?"
„Die sollen sich was scheren. Immer noch bin ich der König und bestimme, was sein darf und was nicht."
Verärgert ritt Theudebert im Galopp weiter. Es war ihm bewusst, dass die Langobarden und die Kirche darauf bestehen würden, dass er Wisigard, mit der er noch immer verlobt war, heiratete.
Die Langobarden hätten möglicherweise nichts gegen eine Doppelehe, jedoch die Kirche würde da niemals mitmachen. Das Problem lag somit im eigenen Land.
Die Pferdeherde hatte die kleine Gruppe Reiter bemerkt und floh in die weite Grasebene hinaus. Hartwig sah von weitem einen Reiter auf sich zukommen. Er schien es sehr eilig zu haben, da er sein Pferd mit der Gerte stetig antrieb. Als er näher kam, erkannte Hartwig einen Krieger der Leibwache. Vollkommen entkräftet langten Reiter und Pferd bei der kleinen Jagdgruppe an. Der Krieger meldete dem König einen Anschlag auf die Herrin und ihren Sohn. Theudebert ritt eilig zurück zur Festung. Hartwig konnte ihm kaum folgen, obwohl er ein sehr schnelles Pferd besaß. Als sie ankamen, war überall in der Stadt große Aufregung. Der König suchte sofort die Gemächer von Deuteria auf. Sie saß mit dem Kind im Arm verängstigt auf einer Liege. Er ging zu ihr und umfasste die beiden mit seinen starken Armen. Jetzt erst fing Deuteria an zu weinen.
„Was war hier los?", wollte Theudebert wissen. Sie konnte nichts sagen. Der König sah sich im Raum um. Am Bo-

den lag Deuterias Sklavin mit zwei Pfeilen im Rücken. Ein Krieger der Leibwache sagte: „Ein Mann hatte versucht, die Königin zu töten. Er hat von der Burgmauer aus geschossen."
„Wie konnte er bis dorthin gelangen?"
„Er hatte einen der Wachleute getötet und dessen Gewand angezogen. Dann ist er auf die Burgmauer geklettert, die vom Fenster aus zu sehen ist und hat von dort geschossen. Die Sklavin hatte das Kind im Arm und er wird gedacht haben, dass es die Königin ist. Nach dem Schuss zielte er auf das Kind, doch die Sklavin hatte es mit ihrem Leib geschützt. Er versuchte dann zu fliehen und ließ sich an einem Seil ab. Da haben wir ihn erschossen, bevor er unten anlangte."
„War er allein?"
„Ein zweiter Krieger wartete auf ihn. Wir haben ihn verfolgt, doch er konnte uns entkommen."
„Wo ist der Mann, den ihr getötet habt?"
„Im anderen Raum, mein König."
Theudebert stand auf und ging in den Nachbarraum. Hier lag auf dem Fußboden der Todesschütze. Von seiner Statur und seinem Aussehen schien es ein Einheimischer zu sein. Dem König kam der Verdacht, dass es eine Rache ihres früheren Ehemanns sein könnte.
„Versucht herauszufinden, wer es ist!", befahl er dem Wachmann. Die Leiche des Mörders wurde auf dem Marktplatz in einem eisernen Käfig zur Schau gestellt und eine Belohnung dem zugesagt, der ihn erkennen würde und seinen Namen nennt.
Am dritten Tag, als der Leichnam schon anfing zu riechen, meldete sich immer noch keiner. Dann hing man den Käfig an die Mauer neben dem Stadttor auf, da der Leichengestank unerträglich wurde.
Der König ordnete eine verstärkte Bewachung seiner Frau und des Sohnes an. Hinter dem Anschlag konnten auch Anhänger seiner Kirche stecken. Es gab allerdings keinerlei Beweise.
Hartwig musste von nun ab mit im Raum des Sohnes schlafen, damit ihm in der Nacht nichts passieren würde. Außer

der Amme und ihm hatte kein Fremder Zutritt. Es war ihm gleich, wo er sein müdes Haupt hinlegte, denn schlafen konnte er bei der Hitze nicht.
Am Abend hatten sich die Steinmauern stark aufgeheizt und gaben die Wärme nach innen ab. Erst in den frühen Morgenstunden war es angenehm kühl, um schlafen zu können. Dazu kamen die nächtlichen Störungen durch die Amme, die das Baby bei jedem kleinen Mucks zum Stillen an die Brust legte. Auch ihr schien es abends immer zu warm zu sein. Hartwig konnte sehen, wie ihr die Schweißperlen am Gesicht herunterliefen und auf die Brüste tropften. Sie sah ihn dabei immer nur an, ohne ein Wort mit ihm zu sprechen.

Eines Abends fragte Hartwig die Amme, ob sie ihn verstehen würde. Ein kurzes „Ja“ war die Antwort.
„Bist du aus dieser Stadt?“, wollte Hartwig weiter wissen.
Wieder kam nur ein „Ja“. Er gab es auf, sich mit ihr zu unterhalten. Sie schien ihn womöglich nicht zu mögen, weil sie so wortkarg antwortete. Theudeberts Sohn saugte zufrieden an ihren prallen Brüsten, die sie ihm abwechselnd reichte. Dann schien er satt zu sein und sie hielt ihn sich über die Schulter, damit er noch ein Bäuerchen machen konnte. Danach legte sie ihn wieder in seine Wiege und setzte sich auf ihren Stuhl.
In dieser Nacht schien es besonders heiß zu sein. Gelangweilt saß die Amme gegenüber Hartwigs Liege und sah ihn unentwegt an. Ihre Bluse war noch offen und die Brüste hingen wie zwei überreife Birnen bis zu ihrem Bauch herunter.
„Was denkst du?“, begann Hartwig nochmals zu fragen.
Er hätte gern gewusst, was ihr gerade in den Sinn kam. „Nichts“, war die kurze, aber präzise Antwort. Die Hitze trieb auch ihm die Schweißperlen auf die Stirn. Im Raum war es unerträglich. Die junge Amme stand auf und setzte sich auf den Rand von seiner Liege. Sie hob eine Brust hoch und fragte: „Hast du auch Durst?“
Verwundert und überrascht sah Hartwig sie an. Mit diesem Angebot hatte er nicht gerechnet. Er glitt mit seinen Fingern

über ihre hervorstehenden großen Warzen und knetete sie. Dabei schloss sie genussvoll die Augen.
Ermutigt griff Hartwig nun mit der anderen Hand unter ihren weiten Rock, doch sie schob die Hand weg. Ihm war nicht klar, was sie wollte. So legte sich Hartwig auf den Rücken und tat, als wollte er schlafen. Die Amme blieb sitzen. Sie zog ihre Bluse vorn zusammen. Dann stand sie auf und ging zum Fenster. Die Amme legte den Oberkörper auf den niedrigen Fenstersims und genoss den kühlen Nachtwind. Dann zog sie ihren langen Rock bis zur Taille hoch und ließ die kühlende Brise bis zu den Füßen hinabgleiten. Der Anblick ihres schönen Hinterns verfehlte seine Wirkung nicht. Hartwig stand von seiner Liege auf und ging zu ihr. Seit diesem Abend verstanden sich beide trotz ihrer Wortkargheit gut miteinander.

In der Folgezeit besuchte der König die Städte in dem zurückeroberten Gebiet. Als sie durch die weite Ebene ritten, sagte Theudebert zu Hartwig: „Schau dich jetzt gut um! Wir reiten gerade durch deinen Besitz."
„Wie soll ich das verstehen?", entgegnete Hartwig.
„Es ist das Erblehen, das ich dir gab. In der nächsten Stadt wird man dir huldigen, denn sie gehört dir und auch die Siedlungen im Umkreis etwa eine Tagesreise entfernt. Dieses Gebiet war vorher im Besitz eines Westgoten, den ich im Kampf tötete."
„Hat er noch Familie?"
„Es gibt keinen Erben, du hast somit nichts zu befürchten."
„Ich werde das Land aber gar nicht nutzen können."
„Es wird für dich gut verwaltet und eines Tages wird vielleicht einer deiner Söhne einmal hier leben. Man weiß nie, wie es im Leben kommt."
Sie ritten in eine kleine Festungsstadt, die auf einem flachen Hügel lag. Die Bewohner waren auf die Straßen gekommen, um den König und ihren neuen Herrn zu begrüßen.
Auf dem Marktplatz drängten sich die Menschen. Nach einer Ansprache des Königs an seine Untertanen forderte er alle Bürger der Grafschaft auf, ihrem neuen Herrn den Treueid abzulegen. Hartwig musste sich auf den erhöhten

Sessel am Rande des Marktplatzes setzen und die Oberhäupter der Familien kamen zu ihm und bezeugten, ihn als ihren Herrn anzuerkennen. Der Verwalter war ein junger Mann, der die Geschäfte der Güter für Theudebert zufrieden stellend führte. Ihn schien es nicht zu stören, dass Hartwig kaum hier sein würde und er versprach seinem neuen Herrn, alles in seinem Sinne zu tun. Seine Begeisterung für die Pferdezucht ließ sie die Zeit vergessen und der Verwalter wollte ihm und dem König am nächsten Tag die großen Pferdeherden zeigen.

Kurz nach der Sommersonnenwende überbrachte ein Meldereiter eine Botschaft von König Wacho, dass eine Gesandtschaft zu Theudebert unterwegs sei. Er musste zurück nach Reims. Deuteria nahm er nicht mit. Ihre Sicherheit war trotz des Vorkommnisses hier besser gegeben. So reiste Theudebert nur mit einem kleinen Gefolge ab. Hartwig war es sehr recht, da er mit Nantwig wegen der Flucht von Baldur und seiner Schwester sprechen wollte. Er hoffte, dass dieser inzwischen eine Möglichkeit gefunden hatte, wie sie vorgehen könnten. Als sie in Reims ankamen, war die Abordnung des Langobardenkönigs Wacho bereits eingetroffen. Der König empfing sie und der Gesandte wollte von Theudebert wissen, ob die Verlobung zwischen ihm und Wisigard, noch bestände. Theudebert gab hierauf zunächst keine Antwort und erkundigte sich nach den Kriegsplänen der Langobarden gegen die Ostgoten. Auf diese Frage wollte der Gesandte wiederum nicht gleich antworten. So vereinbarten sie in ein paar Tagen einen neuen Termin für eine Unterredung.
Der König besprach die Angelegenheit wegen der Verlobung mit seinen hohen Verwaltungsbeamten. Sie rieten ihm alle, diese nicht zu lösen, weil dadurch die Landbesitznahme Thüringens gefährdet wäre, denn der langobardische König war mit dem Thüringer Königshaus verwandt.
Theudebert bestätigte die Verlobung und erfuhr so von den Eroberungsplänen Wachos im Süden und Westen seines Reiches. Er war ein Verbündeter des oströmischen Kaisers und die nach dem Tod Theoderichs geschwächten Ostgo-

ten setzten seinem Vordringen keinen Widerstand entgegen. So kamen Teile von Panonnien und Noricum unter langobardische Herrschaft.

Hartwig hatte gleich am ersten Abend nach seiner Ankunft in Reims, Nantwig aufgesucht. Dieser teilte ihm seinen Plan mit, wie sie die Königskinder aus Chlothars Gefangenschaft entführen könnten. Die Vorbereitungen waren schon getroffen. Mit einem Trupp verwegener Männer wollten sie die beiden Gefangenen befreien und in den austrasischen Reichsteil bringen.

Von hier aus wäre es leicht, Baldur und seine Schwester Radegunde bis hinter die Saale zu schaffen. Der Plan schien auch für Hartwig durchführbar und er zahlte Nantwig einen hohen Geldbetrag aus. Es wurde der Tag festgesetzt, wann die Entführung erfolgen sollte. Nantwig selbst wollte dabei sein und auf alles achten.

Hartwig setzte Theudebert über alle Einzelheiten des Plans in Kenntnis und riet ihm zur äußersten Vorsicht.

In Chlothars Reichsgebiet konnte Theudebert ihm nicht helfen.

Am vorgesehenen Tag fuhr eine Gruppe Spielleute auf ihren drei Wagen von Reims in Richtung Westen, wo Chlothar die beiden Gefangenen in einer seiner Burgen verwahrte. Baldur und seine Schwester konnten sich dort relativ frei bewegen. Sie hatten genügend zu essen und zu trinken. Für die Ausbildung von Radegunde als zukünftige Königin hatte der Frankenkönig ebenso gut gesorgt. Baldur musste zusammen mit einem Gärtner und einem Sklaven den kleinen Garten im Innenbereich der Burg bewirtschaften. Hartwig hatte ihn früher einige Male sprechen können, als Theudebert und Chlothar noch nicht zerstritten waren.

Nach dem Mordversuch und der Belagerung von Reims gab es keine gegenseitigen Besuche mehr. Seit dieser Zeit hatte Hartwig seinen Freund auch nicht mehr gesehen. Inzwischen konnte sich so manches verändert haben, was er nicht wusste.

Nach zwei Tagen kam die Gruppe der Spielleute vor der Stadt an, wo der Frankenkönig Chlothar seine Burg hatte.

Sie lagerten an der Stadtmauer, da die Stadttore schon geschlossen waren. Am nächsten Morgen wurden die Spielleute hineingelassen und fuhren zum Marktplatz. Dort zeigten sie viele Kunststücke und erfreuten mit ihren Vorführungen nicht nur die Herzen der Kinder.
Am dritten Tag erhielten die Spielleute eine Einladung, am Abend in die Königsburg zu kommen. Nach dem Essen sollten sie die Gäste mit ihrer Akrobatik erfreuen. Darauf hatten die Spielleute gewartet.
Hartwig blieb bei den Wagen. Nantwig gab sich als der Organisator der Gruppe aus und kam so in die Burg hinein. Bei dieser Gelegenheit erkundigte er sich, wo Baldur und Radegunde untergebracht waren.
Beide lebten in einem getrennten Teil des großen Gebäudes, der nur einen bewachten Eingang hatte. Den Dienern, die ihnen das Essen brachten, folgte er unauffällig und gelangte so zu Baldur. Der war nicht schlecht überrascht, Nantwig zu sehen.
„Wie kommst du hier her?"
„Ich bin mit den Dienern aus der Küche gekommen. Wir haben nicht viel Zeit zu sprechen. Heute Nacht wirst du und deine Schwester befreit."
„Bist du allein?"
„Nein, Hartwig und ein paar Spielleute helfen mit."
Gemeinsam besprachen sie kurz den Fluchtplan. Durch ein Fenster, das an der steilen Felswand lag, sollten Baldur und seine Schwester hinausklettern. Nantwig hatte sich ein langes Seil um den Bauch und die Brust gewickelt, das er Baldur gab. Er schärfte ihm ein, wenn er drei Mal den Ruf einer Eule hören würde, mit Radegunde zum Fenster zu gehen und sich bis zu dem Felsvorsprung hinabzulassen.
Dort würden Leute auf sie warten, die sie dann weiter brächten. Nantwig beugte sich aus dem Fenster, um die Höhe zu prüfen.
„Das müsstet ihr schaffen! Es sind nicht mehr als zwanzig Fuß. Werdet ihr euch das zutrauen?"
„Ich denke schon."
„Dann binde das Seil um diesen Pfeiler und lass es, wenn es dunkel ist, durch das Fenster hinab!"

„Ich werde auf dein Zeichen warten."
Nantwig verschwand sogleich mit dem Essenkorb, den er zur Tarnung bei sich trug, wieder im Gang. Der Wächter fragte ihn, warum er sich verspätet hatte und er meinte, dass er starken Durchfall hätte und auch jetzt gleich wieder verschwinden müsse. Mit zusammengekniffenen Beinen lief er schnell in Richtung Küche.
In der Küche warteten schon die Spielleute, die nach der gelungenen Vorführung, sich satt essen durften. Nantwig ging mit ihnen aus der Burg zu den Wagen. Hartwig wollte wissen, wie es Baldur ging.
„Gut, wo er weiß, dass wir ihn gleich wegbringen werden. Hast du auch mit seiner Schwester gesprochen?"
„Seine Schwester war nicht da, aber Baldur wird mit ihr durch das Fenster entkommen."
„Hoffentlich traut sie sich!"
„Dafür habe ich auch vorgesorgt. Die Spielleute können sehr gut klettern und einer von ihnen wird sich am Seil bis zum Fenster hochziehen und das Mädchen übernehmen."
„Das ist gut, denn ohne seine Schwester würde Baldur niemals mitkommen."
Alles verlief wie vorgesehen. Von der Felsenplattform aus trug einer der Spielleute Radegunde bis zu dem Wagen. Baldur folgte rasch den anderen. Die Freude auf das Wiedersehen mit Hartwig war sehr groß.

Am nächsten Morgen, als die Stadttore geöffnet wurden, fuhren sie davon. Baldur und Radegunde wurden in zwei großen Kostümkisten versteckt. Ihr Wagen sollte getrennt von den anderen den kürzesten Weg zur Grenze nehmen. Hartwig und Nantwig setzten sich auf den Bock. Die anderen beiden fuhren in südlicher Richtung weiter. Ihre Spuren waren deutlich auf dem sandigen Weg zu sehen. Wenn die Verfolger nach ihnen suchten, so sollten sie auf die falsche Fährte gebracht werden. Die Flüchtenden kamen gut voran und wähnten sich schon in Sicherheit. Da sahen sie weit zurück einen Reitertrupp auf ihrem Weg herankommen.
Nantwig öffnete die Kostümkisten und ließ Baldur und Radegunde hineinsteigen. Vorher fesselte und knebelte er sie

noch, damit es wie eine Entführung aussah, wenn man sie entdecken würde. Obenauf legte er ein paar alte Gewänder, die in einer Ecke des Wagens lagen.
Kaum hatte er die Deckel geschlossen, als die Reiter den Wagen erreichten. Ihr Anführer fragte, ob sie Spielleuten begegnet wären. Hartwig verneinte. Der Suchtrupp wollte weiterziehen, da hörten sie ein lautes Niesen.
Das Geräusch war dem Anführer verdächtig. Er befahl zwei Wachleuten, auf den Wagen zu steigen und nachzusehen, wo das Geräusch herkam. Die stöberten alles durch und sahen auch in die Kisten, doch da lagen nur alte Kleider. Als sie die Deckel wieder zuklappten, war erneut das Niesen zu hören. Jetzt räumten die Wachleute eilig die Sachen weg und fanden Radegunde und ihren Bruder. Sie hoben sie aus den Kisten, schnitten die Hand- und Fußfesseln durch und lösten die Knebel. Sie hatten die Gesuchten gefunden.
Alles sah nach einer Entführung aus. Hartwig und Nantwig wurden an den Händen und Füßen gefesselt und auf den Wagen geschmissen. Zwei Wachleute banden ihre Pferde an der Seite des Wagens an und setzten sich auf den Bock. Sie zogen den Weg zurück, auf dem sie gekommen waren. Baldur und Radegunde durften sich zwischen die beiden Männer auf den Bock setzen. Nantwig hatte auf dem Wagen an verschiedenen Stellen Messer versteckt und versuchte an eines zu kommen. Es gelang ihm auch und er schnitt damit Hartwig die Handfessel durch.
Vorsichtig sahen sich die beiden Männer um und bemerkten die beiden Pferde an der Wagenseite. Sie lösten langsam die Führungsleinen und sprangen vom Wagen blitzschnell auf die Rücken der Tiere. Die berittenen Wachleute waren so überrascht, dass sie den beiden Flüchtenden nur noch nachschauen konnten. Ihr Anführer rief ihnen zu, sie zu verfolgen. Die beiden Flüchtlinge waren schon zu weit voraus und nicht mehr einzuholen.

Baldur und Radegunde wurden zur Burg gebracht. Da sie gefesselt und geknebelt in den Kleiderkisten entdeckt wurden, glaubte man ihren Angaben, in der Nacht entführt worden zu sein und dass sie nicht wussten, wer die Leute waren.

Chlothar ließ danach die Wachen verstärken. Er glaubte, dass sein Bruder Childebert dahinterstecken könnte. Theudebert schloss er aus, da sich dieser nicht für Radegunde interessierte, weil er die Möglichkeit hatte, eines Tages die Tochter von Herminafrid zu heiraten.
Hartwig und Nantwig erreichten unversehrt Reims. Ihnen war klar, dass es so bald keine neue Fluchtmöglichkeit mehr geben könnte. Auch Theudebert bedauerte den Ausgang und er versicherte Hartwig, dass bei einem Vertrag zwischen Herminafrid und ihm auch das Schicksal seines Freundes gelöst werden würde.
Hartwig bat den König, ihn nach Hause zu entlassen. Theudebert bedauerte sehr ihn zu verlieren, doch willigte er ein. Der König bat Hartwig seinen Gesandten in Thüringen zu unterstützen, um Herminafrid zu einem baldigen Bündnisvertrag zwischen den Thüringern und Franken zu bewegen.

17. Sonnenwende

Im zweiten Jahr nach der vernichtenden Schlacht an der Unstrut gab es immer noch keine Klarheit, wie es im ehemaligen Reichsgebiet weitergehen soll. Gerüchten zufolge wollte Herminafrid mit den Franken verhandeln, um als Vasallkönig über das Nord- und Mittelreich herrschen zu können. Südlich des Thüringer Waldes hatten die fremden Siedler bereits das Sagen. Das Land wurde dort von fränkischen Beamten verwaltet.
Nördlich der Thüringer Berge unterstanden bereits alle Königsgüter in dem besetzten Teil Theudebert. Die Verwaltung der Gaue wurde von den Franken allerdings noch nicht vorangetrieben. Wo es möglich war, bildeten sich eigenständige Gebiete, in denen Gaugrafen nach dem alten Thüringer Recht entschieden. Für die Thüringer blieb ihr König Herminafrid, der im Osten lebte, zu dem sie gegenwärtig jedoch keinen Kontakt mehr hatten.
Die Wachstationen entlang des Saaleufers wurden auf beiden Seiten verstärkt, so dass ein Überqueren des Flusses nur sehr schwer möglich war. Es gab dennoch einen Austausch von Informationen auf illegalen Wegen.

Herminafrid schien über alles gut unterrichtet zu sein und ermutigte seine Gefolgsleute zum Durchhalten. Sein Verhandlungsgeschick erwies sich jetzt als sehr vorteilhaft. Über Gesandtschaften wurde ständig weiter verhandelt. Die anfänglichen Forderungen nach einer totalen Unterwerfung des Thüringer Königs und seiner Bevölkerung unter die Frankenherrschaft wurde nicht mehr erhoben.
Herminafrid strebte einen Bund beider Königreiche an, in dem er die Gefolgschaft bei zukünftigen Kriegen unter fränkischer Führung zusicherte.
Es wäre eine Situation analog zur Hunnenzeit, als die Thüringer Kriegerverbände den Hunnen zur Verfügung stellen mussten und im Gegenzug ihr Kernland verschont wurde. So etwa stellte Herminafrid sich eine Lösung vor. Der Thüringer Königsschatz stand seit langem nicht mehr auf der Tagesordnung.

Im Oberwipgau lief alles geregelt ab. Harald verwaltete die Gaue des Wiesenlandes und die Sippen waren damit zufrieden.
Die Menschen kamen mit allen Angelegenheiten zu ihm nach Rodewin und Harald half ihnen, so gut er konnte.
Im letzten Jahr versuchten die fränkischen Wachposten öfters einmal in die Täler des Berglandes vorzudringen. Dort stießen die Franken meist auf offenen Widerstand und zogen sich schnell wieder in die Königsgüter zurück.
In den Oberwipgau gelangte auch einer dieser Trupps. Die Jungen lockten die Franken in das Moor zwischen Wip und Eichelsee. Dort blieben sie mit ihren Pferden im Sumpf stecken und alle, bis auf einen, ertranken. Seit dieser Zeit wurde das Gebiet des Oberwipgau von den Franken gemieden.

Mit der Umsiedlung von ganzen Sippen im Unterreich kamen auch einige Männer der Kirche mit ins Land. Sie bezeichneten sich als Mönche. Diese Menschen waren sehr ärmlich gekleidet und nicht bewaffnet. Sie trauten sich in das unwegsame Gebiet der Thüringer Berge und bauten dort Hütten, in denen sie wohnten.
Viele Thüringer betrachteten die Mönche als Späher des Königs der Franken und aus diesem Grunde wurde so mancher von ihnen von den Einheimischen getötet. Doch es kamen immer mehr nach. Sie rodeten Königswald und legten Äcker und Gärten an.
Manch neugierige Thüringer besuchten die Siedlungen der Kuttenmänner, wie die Mönche auch genannt wurden. Diese nahmen jeden freundlich auf und zeigten den Thüringern, wie sie das Land bestellten. Die Mönche verfügten über weitaus bessere Werkzeuge und landwirtschaftliche Geräte. Ihr Saatgut garantierte ertragreichere Ernten. Zwischen den Mönchen und den Besuchern entstand ein reger Erfahrungsaustausch. Einige versuchten die Neuerungen der Mönche zu übernehmen. Mit den Rodungen im königlichen Waldgebiet nahmen die Mönche den Thüringern nichts weg. Somit entstanden keine Konflikte zwischen ihnen und den meist weit entfernten Nachbarn. Diese Männer

liebten die Einsamkeit und waren sehr fleißig. Das Einzige, was die Thüringer sehr verwunderte, war ihre Frömmigkeit. Den halben Tag lang beteten die Mönche zu ihrem Gott und lebten vollkommen keusch.
Harald sah eine andere Gefahr durch die Männer in den braunen Kutten. Ihr beispielhaftes Leben könnte den einen oder anderen seiner Landsleute dazu bewegen, so zu werden, wie sie und am Ende deren Glauben annehmen.
Bei einigen germanischen Völkern hatte das Christentum schon Fuß gefasst, wie u.a. bei den Ostgoten und den Franken. Harald war davon überzeugt, dass dieser fremde Glaube falsch war und er wollte dazu beitragen, seine Ausbreitung zu verhindern. Bevor Harald diese Eindringlinge bekämpfte, musste er sie erst einmal kennenlernen.

Gemeinsam mit Siegbert besuchte Harald eine dieser neuen Siedlungen im tiefen Königswald, die nur eine halbe Tagesreise von Rodewin entfernt war. Beide kamen noch vor der Mittagszeit dort an.
Die Kuttenmänner arbeiteten in ihrem Garten und auf dem Acker vor ihrer Siedlung. In der Mitte des Hofes stand eine Hütte mit einem angespitzten runden Schilfdach. Das Gebäude unterschied sich deutlich von den anderen, die verteilt in einem Halbkreis darum standen. Einer der neuen Siedler kam auf sie zu und begrüßte sie im gebrochenem thüringisch.
„Seid willkommen und ruht euch bei uns aus!"
Der Mönch zog aus einem Brunnen einen Ledereimer mit Wasser und füllte drei Becher. Neben dem Brunnen standen eine Bank und ein Tisch. Dort stellte er die Becher ab und trank seinen leer.
„Das ist gutes Wasser. Ihr könnt es getrost trinken!"
Harald bedankte sich und roch in den Becher. Das Wasser schien nicht schal zu sein. Dann kostete er davon und stellte fest, dass es wirklich wie frisches Quellwasser schmeckte. Siegbert traute sich nun auch zu trinken. Er beobachtete die Männer in den Gärten. Sie hackten den Boden zwischen den Pflanzen auf oder verrichteten andere Arbeiten, die er nicht so richtig deuten konnte. Harald versuchte sich

mit dem freundlichen Kuttenmann zu unterhalten. Als er ihm in der Sprache der Franken antwortete, erhellte sich das Gesicht des Mönchs zusehends. Er zeigte den beiden Thüringern die gesamte Siedlung und ging mit ihnen auch in die Hütten. Ihre Unterkünfte waren sehr spartanisch eingerichtet, doch das mittlere Versammlungshaus, das sie Kirche nannten, gefiel ihnen. Es war ein achteckiger Bau mit einem sehr hohen spitzen Schilfdach und an den Seiten drang Licht durch offene Felder in das Innere.

„Das Haus ist sehr interessant, doch warum ist es so groß und hoch?"

„Das ist unser Haus, in dem wir früh und abends zu unserem Gott beten."

„Warum tut ihr das so oft? Genügt es nicht, einmal am Tag mit eurem Gott zu sprechen?"

Lächelnd entgegnete der Kuttenmann: „Einmal ist besser als keinmal. Doch wir sind seine Wegbereiter für das Seelenheil aller Menschen."

„Das verstehe ich nicht?"

„Wir haben uns entschieden, das ganze Leben lang nur unserem Gott zu dienen, so wie eure Schamanen oder Priester ihr Leben den germanischen Göttern widmen."

„Wie könnt ihr ihm dienen, wenn ihr in der Wildnis lebt, weit ab von den Menschen?"

„Wir sind nicht so fern von ihnen, als das sie uns nicht finden. Jeden Tag besuchen uns welche und schauen uns zu, was wir tun."

„Was habt ihr davon, dass man euch angafft?"

„Viele lernen von uns, wie man den Acker besser bestellt und welche Pflanzen und Bäume gut wachsen und hohe Erträge geben. Alles um uns herum ist der Garten unseres Gottes und den zeigen wir den Besuchern und sie lernen von uns."

„Ihr wollt doch bestimmt nur die Leute damit fangen, dass sie euch bewundern und sich eurem Gott zuwenden?"

„Keiner wird gezwungen unseren Glauben anzunehmen! Wir leben mit allen in Frieden."

„Ich kenne deinen Gott nicht so gut, doch sage mir, wer er ist und woher er kommt?"

„Ich kann es dir nicht sagen, denn ich weiß es nicht. Darüber müsstest du mit meinem älteren Bruder in dem Garten, da drüben sprechen. Er kann dir vielleicht eine Antwort geben. Wenn du willst, dann bringe ich euch zu ihm."
Harald nickte und sie gingen zu einem Mann, der Zweige von einem Apfelbaum schnitt und sie in anderen Bäumen wieder einsetzte. Der Kuttenmann schien schon sehr alt zu sein. Er hatte einen langen weißen Vollbart, der mehrere Handbreit auf seiner Brust lag. Der andere Mönch erklärte ihm kurz, was Harald wissen wollte. Der Alte schien von dieser Frage unbeeindruckt zu sein. Der Mönch sah den Thüringer von der Seite an und überlegte, ob er ihm darauf antworten sollte.
„Das ist eine sehr schwierige Frage, die du stellst. Da musst du dich schon lange Zeit mit ihr beschäftigt haben. Warum willst du es wissen?"
„Es interessiert mich, ob euer Gott stärker als Odin ist?"
„Glaubst du, dass es keinen stärkeren Gott als Odin gibt?"
„Da bin ich mir nicht sicher!"
„Ich will es dir sagen. Es gibt immer etwas, was größer und stärker ist als das andere. So gibt es auch einen Gott, der stärker ist als Odin. Dieser Gott ist mein Gott und ich könnte dir an vielen Beispielen beweisen, dass ich recht habe."
„Woher kommt er denn, wenn er stärker sein soll?"
„Er kommt aus dem großen Raum, der uns umgibt."
„So, wie Buri?"
„Ja, wie er und vielleicht ist es der Gleiche?"
„Diese Vermutung hat mir schon einmal jemand gesagt."
„Und hast du ihm geglaubt?"
„Ich wollte es nicht."
„Du fürchtest dich vor dieser Erkenntnis?"
„Ja, ich lehne sie ab!"
„Diese Erkenntnis wird in dir reifen. Eines Tages wirst du zu mir kommen und gibst mir recht. Dann stellst du mir weitere Fragen."
„Woher willst du das wissen?"
„Ich bin auch als Germane geboren und habe an Odin und die riesige Götterschar geglaubt. Irgendwann stellte ich mir die gleiche Frage, so wie du und noch weitere dazu. Nur

langsam kam ich zu der Erkenntnis, dass es nur einen Gott geben kann, der für alle da ist und die Welt, die er erschaffen hat, liebt. Deshalb müssen wir auch so handeln und alle Menschen lieben, als gehörten sie zu unserer Familie."
„Das kann ich nicht und will es auch nicht! Ich werde meinen Göttern immer treu bleiben!"
„Niemand hindert dich daran! Jeder soll in seinem Glauben das Glück finden. Drum ziehe hin in Frieden und deine Götter seien dir wohlgesonnen!"
Der Gaugraf humpelte zu seinem Pferd und Siegbert folgte ihm. Sie ritten schnell davon. Harald führte Selbstgespräche und sein kleiner Bruder wunderte sich. Der Mönch musste ihn sehr verunsichert haben.

Siegbert stand kurz vor seiner Jungkriegerprüfung. Sie sollte für das ganze Wiesenland im Oberwipgau abgehalten werden. Ausgebildet wurden die Jungen von den alten Kriegern, die vor zwei Jahren nicht mit in die Schlacht gezogen waren.
Im letzten Jahr hatte man die Prüfungen ausfallen lassen, da den Jungen keine Zeit für die Kampfesübungen blieb. Sie mussten ihre gefallenen Väter, Brüder und Onkel auf dem Feld und Hof ersetzen. Nun hatten sich alle den neuen Lebensumständen angepasst. Die Gerüchte über ein bevorstehendes Friedensbündnis ließ die Hoffnung aufkeimen, dass die Franken Thüringen wieder verlassen werden.
Aus den benachbarten Gauen kamen die angehenden Krieger in den Oberwipgau. Die Franken durften aber nichts davon erfahren. Sie hatten von Anbeginn ihrer Besatzung den Besitz und das Tragen von Waffen verboten. Diejenigen, die sich nicht daran hielten und von den Frankenkriegern aufgegriffen wurden, nahmen diese gefangen und verkauften sie als Sklaven.
Zum Glück mieden die Besatzer den Oberwipgau und verschiedene andere von Thüringern bewohnte Täler sowie die Höhen der Thüringer Berge. Die Wachposten wurden angewiesen, in der Nähe der Königsgüter zu bleiben und nur die Hauptwege zu kontrollieren.
Eine Einmischung in die Belange der Siedlungen gab es

nicht. Nur wenn fränkische Krieger bei Erkundungsritten von der Zivilbevölkerung attackiert wurden, schlugen sie mit aller Härte zurück und zeigten, wer die neuen Herren im Land sind.

Einige Tage vor der Sommersonnenwende begannen die Prüfungen. Harald war immer selbst dabei. Die gut ausgebildeten und kampfeslustigen jungen Männer gaben ihm Zuversicht, dass das Thüringer Königreich schon bald wieder erstarken würde. Siegbert erfüllte alle Aufgaben sehr gut und war in jeder Disziplin mit unter den Besten. Es gab nur wenige, die es nicht schafften und im nächsten Jahr erneut antreten wollten.
Die ehemaligen Hütten des Ausweichlagers bei Wipa wurden hergerichtet, so dass die Jungen und ihre Betreuer während der Prüfungstage vor Ort bleiben konnten. Es ging wie in einem richtigen Feldlager zu und die Ausbilder versuchten ihren Schützlingen noch einen letzten Schliff zu verpassen.
Am Sonnenwendtag kamen die Angehörigen der Jungen zur feierlichen Waffenschau auf den Thingplatz. Es war wie ein großes Volksfest. Natürlich durften die Priester und Schamanen aus den Gauen des Wiesenlandes bei dieser Feierlichkeit nicht fehlen. Ihnen gehörte der Vormittag und am Nachmittag war dann endlich die Waffenschau, die Harald abhielt. Aus Restbeständen hatte er Wochen zuvor Schwerter herstellen lassen, die er den Jungkriegern übergab. Sie erhielten auch Schilde aus Holz, die bunt bemalt waren.

Am Nachmittag zogen dann alle wieder zurück in ihre Siedlungen, um das traditionelle Fest bei sich zu Hause zu begehen. Harald ritt mit seinem Knappen Roland auf den Wilberg. Von dort aus betrachteten die beiden die überall aufflackernden Feuer. Er war zufrieden mit diesem Tag.
Mit diesen Jungkriegern wuchs eine neue Generation heran, auf der so manche Hoffnung ruhte. Doch auch die Trauer um die gefallenen Freunde und Verwandten, berührte Harald in diesem Moment. Er sprach mit seinem Knappen

darüber. Sie hatten beide schon viel erlebt und das hatte sie fest zusammengeschmiedet.
Roland machte sich um seine Zukunft keine so großen Gedanken. Für ihn war wichtig, dass Harald ihm gut gesonnen war und er ihm noch lange dienen durfte.

Das Feuer war schon zur Hälfte abgebrannt, als beide in Rodewin ankamen. Die Kinder warfen Holzstücke in die Flammen und erfreuten sich daran, wenn die Funken weit nach oben flogen. Auch die Kräuterfrau war mit ihren Töchtern und den beiden Jungen, Bygul und Tregul, gekommen. Ferun hatte ihre kleine Tochter dabei. Heidrun und ihre Schwiegermutter beköstigten die Gäste mit Brei und süßen Fladen.
Siegbert genoss es im Mittelpunkt zu stehen und seine Mutter war sehr stolz auf ihren jüngsten Sohn. Er erhielt viele kleine Geschenke, die die meisten Gratulanten selbst gefertigt hatten. Die Kräuterfrau gab ihm ein stark duftendes Kissen, das gegen Zahnweh helfen sollte. Bygul und Tregul hatten seine Lieblingspilze getrocknet und auf eine Schnur gefädelt. Von Ferun erhielt Siegbert eine Teichmuschel, die er sich als Amulett umhängen konnte. Helga hatte ihm in einem kleinen Stoffbeutel zermalmte Beeren und Kräuter für einen besonderen Tee gegeben. Sie bemerkte dazu, dass sie diesen Tee eines Tages gern mit ihm gemeinsam genießen würde. Auf seine Frage, was denn der Tee bewirken würde, gab sie jedoch keine Antwort und lächelte ihm nur verführerisch zu.
Als der große Reisighaufen schon weit abgebrannt war, rollten die Männer kurze Baumstämme um das Feuer, worauf sich Junge und Alte setzten. Sie unterhielten sich von diesem und jenem und der Priester, der als Gast hier weilte, wurde gebeten, eine lustige Göttergeschichte zu erzählen.
„Was versteht ihr darunter?“, fragte er zurück.
„Worüber wir lachen können“, meinte Ingolf.
„Was du gerne hören möchtest, das kann ich mir denken, aber das kann man nicht erzählen, wenn Frauen und Kinder zuhören. Ich werde euch deshalb berichten, wie Odin sein achtfüßiges Pferd bekam. Wollt ihr das hören, oder nicht?“

„Wir wollen!“, schrieen die Kinder.
„Na gut, dann spitzt eure Ohren!“
Der Priester setzte sich mit dem Rücken zum Feuer und eine Traube von Kindern plazierte sich vor ihm auf dem Boden. Selbst die Alten lauschten andächtig.

„Nach dem Krieg gegen die Wanen waren große Teile von der Mauer der Götterburg zerstört worden und niemand hatte Lust, sie wieder aufzubauen.
Eines Tages kam ein Mann nach Asgard geritten und schlug Odin einen Handel vor. Er wollte den Schutzwall ganz allein wieder errichten, wenn er dafür Freya als Frau und die Sonne und den Mond bekäme.
Zuerst waren die Götter empört über diesen Vorschlag, jedoch der listige Loki riet, das Angebot des Baumeisters anzunehmen. Zögernd willigte Odin ein.
Es war Winteranfang und der Mann sollte bis zum Tag der Sommersonnenwende mit dem Bau fertig sein. Wenn er es nicht schafft, so würde er leer ausgehen. Der Mann willigte unter der Bedingung ein, dass ihm sein Pferd dabei hilft. Diese Bitte wurde ihm gewährt.
Die Mauer wuchs von Tag zu Tag und die Götter sahen schon ganz sorgenvoll auf das Bauwerk. In der Nacht transportierte der Mann mit seinem Pferd die Steine zur Baustelle und tagsüber setzte er sie. Als der letzte Arbeitstag anbrach, mussten nur noch die Steine für die Burgpforte geholt und gesetzt werden. Alle Götter waren betrübt, dass sie ihre Zusage einhalten mussten.
Auf einmal erschien eine prächtige Stute auf dem Bauplatz und verführte den Hengst des Baumeisters. Beide Pferde galoppierten auf und davon. Der Hengst kam erst am nächsten Morgen wieder zurück. Es war nun für den Baumeister zu spät, denn die Steine mussten erst noch zur Baustelle herangebracht werden. Der Baumeister fühlte sich hintergangen. In seiner Wut bäumte er sich auf und wurde größer und größer. Jetzt konnten alle sehen, dass er ein Riese war, der sich nur verkleidet hatte. Als er handgreiflich werden wollte, kam zum Glück Thor mit seinem Hammer dazu und erschlug den Riesen.

Von Loki und der Stute hatte man lange Zeit nichts mehr gehört. Erst als es Herbst wurde, kam Loki nach Asgard zurück und zog ein achtfüßiges Fohlen hinter sich her. Dieses Fohlen nannte er Sleipnir und schenkte es seinem Freund Odin. Der wollte natürlich wissen, woher das Fohlen stammte. Loki verriet Odin, dass er es selbst zur Welt gebracht hatte. Alle sahen nun Loki bewundernd an. Jetzt wussten nämlich alle, dass sich Loki damals in eine Stute verwandelt hatte. Diese „Stute" galoppierte mit dem Hengst des Baumeisters auf und davon, zur allgemeinen Freude der Götter!"

Siegbert hatte beim Geschichtenerzählen des Priesters neben Helga auf einem Baumstamm vor dem Feuer gesessen. Sie betrachteten die Glut und erfreuten sich an dem Spiel der Flammen und Farben. Helga war sehr nah an ihn herangerückt und Siegbert blieb auf seinem Platz sitzen.
„Du bist jetzt ein Jungkrieger und zählst nun als Mann. Macht es dich froh?"
„Ja, jetzt kann ich über mein Leben selbst entscheiden."
„Was möchtest du denn gern tun?"
„Ich werde meinem König treu dienen, genauso wie es mein Bruder Harald und Hartwig getan haben."
„Habt ihr von Hartwig etwas gehört?"
„Nein, wir wissen nicht, was passiert ist! Da Hartwig sich nicht gemeldet hat, so wird er, wie die vielen anderen gefallen sein. Wenn ich daran denke, so bin ich sehr traurig darüber."
„Das glaube ich dir, aber vielleicht ist er noch am Leben. Du darfst die Hoffnung nie aufgeben!"

Anlagen

Personen in den Sippenverbänden

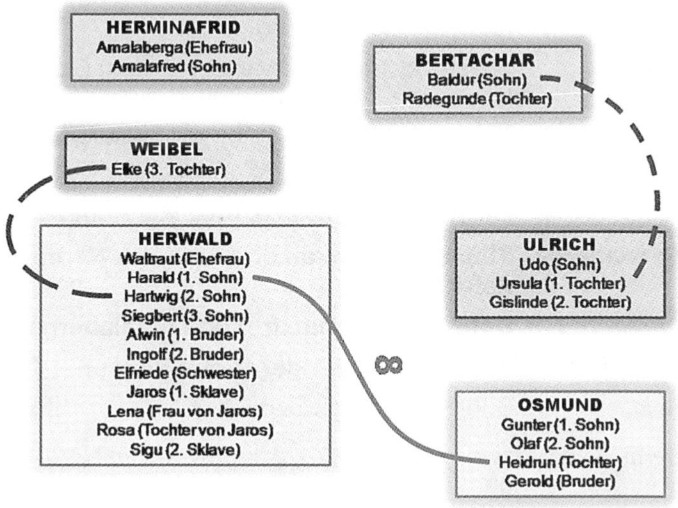

HERMINAFRID von der Herminaburg
BERTACHAR von der Bertaburg
WEIBEL vom Elbkniegau
ULRICH von Alfenheim
HERWALD von Rodewin
OSMUND von Anstedt

Personennamen
(Historische Personennamen sind **fett** geschrieben)

Adalbert	Berater Theuderichs (alamannischer Fürst)
Adelheit	älteste Tochter von Weibel aus dem Elbkniegau
Almut	älteste Tochter des Gaugrafen vom Nordgau
Alwin	ältester Bruder des Herwald von Rodewin
Amalaberga	**Thüringer Königin und Frau des Herminafrid**
Amalafred	**Sohn von Herminafrid und Amalaberga**
Baderich	**König der Thüringer (Sohn Bisins)**
Baldur	Sohn des Königs Bertachar
Berta	zweite Tochter des Gaugrafen vom Nordgau
Bertachar	**König der Thüringer (Sohn Bisins)**
Bertram	Berater Theuderichs (rheinfränkischer Adliger)
Bisin	**König der Thüringer [Vater von Herminafrid, Baderich, Bertachar und Raicunda (verh. mit Wacho)]**
Bygul	erste Geisel am Thüringer Königshof (ältester Sohn Chlodomers)
Childebert	**(511-558) König der Franken (Paris)**
Chlodomer	**(511-524) König der Franken (Orleans)**
Chlodwig	**(482-511) König der Franken**
Chlothar	**(511-561) König der Franken (Soissons), 1. Ehe: 520 Ingund (Tochter einer Optimatenfamilie),**

	2.Ehe: 524 Guntheuca (Witwe seines Bruders Chlodomer), **3. Ehe: 540 Radegunde (Thüringer Königstochter)**
Deuteria	**Galloromanin aus Cabrieres in Aquitanien, Ehefrau von Theudebert**
Diethilde	dritte Tochter des Gaugrafen vom Nordgau
Edmund	ältester Sohn von Ortrun aus dem Elbkniegau
Elfriede	Schwester des Herwald von Rodewin
Elfrun	vierte Tochter des Gaugrafen vom Nordgau
Elke	drittes Kind von Weibel aus dem Elbkniegau, Frau von Hartwig
Ferun	älteste Tochter der Kräuterfrau vom Eichelsee
Gelsa	verwitwete Bäuerin aus einem Seitental zum Rynnestig
Gerold	Bruder des Osmund von Anstedt
Gerwald	Herwalds Schwager aus Molstedt
Gislinde	jüngste Tochter des Ulrich von Alfenheim
Godehild	Schamanin aus dem Elbkniegau
Godwin	jüngster Sohn von Ortrun aus dem Elbkniegau
Gunter	ältester Sohn des Osmund von Anstedt
Hagen	Sohn des Kanzlers vom Königreich des Bertachar
Harald	ältester Sohn des Herwald von Rodewin, ab 529 Gaugraf des Oberwipgaus
Hartwig	zweiter Sohn des Herwald von Rodewin
Heidrun	Tochter des Osmund von Anstedt, Frau von Harald

Helga	jüngste Tochter der Kräuterfrau vom Eichelsee
Herminafrid	**Thüringer König (Sohn Bisins**)
Herwald	Sippenältester von Rodewin, Gaugraf des Oberwipgaus, gefallen 529
Hubert	Großkanzler des Thüringer Königreichs
Ingolf	jüngerer Bruder des Herwald von Rodewin
Jaros	Sklave aus Rodewin, Pferdekenner
Larinus	Oströmischer Händler
Lena	Sklavin aus Rodewin, Frau des Jaros
Lioba	Nantwigs Magd und Frau
Meinhard	Gesandter Theuderichs am Thüringer Königshof
Menia	**Thüringer Königin und Frau des Bisin**
Nantwig	Mörder König Bertachars
Olaf	jüngster Sohn des Osmund von Anstedt
Ortrun	verwitwete Schwester von Weibel aus dem Elbkniegau
Osmund	Sippenältester von Anstedt, Gaugraf vom Obergegau, Schwiegervater Haralds
Radegunde (Heilige)	**Tochter von Bertachar, verheiratet mit dem Frankenkönig Chlodwig, Klostergründerin,**
Rado	Freund von Jaros, lebt nahe dem Rynnestig
Radolf	Jugendfreund von Theudebert
Raimund	Sippenältester von Heyloh
Rodalinde	Tochter von König Herminafrid
Rosa	Sklavin aus Rodewin, Tochter des Jaros
Siegbert	dritter Sohn des Herwald von Rodewin

Sigu	riesenhafter Sklave aus Rodewin
Theoderich der Große	**(493-526) König der Ostgoten**
Theudebald	**Sohn des Frankenkönigs Theudebert mit Deuteria**
Theudebert	**(533-547) König der Franken, Sohn des Königs Theuderich**
Theuderich	**(511-533) König der Franken (Reims)**
Tregul	zweite Geisel am Thüringer Königshof (Sohn des Gesandten)
Udo	Sohn des Ulrich von Alfenheim
Ulrich	Sippenältester von Alfenheim
Ursula	älteste Tochter des Ulrich von Alfenheim
Wacho	**(510-540) König der Langobarden (Ehemann von Raicunda, Tochter des Thüringer Königs Bisin)**
Waltraut	Frau des Herwald von Rodewin
Weibel	Gaugraf des Elbkniegaus, Vater von fünf Töchtern, Schwiegervater von Hartwig
Wisigard	**Tochter des Langobardenkönigs Wacho**

Zeittafel (380 bis 533)

380 Der Name T(h)oringi/T(h)uringi wird erstmals von dem in Konstantinopel lebenden Schriftsteller Vegetius Renatus im Zusammenhang mit guten Pferden erwähnt.

403 Bündnis der Thüringer im Donau-Raum mit den Hunnen.

451 Erwähnung der Thüringer als Verbündete der Hunnen auf den Katalaunischen Feldern.

453 Entstehung des germanischen Großreichs nach der Ermordung des Hunnenkönigs Attila im Jahre 453 (Hermunduren und Warnen).

455 Entscheidungsschlacht am Fluss Nedao. Das Attila-Reich zerfällt und das Thüringer Königreich kann sich entfalten

475 Thüringer plünderten Passau und bedrohen Lorch.

476 Untergang des Weströmischen Reiches (Kaiser Romulus Augustulus von Odoaker besiegt).

486 Der Frankenkönig Chlodwig erobert das Gebiet zwischen der Seine und Loire.

491 Chlodwig erobert einen Teilstamm der Thüringer in Belgien.

493 Nach Odoakers Tod wird Theoderich der Große König der Ostgoten (493-526). Die Thüringer verbünden sich – aus Furcht vor den Franken – mit ihm.

496 Chlodwig nimmt – auf Anraten seiner burgundischen Gemahlin Chrodechilde – den katholischen Glauben an.

496 Sieg der Franken gegen die Alamannen (Zülpich, südwestlich von Köln).

500 Chlodwig führt Krieg gegen die Burgunder (Saône und Rhône, Sieg erst im Jahre 532).

507 Sendschreiben von König Theoderich an König Herminafrid bezüglich seiner Nichte Amalaberga.

507 Chlodwig besiegt die Westgoten (südlich der Loire).

508 Chlodwig besiegt die Chatten (Ostgrenze an Werra und Weser).

510 Bisin, der König der Thüringer, stirbt und hinterlässt das Thüringer Königreich seinen drei Söhnen (Herminafrid, Baderich und Bertachar).

510 Herminafrid (Hermenefred *480-490, †534), ältester Sohn Bisins, heiratet die Nichte des Ostgotenkönigs Theoderich, Amalaberga.

511 Chlodwig stirbt [Erben: Chlodomer (511-524) → Orleans, Childebert (511-558) → Paris, Chlothar (511-561) → Soissons, Theuderich (511-533) → Reims].

512 Gründung des ersten Nonnenklosters in Westeuropa auf einer Rhône-Insel.

515 Eroberungsversuche der Franken in Thüringen.

518 Radegunde, Tochter Bertachars, geboren.

526 Theoderich, der König des Ostgotenreichs, stirbt in Italien. Seine Tochter Amalaswintha wird Regentin für ihren minderjährigen Sohn Athalarich (*516, †534).

529 Angriff der Franken gegen die Thüringer bei Eisenach abgeschlagen.

530 Chlothar hatte 524 Guntheuca, die Witwe seines verstorbenen Bruders Chlodomer (Burgunder-Prinzessin) in zweiter Ehe geheiratet. Chlothar lässt mit Einverständnis seines Bruders Childebert, zwei seiner Neffen (Theudoald *520 und Gunthar *523) töten. Der dritte Neffe (Chlodoald *520) wurde für den geistlichen Stand bestimmt (war somit nicht erbberechtigt). Die Neffen lebten bei ihrer Großmutter (Chlothars Mutter in Paris).

530 Konflikt Chlothars mit seiner Mutter wegen der Ermordung ihrer beiden Enkel.

531 Angriff und Sieg der Franken gegen die Thüringer unter Theuderich, dessen Sohn Theudebert (533-548) und Halbbruders Chlothar.

531 Radegunde und ihr Bruder werden von Chlothar ins Frankenreich verschleppt.

531 Herminafrid flieht mit seiner Familie in das ostsaalische Thüringer Reichsgebiet.

533 Theudebert unterstützt Chlothar und Childebert im Krieg gegen die Burgunden.

533 Theuderich (König von Austrasien, Reims) stirbt. Sein Sohn Theudebert folgt ihm als König nach.

533 Chlothar und Childebert versuchen vergeblich, Theudebert umzubringen. Als dies misslang adoptierte Childebert Theudebert, da er selbst keine Söhne als Nachfolger hatte.

534 Sieg gegen die Burgunden und Aufteilung ihres Gebietes unter Chlothar, Childebert und Theudebert.

534 Chlothar heiratet Arnegunde, die Schwester seiner ersten Ehefrau Ingunde.

534 Der Thüringer König Herminafrid wird von den Frankenkönigen Theudebert und Chlothar nach Zülpich eingeladen.

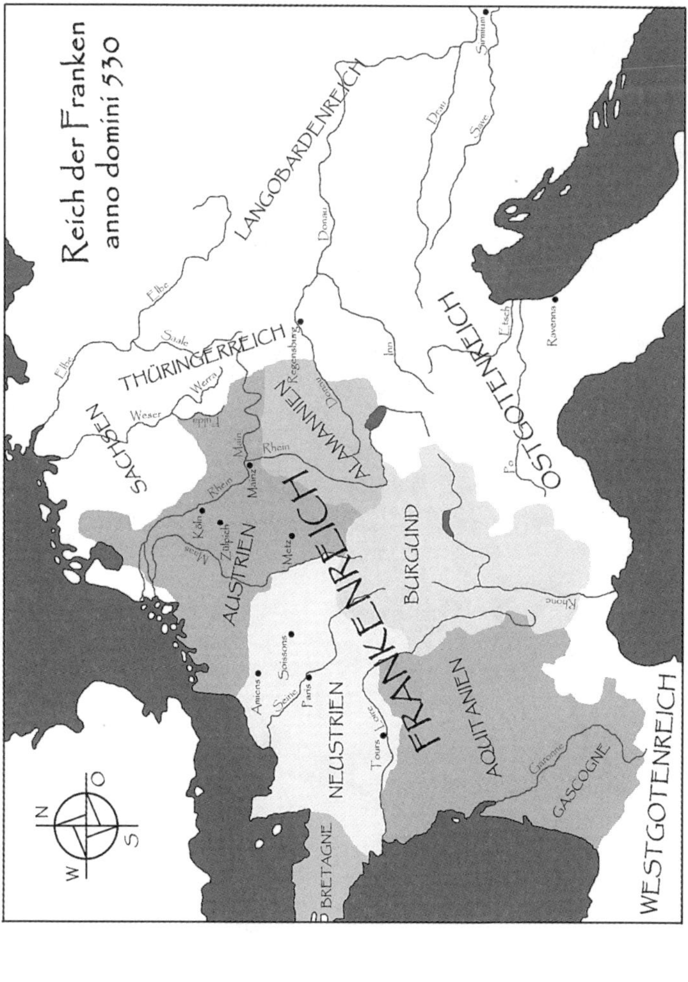
Reich der Franken
anno domini 530
N
O
S
W
LANGOBARDENREICH
THÜRINGERREICH
SACHSEN
ALAMANNIEN
AUSTRIEN
FRANKENREICH
BURGUND
NEUSTRIEN
AQUITANIEN
GASCOGNE
BRETAGNE
OSTGOTENREICH
WESTGOTENREICH
Elbe
Saale
Weser
Werra
Main
Rhein
Donau
Inn
Drau
Save
Etsch
Po
Rhone
Seine
Loire
Garonne
Maas
Köln
Zülpich
Mainz
Metz
Regensburg
Amiens
Soissons
Paris
Tours
Ravenna
Sirmium

N
W
O
S
SACHSEN
Oder
durch die
Franken
SLAWEN
Weser
Elbe
Unstrut
Fulda
FRANKEN
Saale
Thüringen
Werra
LANGOBARDEN
Main
besetztes
Gebiet
Rhein
Donau
Besetztes
Thüringer Königreich
anno domini 532
OSTGOTEN

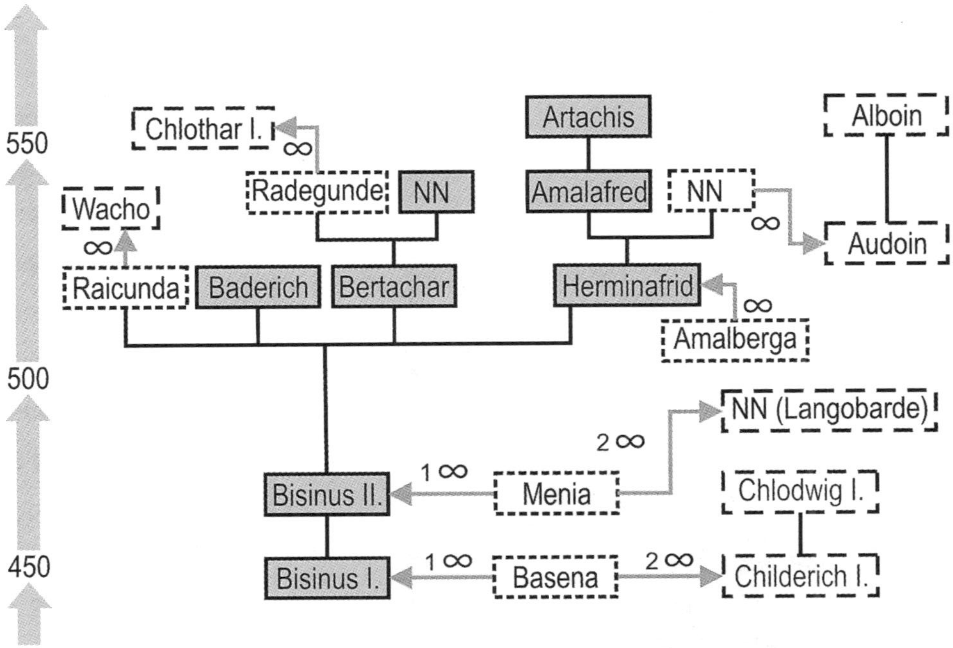

Verwandtschaftliche Beziehungen des Thüringer Königshauses

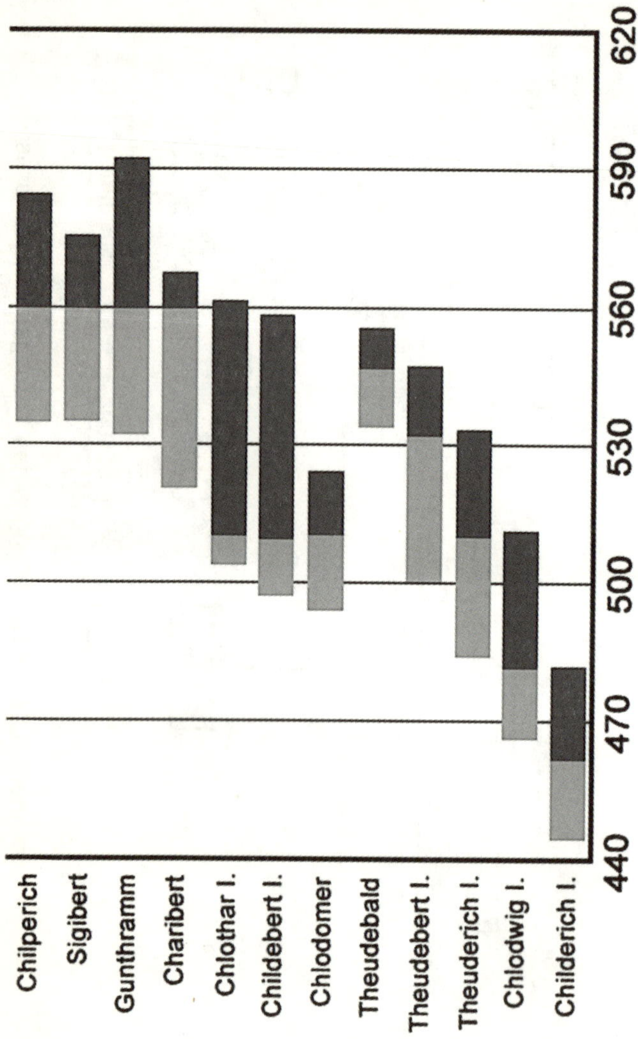

Prinzen- und Regierungszeit der Merowingerkönige

Kleines Wörter-Lexikon

Amalaburg	neue Reichsburg, die König Herminafrid bauen wollte
Arianer	Anhänger einer christlich theologischen Lehre, die nach ihrem Gründer Arius (260-336) aus Alexandria benannt wurde
Bör	Sohn des Buri, des Stammvaters der Asen
Buri	Stammvater des nordischen Göttergeschlechts, der Asen
Chatten	germanischer Volksstamm, dessen Siedlungsschwerpunkt im heutigen Hessen lag
Einkorn	eines der ältesten domestizierten Getreidearten
Fibel	metallene Gewandnadel (Nadel und Bügel) zum Zusammenhalten von Kleidern, Mäntel und Umhängen
Freya	germanische Göttin der Liebe
Gemach	privater Wohnraum
Gaugraf	Oberhaupt eines Gaus
Großkanzler	oberster Verwaltungsbeamter des Königreichs
Hippe	Messer mit einer sichelförmig geschwungenen Klinge und nach unten gebogener Spitze zum Abschlagen von Ästen
Kemenate	beheizbarer Wohnraum in einer Burg
Kerker	alte Bezeichnung für Strafanstalt
Knappe	Diener eines Kriegers
Köcher	Behältnis für Pfeile
Loki	listenreicher germanischer Gott des Feuers
Medicus	Heilkundiger
Odin	Hauptgott in der germanischen Mythologie

Runen	Schriftzeichen der Germanen
Schamanin	spirituell handelnde Person
schleifen	Zerstören einer Burg
Sippe	Großfamilie mit gemeinsamer Herkunft sowie eingegliederten fremden Personen
Tausend-schaftsführer	Anführer von Kriegern
Thyr (Tyr)	Kriegsgott der Germanen
Vanen (Wanen)	zweites Göttergeschlecht in der germanischen Mythologie
Vetter	älterer Ausdruck für einen Cousin
Wacho	König der Langobarden (510-540)
Walhall	Ruheort, der in einer Schlacht gefallenen tapferen Kämpfer (Einherjer)
Walküren	weibliche Geisterwesen aus dem Gefolge Odins, die auf dem Schlachtfeld die ehrenvoll Gefallenen für Walhall auswählen

Rückblick: Im Tal der weißen Pferde (Band 1)

Die Familie des Gaugrafen Herwald, bekannt durch die Zucht weißer Pferde, steht im Mittelpunkt der Thüringen-Saga. Es ist der Alltag dieser Adelsfamilie im einst mächtigen Thüringer Königreich um das Jahr 528. Dem Land droht Gefahr durch die Franken, die einen Kriegszug gegen ihre östlichen Nachbarn planen. Im Auftrag des Königs reist Harald, der älteste Sohn des Gaugrafen Herwald, durch das Land. Harald lernt Heidrun kennen und verliebt sich in sie. Leider kann er nicht bei ihr sein, da er die Jungkrieger auf den bevorstehenden Kampf vorbereiten muss.
Zu allem Unglück gibt es in den eigenen Reihen einen Verräter, der den Verteidigungsplan der Thüringer an den Feind übergeben hat. Die Franken können nun frohlocken.
Werden die Thüringer der Niederlage entgehen können?

Vorschau: Die Spur der weißen Pferde (Band 3)

Große Teile des Thüringer Königreichs halten die Franken besetzt. Nur zwischen Saale und Elbe regiert Herminafrid noch. In dieser Lage bieten die Franken dem Thüringer König an, dass er als Vasall den größten Teil seines Reiches zurückerhalten könnte. Herminafrid reist voller Hoffnungen zu Verhandlungen nach Zülpich. In seinem Gefolge befindet sich Siegbert, der dritte und jüngste Sohn des Gaugrafen Herwald. Was erwartet die Thüringer in Zülpich?
Seine große Liebe findet Siegbert in Hedwig, seiner späteren Frau. Gemeinsam ziehen beide auf ein Gut im Tullnerfeld. Nach einer Verwundung im Kampf ist Siegbert auf Hilfe angewiesen. Hedwig ist schwanger und holt sich ihre Freundin Sigrid zur Unterstützung. Diese hilft bei der Hausarbeit und macht Siegbert nicht nur schöne Augen ...

Autorenporträt

Herbert Schida wurde 1946 in Neuroda, einem kleinen Dorf in Thüringen, geboren. Die Schule besuchte er in einigen Orten der Gemeinde Wipfratal, in Arnstadt und in Erfurt. Nach dem Technikstudium an der TH Ilmenau ging Herbert Schida nach Berlin und arbeitete an einem Institut auf dem Gebiet der Supraleitung.
1980 übersiedelte der Autor mit seiner Familie nach Wien. Hier war er in einem internationalen Konzern tätig und reiste dienstlich oft nach Israel (1989-1991) und in die Volksrepublik China (1994-2004).
Neben seinem Beruf befasste sich Herbert Schida seit 1975 mit der Malerei und Grafik und hatte seit 1984 Ausstellungen im In- und Ausland. Mehr ist hierzu auf seiner Homepage unter www.schida.net zu finden.
In den letzten Jahren widmete sich der Künstler verstärkt der Geschichte des Thüringer Königreiches. Als Mitglied der Elgersburger Ritterschaft ist ihm auch die Erforschung der Heimatgeschichte ein wichtiges Anliegen. Sie bildet einen Grundstein für diesen Roman.